KB083084

한없는 한

남한의 경제발전과
정치적 민주화

지은이

존 리 John Lie

UC버클리 사회학과 석좌교수. 한국인 부모에게서 태어나 만 2세까지 한국에 살다, 일본, 하와이, 미국 본토로 이주하면서 한국, 일본, 북미, 유럽 등의 문화와 사회에 대해 전환국가적 관점에서 심도 깊은 고찰을 해오고 있는 세계적으로 몇 안 되는 사회학 이론가이다. *Blue Dreams*(Harvard, 1995), *Han Unbound*(Stanford, 1998), *Multiethnic Japan*(Harvard, 2001), *Modern People-hood* (Harvard, 2004), *Zainichi*(Berkeley, 2008), *K-pop*(Berkeley, 2014) 등의 저서 외에도 수많은 논문을 집필하였다. 현재 사회이론서를 집필 중이며, 잠정 서명은 *The Consolation of Social Theory*이다.

옮긴이

이윤청 李潤清, Yoon-cheong Lee

1954년 충청북도 청주 출생. 한국외국어대학교 영어과를 졸업한 후 미국 오리건대학교(University of Oregon) 대학원에서 수학하였으며(정치학박사), 고려대학교 국제대학원 등에서 강의하였다.

한없는 한 남한의 경제발전과 정치적 민주화

초판 인쇄 2022년 7월 20일 초판 발행 2022년 7월 31일

지은이 존 리 옮긴이 이윤청 펴낸이 박성모 펴낸곳 소명출판

출판등록 제1998-000017호 주소 서울시 서초구 사임당로14길 15 서광빌딩 2층

전화 02-585-7840 팩스 02-585-7848 전자우편 somyungbooks@daum.net

값 27,000원

ISBN 979-11-5905-763-2 03300

ⓒ 소명출판, 2022

잘못된 책은 구입처에서 바꾸어드립니다.

이 책은 저작권법의 보호를 받는 저작물이므로 무단전재와 복제를 금하며, 이 책의 전부 또는 일부를 이용하려면 반드시 사전에 소명출판의 동의를 받아야 합니다.

한없는 한

Han Unbound
The Political Economy of South Korea

존 리 지음 | 이윤청 옮김

남한의 경제발전과
정치적 민주화

JOHN LIE

Han Unbound : The Political Economy of South Korea by John Lie
Published in English by Stanford University Press.
ⓒ 2000 by the Boad of Trustees of the Leland Stanford Jr. University.
All rights are reserved.
Korean Translation ⓒ 2022 by Somyung Publishing.
Published by arrangement with Stanford University Press, California, USA
Through Bestun Korea Agency, Seoul, Korea.
All rights reserved.

이 책의 한국어 판권은 베스툰 코리아 에이전시를 통하여
저작권자인 Stanford University Press와 독점 계약한 소명출판에 있습니다.
저작권법에 의해 한국 내에서 보호를 받는 저작물이므로
어떠한 형태로든 무단 전재와 무단 복제를 금합니다.

머리말

제2차 세계대전 종전 이후 지구 도처에서 진행된 탈식민지화 과정은 제3세계라는 범주의 세계와 발전학Development Studies이라는 학문을 그 부산물로 낳았다. 야심찬 이론들이 제시되어 발전을 이해하는 데 열쇠를 제공하겠다고 약속을 했지만, 새로운 이론적인 돌파구를 마련했노라고 부려대던 허장성세들은 점점 늘어나는 경험적인 증거들에 의하여 거듭하여 논박당하고 이내 침묵 속으로 사라지고 말았다. 한때는 희망으로 가득 찼던 근대화 및 발전이라는 이상理想에 이제 학자들은 진혼가鎭魂歌를 불러준 셈이다.

그뿐 아니라, 가난과 굶주림, 독재정치와 재난, 문맹과 무기력함은 이 지구의 너무나 많은 지역들을 특징짓는 모습들이다. 부유한 제1세계와 빈곤한 제3세계 사이의 간극은 더욱 확대되고 있는 것처럼 보인다.World Bank 1990 : 7; Maddison 1995 : 22 1994년 판 **인류발전보고서**에 따르면 "세계 개발도상국들 인구의 5분의 1은 매일 밤 허기진 채 잠들고, 4분의 1은 마음 놓고 마실 수 있는 식수와 같은 기본적 필수품조차 없이 살아가며, 3분의 1은 극빈의 상태에 놓여 있는 등, 필설로는 형언할 수 없는 인간 실존의 한계상태에서 살고 있다".UNDP 1994 : 2 몇몇 사람들은 이제 제3세계가 아니라 제4세계, 즉 자포자기와 절망의 세계에 대하여 이야기한다.

남한의 발전이 하나의 의미심장한 주제로 주목 받기 시작한 것은 바로 이러한 배경을 전제로 한다. 남한의 발전 사례는 각별한 동정심을 불러일으키는데, 왜냐하면 얼마 아델만Irma Adelman이 언급했듯이1980 : 224, 1960년대 초까지만 해도 남한은 "밑 빠진 독으로 여겨졌"기 때문이다. 하지만 1960년대의 그 '기능이 마비된 듯 보였던 나라'는 1980년대에 들어서서는 보기 드물게 '매력이 넘치는 전시장'이란 새 모습으로 등장했다. 영국의 마르크스주의자 페리 앤더슨은[1996:28] 서울을 방문한 후 다음과 같이 말했다. "한 런던 시민의 눈에 처음 들어온 것은 서울이라는 이 도시가 자신이 살고 있는 도시보다도 여러 면에서 더 발전돼 있다는 사실이다." 아닌 게 아니라 남한의 번영과 민주화는 다른 개발도상국들에게 부러움의 대상이 되어왔다. 수많은 학자들과 정책입안자들에게, 남한은 다른 제3세계 국가들이 마땅히 닮고 싶어 해야 하는 모델이다.

그럼에도 불구하고, 남한의 발전에서 오로지 긍정적인 측면들만을 강조하는 것은 우리의 이해를 그르치기 쉽다. 1986년까지만 해도 남한의 제조업 분야 피고용자들의 근무시간은 전 세계에서 가장 길었고, 그들의 임금은 브라질, 멕시코, 홍콩, 그리고 싱가포르의 제조업 분야 피고용자들의 임금보다 적었으며, 그들의 산업재해 비율은 전 세계에서 가장 높은 수치들 중 하나였다.[Lie 1992a] 도시민들의 주거 조건은 열악하였고, 농민들은 늘어나는 빚에 허덕였으며, 자연은 황폐화되었다. 정치적 반대자들의 목소리를 억누르고 시민들의 인권을 극악무도하게 침해함으로써 권위주의 정권은 정치 체제에 심대한 혼란과 피해를 초래하였다. 어느 사회학자는 다음과 같은 의문을 제기하였다. "만약 발전이 남한과 같은 정치적으로 혐오스러운 사회를 만들어낸다면, 발전에 관하여 이러쿵저러쿵 논하는 것이 과연 적절한 일인가?"[Hall 1986:240] 남한의 기적을 무비판적으로 찬양할 때 준거準據로 삼는 가치들에, 예컨대 아름다운 산들과 깨끗한 공기를 희생한 대가로 얻은 진보를 가리키는 콘크리트 포장과 공장 굴뚝들을 귀중하게 여기는 가치들에, 우리가 의문을 제기하는 것은 지극히 당연한 일이다. 남한이 이룩한 '기적'의 어두운 측면은 마땅히 조명을 받아야 한다. 그 일은 역사적 정의라는 상상 속에 존재하는 저울의 균형을 맞추기 위함일 뿐만 아니라, 그 발전이란 드라마에서 그 어두운 측면이 기여했던 결정적으로 중요하고도 필수 불가결했던 공헌을 이해하기 위함이기도 하다.

『한限없는 한－남한의 경제발전과 정치적 민주화』에서 나는 남한이 빈곤한 농경 국가로 출발하여 시간이 흐를수록 더욱더 부유해지고 산업화가 심화되어가는 민족국가로 마술 속에서처럼 변신해가는 모습들을 이해하고자 한다. 내가 제시하는 남한 발전의 궤적은 한국전쟁에서부터 1988년 서울올림픽까지이며, 그 초점은 급속한 산업화와 권위주의적인 정치에 맞추어져 있다. 나의 분석적 개념의 틀analytical framework을 제시함에 있어, 나는 남한의 발전을 설명하고자 했던 기왕의 노력들을 비판한다. 내가 이 책의 도처에서 언급하는 바와 같이, 그 노력들의 대다수들은 과거 회고적인 개념적 구성들retrospective constructs인데, 그것들에서는 변화무상한 역사적 맥락들과 우발적인 사건들이 누락된다. 남한의 발전 도정道程에는 또렷이 눈앞에 보이는 것이나 예측 가능한 것이란 도대체 아무것도 없었다. 남한의 발전이란 독불장군적인 과정으로서, 그 어떤 국가발전에 관한 보편적인 이론으로도 설명이 되지 않으며, 다른 개발도상국들에게 유용한 그 어떤 단순한 모델도 제공하지 않는다.

내가 처음으로 사회과학에 흥미를 갖게 된 것은 제3세계의 발전을 이해하고자 하는 목적에서였다. 나는 도서관에서 그것들에 관하여 읽었고 또 여행하는 동안에 직접 목격했던 가난, 굶주림, 역병, 인권침해 등의 명백하게 잘못된 사회적인 불의不義들을 시정하는 데 있어 나 자신이 도움이 될 수 있게 되기를 희망했었다. 허나 나는 이윽고 불청객인 국외자로서의 나의 역할에 대하여 회의를 품게 되었다. 나는 내가 그저 "농촌 개발 관광객"Chambers 1983 : 10~12 혹은 "재난 관광객"이De Waal 1989 : 21~23 되는 데 지나지 않게 될까봐 두려웠다. 참으로 발전에 관련된 많은 사업들과 연구들은 문제의 해결을 위한 여하한 종류의 방안이 되기보다는 문제의 일부로 전락하는 것 같다. 자신들이 연구하는 국가들의 언어, 문화, 그리고 정치경제에 대해 빈번하게 무지한 수많은 정책입안자들과 학자들은 종종 그들의 희망과는 달리 문제를 축소시키기보다 오히려 더 확대시킬 뿐이다. Colson 1982 : 23~24

무엇을 해야 할까? 내 입장에서 볼 때, 중요하진 않지만 꼭 필요한 한 가지 과제는 그릇된 생각들을 비판하고 보다 나은 개념의 틀들을 제안하는 것이라는 생각이 들었다. 일련의 사정들로 인해 일 년 남짓 동안[1988~1989] 서울에서 지내게 됐을 때, 나는 남한의 발전에 관하여 글을 쓰기 시작했다. 남한의 발전을 다룬 책들에 관한 일련의 인정 없는 논평들을 집필한 다음[예컨대, Lie 1990b, 1991d], 나는 남한의 발전을 다루는 개괄서를 한 권 집필하면 그 주제에 관심을 갖고 있는 독자들에게 유익할 뿐만 아니라 지난날의 내 비판적 양심도 만족시킬 수 있겠다는 결론을 내렸다. 그 결과물이 바로 이 책이다.

이 책의 제목에 대하여 간략하게 설명하고 싶다. '한'이 가리키는 것은 남한[한국] 그리고 원한[怨恨]의 문화적 표현(한), 이 양자 모두이다. 나는 발전의 양면성, 즉 그 성공과 비극 모두를 여실하게 기술하고 싶었다. 한강의 기적에 대한 찬양의 노래가 오랜 세월 동안 고통을 받아온 농민들과 노동자들의 서러운 통곡 소리를 침묵시켜서는 안 된다. 비록 이 책 전체가 "서정적인 드라마"는 아니라 할지라도, 나는 남한의 민족적 서사시 중에서 얼마쯤의 아름답고 강렬한 정서, 즉 기쁨과 슬픔의 외침들을 생생하게 기록하고 싶었다.

이 책이 "정치경제"에 관련된 주제를 다룬다는 사실에 국한하여 말하자면, 이 책은 애덤 스미스, 칼 마르크스, 막스 베버, 그리고 배링턴 무어 등의 연구에 직접적인 연원[淵源]을 두고 있다. 권력과 부[富]에 관한 고전적인 질문, 그리고 거대 구조들 및 대규모 과정들에 대한 관심은 근대성의 기원과 결과를 이해함에 있어서 결정적인 중요성을 지닌다. 그들처럼 나도 정치적인 것들을 고려하지 않고는 경제적 제도와 과정을 제대로 이해하거나 설명할 수 없다고,

또 경제적인 것들을 고려하지 않고는 정치적 제도와 과정을 제대로 이해하거나 설명할 수 없다고 주장한다. 그리고 나의 소견으로는 사회학은 정치경제로부터 분리될 수 없다. 사회학을 정치적·경제적 맥락과 단절시키는 것은 사회학을 하찮은 존재로 전락시키는 일이다.

'남한'이란 용어가 정의하는 것에는 일정하게 제한된 영토뿐만 아니라 어떤 역사적 시기도 또한 포함된다. 예컨대, 대한민국은 1948년에 수립되었다. 나는 남한을 하나의 '국민 경제'로서 분석하는 데, 국민 경제란 "경제생활의 필요와 혁신의 결과로 국가의 주도에 의해, 서로 연결된 활동들이 동일한 방향으로 움직이는 하나의 수미일관하고 통합된 경제적 영역으로 변형된, 정치적 영역이다". Braudel 1977 : 99

이 책의 시작부터 끝까지 나는 '발전'을 아서 루이스1955 : 9와 폴 바란1957 : 1이 경제 성장을 분석하기 위해 사용했던 의미의 서술적 용어로서 사용한다. 나 역시 그들처럼 경제적 요인들뿐만 아니라 사회적·정치적 요인들도 또한 고려한다. 발전이란 개념은 여태껏 무수한 방식들로 사용되어왔으며, 대다수의 사회과학 용어들이 그렇듯이 아직도 본질적으로는 쟁점爭點들이 해소되지 않은 개념으로서, "(이 용어의) 적절한 사용에 관하여 (이 용어) 사용자들의 끝없는 논쟁을 불가피하게 수반하는"Gallie1964 : 158 개념이라는 것을 나는 알고 있다. 그럼에도 불구하고, 나는 이 개념이 내 연구의 성격과 범위를 가장 잘 전달한다고 생각했다.

발전의 정치경제에 관한 연구는 필연적으로 나를 역사의 영역으로 인도한다. 하지만 나는 "역사"라는 용어의 사용을 회피한다. 왜냐하면 본 연구는 역사란 어휘가 일부 사람들의 뇌리에 떠오르게 하는 전통적인 연대기적 설화說話와는 궤를 달리하기 때문이고, 또 나는 부득이 기록물 연구에 몰두하지 않을 수 없는 상아탑 역사가가 아니기 때문이다. 허나 학문들 간의 구분은, 그

것이 정치에 관한 학문과 경제에 관한 학문 간이든 역사학과 사회학 간이든 상관없이, 궁극적으로는 중요하지 않다. 고전적 정치경제학의 정신을 추종하여, 본 연구는 단호하게 인문과학이라는 단일 학문에 속한다.

적어도 19세기 후반의 **방법론논쟁**Methodenstreit 이래 학자들은 설명erklären이 가장 중요한지 또는 이해verstehen가 가장 중요한지를 두고 논쟁을 이어왔다.Apel 1984:11~28 과학적인 충동은 일반화 및 추상적인 공식화를 추구하도록 사회 과학자들을 유혹한다. 한편 해석학적인 충동은 문화적·역사적 특수성을 강조하도록 그들에게 요구한다. 난해한 형식주의와 통계학적 분석이라는 사막, 그리고 역사적 특이함과 문화기술지적文化記述誌的 구체성이라는 정글, 이 양자 중에서 선택한다는 것은 다루기 어려운 골칫거리다. 한 가지 차원에서 이 양 극단은 상호보완적이다. 즉, 애덤 스미스, 칼 마르크스 또는 막스 베버의 위대한 저작들은 이 두 충동들을 모두 감싸 안는다. 또 다른 차원에서, 마이클 폴라니1959:13가 "이해"(그가 "암묵적 지식"이라고 부른 것)는 "사실상 모든 지식의 지배적인 원리이며, 그러므로 그것을 배척하는 것에는 자동적으로 모든 형태의 지식을 배척하는 것이 필연적으로 뒤따른다"라고 주장한 것은 올바른 견해였다. 한편 그는 과학의 과제는 보다 더 추상적인 지식, 즉 "설명"을 얻기 위하여 분투하는 것이라고 강력하게 권고한다. 달리 말하자면, 현장 체험적인, 사건 기술적인, 혹은 역사적·문화적인 특수성들에 관한 지식이 없다면, 요컨대 이해가 없다면, 우리는 설명을 할 수가 없다. 그러므로 남한의 발전을 "설명"하기 위해 나는 그것에 관한 "이해"를 전달하는 데 상당한 정력을 바친다.

나의 주장을 다른 방식으로 해명하자면, 형식 대 실체, 보편적인 과학적 법칙 연구 대 개별적 사례·사건 연구, 이론적 대 기술적, 또는 전 지구적 대 지역적 등등에 관한 무익한 이분법들을 사회과학자들은 극복하지 않으면 안 된다는 것이다. "거대 이론"과 "맥락을 초월한 경험주의"라는 쌍둥이 위험에 대하여 경고하면서, C. 라이트 밀스는[1595 : 6]는 "역사와 개인의 인생여정을 파악할 것이며, 그리고 사회 속에서 이 양자 간 관계를 파악하라. 그것이 사회학의 과제이며 사회학의 약속이다"라는 잊을 수 없는 충고를 사회학자들에게 보냈다. 우리는 특수성 속에서 보편성을 볼 필요가 있다. 보편성 속에서 특수성을 보고 그 맥락을 고려할 필요가 있는 것만큼.

이 책에서 내가 채택하는 설명 전략은 "구조적 연쇄連鎖 분석structural sequence analysis"이다. 나는 남한의 발전에 필요하지만 충분하지 못한 일련의 조건들을 분석한다. 필요하지만 불충분한 원인들이라는 논리는 계획에 의거해 구축된 맥락들, 그리고 불가역적인 시간 속에서 전개되는 우발적인 사건들, 이 양자 모두에게 조명을 가한다. 내가 보기에, 발전이란 무엇인가를 제대로 해내는 것에 관한 일인 만큼이나 중요하게, 숨겨진 함정들을 피해내는 것에 관한 일이다. 발전이란 경로에 의존적인 과정으로서, 그 과정으로부터 우리는 결정론적인 도식들을 도출할 수도, 우연성을 제거할 수도 없다.

남한의 발전을 구조적인 기회들 및 제한들의 연쇄로서 분석함에 있어서, 나는 그저 구조적 변수들이나 전제조건들을 강조하는 데 그치지는 않는다. 예컨대 국가를 중심에 놓는 이론가들은 국가의 역할을 강조한다. 국가가 중요함에는 의심할 여지가 없지만, 내가 제2장에서 논의하는 바와 같이, 국가는 부패하고 그럼으로써 발전에 지장을 초래할 공산이 아주 높다. 국가는 그것이 처한 구체적인 역사적 맥락, 즉, 국가의 흥망성쇠에 지대한 영향력을 행사해온 내부적, 외부적 힘의 합류 지점, 속에서 분석되어야 한다. 추상적인 변수들을 분석하기보다는, 나는 구체적인 맥락들 속에서 그리고 연쇄 과정 속에서 발생하는 인과관계들을 기술하고자 한다. 남한이 돌이킬 수 없을 지경으로 일을 그르침을 모면하고 옳은 길을 되찾았던 방식들에 관한 이야기를 들려줌에 있어서 나는 관련된 맥락들과 우발사건들을 진지하게 고려한다.

20세기가 종말을 고하고 있는 지금, 거대 질문들은 많은 학문 중심지들에서 인기가 없다. 학자들에게 공유된 한 가지 전략은, 신중하게 선택된 탐구영역을 서술하고, 관련 문헌을 검토하며, 아마도 하나 또는 두 개 정도의 가설을 제안하고, 논리적·방법론적인 엄정함을 증명해 보이며, 경험론적인 연구결과들을 분석 및 제시하고, 그럼으로써 훌륭함을 보장받는 것이다. 나는 이똑바르고 좁은 길을 가고 싶지 않다. 학술지 등에 실렸거나 소책자 형태로 발간된, 세분화된 단일 전문적인 주제를 다루는 연구논문들이 제 아무리 가치가 있다 하더라도, 그 중요성 때문에 질문되어야 하는 거대 문제들이 여전히존재하고 있다. 아마도 그 거대 의문들은 대답할 수 없는 것들인지도 모른다. 어쩌면 아직은 대답할 때가 아닌 것도 같다(아마도 우리는 인내심을 발휘하여 사실들이 축적되기를 기다려야 할지도 모른다). 첫 번째 이의異議에 대하여 나는 이 책을제시하는 것 말고는 달리 응대할 길이 없다. 두 번째 이의에 대한 나의 대답은 소규모 의문들과 그것들에 대한 응답들은 거대 의문들과 응답들에 기생寄生한다는 것이다. 아주 빈번하게 냉철한 경험주의자들은 낡아빠진 의문을 제기하고는 쓸모없는 대답들을 생산해 낸다. 거시적인 전망과 관심이 결여된곳에서는 심지어는 명백한 것조차 모호하게 만드는, 맥락에서 유리된 부류의 경험주의가 발호할 위험이 언제나 존재한다. 피터 워슬리[1970 : x]가 몰인정하게 말했듯이, "미국에서 사회학자들은 사창굴로 가는 길을 찾기 위해 5만달러를 쓰는 남자로 묘사되어왔다".

　　이 책은 종합적인 작품으로서 나는 다양한 자료를 활용하였다. 특히, 나는1980년대 후반에 서울에서 어느 대기업에서 근무했으며 한 대학에서 가르쳤다. 나는 서로 성격이 뚜렷하게 다른 서울의 여러 동네에서 살았으며 한반도 도처를 여행했다. 내 생각에 적절한 사회학적 이해는, 그런 이유로 적절한사회학적 설명은, "공항 사회학airport sociology"이란[Worsely 1970 : xii] 관행을 방지할 일정한 문화적 몰입을 필요로 한다. 문화기술지적文化記述誌的 자료 및 인터뷰 자료들은 정부 간행물과 당시의 대중매체 보도물과 같은 문서자료를 보충한다.

나는 통계학적 수치들을 실례實例로서 조심스럽게 사용한다. 자칭 제1차 경제개발 5개년계획의 설계자였으며 훗날 경제 각료가 된 어떤 사람이 내게 다음과 같이 말했다. "당신은 그 숫자들을 믿어서는 안 됩니다. 내가 그것들 (정부 간행물)의 일부를 작성했었기 때문에 나는 압니다". 또한 다음을 볼 것, Eberstadt 1995b : 5~10; cf. Hill 1986 : 33 이 책에서 통계자료가 예시例示적 성격만 갖는 것은 내가 질적인 변화의 탐구에 중점을 두는 탓에 어쩔 수 없는 일이기도 하다. 배링턴 무어는1966 : 519~20 다음과 같이 언급한 바 있다. "(사회적 관계의) 이와 같은 형태들과 패턴들에 있어서의 구분들은 나에게는 그 어떤 양적인 차이들로 환원될 수 있는 것으로 보이지 않는다. 그 구분들은 동일한 기준으로는 잴 수 없는 것들이다. 하지만 바로 그러한 차이들이 인류에게 가장 중요한 것들이다."

내가 클로드 레비스트로스의 사망을 기념하는 것은 아니나, 나는 다음과 같은 그의 고백에 자연스러운 친근감을 느낀다. "나는 단 한 번도 나의 개인적 정체성을 느낀다는 자각을 갖지 못하였으며 지금도 여전히 그렇다. 나 스스로에게 나란 무엇인가 일어나고 있는 공간으로 보이지만, 그곳에는 '나, 주관적 자아'도, '나를me, 객관적 자아'도 없다. 우리들 각자는 어떤 일들이 발생하는 교차로 같은 것이다. 교차로는 순전히 수동적이다. 그곳에서는 무엇인가 발생한다." 내가 제시하는 이 책이란 지적인 생산물은 그 흔적을 지울 수 없을 정도로 어느 특정 사회적 환경의 낙인이 찍혀 있다. 아마도 나는 내가 은혜를 입은 모든 이들에게 감사를 드릴 수는 없겠지만, 그들 중 몇 분에게 고마움을 표해보겠다.

인용들은, 심지어 그것들 탓에 본문이 망가지는 경우에도, 과거의 글쓴이들에 대한 나의 최소한의 인정認定이자 경례이다(나는 쓴다, 고로 나는 인용한다). 남의 영향을 받음에 대한 나의 불안감이 내가 읽어온 묵직한 학술서적들 위에 불안정하게나마 내가 서 있음을 숨겨서는 안 된다. 하지만 나는 인용과 각주의 양을 최소화하고자 노력하였다. 나는 내 책이 블라디미르 나보코프의 『창백한 불꽃Pale fire』의 지루한 모조품이 되기를 원치 않았다. 훌륭한 근대주의자라면 그 누구라도 긴 각주들은 시詩들에 어울리는 것이지 진지한 학술적 저작들에 어울리는 것이 아니라는 것을 알 것이다.

때때로 나는 제임스 보즈웰이 새뮤얼 존슨을 가리켜 말했던 것처럼 내가 "도서관들 전체와 맞잡고 씨름하기 위해 태어난"것 같은 기분이 든다. 나의 애서광적愛書狂的인 편집증은 몇몇 도서관들에서 잘 대접받았다. 내가 셀 수 없이 많은 책들을 구하도록 도움을 주고, 그 책들을 다시 도서관 서가에 정리했던 모든 분들께 감사를 드린다. 나는 또한 문명의 천국인 서점들을 수없이 자주 방문했던 탓에 혜택을 받았다(심지어 나의 은행 계좌의 잔고가 0에 가까워졌을 경우에도).

낸시 아벨만, 장윤식, 메간 그린, 한도현, 데이비드 호핑, 페리 메링, 주디스 핀터, 마이크 신, 앨빈 소, 손원재, 그리고 데이비드 웡크 등이 친절하게도 이 책의 초고들을 읽고 자신들의 의견을 제시해주었다. 미와코 쿠노, 수정 리, 그리고 시유안리 왕은 참고문헌이 제대로 정리되도록 도와주었다. 제인 도미에는 지도地圖를 맡아주었고, 아야 에자마는 색인을 도와주었다. 그들에게 나의 진심어린 감사를 드린다.

스탠포드대학 출판부의 뮤리엘 벨은 변함없이 나를 격려해 주었다. 지난 수년간에 걸쳐 그녀가 보여준 지지와 인내심에 어떻게 감사를 드려야 할지 모르겠다. 또한 열의 있고 책임감 있는 편집자인 잰 스파우츄스 존슨과, 대단히 훌륭하고 꼼꼼한 교열담당 편집자인 앤드류 루이스에게도 감사를 표하고 싶다.

로저 자넬리와 구해근은 출판사의 고문으로서 대단히 유익한 평을 해주었다.

1980년대 후반 내가 남한과 미국 사이를 자주 오갈 때 몇몇 친구들이 더할 나위 없는 환대를 베풀어주었고, 그 무엇과도 바꿀 수 없는 동반자가 되어주었다. 특별히, 나는 미국에 있는 주디와 페리 메링, 레슬리 살징거, 그리고 나의 누나 마희 리에게 감사를 전하고 싶다. 남한에서는 김정선, 구혜영, 박해정, 그리고 나의 부모님인 해리와 제인 리 등 여러분 덕택에 보다 더 쾌적하게 지낼 수 있었다. 내가 어릴 때 남한을 되찾도록 도와준 나의 삼촌 이우창 님과 나의 할아버지 이갑추 님께도 감사를 드린다.

마지막으로 낸시 아벨만과 그녀의 가족, 그중에서도 특히 레나와 월터 아벨만에게 깊은 감사를 전한다. 만약 낸시가 제 고집대로 했더라면, 이 책은 햇빛을 보게 될 수조차 없었을 테지만, 그녀가 없었다면 이 책의 존재를 꿈꿀 수도 없었을지도 모른다.

J. L.

옮긴이의 말

이 책은 존 리의 저서 *Han Unbound : The Political Economy of South Korea* Stanford University Press, 1998를 우리말로 완역한 것이다. 저자의 의도를 전달함에 있어 부족함이나 소홀함이 없었는지 불안감이 가시지 않는 가운데, 번역 과정에서 옮긴이의 마음에 스쳐갔던 소회의 일단을 밝히고자 한다.

이 책은 우리나라가 일제 식민지배에서 해방된 이후, 보다 정확하게 말하면 한국전쟁 이후, 남한 사회가 겪어온 '근대화' 과정 중에서 정치적, 경제적 측면들에 관한 연구이다(이 책에서 이 두 측면들은 서로 불가분의 관계 속에서 진행되는 것으로 기술되는데, 이 점이 이 책에 대한 주요 관전 포인트들 중의 하나이다). 이 책에서 제시된 연구는 그 입론立論이 대단히 훌륭하고 적실適實하며, 그 논지論旨가 명쾌하기 이를 데 없으므로, 옮긴이가 이 책의 내용을 해설한다거나 요약한다면 사족에 불과할 것이다. 여기서는 이 연구에 대한 옮긴이의 총체적인 인상을 간단히 진술하는 것으로 족할 것이다. 보다 구체적으로 말해서, 이 연구에서는 산업화를 통한 남한의 경제발전과 권위주의 정치체제의 극복을 통한 남한의 정치적 민주화에 초점이 모아져 있는데, 그 과정들을 고찰함에 있어서 마땅히 고려되어야 할 주요 요인들은 모두 분석된 듯하다. 게다가 이 연구에서 다루어지고 있는 내용이 매우 포괄적일 뿐만 아니라, 그 분석 또한 깊이와 예리함을 두루 갖추고 있으므로, 이 책을 해방 이후 남한의 '근대화' 과정에 관한 제 논의의 출발점 또는 기준 텍스트로 삼기에 부족함이 없어 보인다. 독자들의 비판적 읽기critical reading를 통하여 이 책의 내용이 충분히 저작詛嚼되고 소화消化되어, 내전으로 피폐해져 '거지'와 다름없던 신세에서 불과 수십 년 만에 세계적인 산업 강국으로 극적으로 변신해온 한민족의 '대서사시적大敍事詩的' 여정旅程에 대한 이해가 보다 깊어지고 풍요로워졌으면 하는 것이 옮긴이의 바람이다. 아래에서는 그러한 비판적 읽기를 위한 시도의 일환으로서 이 책의 가장 두드러진 장·단점들 중에서 몇 가지를 간략하게 지적해 보겠다.

이 책에서 특히 눈길을 끄는 장점들 중 하나는 대략 1949~1952년간에 이행되었던 남한의 토지개혁에 관한 저자의 논의이다. 저자는 농경사회에서 산업사회로 이행移行함에 있어서 토지개혁이 지니는 역사적인 의의를 밝히는 데 상당한 공을 들이고 있다. 저자의 논지를 한마디로 요약하면, "토지개혁 없이는, 산업화도 없다no land reform, no industrialization"이다. 즉, 농경사회가 산업사회로 전환됨에 있어서 토지개혁이 대단히 중요하고 필수적인 선행조건이라는 것이다. 저자는 칼 마르크스Karl Marx와 배링턴 무어Barrington Moore, Jr.의 관점에 입각하여 이 명제를 설득력 있게 설명하는데, 주로 시대의 흐름을 거스르고 자신들의 이익만을 수호하려는 '반동적인' 행태를 보이는 대규모 토지 소유 지주계층의 청산 문제에 강조점이 있다. 그런 다음, 저자는 토지개혁에 실패했거나 제대로 시도해보지도 않은 채 산업화를 추진하다가 대지주들의 저항이란 난관에 봉착하여 결국 좌초되고 만 제3세계 국가들의 사례를 분석함으로써 자신의 입장을 뒷받침한다. 이러한 저자의 분석은 남한에서 시행되었던 토지개혁에 대한 국내 학계의 논의와 관련하여 중요한 함의를 지니고 있다. 즉, 남한의 토지개혁의 효용성에 관한 논의는 예컨대 토지개혁 이후의 농업 생산성 향상이나 절량絕糧 농가의 감소 등과 같은 협소한 경제적인 문제들에만 한정될 수 없으며, 시야를 확장하여 훗날에 추진된 산업화에 대비하기 위한 초석으로서의 역할에도 주목해야 함을 저자는 촉구하고 있는 셈이다.

이 책에서 다루고 있는 주제들이 매우 포괄적인 만큼, 저자의 분석에는 고개를 갸우뚱하게 하는 대목들이 없지 않다. 그것들 중 하나는 1965년의 한

일국교정상화 조약 체결 이후에 긴밀해진 한국과 일본 간 경제관계에서 한국 측의 몫으로 돌아올 수 있는 득得과 실失 중에서 전자에 저자의 논의가 편중되어 있다는 점이다. 이 점은 저자가 제시하는 분석의 균형감에 대한 비판이 일 수 있는 대목이다. 저자의 논의를 축약하면, 한일국교정상화 조약의 체결 이후 남한 경제는 일본 경제의 하위下位 파트너로서 국제 노동 분업 체제의 일부로 편입되어 생산 사이클을 통한 일본의 흥기興起로 인해 일본으로서는 더 이상 소용이 없게 된 것들(저급한 산업생산 과학기술 및 산업시설, 수출시장 등)을 물려받아 산업발전과 산업 생산품 수출의 원동력으로 삼았다는 것이다. 하지만 이러한 저자의 분석에는 강력한 반론이 존재한다. 즉, 일본으로부터 얻은 것들에 대한 대가로 한국이 지불한 것에 주목하는 소위 "가마우지 경제론"이 바로 그것인데, 한국이 지불한 대가는 한국에 소위 "가마우지 경제"가 성립되고 지속돼온 것이란 주장이다. 이 주장에 따르면, 한국의 수출 산업들은 주로 일본으로부터 핵심 부품과 소재 등을 수입하여 조립·완성하여 완제품으로 해외로 수출하기 때문에 수출로 얻은 실익의 상당량을 일본에 빼앗기며, 그 결과 한국의 대일 무역이 한국의 경제성장에 큰 기여를 하지 못한다는 것이다. 이러한 견해를 표명하는 사람들은 한국과 일본 양국에 공히 존재하며, 반박하기가 결코 용이해 보이지 않는다. 왜냐하면 지금까지 수십 년 동안 해마다 반복되는 막대한 대일 무역적자가 이러한 입장을 강력하게 뒷받침하기 때문이다.

이 책의 부록에는 이 책의 내용과 연관이 있는 다수의 민감한 쟁점들에 관한 저자의 입장이 제시되어 있다. 그것들 중의 하나는 유교 윤리 명제the Confucian ethics thesis인데, 저자는 이 명제를 전면적으로 부정하며, 유교적 가치들은 한국의 경제성장에 기여한 바가 없다고 주장한다. 이러한 저자의 입장은 많은 독자들의 고개를 크게 갸우뚱하게 할 듯한데, 여기서는 장황하게 논리적으로 이론異論을 제기하는 대신에 어느 가상적인 농촌마을의 가족에 관한 일화를 소개함으로써 유교적 가치들이 한국의 발전과 무관치 않음을 예증例證하겠다.

때는 1960년대이고 장소는 삼남三南 지방의 어느 농촌마을이다. 이 마을에는 누대에 걸쳐 이곳에서 살아온 어느 다복한 가족이 살고 있는데, 이 가족은 할아버지, 할머니, 아버지, 어머니, 그리고 삼남三男과 삼녀三女로 구성되어 있다. 이 가족의 생업은 농업으로 소유한 농토의 규모로 판단하면 중농中農에 해당된다. 즉 농토가 아주 많지도 않고, 아주 적지도 않은 자작농自作農이다. 조부는 기회가 있을 때마다 어린 손자·손녀들에게 "사람은 배워야 '사람'이 된다"라고 되풀이하여 말씀하시고 옛날 사람들의 예를 들어가면서 학교 공부를 열심히 하라고 타일렀다. 할아버지와 할머니는 모두 연로하신 탓에 집안의 대소사大小事는 대개 아버지가 주관하신다. 아버지는 집안에서나 친족들 간에 특별히 큰 행사가 있을 경우에는 반드시 할아버지, 할머니와 상의하나, 그 외의 일에서는 아버지의 결정이 곧 이 집안의 법法이라고 부를 수 있을 만큼 절대적인 권위를 지닌다.

이 집안의 아들들과 딸들은 어려서부터 할아버지의 훈도를 받아온 덕택인지 모두 착실하고 학업에 열심이며 학교 성적도 우수하다. 그중에서도 특히 이 가족의 막둥이이자 셋째 아들의 학교 성적이 아주 뛰어난데, 초등학교에 다닐 때부터 반에서 또는 전교에서 수석을 놓친 적이 없다.

이 다복한 가정에 닥친 한 가지 큰 문제는 자식들의 상급학교 진학에 관한 것이었다. 아버지는 일찌감치 집안 형편상 아들들은 고등학교까지 그리고 딸들은 중학교까지만 공부시킬 것이며, 대학교 진학은 아주 예외적으로 가문을 빛낼만한 자질을 보이는 아들에게만 허락할 것이라고 선언하셨으며, 할아버지는 아버지의 결정에 동의하시는 듯 아무런 말씀이 없으셨다. 할머니와 어머니는 딸들에게 "여자는 그저 중학교만 나온 다음 집안에서 살림을 배워서 좋은 남편감 만나 시집가서 잘살면 제일이다"라고 입버릇처럼 말씀하셨다.

이 집안 자식들의 상급학교 진학은 결국 아버지의 뜻대로 이루어졌다. 딸들은 모두 중학교까지만 다녔는데, 학구열이 높은 만큼 고등학교 진학을 희망하였지만, 아버지의 뜻을 거역할 수 없었으며, 또 집안 형편상 고등학교 진학은 상당히 무리라는 것을 알고 있었고, 또 고등학교 진학을 포기한 급우 여학생들이 대다수였으므로 "세상은 원래 그런 건가 보다"라고 생각하고 고등학교 진학을 어렵지 않게 단념할 수 있었다. 큰 딸은 집안 어른들의 뜻대로 학교 졸업 후 어머니를 도와 집안 살림을 맡아 꾸려나가다가 마땅한 혼처가 나와 중매로 결혼하고 출가했다. 당시 그 지역의 도청소재지인 큰 도시에는 공업단지가 건설되었고 다양한 공장들이 그곳에 입주했으며, 그중에는 대규모 방직공장이 있었는데, 인근의 농촌지역 젊은 여성들이 무리지어 그 공장에 취직하였다. 이 가족의 둘째 딸과 셋째 딸 역시 동네의 다른 젊은 여성들과 함께 그 공장에 취직하였으며, 공장 기숙사에 기거하면서 박봉을 쪼개어 일부는 자신들의 장래에 대비하여 저축하였고, 일부는 고향에 계신 부모님께 송금하였다.

이 집안의 큰아들은 농업고등학교를 졸업한 후 아버지와 함께 농사를 지었다. 둘째 아들은 공업고등학교를 나와서 일급 자동차정비 공장에서 몇 해 근무하다가, 자신 소유의 소규모 자동차 정비소를 차렸는데, 벌이가 꽤 좋았으며 늘 고향에 계신 부모님께 상당히 크고 긴요한 경제적인 도움을 드렸다. 이 가족의 자식들 중 대학에 진학한 자는 예상대로 셋째 아들이 유일하였다. 그는 앞에서 언급한 도청소재지에 있는 명문 고등학교를 졸업하고 서울 소재 어느 명문대학교의 상과대학에 진학하였다. 그는 등록금 마련에 대한 큰 걱정 없이 대학 공부를 마칠 수 있었는데, 농가로서는 감당하기가 상당히 벅찬 그의 대학교 등록금은 매번 집안의 농사로 번 돈과 형들과 누나들이 보탠 돈들을 모두 합친 것으로 충당되었다. 아버지는 애초에는 농지를 일부 처분해서라도 자식의 대학 등록금을 댈 각오였으나, 여러 자식들의 도움으로 농지도, 농우農牛도 팔지 않고서도 근근하게나마 셋째 아들의 대학교 등록금을 모두 댈 수 있었다. 셋째 아들은 대학을 졸업한 후 어느 재벌 기업에 입사했다. 입사 후 회사에서 실력과 성실함을 인정받아 40대의 나이에 벌써 해외 수출 담당 상무이사로 승진하였다. 고향 마을의 연로한 어르신들은 이제 우리 마을에서도 과거에 급제하여 입신양명立身揚名을 성취한 인물이 배출된 셈이니 마을잔치를 벌여야 되겠다고 의견을 모았다.

이 일화 속에는 명백하게 유교적인 가치들이 짙게 배어있다. 우선 이 가족에게는 유교적인 가부장 제도와 가부장의 권위가 확립되어 있고, 배움에 대한 열의, 부모에 대한 효도, 형제간의 우애, 배움을 통한 입신출세, 그리고 심지어 남존여비 사상까지 주요 유교적 가치들이 이 가족의 문화에 깊이 녹아 있다. 한마디로, 이 가족의 생활은 유교적 질서에 근거를 두고 있다. 이 가족은 근소僅少한 자원들을 한데 모아서 전도유망前途有望한 자식의 교육에 집중적으로 투자하는 "선택과 집중" 전략을 통해 고등교육의 혜택을 입은 자식을 배출할 수 있었으며, 그러한 전략을 실행에 옮길 수 있었고 또 성공할 수 있었던 것은 바로 이 가족의 생활을 지배하고 있었던 그 유교적 질서 덕택이었음은 두말할 필요조차 없다.

사실 위에서 제시된 일화에서 그려지는 삶의 모습은 1960년대와 1970년대를 경험한 사람들에게 낯설지 않다. 당시는 아버지들이 안방에서 가족들이 모두 모여 있는 가운데서도 거리낌 없이 담배를 피우며 바로 눈앞에 있는 재떨이를 가까이 대령하라고 '명령'할 수 있는 시대였으며, 위에서 제시된 가상적인 사례에서처럼 "선택과 집중" 전략을 동원하여 한 집안에서 고등교육의 수혜자를 배출하고 그러한 전략은 그 집안을 지배하고 있었던 유교적 질서에 의해 뒷받침되는 모습은 도시와 농촌을 가릴 것 없이 어디에서나 흔히 볼 수 있었던 광경이었다. 그러한 전략 덕택에 당시의 턱없이 부족한 가용 자원에도 불구하고 우리 사회가 적지 않은 수의 고등교육의 수혜자들을 길러낼 수 있었으며 바로 그 사람들이 우리나라의 근대화를 이끈 고급인력들이었다.

이윤청

서론

    나는 1959년에 남한에서 태어났다. 그 후 얼마 지나지 않아 나의 가족은 일본으로 이주했지만, 우리는 거의 매년 서울에 계신 나의 외조부모와 (충청남도) 대천에 계신 나의 친조부모를 뵈러 한국에 돌아왔다. 1960년대 초의 서울은 어린 나에게 낙후되어 있다는 것이 무엇인가를 어렴풋이 이해할 수 있게 해주었다. 도쿄의 교통체증을 경이로운 눈으로 바라본 반면, 먼지가 풀풀 날리는 서울의 길거리를 털털거리며 달리는 소달구지는 나에게 매우 충격적이었다. 국제적인 양식의 고층 건물들, 전자 장난감, 수세식 화장실, 에어컨, 그리고 냉장고 등을 갖춘 도쿄는 의심할 여지없이 근대적으로 보였다. 대조적으로, 식민시대의 일본식 건축물, 나무로 만든 장난감, 화장지 없는 재래식 화장실, 그리고 기껏해야 선풍기와 얼음과자 정도나 있는 서울은 근대적이지 못한 듯이 보였다. 도쿄는 역동적이었다. 새로운 건물들이 우후죽순처럼 도처에서 솟아올랐고, 상점의 진열대는 새로운 상품들로 넘쳐났다. 서울은 전통의 덫에 갇힌 채 정체되어 있었다. 도쿄에서 나는 깔끔하게 정돈된 가게에서 산 캐러멜과 초콜릿을 실컷 먹었지만, 서울의 길거리에서 파는 구운 메뚜기는 먹자마자 토해낼 것만 같은 역겨운 맛이었다. 그 당시 일본에서는 쌀이 대단히 풍부하게 생산되고 있었지만, 남한의 식당에 갔을 때 거기서는 쌀로 지은 밥이 정부의 규제 때문에 특정한 요일들에는 제공되지 않는다는 사실을 알고 나는 믿을 수가 없었다.

    하지만 서울은 바다 근처의 작은 지방도시인(우연하게도 미국 출신 인류학자 빈센트 브랜트가[1971] 연구했던 마을들에서 그리 멀지 않은) 대천보다는 까마득하게 앞서 있었다. 대천에서 나는 대자연의 여러 모습들에 압도되었다. 끝없이 펼쳐진 논, 개간되지 않은 땅, 숲이 우거진 언덕, 강, 개울, 그리고 해변 등등. 고요한 밤에는 풀벌레 소리와 별이 총총히 돋아난 하늘이 압권이었다. 허나 도시화된 근대적인 소비자로서의 나 자신에게 대천은 삶을 살만한 것으로 만들어주는 그 모든 것들의 흔적을 찾기 어려운 지점에 있었다. 나를 대천으로 보내버리고 말겠다고 아버지가 때때로 겁주시면 나는 곧바로 아주 말 잘 듣고 제 할 일 잘하는 아들이 되었다. 대천에서 유일한 문명의 표식이란 나의 친할아버지가 암시장에서 구매하신 병에 든 코카콜라와 긴 막대 모양의 허쉬 초콜릿이었다. 대천에서 잠시나마 즐거웠던 시간은 내가 가난한 농민들의 자식들에게 야구를 가르쳐줄 때였다. 우리는 자갈밭을 야구장 삼아 놀았다.

1960년대 남한의 낙후된 모습에 관한 나의 기억은 내가 서울 소재 연세대학교에서 강의하던 1980년대 말 무렵에는 이미 빛이 바래져 있었다. 1988년에 개최될 서울올림픽에 관한 대중매체를 통한 떠들썩한 거국적인 선전은 노년층을 눈물에 젖게 했다. "나는 미군들에게 초콜릿을 달라고 구걸했었는데, 이제는 미국인들이 한국에 와서 우리의 놀라운 발전에 감동을 받게 된다니." 반면, 주로 도시 거주 중산층 출신이었던 나의 학생들과 같은 젊은 사람들은 물질적 풍요를 당연한 것으로 여겼다. 그들의 대다수는 한때는 정부가 음식점에서 쌀밥을 제공하는 것을 규제했었다는 사실이나, 1980년대 후반이 되면 번창하는 과시소비의 중심이 되어버린 한강 남쪽 지역이 1970년대까지도 늪지대였다는 것을 거의 믿지 못했다.

남한이 겪은 그 대변혁transformations은 물질적이었음은 물론이고 또한 정치적·문화적인 것이었다. 1974년에 남한은 박정희 대통령의 철권통치하에 놓여 있었다. 한국 중앙정보부KCIA, 흔히 그 본부가 위치해 있는 서울의 중심에 있는 산인 남산으로 불림는 도처에 그 촉수를 뻗치고 있었다. 심지어 다방에서 나누는 대화조차 중앙정보부 정보원에게 들릴까 두려워 알아서 조심할 지경이었다. 북한이란 유령과 전쟁이란 위협에서 자유로운 곳은 없었다. 남한은 심각한 정도로 경찰과 군대의 통제를 받는 사회였다. 북한에서 남파한 간첩에 관한 정보를 알릴 비상 전화

번호와 그러한 정보 제공에 뒤따르는 막대한 포상금의 내역이 적힌 포스터들이 전신주만큼이나 많이 도처에 붙어있었다. 내가 아는 어느 한국계 미국인은 경찰 심문을 받았는데, 그 이유는 그가 담배 한 갑의 가격을 정확히 모른다는 것이었다. 국민에게 주입된 정치적 선전에 따르면, 흔한 소비재의 가격을 모른다는 것은 북한이 보낸 간첩임을 보여주는 명백한 표시였다. 게다가 국민의 일상생활 리듬도 반공주의 규율에 의한 감시를 받았다. 매일 밤마다 시행되는 통행금지로 인하여 도시민들은 자정 이전까지 종종 걸음으로 귀가해야 했다. 가상적인 북한의 공격에 대비하는 민방위 훈련을 알리는 사이렌이 매달마다 울려서 도시생활을 정지시켰다. 정치적 억압은 일상생활 속에 깊이 침투했다.

1980년대 후반에 남한은 세계 역사에서 보기 드문 수준의 정치적 동원political mobilization을 경험했다. 빈번하게 학생들이 길거리를 가득 메우고 민주주의를 요구하며 폭동진압 경찰들과 싸웠으며, 나중에는 중산층 시민들도 학생들 편에 가담하였다. 경찰들에게 돌을 던지면서, 또 한편으로는 정치적 슬로건을 내세우면서, 급진적인 정치 문화가 대학생활을 지배했다. 수많은 학생들이 좌익계열 소책자들을 읽었고, 시위 노래를 불렀으며, 밤새도록 술을 마시고 토론을 벌였다. 더욱 극적으로는 산업 노동자들이 파업과 공장폐쇄라는 절정에 달한 투쟁을 벌였다. 마치 급진적인 학생들이 찬양하는 계급투쟁 명제命題가 옳다는 것을 과시하듯이, 노동운동의 전투성은 시간이 흐를수록 더 많은 수의 노동자들을 투쟁으로 끌어들일 정도로 높았다. 사무직 노동자들과 심지어 엘리트 금융회사들의 사원들조차 파업을 시작했다. 사회 변화를 연구하는 이들에게 1980년대 후반에 서울에서 살아있다는 것은 지복至福이었다.

변화는 급격했으며 압축적이었다. 두서너 해가 지난 다음 서울에 돌아왔을 때 나는 학생들의 혁명을 위한 열의가 소멸되어버린 것을 발견하고 놀랐다. 마르크스의 저작들이 검열을 받았을 때 학생들은 그것들의 등사판 인쇄본들을 서둘러 열정적으로 읽었으며, 종종 외국어본 그대로인 채로였다. 이제 마르크스의 저작들을 한국어 번역판으로 손쉽게 구할 수 있게 되자 그것들의 독자층은 거의 남아있지 않게 된 것이었다. 산발적인 노동자 파업과 학생들의 시위가 1990년대까지 지속되기는 하였으나, 1980년대 후반에 남한에 강력한 영향을 끼쳤던 그 대중적인 정치적 동원은 사실상 이미 사라져버렸다.

문화적 변화 역시 못지않게 깊고도 심각했다. 1960년대에는 워커힐과 그곳에 부속된 카지노, 또는 술집과 상점들이 있는 이태원과 같은 미군부대의 주변 지역들을 예외로 한다면, 몇 곳 되지 않는 여가와 소비의 중심지들 중 하나는 명동문자 그대로 "밝은 동네", 즉 서울의 긴자였다. 하지만 긴자와 비교하면, 명동은 그저 제멋대로 성장한 중심가에 지나지 않았다. 극장들은 국내 제작 영화와 할리우드 B급 영화만 상영하도록 엄격한 규제를 받고 있었다. 외국인들, 특히 비아시아계 외국인들은 미군부대들 밖에서는 여간해선 눈에 띄지 않았다. 한국인들은 강렬한 호기심을 보이면서 미국 출신 인류학자들과 평화봉사단원들뿐만 아니라 외국인 사업가들과 외교관들을 맞이했다.

1980년대 무렵에 이르자 한때는 찬란했던 명동은 강남한강 남쪽에 위치한 부유한 서울의 별천지, 그중에서도 특히 압구정동에 비하면 누추한 곳이 되었다. 1980년대 후반에 나는 어두컴컴한 다방, 옹색한 국수집, 그리고 다른 1960년대의 잔재들을 찾으며 향수에 젖어 명동 거리를 거닐었다. 압구정동에서 나는 상급 중산층 가정주부들이 최고급 유행 의상을 과시하듯이 입고 다니고, 부유한 젊은이들이 남들의 눈에 거슬릴 정도로 유별나고 방탕하게 살아가는 모습들을 보았다. 깨끗하고 조명이 잘 된 커피집들이 어두컴컴하고 우중충한 다방들을 밀어냈고, 맥도날드와 피자헛이 국수집들과 값싼 음식을 파는 식당들 대신 들어섰다. 이전보다 더 많은 남한 사람들이 해외로 나가고 있었으며 남한을 방문하는 외국인들도 옛날보다 더 많아졌다. 이러한 국제화와 함께 이제 외국인들은 호기심이 아니라 태연함과 무관심 속에서 받아들여졌다.

이러한 변화들과 대조들을 한층 더 각별하고 흥미롭게 해 주는 것은 그것들이 겨우 한 세대 동안에 발생했다는 점이다. 그 변화의 속도는 앨빈 토플러의 『미래의 충격Future Shock』1970에 필적했다. 물질적 문화 및 인위적으로 건조建造된 환경에서부터 사람들 상호 간 관계와 사적인 내밀內密한 사고思考에 이르기까지 남한은 겨우 삼십년 만에 대변혁을 경험했다.

이러한 나의 인상은 절대로 유별난 것이 아니다. 인류학자인 김중순1992 : xiv은 이렇게 말한다.

> 1965년 대학원에 진학하기 위해 한국을 떠난 이래 처음으로 귀국한 1981년에 그 현장을 직접 목격할 때까지 나는 한국의 발전을 이해할 수 없었다. 여러 해에 걸친 경제 발전과 산업화의 결과들을 그토록 갑작스럽게 경험하면서 나는 일종의 "미래의 충격"을 느꼈다. 나라 전체가 경제적 진보로 요동치고 있는 듯했다. (…중략…) 나는 제2차 세계대전이 끝나갈 무렵 (…중략…) 신발을 만들 재료가 전쟁 물자로 일본 사람들에 의하여 몰수되었기 때문에 대다수의 학교에 다니는 한국 아이들이 제대로 만든 신발을 신지 못했던 사실을 기억한다. 역설적이게도, 1986년에 한국은 세계에서 신발을 가장 많이 수출하는 나라였다.

비록 그러한 변화들을 선정적으로 제시하고, 과거와의 연속성들을 실제로 그러한 것보다 덜 중요한 것으로 깎아내리는 것이 용이한 일이라고 하더라도, 1960년대 초부터 1980년대 후반에 이르는 동안 남한에서 일어난 경제적, 사회적, 그리고 정치적 대변혁을 부인하는 것은 어리석고도 무모한 일일 것이다. 그렇다면 바로 그것이 이 책의 주제이다: 즉, 남한의 발전.

차례

제1장

해방, 전쟁, 그리고 토지 개혁

양반兩班 — 대규모 토지 소유 신사층紳士層 — 은 조선 왕조1392~1910 사회의 지배세력이었으며, 일제 식민통치 기간1910~1945 동안에는 지방에서 권력을 유지했었다. 1948년 남한 정부가 수립되었을 때, 바로 이 사회 계층이 지난 오백년 동안 그래왔던 것처럼 시골 지역을 지배했다. 그들이 누린 권력의 근본적인 원천은 토지 소유였다. **양반** 사회의 정치 경제에서 토지의 독점은 사회생활의 다른 영역들에서 그들의 우세를 보장했다. 하지만 일제 식민통치에서 해방된 이후에 시행된 토지 개혁은 결정적으로 중요한 구조적인 대변혁으로서 **양반**의 권력 기반을 파괴했으며 훗날의 발전을 가능케 하였다.

남한의 미군 군정軍政

제2차 세계대전의 종전 이후, 미국은 한반도의 남쪽 절반지역에서 일본을 대신하여 지배 세력이 되었다. 소련이 후원하는 북한과 미국이 후원하는 남한으로 분리된 한국의 분단은 냉전에 의하여 굳어졌다.Conde 1967, 2 : 426~55 남한은 미국의 봉쇄정책의 시험적인 사례가 되었다.Leffler 1992 : 167; S. H. Lee 1995 소련에 대항하는 지정학적, 이데올로기적 투쟁의 일환으로, 미국은 자생적自生的이고 대중에게 인기가 있었던 인민공화국과 해방 이후 지방의 수많은 곳에서 갑자기 등장한 인민위원회들을 탄압하였으며C. Mitchell 1951 : 14~15; Henderson 1968 :

115~19. 1948년에 남한이 독립국이 되었을 때는 이승만을 지지하였다.G. McCune 1950 : 48~49; Scalapino and Lee 1972 : 312.

거의 무엇이든 할 수 있는 막강한 권력을 가졌음에도 불구하고, 미국은 일본인들이 식민세력으로서 누렸던 위세와 비슷한 그 무엇을 획득한 적도, 또 그 위세를 흉내 내려고 시도해본 적도 없었다. 미국 군인들이 일제 식민지 경찰을 대체한 것이 아니었으며, 미국의 관료들이 한국의 통치기관들을 운영한 것도 아니었다. 게다가 대체로 미국인들은 남한에 대하여 아는 것이 별로 없었다. 리처드 라우터바크라는[1947:14] 언론인은 이렇게 고백했다: "대다수의 미국인들처럼 나는 한국에 관하여 아는 것이 극도로 적었으며, 나중에 알고 보니 그나마 내가 알았던 것들도 충격적으로 대부분이 부정확한 것들이었다." 그러한 사정은 이 언론인에게만 국한된 것이 아니었다. E. 그랜트 미드는[1951:51] 남한에서 겪은 자신의 경험에 대하여 다음과 같이 말했다: "나는 군사학교 두 곳에서 아홉 달에 걸쳐 교육을 받았다 (…중략…) 그 기간 전체 동안 나는 한 시간 동안의 한국에 관한 강의를 단 한차례 수강했다." 영어를 구사하는 한국인들에게 심하게 의존한 미군정은 "통역자들의 정부"라는 우스꽝스러운 이름을 얻었다.Lauterbach 1947 : 224

미국의 최우선 관심사는 공산주의 확산을 저지하는 일이었다. 지도자로서의 자질이 이승만에게 부족했음에도 불구하고, 좌익 활동을 한 전력이 없는 사람으로서 그를 대신할 만한 믿을 수 있는 사람을 미국은 찾을 수가 없었다.G. McCunne 1950 : 245 이승만은 "근대적"이었다. 그는 프린스턴 대학교에서 박사학위를 취득했고, 오스트리아 출신 부인이 있었으며, 영어를 구사할 수 있었다. 뿐만 아니라, 그는 흠 잡을 데 없는 민족주의자로서의 자격을 갖추고 있었다. 그의 열렬한 반공주의 탓에 남한의 엘리트층은 마음을 놓았고, 그는 무자비한 책략으로 경쟁자들을 제거하였다. 그의 정책이 단호하게 반공주의적 성격을 띠게 됨에 따라 이승만에 대한 미국의 지지는 더욱 굳건하게 되었다. 장개석 정권이 중국 본토에서 목숨을 이어간 마지막 몇 해가 미국의 정책 입안자들에게 정치적 안정이 중요함을 뼈저리게 깨닫게 해주었다. 미국의 입장에서 볼 때, 이승만이 저지른 잘못된 행동들은 그의 정치로 인해 용서받고도 남음이 있는 그다지 중요한 것들이 아니었다. 제2차 세계대전의 종전 이후에 시행된 미국 외교 정책의 비극은 공공연하게 선언된 윌슨대통령 류類의 이상주의에도 불구하고, 빈번하게도 미국에게는 부패하고 시대에 역행하는 독재자들을 지지할 의향이 얼마든지 있었다는 점이다.

미국은 이승만에게 정치적 자율권을 주고, 자신은 군사에 관한 일과 경제적 재건에 집중하였다. 그렇게 함에 있어서 미국은 식민지 시대의 국가 관료들과 경찰력을 유지했을 뿐만 아니라 세상에 알려진 일본 식민통치에 협력한 자들을 복권시켰다. Gayn 1948 : 353; Henderson 1991 : 134~36 E. 그랜트 미드는1951 : 235 저간의 사정을 다음과 같이 요약했다:

인민공화국을 탄압하고 스스로를 한 소수집단과 밀접하게 결부시킴으로써 미국인들은 한국인들을 극도로 분노하고 걱정스럽게 만들었으며 그들의 적대감을 불러일으켰다. 고도로 중앙집권적인 정부를 제공함으로써, 미국인들은 자신들을 일본인들과 같은 부류로 분류시켰다. 오만불손함과 윗사람인 체하는 태도 탓에 미국인들은 오랫동안 자신들을 존경해왔던 사람들에게 모멸감과 환멸감을 안겨 주었다. 한국인들이 품고 있는 목표들 그리고 그 목표들에 대한 한국인들의 더할 나위 없는 진지함을 알아보지 못함으로써 한국인들의 눈에서 미국인들의 위신은 심하게 훼손되었다.

미국의 한국 개입은 자치 정부를 수립하려는 자생적인 노력의 성숙을 가로막았으며 궁극적으로는 통일된 한국을 향한 희망을 좌절시켰다. 해방 이후로부터 한국전쟁 이전까지의 한국을 연구한 몇 되지 않는 민족지民族誌학자들 가운데 한 사람인 코넬리우스 오스굿은1951 : 324 다음과 같은 글을 남겼다. "그 결과가 더 좋았을지 아니면 더 나빴을지 상관없이, 한국인들 전체는 사건들의 흐름을 스스로 결정하는 것을 더 원했을 것이라고 결론짓는 도리밖에 없다."

토지를 둘러싼 갈등

일본인들은 지방에서 **양반**이 누리고 있었던 지배적인 위상에 전혀 이의를 제기하지 않았다.부록 참고 1945년 무렵이 되면, 한국 국내에서는 일본의 식민지배에 대한 결속력 있는 지배층의 저항은 거의 없었다. 아닌 게 아니라 수많은 과거의 민족주의자들이 일본 식민지배에 협력할 것을 적극적으로 촉구하고 있었다. 비록 일본 식민지배 당시 **양반** 계층의 친일 정서 및 친일 행적의 정도는 1990년대에도 여전히 논란거리이지만, **양반**이 일본 식민 통치의 필수 불가결한 일부가 되었다는 사실은 부인할 수 없는 듯하다. 전광용의 소설 『꺼삐딴리』1993는 어느 식민지배 협력자여기서는 이인국이란 이름의 의사에 관한 전형적인 묘사이다. 뛰어난 외국어 습득 능력 덕택에 처음에는 일본인들, 그다음은 러시아인들, 마지막으론 미국인들에 의한 한반도 점령기간 동안에 이인국은 어려움 없이 처세할 수 있었다. 아첨꾼 노릇을 하며 살아온 자신의 삶에 대하여 그는 다음과 같이 되돌아본다: "그 사마귀 같은 일본 놈들 틈에서도 살았고 닥싸귀 같은 로스케 속에서도 살아났는데, 양키라고 다를까⋯⋯. 혁명이 일겠으면 일구, 나라가 바뀌겠으면 바뀌구, 아직 이 이인국의 살 구멍은 막히지 않았다."전광용 1993 : 83 물론 이인국의 출세는 남들의 희생을 대가로 치르고 얻어진 것이었다. 예컨대, 그는 일본 당국에 대한 두려움 때문에 어느 한국인 민족주의자의 치료를 거부한다. 의사 이인국은 타락했으며 지조가 없다고 많은 사람들에게 인식이 되었던 엘리트층의 모습을 전형적으로 보여준다.[1]

일본 식민통치의 종결로 인하여 누적되었던 농민들의 불만을 가두어두고 있던 둑이 허물어져 일련의 농민 봉기가 발생했다. 농민들의 요구는 토지 개혁, 조세 감축, 그리고 농민의 자율권 등이었다. 농민들의 소요는 새로 설립된 이승만 정부의 안정을 위협하였다. 민족주의자들로부터 공산주의자들에 이르는 대단히 상이한 사람들의 집단이었던 좌익세력은 토지 재분배 계획을 갖고 있었으며 인민공화국이 붕괴된 이후에도 여전히 대중에게 인기가 높았다.G. McCune 1950 : 90 해방에서부터 한국전쟁의 발발에 이르는 기간 동안에 십만 명도 넘는 남한 사람들이 정치적 폭력으로 목숨을 잃었다.Merrill 1983 : 136 그 당시에 일어난 농민 반란들 중에서 훗날에 미친 파장이 가장 컸던 것은 1946년에 일어난 제주도 반란과 1948년에 발생한 여수 반란이었다.Merrill 1989 그 반란들의 진압에 있어서 미군은 중요한 역할을 수행했다.Cumings 1990a : chap.8

대다수의 농민들에게 목숨과도 같았던 관심사는 토지문제였다. 최정희는 1946년에 발표한 소설 『우물치는 풍경』에서 해방 이후 토지를 둘러싼 투쟁을 생생하고도 훌륭하게 묘사한다. 마을 사람들이 끝없이 옥신각신하는 모습을 지켜보면서, 소설의 해설자는 이렇게 회상한다:

---

1   이러한 남한의 사례와 유사한 사례가 다른 곳에서도 쉽사리 발견된다. "꿕 코이(Quoc Khoi)에게 베트남의 역사는 기억이 널듯 말듯 가물가물하다. 이제 50대에 접어든 코이 씨는 외세가 베트남에 들이닥치고 또 물러나고 함에 따라서 처음에는 프랑스어를 배웠고, 다음에는 일본어를, 그리고는 영어를, 그다음에는 러시아어를 배웠다. 이제 베트남은 독립국이 되었고 코이 씨는 또다시 언어에 새겨진 역사의 굴곡을 따라가고 있다. 그는 영어를 가르치면서 생계를 유지한다."(Mydans 1995 : E16)

두 명의 어머니들이 싸워야 할 좋은 이유는 없습니다 (…중략…) 당신의 굶주림에 대해 책임져야 할 사람은 (…중략…) 최지주입니다. 몇십 년 동안 당신은 당신이 먹을 것을 얻는 땅에서 노예처럼 일했습니다. 해방의 도래는 당신의 상황을 나아지게 하였지만, 지주들은 이 상황을 어려워합니다. 그들은 과거 그들의 하인이었던 사람들로부터 위협을 느끼고, 당신이 오랫동안, 그리고 힘들게 노예처럼 일해온 바로 그 땅을 팔아버립니다. 그리고 그들은 서울로 올라가서 정치계의 사람들을 지지합니다. 지금은 이러한 사람들이 당신의 피와 땀으로 얻은 돈을 그들이 원하는 그 어떤 방식으로도, 졸렬하게도 그리고 무모하게 사용하고 있습니다. 그들이 어떻게 사용하냐구요? 최 씨처럼 돈이 많은 대지주들은 그들을 잘 돌보아줄 새로운 정부를 세울 이들을 지원하면서 그들 자신을 위해서 돈을 씁니다. 모든 것이 엉망이 되었습니다.^{최정희 1983 : 89~90}

토지를 둘러싼 그 갈등은 한국의 장래에 관한 갈등이었다.

갑작스러운 토지 개혁

남한의 미군정은 좌익세력을 탄압하는 한편 지주들, 일본식민지배 협력자들, 그리고 자본가들을 후원하였다. 그렇게 함에 있어서 미군정은 처음에는 시골지역의 기존 권력 관계를 그대로 유지했다. 하지만 북한에서는 김일성이 지주들을 숙청하고 토지를 재분배함으로써 통치의 정당성을 얻고 있었다.^{Sakurai 1976 : chap.6} 널리 보도되었던 1946년에 시행된 북한의 토지 개혁은 미국이 뒷배가 되어주고 있었던 남쪽 정부의 대중적 지지에 위협적이었다.^{C. Mitchell 1951 : 17} 미국 점령군은 남한에서도 토지 재분배 정책을 시행하도록 지원하기로 결정했는데, 그 목적의 일부는 공산주의의 매력을 약화시키는 데 있었다.^{C.Mitchell 1951 : 23} 미 국무부는 "한국인들의 희망사항, 그리고 광범위하게 행해지고 있는 소작을 개별 농민에 의한 토지의 완전한 소유권으로 대체하고 싶은 그들의 욕구를 반영"할 토지개혁을 강력하고 공공연하게 요구했다. Meade 1951 : 207

1946년에 미군정은 신한공사를 설립했는데, 그 모체母體는 일본 식민 통치의 도구로서 많은 비방을 받았던 악명 높은 동양척식주식회사였다. 미군정은 남한에 적용될 농장법Homestead Act을 구상하였으나G. McCune 1950 : 129, 미국이 마련한 토지 재분배 프로젝트는 담당 인원이 너무 부족했고, 아주 형편없이 고안되어서 별 효과를 보지 못하였다. "지나치게 오랫동안 신한공사의 임무들을 떠맡은 미국인 직원이란 서울에 한 명의 소령과 한 명의 대위, 그리고 각 도에 사병 한 명의 현장직원이 전부였다"Lauterbach 1947 : 223; cf. C. Mitchell 1949 게다가 "소작지의 4분의 3이 한국인 지주들의 소유였다는 사실을" 고려하면, "미국 점령군은 사유 토지를 몰수할 권한도 의욕도 없었다"C. Mitchell 1951 : 20 따라서 한국전쟁이 발발할 때까지도 미국이 지원하는 토지 개혁은 별로 진척이 없었다. Gragert 1994 : 161

그럼에도 불구하고, 토지 개혁에 대한 광범위한 대중적인 지지 때문에 토지 개혁에 대한 강력하고 공공연한 반대는 사실상 남한에서 자취를 감췄다.G. McCune 1950 : 133~34 토지 개혁을 위한 분위기가 무르익었던 것이다. 심지어 우파 정당들 조차도 자신들이 입안한 토지 개혁안을 제안할 정도였다.Sakuria 1976 : 28~37 토지 개혁을 요구하는 외부의 압력과 내부의 아우성에 직면한 남한 국회는 1949년에 토지재분배법을 통과시켰다. 그 법에서는 토지 한 단위의 상한선은 7.5에이커였으며, 토지를 몰수당한 지주들에게 보상을 제공하기 위한 조항들도 그 법에 담겨 있었다. 이 법의 원문을 보려면 다음을 참조할 것: J. Cho 1964 : 부록 B

하지만 이승만은 토지 재분배에 그다지 열의가 없었고 대다수의 지주들도 실제로는 그것에 반대하였다.Zeon 1973 : 119~20 이승만 정부는 토지개혁안의 실행을 고의적으로 방해하였다.C. Mitchell 1951 : 29 몇몇 지주들은 이 상황을 악용하여 소작인들로 하여금 부풀려진 가격에 땅을 구매하도록 강요하였다.[K. Pak 1956 : 62; Kuramochi 1985 : 3~4] 『우물치는 풍경』에서 지주 최 씨는 실제로 당시의 지주들이 그랬듯이, 이득을 얻고 땅을 팔면서, 지주들이 득세한 당시의 우익 정부를 지지한다.

1949년의 토지개혁법은 한국전쟁의 발발 이전에는 전면적으로 시행되지 못하였다.[Cumings 1990a : 471~72]

한국전쟁

폴 푸셀[1991 : 651]이 언급하듯이, 한국전쟁은 "문헌자료를 거의 남기지 못하였다. 아마도 그 이유는 클레이 블레어가 불렀듯이 한국전쟁은 망각된 전쟁 The Forgotten War이었기 때문인 듯하다". 미국 대중들의 기억 속에서는 흐릿한 자리를 차지하고 있음에도 불구하고, 한국전쟁은 냉전冷戰에서 대단히 중요한 사건이었다.[Kolko 1994 : 409~11; Walker 1994 : 82] 한국전쟁은 냉전의 동서 분열을 고착화시켰으며, 전 세계에 걸친 미군의 지속적인 주둔에, 특히 미군의 남한 주둔에 타당성을 부여했다.[Kolko 1988 : 48~52; McCormick 1989 : 99~106] 비록 학자들 사이에는 냉전의 기원과 의미에 관하여 의견이 분분하다 하더라도, 미국이 (냉전을 통하여) 지정학적인 위세를 유지하고 자신의 이익을 증진하고자 했다는 점에 대하여는 의심의 여지가 거의 없다.[Leffler 1994 : 120] 1990년대 중반에 이르러서도 한국전쟁은 여전히 한국의 근현대사에서 가장 많이 연구되고 논쟁된 주제이다.[예컨대 Cumings 1981, 1990a; Matray 1991; Goncharov, Lewis, and Xue 1993; Stueck 1995; Wada 1995 등을 볼 것]

한국전쟁은 한국을 폐허로 만들었다. 존 할리데이와 부르스 커밍스[1988 : 220]에 따르면, 3백만 명이 넘는 한국인들이, 혹은 전체 인구의 10퍼센트에 가까운 한국 사람들이, 사망했다.[다른 추정치들은 이보다 훨씬 적다. 다음을 보라 Wada 1995 : 320~29] 남측과 북측이 번갈아 벌인 공격들 때문에 사람들은 살던 곳을 떠나야 했으며Nathan Associates 1954 : 22; 전광희 1992 재산은 파괴되었다.이태건 1954 : 96~113; 이형탁 1992 양측 모두 잔학한 행위들을 저질렀으며Cumings 1990a : 697~707, 그 결과 남북한 간 증오의 기반이 놓였다.

한국전쟁은 남한의 정치적, 대중적 담론의 발전방향에 심대하고도 결정적인 영향을 주었다. 남한의 반공주의가 갖고 있는 유별나게 긴박한 성격의 원천은 그 전쟁이 야기한 황폐화에 있다. 북한, 공산주의, 그리고 정녕 정치 전체에 대한 혐오는 남한사회에서 강력한 암류暗流가 되었다. 더욱이 전쟁동안의 파괴는 전후 남한 사회의 도처에 배어든 평등주의 이데올로기의 핵심을 이룬다. "한때 우리는 모두 가난했었다"라는 자주 반복되는 수사학적 상투어는 그 동족상잔의 전쟁이 할퀴고 간 1953년의 남한에 물질적인 근거를 두고 있다.Ablemann 1993b 한국전쟁이 남긴 영향에 대한 이해 없이 남한을 이해한다는 것은 어려운 일이다.

토지 개혁

한국전쟁이 남긴 가장 장기간 지속되는 구조적인 영향은 토지 개혁이었다. 확실한 기록의 부재와 전시의 혼란 탓에 1949년 제정된 토지개혁법의 시행은 애매하고 불확실하게 되었다.Sakurai 1976 : 113~16; Kuramochi 1985 : 6~7 나라를 통일하기 위한 첫 번째 시도에서 남녘 전역을 휩쓸면서 북한군은 빈농貧農들을 위해 토지를 해방시켰다. 실제로 과거의 소작 농민들은 그들이 경작해왔던 토지에 대하여 무단 점유자의 권리를 행사했다.Cumings 1990a : 677~80 몇몇 경우에는 지방 인민위원회가 되살아나서 토지의 이전을 용이하게 하였다. 더욱이 공산주의 정권이 가하는 실제적인 위협은 "지주들의 방해공작을 좌절시키는데"에 기여하였다.Cumings 1990a : 677 북한을 해방시켰을 때 미국이 보인 대응은 기존의 토지 개혁 법률을 실행하는 것이었다. 한국전쟁이 38선에서 교착상태에 빠져 있었던 1952년에 미국은 이승만 정권을 재촉하여 시골지역에서 토지 개혁을 시행하도록 했다. 토지 개혁은 이승만 정권에 대한 지지를 낳았고, 그럼으로써 전쟁에서 남쪽의 패배를 막는 데 도움이 되었다.Zeon 1973 : 277

토지 개혁은 남한 시골지역을 철저하고도 완벽하게 개조하였다. 토지소유 상한선이 3정보7.5에이커로 정해짐으로써 대지주들은 사실상 소멸했다. 농지農地 중 3분의 1의 주인이 바뀌었으며, 그로써 농가의 3분의 2가 영향을 입었다.Morrow and Sherper 1970 : 1~2 1944년에는 전체 농가의 3퍼센트에 해당하는 가장 부유한 농가들이 전체 농지의 64퍼센트를 소유하고 있었다. 1956년이 되면 최상층 6퍼센트의 부농富農이 소유한 농지는 전체 농지 중 겨우 18퍼센트에 불과했다.J. Cho 1964 : 94 소작농 비율은 전체 농가의 49퍼센트에서 7퍼센트로 떨어졌다.Morrow and Sherper 1970 : 38 이 점에서 남한의 토지 개혁은 널리 찬사를 받은 일본의 토지 개혁보다도 사정이 나았다. 일본에서는 1945년에는 45퍼센트였던 소작농 비율이 1955년에는 9퍼센트로 하락했다.Hayami and Yamada 1991 : 84 수많은 농민들이 스스로 경작하는 토지를 소유하고픈 숙원宿願을 성취했다.K. Pak 1956 : 133; Y. J. Park 1974 : 199 1950년대 중반 무렵에 이르면 전통적인 한국 사회구조의 근본적인 연속성은 이미 종료되어 있었다.

토지 개혁의 의의

남한의 발전을 논하는 수많은 해설들은 토지 개혁에 주목하지 않는다.예컨대 World Bank 1993 더욱이, 좌파 측 평가자들이든 우파 측 평가자들이든 모두 남한의 토지 개혁이 효과적이지 못했다는 결론에 도달하며, 이 점에서 그들의 견해는 합일점에 이른다.Bauer 1976 : 210; Chŏng and Mun 1990 : 30~32 몇몇 학자들은 비효율적인 소규모 농지 소유가 지속되었음을 지적하며 토지 개혁의 의미를 극도로 축소시킨다.예컨대 Y. Koh 1962 : 436, and P. Moon 1982 : 206 하지만 일반적으로 볼 때 토지개혁은 농업 생산력을 개선한다.King 1977 : 62~64 부재지주들과는 달리, 소규모 농지의 경작자들, 그중에서도 특히 가족의 노동력에 의존하는 사람들은 지력地力을 높이고, 보다 더 집약적으로 경작하며, 소출량을 늘리는 경향이 있다.Dumont 1965 : 238~40; Y. Cho 1963 : 106~8; Griffin 1974 : 222~29 한국전쟁의 휴전 이후에 남한의 농업 생산력은 눈부시게는 아닐지라도, 꾸준히 향상되었다.Y.J. Park 1974 : 255~56; Ban, Moon, and Perkins 1980 : 291~93

토지 개혁은 무엇보다도 우선 시골지역의 빈곤문제를 해결함에 있어서 하나의 효과적인 방안이다. 토지 개혁은 총체적인 농업 생산력을 높일 뿐만 아니라, 농산물의 광범위한 분배를 보장한다.Ahluwalia 1974 : 19~21; Bell and Duloy 1974 : 116~22; Otsuka 1993 토지에 대한 권리를 여러 사람들에게 나누어주는 것은 광범위한 궁핍과 기근을 방지함에 있어 결정적인 중요성을 지닌다.Agarwal 1994 : 468~78 참으로 토지 개혁 이후에 남한은 수많은 제3세계 국가들을 고통스럽게 하는 극도로 궁핍한 지경의 언저리까지 가본 적이 전혀 없다.Ban, Moon, and Perkins 1980 : 305~6 토지 개혁은 적어도 거의 모든 사람들에게 식량에 대한 최소한의 권리를 보장하였으며cf. Sen 1981, 다른 개발도상국들이 과거에 직면하였고 또 여전히 직면하고 있는 수많은 고통들을 미연에 방지했다.

토지 문제의 해결은 또한 산업화에도 중요하다. 일본, 남한, 그리고 대만 등 성공적으로 산업화한 아시아의 경제 체제들이 공유하는 한 가지 남다른 구조적인 측면은 토지 개혁이란 경험이라는 것은 우연의 일치가 아니다. 물론 이 일반화는, 발전에 관한 일반화들이 모두 그렇듯이, 서로 다른 농촌 생활조건들을 간과하는 일이 없도록 마땅히 관련된 제반 사정들과 함께 고찰되어야 한다.de Janvry 1981 : 108~40; Berry 1993 : 132~34 그럼에도 불구하고, 산업 경제로의 이행에는 어떤 방식으로든 토지 문제의 해결이 필수적이다. 하지만 농촌 지배층의 우월한 권력을 고려해볼 때, 제대로 효과를 보려면 토지 이전은 신속하고 철저하게 이루어져야한다.Tai 1974 : chap.2 대다수의 경우, 그렇게 진행되려면 엄중한 국내적 위기 또는 외부세력의 개입이 필요하다. 남한의 경우에는 한국전쟁이 그러한 국내 위기를, 미국이 외부의 개입을 제공하였다.

토지 개혁이 결여될 경우, 농촌 지배층은 그들에게 특권을 제공하는 원천을 보존함으로써 현존 질서가 반복되도록 한다. 그들은 자신들의 토지소유를 지켜내고, 농민들의 절절한 요구를 억압하며, 종종 움트기 시작하는 산업화 시도들에 저항한다.W. Lewis 1978 : 24 경제적 잉여를 소비해 버리고 말아도 무탈하거나 또는 그것을 불로소득을 낳는 자본으로 전환할 수 있을 때, 농촌 지배층에게 그 경제적 잉여를 제조업에 투자하도록 유인하는 동기들은 별로 없다. 달리 말하자면, 한 민족국가 내의 극심한 불평등은 역동적인 발전에 해롭다. 제2차 세계대전 이전의 독일이나 일본에서건 또는 대다수의 현대 중앙아메리카 나라들에서건 농촌 지배층은 반동적인 사회세력이다.각각의 사례들에 관해서는 다음을 볼 것, Gerschenkron 1943 : 173~84; Norman 1940 : chap.5; LaFeber 1993 농촌 지배층의 부와 권력은 그들에게 분수에 넘치는 강력한 정치적, 군사적 권력을 보장하며, 국가와 군대도 또한 자신들의 이익을 도모한다. 산업화가 진행되기 위해서는 농촌 지배층의 권력이 반드시 순화되어야 하며 결국에는 파괴되어야 한다.

또 하나 고려해야 할 사항은, 대규모 토지 재분배가 없을 경우에는 토지를 요구하는 농민들의 아우성이 영속적인 정치적 조건이 된다는 점이다.cf. de Janvry 1981 : chap.6 수많은 제3세계 나라들에서 토지 개혁을 하지 못한 탓으로 군부의 후원을 받는 지주들의 정권과 토지에 굶주린 농민들 간의 투쟁이 반복하여 발생해왔다.Furtado 1976 : 251~54; Prosterman and Riedinger 1987 : chap.1 토지를 요구하는 농민들의 투쟁들은 종종 공산주의란 이름을 내걸고 치러졌으며, 그 투쟁들은 현존 질서를 유지하기 위한 미국의 군사 개입을 촉발해왔는데, 특히 중미와 남미 지역에서 그래왔다.예컨대, LaFeber 1993 만약 남한에 대규모 토지 개혁이 없었더라면, 자신들의 권력을 유지하려는 결의에 찬 농촌에 근거를 둔 지배층의 정권에 대항하는 농민 봉기에 남한은 되풀이하여 직면해왔을 가능성이 높다.

남한의 사정과는 정반대되는 사례를 하나 고찰해 보자. 필리핀은 남한과 마찬가지로 탈식민사회이며 미국과 강력한 유대관계를 맺고 있다.Constantino 1975 : chaps. 16~17 미국은 필리핀 정부에게 토지 개혁을 권고했는데, 특히 1950년의 벨 보고서Bell Report에서 그랬다. 허나 필리핀 정부는 이승만 정권처럼 그 권고에 따르지 않았다.Kolko 1988 : 63~66 필리핀 정부는 루손섬 중앙 지역의 게릴라 반군이었던 후크발라합 운동을 진압했으나Kerkvliet 1977 : chap.5, 효과적인 토지 개혁이 없었던 탓에 농민들의 토지 요구는 지속적으로 필리핀 정치의 두드러진 측면이 되었다.Kerkvliet 1990 : chaps. 2, 5 1955년에 제정된 막사이사이 토지 개혁법과 1963년의 마카야팔 토지 개혁법은 제대로 효과를 보지 못했다.Tai 1974 : chap.6 한국전쟁과 같은 중대한 자극이 없었던 필리핀에서는 농촌 지배층이 기왕의 행동방식들을 고수했으며 필리핀 사회를 지배했다. 도시와 농촌에서 정치적 항의는 점점 더 격화되어 마침내는 1972년의 페르디난도 마르코스 대통령에 의한 계엄령 선포로 귀결되고 말았다. 반공주의 정책을 내세운 미국은 마르코스 정권을 지지하였으며, 마르코스 정권은 그 정치적 항의를 진압하고 지배층의 이익을 도모하였다.Bonner 1987

그 필리핀의 강력한 지주계급은 국가와 함께 수출지향적인 농업을 촉진시켰으나 한편으로는 산업화를 방해했다. 수출을 통해 창출된 경제적 잉여는 농촌 지배층과 정치인 출신 관리들이 착복하였는데, 그들은 그 잉여를 산업의 발전이나 사회 기반시설의 발전에 재투자하지 않았다.Hawes 1987 대다수 농촌 주민의 생활수준은 빈곤선 이하로 추락했으며, 필리핀은 아시아의 가장 가난한 나라들에 속하게 되었다.Johansen 1993 : 39 달리 말하자면, 농촌 지배층에 의한 통치는 정치적 불안을 영속시켰고, 권위주의적 정치가 득세하도록 하였으며, 농업에 기반을 둔 이익집단을 후원하는 한편, 산업화를 향한 노력에 제한을 가하였다.

시골생활을 위한 진혼곡

1940년대 후반의 남한에 관한 글에서 코넬리우스 오스굿은1951 : 6 자신감에 차서 다음과 같이 선언할 수 있었다: "의심할 여지없이, 그 누구라도 마을에 대해서 알지 못한다면, 한국 문화에 대한 이해의 첫 걸음을 내딛을 수도 없다." 그의 말은 전적으로 타당했다. 당시 남한 사람들 거의 모두가 시골지역에서 거주했던 것이다. 1990년대에도 남한의 시골지역은 여전히 중요하다. 왜냐하면 대다수의 남한사람들은 유년기를 고향, 즉 그들의 선조들이 살았던 시골 마을에서 보냈기 때문이다.Goldberg 1979 그렇지만 시골지역이 남한 사람들의 발상지라는 사실이 의미심장하다고 해서 보다 더 심대한 대변혁, 즉 농경사회의 종말을 놓쳐서는 안 된다.

토지 개혁은 시골지역의 사회구조에 일대 변혁을 가져다주었다. 대규모 토지소유가 소멸됐을 때, 시골지역은 소규모 토지소유자들 천지가 되었다. 토지 개혁 이후 1950년대와 1960년대를 통틀어서 가구당 경작면적은 대략 1헥타르였다.B. Suh 1972 : 24 계서적階序的인 지주와 소작인 간의 관계는 그 중요성이 줄어들었고, 신분적인 종속관계는 평등주의와 독립에게 자리를 내주었다.

농촌 지배층의 소멸은 농경사회가 산업사회로 탈바꿈해 갈 때 불가피하게 일어나는 일이다.cf. Habakkuk 1994 : chap.8 해방 이후의 토지 개혁은 **양반**의 권력기반을 무너뜨렸다. 비록 그들의 개인적인 위신과 문화적 자본은 살아남았지만, 그들은 자신들에게 부와 영향력을 가져다주던 근본적인 원천을 잃었다. 1949년 토지 개혁법은 정치적, 경제적 지배의 원천으로서의 토지소유에 대한 강력한 제한임이 입증되었다. **양반**의 경제적 기반이 허물어져가자 마을생활에 대한 그들의 영향력이 줄었다.Pak and Gamble 1975 : 101~15 충청남도 지역의 지주였던 나의 친할아버지는 어느 날 나를 데리고 등산에 나서 우리집안의 선산을 관통하여 올라간 적이 있다. 어느 고지대에 도달하여 아래쪽에 논들이 보이는 드넓은 전망에 접하자 할아버지는 눈앞에 펼쳐진 모든 땅이 옛날에는 당신 소유였지만 이제는 저 아래에서 개미처럼 일하고 있는 농부들의 것이라고 한탄했다. 이러한 정서는 시칠리아섬의 대토지 소유 귀족계급의 몰락을 사건의 발생 순서대로 기술하는 『표범』에서 돈 파브리지오가 표현한 정서와 다르지 않다: "우리는 표범들이었고, 사자들이었다. 우리의 자리를 앗아갈 사람들은 작은 자칼, 하이에나가 될 것이다. 그리고 우리들 전체는 표범들, 자칼들, 그리고 양들이며, 우리 모두는 계속하여 우리 자신이 이 지구의 소금이라고 생각할 것이다."Di Lampedusa 1960 : 214

농경사회에서 산업사회로의 이행은 농경문화에 일대 변혁을 가져다주었다. 예컨대, 영국에서 그 과정은 지나치게 오랫동안 지속되었다. 19세기에 "거의 모든 토지 구매는 지주 계급의 신분을 얻고자 하는 구매자들의 사회적 열망에서 [비롯]되었다"F. Thompson 1994 : 140; 그리고 Scott 1982 : chaps. 3~5를 볼 것 하지만 남한에서는 지주계급의 신분을 얻고 싶은 욕망은 거의 사라져버렸다. 토지소유에 대한 법적인 제한이 있었을 뿐만 아니라, 식민지 근대성의 영향, 한국전쟁으로 인한 황폐화, 그리고 전통에 대한 반감反感 등으로 인하여 위신과 권력의 원천으로서의 토지의 가치가 하락했다. **양반**과 그들의 후손들은 더 이상은 그들의 특권적 지위를 보장받기 위해 토지소유에 의존할 수 없게 되었다. 토지가 사회적 권력의 으뜸가는 원천이 되지 못하게 되자 지주들과 그들의 자손들은 마을 너머의 세상으로 눈길을 돌렸다. 많은 사람들이 도시를 목적지로 삼아 그들의 선조들이 살던 땅을 떠났다. 『상속자』란 소설에서 젊은 주인공은 "여기에 있는 것은 모두 너의 것"이라는 할아버지의 약속을 받는다. 서기원 1990 : 183 허나 그는 **양반**의 특권을 표시하는 허울들을 포기하고 할아버지한테서 도망친다. 토지 개혁 이후 수많은 마을들에서 **양반**의 지배는 신속하게 기억 속으로 사라졌다. 간단히 말하자면, **양반**은 시골에서 사라졌다.

토지에 근거한 신분은 계급적 구별에 자리를 내주었다. 나의 외할아버지는 버릇처럼 이렇게 말씀하셨다: "땅은 의미 없어. 몸에 지니고 다닐 수가 없잖아." 교육, 그리고 시간의 흐름과 함께 점점 더 기업 활동이 사회적 위신을 얻는 데 있어서 왕도王道가 되었다. H.~B. Lee 1968 : 53 예컨대 나의 친할아버지는 두 아들의 교육에 대단히 많은 투자를 했으며, 나중에는 그들을 미국으로 보내 박사학위를 취득하게 하였다. 하지만 그는 그들이 더 많은 돈을 벌지 못하였다고 한탄하게 되었다. 비록 국가 관료와 대학교수는 여전히 사회적으로 존경을 받았지만, 한때는 천시되었던 상업이 아마도 가장 위신 있고 또한 틀림없이 가장 수익성이 좋은 직업이 되었다. **양반** 문화의 기본바탕조차 이미 와해되어버렸다.

토지 개혁 이후, 사회적 신분이 낮았던 옛날의 빈농貧農, peasants은 이제 어엿한 자영농自營農, farmers이 되었다. 과거의 소작농들 거의 모두가 소지주가 되었기 때문에, 그들은 더 이상 지주들과 대금업자들에게 시달리지 않게 되었다. 대신 그들은 이제 정부와 시장을 상대하게 되었다. 농업으로부터 산출된 경제적 잉여는 더 이상 지주들이 독점하지 못하였고 농민들 개개인이 처분하게 되었다. 농경생활의 상업화는 되돌릴 수 없는 과정이 되었고 그 속도도 빨라졌다.Y. Chang 1989 : 238~39 비록 빈농에서 변신하여 자영농이 된 사람들이 예전에는 겪지 못했던 문제들을 맞닥뜨리게 되었다고 해도Klein 1958 : 192~93, 빈농들의 지지에 근거를 둔 혁명의 가장 중요한 조건이 남한에서 사라져버렸다. 또한 농업이 상업화됨에 따라 생태학적으로 지속 가능한 미작米作 경제는 종말을 고하게 되었다.Bray 1994 : xvi~xviii 더욱이 젊은 남녀들이 산업부문에서 일하기 위하여 도시로 이주하면서, 수많은 마을이 노인들만 사는 곳이 되었다.

발전으로 인해 남한 시골지역의 인구가 감소했을 뿐만 아니라, 시골 생활의 모습이 일대 변혁을 겪었으며 마침내는 그 가치가 평가 절하되었다. 해방이후 남한의 시골 마을을 변함없는 시골의 전통에 관한 그 어떤 견해와도 밀접하게 결부시키는 것은 우리의 이해를 그르치기 쉽다. 마을 밖 세상으로부터의 영향이 끊임없이 심지어 아주 궁벽한 마을들에게까지도 미쳤다. 시골을 떠나 타향으로 이주한 사람들이 있다는 사실 자체가 가족 연계망을 통하여 도시 생활에 관한 소식이 시골에 도달하게 하는 보증서였다.Sorensen 1988 : 36~37 더욱이 전국 방방곡곡에 보급된 대중적인 학교 교육과 대중매체로 인하여 시골마을들이 전국 차원의 생활 속으로 통합되었다.McGinn et al. 1980 : 241; Turner et al. 1993 : 174~79 도시사람들이 시골사람들을 낮추어 본다는 것과 시골사람들이 "객관적으로 보다 저급한 시골생활"을 누리고 있음을 알게 되면서, 대다수의 마을 사람들은 도시생활을 가치 있는 것으로 여겼으며 스스로에 대한 자존감은 낮았다.Keim 1979 : 116 도시 거주 가족 구성원들과 친구들은 시골지역의 발전이 뒤쳐져있음을 직감할 수 있게 해주는 측정기준이 되었다.

1950년대 남한에 관한 사회학적 기술에서는 마을과 농가의 생활이 중심을 차지할 도리밖에 없을 것이다. 허나 발전의 드라마에서는 불가피하게 그 초점이 도시와 산업으로 이동해 버렸고, 빈농들과 자영농들은 신속히 무대에서 퇴장했다. 존 버거의1979 : 211 빈농들을 위한 추모사는 남한의 경험에도 어울린다:

어느 누구도 빈농들의 전통적인 생활방식이 보전되고 유지되어야 한다고 온당하게 주장할 수 없다. 그런 주장을 하는 것은 빈농들이 계속해서 착취당해야 한다고 주장하는 것이며, 또한 육체적 노동의 짐이 종종 육신을 망가뜨릴 정도이고 언제나 억압적인, 그러한 삶을 그들이 영위해야 한다고 주장하는 것이다. 우리가 빈농들이란 근근이 연명해 나가는 사람들이라는 사실을 받아들이는 순간 (…중략…) 그들의 생활방식에 관한 그 어떤 이상화도 불가능해진다. 정의로운 세상에서는 그러한 계급의 사람들은 더 이상 존재하지 않을 것이다.

빈농의 소멸은 20세기를 특징짓는 세계사의 획기적인 일대 변혁이다. 에릭 홉스봄은1994 : 284 이렇게 말한다: "금세기 후반에서 가장 극적이고 가장 거대한 영향을 준 사회 변화이며, 우리를 과거 세계로부터 영구적으로 분리하는 사회 변화는 빈농의 종말이다"또한 다음을 볼 것, Ladurie 1979 : 144~47 남한에서 빈농의 소멸은 신속하고 압축적이었다.

현대 남한의 정치 경제를 전통적 한국으로부터 단절시킨 결정적으로 중대한 변화는 토지 개혁이었다. 해방 이후의 토지 개혁은 **양반**의 권력 기반인 토지 소유를 근본부터 허물었고, 훗날 발전의 가능성을 열어준 구조적인 대변혁이란 판도라의 상자를 열었다. 그러므로 토지 개혁은 발전을 위하여 충분하지는 못했으나 필요한 조건이었다.

제2장

삼각 동맹과 부패의 정치

　토지 개혁이 저지할 수 없는 동력을 지니고 발전으로 이어진 것은 아니었다. 1953년부터 1961년에 이르는 기간 동안에 남한의 경제는 더디게 성장했다. 1961년도 1인당 평균 국민총생산은 100달러에도 못 미쳤다. 그러므로 훗날의 경제적 역동성의 원천을 이 시기에서 찾는 사람은 거의 없다. 1950년대 중반에 정경조는[1956 : 225] 다음과 같은 글을 남겼다: "(남한은) 심각한 경제적 어려움에 직면해있다. 일본인들이 지워준 한계들에 잇따라서 나라의 분단, 한국전쟁이 초래한 전반적인 파괴, 그리고 그것에 따르는 인구 이동 등이 발생하여 경제를 더욱더 혼란시켰다." T. R. 페렌바크는 『이런 전쟁 *This Kind of War*』에서[1963 : 37] "독자적으로 (한국의) 두 반쪽들은 아마도 2000년 무렵이나 되면 존립 가능한 경제를 건설할 수도 있을 것이다, 하지만 그 이전에는 확실히 아니다"라고 예견하였다.

　1950년대에 관하여 널리 진실로 인정된 견해는 미국의 원조가 남한 경제의 붕괴를 막았다는 것이다. 이러한 관점에서 보면, 내전으로 황폐화되고 생명력이 소진된 이 나라는 그 원조가 없었더라면 가난과 기근으로 극심한 고통을 받았었을 것이다. 에드워드 메이슨과 그의 동료들은[1980 : 203~4] 정확하고 권위 있다고 인정된 그들의 저서 「한국의 경제적, 사회적 근대화The Economic and Social Modernization of the Republic of Korea」에서 바로 그러한 논지를 펼친다.

　한국전쟁의 발발 이전과 그 전쟁 동안에 유입된 막대한 외국의 원조는 독립국가로서 남한의 생존에 필수적이었다. 그 전쟁 이후 십 년 동안 계속하여 제공된 높은 수준의 경제 원조가 십중팔구는 1인당 소득에서 어느 정도의 성장연간 1.5퍼센트과 제로 성장 간의 차이라는 결과를 초래했을 것이다. 이러한 경제성장이 없었다면, 남한 사람들의 경제적 조건은 대단히 열악한 상태로 지속되었을 것이고, 정치적 단합은 퇴보했을 것이며, 뒤이은 고도성장을 위한 기반도 닦여지지 못했을 것이다. 그러므로 1940년대 중반부터 1960년대 중반에 이르는 20년 동안에는 해외 원조가 대단히 중요한 역할을 수행했다.

한국전쟁 이후 남한이 극도로 힘겨운 처지에 놓여있었음과, 남한 경제를 지탱하는 데 있어서 미국 원조가 대단히 중요한 역할을 담당했음에 관해서는 광범위한 의견의 일치가 존재한다.예컨대, Kim and Roemer 1981 : 58; Cathie 1989 : 120; 그리고 Haggard and Moon 1993 : 60~62

1950년대에 남한이 역동적인 경제를 갖지 못했다는 것은 사실이나, 앞에서 언급된 널리 수용된 권위 있는 견해는 남한이 처해있었던 절망적인 상태와 미국이 베푼 자선을 모두 과장한다. 1949~52년 동안의 토지 개혁 이후에 남한의 조건들은 대다수의 개발도상국들이 처해있었던 조건들보다 성공적인 발전으로 이어질 가능성이 더 높았다. 더욱이, 남한의 발전에 대한 미국의 지원에 관해서는 한 가지 이상의 해석이 가능했다. 당시 유행하고 있었던 발전 담론의 영향을 받은 미국은 남한이 농업 경제로 발전하리라고 예상하였으며, 동서냉전에 몰두하여 자신들의 원조와 정치적 지원을 이승만의 부패한 통치를 떠받치는 데 사용하였다. 1950년대에 남한의 발전을 가로막은 근본적인 장애물은 미국(그리고 미국의 원조), 이승만(그리고 국가), 그리고 예속적인 자본가들 간의 삼각동맹이었다. 1960년에 발생한 학생혁명은 이 동맹을 해체시키고 역동적인 발전을 위한 문을 열어젖혔다.

지속적인 토지 개혁의 혜택

외부의 관찰자들에게 1950년대 남한의 경제 사정은 암울해보였다. E. J. 칸[1961 : 49~50]은 빈궁한 서울 시민들을 다음과 같이 묘사하였다: "(그들은) 형편 없는 날림으로 지은 판잣집에 거주하며, 그들 중 일자리를 얻어 본 적이 있었 던 사람들은 별로 없다. 어디서건 거지들이 널려있고 그들 중 몇몇은 겨우 두 세 살 밖에 안 돼 보인다. 또 인도에서 몇 시간이건 쪼그리고 앉아서 행인들 에게 담배, 껌, 빗, 싸구려 장신구, 장난감, 호루라기, 주판, 그리고 살아있는 개들을 파는 노점 상인들도 흔하게 볼 수 있다. 그 개들은 쉬지 않고 짖어대 는데 그 짖는 소리마저도 배고픈 듯이 들린다." 서양 출신 언론인들만 비관 적으로 관찰했던 것은 아니었다. 어느 남한의 대학교수는 "내가 1960년에 미국에서 한국南韓으로 돌아왔을 때 (…중략…) 나는 극심한 가난이 여전히 나 라 곳곳에 널리 퍼져있음을 보고 정말로 할 말을 잃었다"라고[S.c. Hong 1985 : 113] 회상했다.

미국과 비교해 볼 때 남한이 가난했었음은 명백한 사실이나, 1950년대 후 반의 남한 경제는 결코 절망적이지 않았다. 경제가 회복될 조짐들이 뚜렷이 보였다.[Ministry of Reconstruction 1958, 1959] 토지 개혁 이전의 한국이 그러했었던 것과는 다르게, 또 여타 제3세계의 많은 나라들이 여전히 그러했던 것과는 다르게, 남한은 심지어는 미국의 원조가 없다 하더라도 기근饑饉에 허덕일 위 험이 별로 없었다. 대다수의 농가들은 얼마간 그들 자신의 토지를 소유하고 있었으며, 이제는 지대地代를 낼 필요가 없었으므로, 그 토지가 그들의 생존 을 보장하기에 충분하였다.

토지 개혁이란 유산은 다른 면들에서도 역시 상서祥瑞로운 결과를 낳을 가 능성이 높았다. 여기서 인구과잉이란 주제를 화두로 하여 고찰해보자. 높은 출산율이 초래할 결과를 예상하기 위하여 맬더스 신봉자까지 될 필요는 없다. 그런데 유럽의 인구 변동에서는 출산율이 점진적으로 감소했다.Chesnais 1992 : 29~46 그것과는 대조적으로, 남한은 맬더스가 말했던 악몽의 전형적인 사례를 제시하는 듯이 보였다. 어느 남한 주재 미국 관리는 E. J. 칸에게1961 : 55 이렇게 말했다: "만약 이 한국인들이 지나치게 많은 자식을 낳는 것을 멈추지 않는다면, 우리의 선택은 영원히 그들을 지원하거나, 그들이 굶어 죽게 내버려 두거나, 또는 이 문제에서 손을 떼는 것들 중 하나일지도 모른다"또한 다음을 볼 것, Nathan Associates 1954 : 33, and Y. Chang 1967 : 366~68 그러나 남한에서 그 맬더스 학파의 악몽은 예방되었다. 1960년에 시작하여 1989년에 이르는 기간 동안에 총출산율은 여성 한 명당 6명의 아이에서 1.6명의 아이로 감소했다.E. S. Kim 1993 : 254 피터 도날드슨에1990 : 133 따르면, "한국의 인구 증가 둔화는 역사상 그 속도가 가장 빠른 경우들 중 하나이다."

토지 개혁의 결과물들 중 하나인 경제적 안정이 출산율 감소의 중요한 원인이었다. 수많은 개발도상국들에서 높은 출산율은 경제적 불안정과 상관관계가 있다.S. Kuznets 1973 : 46~47 남한에서 토지 재분배는 주로 시골지역 거주민들이었던 인구의 거의 모두에게 최소한의 생계를 보장했다. 모든 성공한 경제체제들과 더불어, 남한의 사례는 인구 과잉이란 빈곤의 원인이라기보다는 빈곤의 결과라고 보는 것이 더 타당함을 시사한다. 통제할 수 없이 빠르게 솟구치는 출산율 증가를 억제하는 데에는 국민들 모두에게 부富가 골고루 미치도록 하는 것보다 더 확실한 방법은 없는 듯하다.

인구 구조상 우연한 사건들 및 가족계획 또한 인구 과잉을 미연에 방지함에 도움이 되었다. 베이비붐은 세계의 대다수 나라들보다 대략 10년쯤 뒤늦게 갑작스럽게 남한에서 발생했는데, 대체로 한국전쟁 탓이었다.Kim, Ross, and Worth 1972 : 1962 시골지역의 인구 유출, 징병徵兵제도, 그리고 서양의 문화적 영향은 결혼 연령을

늦추고 또 출산율을 낮춰준 세 가지 사회적, 문화적 변화들이었다.Kwon 1977 : 263~67

가족계획을 미국과 동일시하는 널리 보급된 인식은 낮은 출산율이 근대성의 표식이 되도록 했다.Donaldson 1990 : 150 남한 정부는 성공적인 결과를 성취하겠다는 굳건한 태도로 피임 기구들을 보급했으며 어디서나 용이하게 낙태할 수 있도록 하였다.E. S. Kim 1993 : 268 정부는 또한 해외이주를 장려했는데, 1970년대 동안 미국으로 이주한 사람들만 해도 연평균 대략 3만 명에 달했다.Abelmann and Lie 1995 : 75~77

도시화에 관해서도 이와 비슷한 이야기를 할 수 있다. 인구과잉과 마찬가지로 과잉 도시화 역시 수많은 제3세계국가들에서 심각한 문제이다.Bairoch 1988 : 509 참조 참으로 남한은 급속한 속도로 도시화되었다.Mills and Song 1979 : 25 하지만 거대 도시로 팽창하는 것은 그 자체로는 발전 도상의 재앙은 아니다.Preston 1988 : 26 런던, 뉴욕, 그리고 도쿄는 그들 각각의 국가 경제가 성장하면서 팽창하였다. 많은 제3세계의 대규모 도시들에서 발생하는 심각한 기능상 장애들에도 불구하고, 거대 도시가 반드시 역동적인 발전을 저해하는 것은 아니다. 오히려 마이클 립튼1977이 암시했듯이, 시골지역의 가난을 영속시키는 것은 발전과정에서 나타나는 만연한 도시 편애이다. 비록 남한에서 국가의 정책들이 농민들에게 우호적이지 않았었다고 하더라도, 대체로 농민들은 토지 개혁으로 인하여 기근이란 위험으로부터 보호되었다.

그리하여 남한에서 기근, 만연한 시골지역의 빈곤, 그리고 인구과잉 등의 발생은 크게 보아서 사전에 방지되었다. 이러한 토지 개혁의 혜택들이 발전이 일어날 수밖에 없도록 해주는 것은 물론 아니지만, 그 혜택들이 발전의 가능성을 열어준 것은 틀림없는 사실이다.

미국의 대對남한 정책, 1953~1961

애초에는 국제 연합 한국 재건처Unite dNatioins Korean Reconstruction Agency란 외피外皮를 입고 활동하였으나, 마침내 미국은 남한과 관련된 업무에서 일방적으로 행동하였다.Lyons 1961 : 4 미국은 남한의 경제 재건을 추진하였는데, 남한의 정치적 안정을 확보하는 것이 그 주목적이었다. 미국의 전망 속에서 남한에 적합한 것은 농업 경제였으며, 미국은 이승만을 정치적으로 후원하였다.

미국 원조를 통한 경제재건

대외 원조는 국제 개발기구들 그리고 제1세계 정부들이 제3세계의 발전을 촉진하기 위하여 선호하는 방법이었다. 1950년대 미국의 대외 정책은 불가분하게 원조와 얽혀있었다.Packenham 1973 : 178~91; Pastor 1980 : 268~80; Wood 1986 : 122~30 미국의(그리고 제 1세계의) 원조에 비판적인 사람들은 원조 제공국들에게는 도덕적으로 순수하지만은 않은 동기들이 있다고 비판한다. 지정학적 이익 및 미국적인 가치들을 증진하려는 욕구가 남한과 여타 제3세계국가들에게 미국이 원조를 제공한 동기였음에는 의심의 여지가 별로 없다. 1950년대에 반공주의를 찬성하는 주장과 남한에 대한 원조에 찬성하는 주장은 밀접하게 연관되어 있었다. 유진 J. 테일러는1953 : 10 *New York Times Magazine*이란 종합 주간지에서 이렇게 말했다: "한국남한의 사회 경제적 재건은 (…중략…) 공산주의자들의 공세가 확산되는 것을 방지하고자 하는 서방세계의 으뜸가는 목표에 중요한 프로젝트[였다]." 남한의 보호와 후원을 지지하는 이러한 주장은 1950년대와 그 이후 내내 대중적인 호소력이 있었다. 예컨대 J. D. 1957 : 274 한국전쟁 이후 진행된 남한의 재건은 기존의 수단과는 다른 수단에 의하여 수행된 국제 공산주의에 대항하는 전쟁의 연장延長이었던 셈이다.

한편, 미국은 남한에 전통적인 농업 경제를 발전시킬 구상을 갖고 있었다. 미국의 고문들은 농업을 강조하였는데, 그 이유는 남한이 산업화를 달성할 능력을 갖고 있는지에 관해 그들이 회의적이었기 때문이었다. 이러한 편견은 로버트 네이선 협회Robert Nathan Associates가 작성한 경제재건 프로그램에 관한 1952년 보고서에서 각별히 분명하게 드러난다. 막대한 원조의 유입을 주창하면서 그 보고서는 이렇게 농업의 발전을 권고했다: "앞으로 오랜 세월 동안 농업이 계속하여 한국남한에서 가장 중요한 경제활동 분야일 것이라는 점은 명백하다."Nathan Associates 1952 : 13; 또한 FAO 1954 : 5를 볼 것 이와 비슷하게, 섀넌 맥쿤1956 : 114은 다음과 같은 글을 남겼다: "미래의 한국남한 경제는 그 어떠한 것이든 마땅히 견실하고 팽창하는 농업 기반 위에 건설되지 않으면 안 된다." 또한 Lautensach 1950 : 116~17, 그리고 Zanzi 1954 : 43~44를 볼 것

농업 경제 국가로서의 남한이라는 그들의 전망과 일관되게 미국은 남한의 산업화를 권하지 않았다. 해방 이후, 미국은 일본인들이 소유했던 공장들과 시설물들을 자신들에게 귀속된 재산으로 보유하였다.Cumings 1981 : 352 1952년에 체결된 미국과 남한 간 조정 협정은 남한을 미국에서 들여온 수입품에 의존하도록 만들었다. 이 정책은 남한의 산업화에 악영향을 줄 뿐이었다.Michell 1989 : 160

1950년대 후반에 소규모 산업들이 남한에서 번창하고 있었음을 고려해 볼 때Y. Lim 1981 : 49, 강력한 농업 부문과 연계된 산업화는 구상해봄 직하지 못한 시나리오는 아니었을 것이다.Weems 1960 : 45~46을 볼 것 30년 후에 발전 자문역들은 이렇게 언급했다: "농업 생산의 많은 분야에서 한국남한은 비교우위를 거의 갖지 못하고 있다"Steinberg et al. 1984 : 3 경제학자 조앤 로빈슨의1964 : 116 다음과 같은 관찰은 이 지점에서 아주 적절하다: "다음과 같은 언급 이외에 경제 이론이 경제 계획의 설계자에게 들려줄 수 있는 말은 많지 않다: 당신은

저것보다는 이것을 ─ 즉, 산업이 아니고 농업을, 국내 생산이 아니고 수출을, 중공업이 아니고 경공업을 ─ 희망해야 마땅하다고 말하는 사람들에게 귀를 기울여서는 안 됩니다. 당신은 언제나 두 가지를 모두 원할 것이오."

어찌하여 미국은 남한의 산업화를 추진하고 싶어 하지 않았을까? 그 이유는 미국의 정책 입안자들이 남한의 상황은 절망적이라고 인식하였으며, 그 결과 남한의 산업화 가능성 자체를 의심했던 사실에 있다.J. Lewis 1955 : 2; cf. Satterwhite 1994 : 191 존 칼드웰은1952 : 109 섬뜩한 이미지로 이 절망감을 이렇게 표현하였다: "한국남한은 마치 머리와 두뇌가 떨어져나갔음에도 몸뚱이는 여전히 발버둥치는 참수당한 사람 같았다. 이는 마치 닭의 목이 도끼에 잘려진 후에도 때로는 그 닭이 잠시 동안 걸어 다닐 수 있는 것과 흡사하다." 미군 장교들은 남한의 기업가들과 정부 관리들을 불신했으며Henning 1952 : 372 부패한 남한 사람들로부터 지켜내기 위하여 옛날 일본인들의 공장들에 대한 지배권을 유지하였다.Oliver 1993 : 172

더욱이, 미국 고문관들은 농업의 발전을 추진함에 있어서 당시 널리 받아들여진 지혜에 따랐다. 발전 담론의 한 교조적 신조에 따르면, 경제체제란 무릇 처음에는 농업 분야에서 자급자족을 달성해야 하고, 그런 다음, 오로지 그렇게 한 다음에야, 산업화 단계로 나아가야 한다는 것이었다.예컨대 Johnston and Kilby 1975 : chap.2, 그리고 W. Lewis 1978 : 75 1952년의 네이선 보고서에 따르면, "산업화 과정에는 시간이 필요하다. 농업이 주업인 경제가 수년 이내에 고도로 발전된 제조업 위주 경제로 변신하기를 기대하는 것은 있을 수 없는 일이다"라는 것이었다.Nathan Associates 1952 : 132 네이선 협회는1954 : 96 "미곡 증산"을 "수출의 최대 버팀목"이라고 지목하였다.

이승만에 대한 불편한 정치적 지원

반공주의를 그 무엇보다도 중요시한 탓에 미국은 독재 통치에 대한 자신의 혐오감을 극복하고 정치적인 안정을 지극히 귀중하게 여기게 되었다. 한국전쟁으로 인하여 지속적인 미군의 남한 주둔뿐만 아니라 지속적인 미국의 이승만 지원 역시 확실하게 되었다.

이승만 정권의 으뜸가는 존재이유는 통일이었다. 1955년에 발간된 한 정부 간행물은 다음과 같이 진술하였다: "공산주의를 오랜 세월 동안 그리고 비극적으로 경험한 결과, 공산주의와는 그 어떠한 타협도, 그 어떤 공존의 가능성도, 평화롭게 함께 살도록 해줄 그 어떤 협정을 맺을 길도 있을 수 없다고 우리 한국인들은 믿습니다."OPI 1955 : 1 이승만은 무력으로 한국을 통일하려는 그의 의욕을 둘러싸고 여러 차례 미국과 마찰을 빚었다.S. Han 1985 : 146~47 게다가 그의 독재적인 통치는 많은 미국인들에게 혐오스러운 것이었다. 당시의 미국 언론에는 그에 관한 비판적인 보도가 넘쳐난다. 프랭크 기브니1954 : 27는 이러한 글을 남겼다: "내정 수행에 있어서 그는 의심할 바 없이 독재자이다. 그가 이론적으로 옹호하는 정치적 자유를 억압할 목적으로 경찰력 및 경찰을 통한 협박의 사용을 꺼려하는 적이 거의 없다."「어느 폭군에 관한 소묘」에서 마크 게인1954 : 214은 이렇게 말했다: "[이승만]을 폭군, 정치적 선동가, 그리고 위험한 협잡꾼이라고 하찮게 여기는 것은 어렵지 않은 일이다. 그는 이 자들을 모두 합친 자이며, 심지어는 그러한 자보다도 덜 매력적인 자이다." 이승만에 대한 부정적인 평가는 언론에만 한정되지 않았다: "미국 중앙정보국은 이승만이 '노망났으며' 또한 '굽힐 줄을 모를 정도로 의지가 강하고 고집불통이다'라고 생각했다. 한편 주한 영국대사관에서 그는 '위험한 파시스트 또는 미치광이'로 간주되었다".Lone and McCormack 1993 : 104

하지만 반공주의를 주창함으로써 이승만은 마지못한 그러나 신뢰할 수 있는 미국의 지지를 어렵게나마 얻어냈다. 냉전기간 동안에 미국은 되풀이하여 이란의 샤에서부터 필리핀의 마르코스, 그리고 두말할 나위 없이 남한의 박정희에 이르는 도덕적으로 역겨운 정권들의 버팀목이 되어주었다.Kolko 1988 미국의 대남한 정책은 이승만의 자율권을 보장해 주었다. 한편으론 과거 일본의 식민지배에 협력했던 남한의 관료, 경찰, 그리고 여타 인사들이 기꺼이 그의 명령에 따르려 했던 덕택에 이승만의 권위는 보장을 받았다.Yun Kyŏng-ch'ŏl 1986 : 78~81

이승만은 의심의 여지없이 미국의 꼭두각시는 아니었다. 그에게 견고한 지지기반을 가져다 준 것은 그 자신의 민족주의자로서의 자격이었다. 십중팔구 그는 농업을 주업으로 하는 나라인 남한에서 전국적인 명성을 지닌 몇 명밖에 안 되는 인물들 중 하나였다. 농민들은 그가 사실은 반대했던 토지 개혁 때문에 그를 호의적으로 평가했다. 또 도시에서 그리고 지식인들로부터 그의 전횡적인 통치에 대한 반발이 있었음에도 불구하고, 그는 한국전쟁의 휴전 직후에는 정통성을 지닌 지도자였다. 허나 그의 통치 아래에서 남한의 정치적 상황은 서서히 독재정치를 향해 타락해갔다.

삼각 동맹-미국, 이승만, 그리고 예속적 자본가들

해방과 토지 개혁이 있은 다음 미국의 원조는 토지를 대신하여 권력 기반이 되었다. 국가 관료들과 예속적인 자본가들이 서로 기생적寄生的인 관계를 맺도록 부추긴 것은 다름 아닌 미국의 원조였다. 대통령과 그의 측근들은 관대하게 베푸는 미국과, 미국이 제공하는 원조 물자들의 가공 및 분배로부터 독점적인 이윤을 얻게 될 남한의 자본가들 간의 연결고리가 되었다. 그리하여 남한에는 하나의 계서階序적인 권력구조가 존재했는데, 그 정상에는 미국

이, 중간에는 이승만과 굴종적인 국가 관료가, 그리고 밑바닥에는 예속적인 자본가들이 자리를 차지했다. 이 삼각 동맹이 한국전쟁 이후 남한의 정치 경제를 지배하였다.

삼각 동맹

브라질의 발전에 관해 영향력 있는 그의 연구에서 피터 에반스는 국제 자본, 강력한 국가, 그리고 최상층 국내 자본 간의 삼각 동맹이란 모델을 제안했다. 자본 축적을 달성하려는 노력 속에서 국가는 산업화를 촉진할 목적에서 다국적 기업들 그리고 국내 기업들과 동맹을 맺는다는 것이다.Evans 1979 : 275~90 1950년대 남한의 삼각 동맹에는 그것과 유사한 일군의 행위자들이 중요한 참가자들이었다. 허나 그 삼각 동맹의 결과물은 발전이 아니었다. 종속적인 발전이든 아니면 다른 그 무엇이든. 그렇게 귀결된 가장 중요한 원인은 남한의 국가가 발전에는 관심이 없었다는 데 있었다. 이승만은 산업화, 자본 축적, 그리고 사회기반시설의 발달에 전혀 관심을 두지 않았다.cf. K. Koh 1963 : chap.5 그 러한 진공 상태 속에서 삼각 동맹은 하나의 부패 구조를 창출하고 지탱하였다.

남한 사회의 여타 부문에서는 그 삼각 동맹에 대항하는 그 어떤 반대세력도 사실상 배출되지 못했다. 농민들은 자신의 땅을 경작하고 싶은 해묵은 꿈을 실현하였고, 하나의 집단으로서는 불평불만이 거의 없었으며, 집단행동에도 별로 관심이 없었다. 산업 노동자 계급은 숫자가 매우 적었다. 실제로 이승만에게 가장 큰 위협은 도시 거주 소수 집단들, 즉 학생과 중산층의 목청 높고 공공연한 반항이었다. 허나 그 도시 지역의 반대세력은 국가에 의한 탄압과 가산주의적家産主義的인 통치의 결합에 의해 그 이상으로 확산되지 못했다.

그 삼각 동맹 체제 아래 경제는 정체되었다. 미국에서 제공된 원조 물자의 가공 및 유통은 경제의 활성화를 위한 자극이 거의 되지 못했다. 부동산과 돈놀이가 수지맞는 이익 재투자 수단이었던 그 당시에 위험성 있는 사업에 투자하도록 기업을 유인하는 자극은 거의 없었다. 1950년대에 대기업들에게서 역동성은 별로 찾아볼 수 없었다.

부패 국가와 국가의 부패

국가는 한 나라의 발전에서 근본적인 역할을 수행한다. 로이드 레이놀즈는1983 : 976 다음과 같은 결론에 도달한다: "[경제 발전]의 설명에서 단 하나의 최고로 중요한 변수는 정치적 조직화와 정부의 행정 역량이다." 비록 국가가 **가장** 중요한 변수임을 입증하는 것이 어려운 일이라고 하더라도, 부패한 국가는 발전을 방해한다고 자신 있게 결론을 내릴 수 있다. 무릇 제대로 작동하는 산업 경제에는 전국에 걸친 교통·통신 시스템, 널리 보급된 문자 해독 능력, 적절한 보건 서비스, 그리고 제대로 기능하는 금융기관 등 기초적인 산업기반이 필요하다. 또 그러한 산업기반을 갖추기 위해서는 조세수입을 거두어들이고 그것을 알맞게 투자할 역량이 있는 국가가 필요하다.

발전이란 일을 제대로 수행해내는 것과 관련된 만큼이나 중요하게 예상하지 못했던 난관들을 피해내고 장애물들을 제거하는 것과 관련되어 있다. 제1장에서 내가 주장한 바와 같이, 효과적인 토지 개혁을 해내지 못한 것이 수많은 나라들에서 발전에 중대한 장애물이 되고 있다. 시골지역의 빈곤과 정치적 불안정은 대단히 많은 농토 없는 빈농들을 거느린 문제 있는 사회라는 표식이다. 그러한 사회들에서 국가는 사회 기반시설에 투자하지 않으며, 통상적으로 경제적 잉여를 갈취하고 심지어 생산적인 시도나 계획들을 잘못된 길로 인도하기도 한다. 권세 있는 농촌 지배층과 부패한 국가의 결합은 경제적 역동성에 강력한 장애물이다. 모부투 치하의 자이레와 마르코스 치하의 필리핀은 낙담할 만큼 긴 목록의 두 가지 사례에 지나지 않는다.[MacGaffey 1991; Bonner 1987] 키스 하트[1982 : 87]는 다음과 같이 요약한다: "최고위층의 횡령, 암시장, 밀수, 그리고 탈세—이 모든 것들은 국가 기구의 허약함을 반영하고 실질적인 정부의 세입을 갉아먹는다"[또한 다음을 볼 것, Sandbrook and Barker 1985] 그 결과, 세입의 부족은 사회 기반시설의 발전을 가로막는다. 그리고 이 악순환은 그 자체의 힘으로 영속화된다.

부패와 독재정치 사이의 상호 영향은 국가 역량의 점진적 약화로 이어진다. 유익한 정보를 많이 제공해주는 사례는 콩고이다. 1960년[독립된 해]과 1987년 사이 동안에 국가 관료는 3천 명에서 7만 3천 명으로 증가하였다. "1960년대 후반 무렵이 되면 상대적으로 볼 때 엄청나게 거대하고 쓸모없는 이 민간 및 군대 봉사 조직체는 국가 예산의 약 4분의 3을 먹어치우고 있었다. 그리고 거기에서 일하는 사람들은 대다수의 콩고인들보다 훨씬 더 높은 생활수준을 누렸다"[Davidson1992 : 235] 협잡꾼들보다 나을 것이 별로 없는 그러한 국가 지배층들은 외국에서 제공한 원조를 빨아먹으며, 국내의 경제적 잉여를 갈취하여 마침내는 해당 정치 공동체에서 암적인 존재가 된다.

더욱이 그 부패한 국가는 "시민사회에 대한 무제한의 지배에 도달하려고 시도하는" "통섭 국가[integral state]"로서 행동한다.[C. Young 1994 : 288] 노골적인 약탈에 더하여, 부패한 국가 지배층은 권력을 유지하고 스스로를 살찌우기 위하여 경제를 조작한다. 그러는 동안 그들은 국가 발전이란 이데올로기를 들먹이면서 그들의 통치를 정당화한다. 지배층 이익집단에 특혜를 주고 현 상황을 유지함으로써 도달하는 최종적 결과는 경제적 정체停滯이다.[cf. Boone 1992 : 254]

원조와 불만

비평가들은 미국(과 제1세계)이 제공하는 원조의 해로운 결과에 대하여 혹독하게 비판해왔다. 그레이엄 핸콕은[1989] 국제 원조단원들에게 "가난의 영주들" 이라는 이름을 붙인다. 참으로 세계은행World Bank의 프로젝트들, IMF가 강요하는 긴축정책들, 그리고 기타 제1세계의 원조는 상당히 많고 부담스러운 이데올로기적인 신념들과 함께 제공되며, 그것들이 도움을 주도록 되어 있는 사람들을 희생하여 국제 금융과 다국적 기업들을 이롭게 하는 일이 빈번하다.Payer 1974 : chap.2; 1982 : chap.3 원조는 종속을 낳을 수 있고, 국내 발전을 저해할 수 있으며, 현존하는 국제 정치경제 질서를 떠받칠 수도 있다.Jalée 1968 : chap.4; Hayter 1971 : 9 또 해외 원조는 종종 제1세계의 가치관을 강제로 떠안기며 현지의 사정을 소홀하게 다룬다.Paddock and Paddock 1973 : 299~300; Colson 1982 : 3

하지만 여기에서 나의 최우선 관심은 어떻게 해외 원조가 부패한 지배층을 위하여 결정적으로 중요한 자원 노릇을 하는가에 있다. 해외 원조에서 당연시되는 국가 대 국가 간 관계를 고려해 보면, 원조 수혜국의 성격이 원조의 효율성을 결정한다. 부패한 정권에서는 원조가 지도자의 사금고를 살찌우고, 국내 반대 의견의 표출을 침묵시키기 위하여 사용될 수도 있으며, 독재적인 통치를 지속시킨다.cf. Ferguson 1990 : 254~256 원조의 개혁은 국외 세력 또는 국내 세력에 달려있다. 원조는 고갈될 수도 있고, 혹은 유력한 국내 대항세력이 부패한 지배층을 완전하게 파멸시킬 수도 있다. 다음에서 이어지는 논의에서 보게 되듯이, 남한의 경우에는 4월 학생혁명이 그 삼각 동맹과 부패의 정치의 균형을 깨뜨리고 그것들을 혼란 속으로 몰아넣었다.

남한에 제공한 미국의 원조는 선의에 의한 것이었고, 언젠가는 남한이 미국과 같이 될 것이라는 믿음을 반영했다.Packenham 1973 : 20 미 공법 480조 식량원조 프로그램에 의거하여 분배된 곡물이든 미군 병사가 나눠준 껌이든 관계없이, 미국의 후한 선물은 많은 남한 사람들에게 지울 수 없는 인상을 남겼다.[2] 해방과

---

2 그레이엄 핸콕은 식량 원조는 빈번하게 제3세계에게 피해를 입히며, 원조에는 꼭 자애롭지만

한국전쟁에서 수행한 역할 덕택에 이미 존경을 받았던 미국은 모든 훌륭하고 근대적인 것들의 상징이 되기에 이르렀다. 확실히 1980년대까지는 거의 모든 남한 사람들의 생각에 미국은 전 세계에서 가장 위대한 나라였다.Abelmann and Lie 1995 : 61~64

1950년대에 미국은 엄청난 양의 금전, 공산품, 그리고 농산물을 남한에 보냈다.E. Park 1985 : 109~10 1953년부터 1961년에 이르는 기간 동안에 남한은 23억 달러의 해외 원조를 받았는데, 그중 85퍼센트는 미국이 제공한 것이었다. 사실 남한의 해외수입 전체 중 3분의 2는 해외 원조 덕택에 대금 결제가 이루어졌다.S. Park 1969 : 32 1950년대 후반에 남한에 제공된 미국의 경제 원조는 남한 국민총생산의 10퍼센트 이상을 차지했다.Kang Haeng-u 1986 : chap.2

그럼에도 불구하고, 미국 원조의 한 가지 근본적인 결함은 그것이 지닌 근시안적인 성격에 있었다. 미국의 원조는 남한의 국내 산업생산의 발달을 저해했다. 왜냐하면 그 원조의 상당 부분이 사회 기반시설과 산업의 형태로 제공된 것이 아니고, 농산물과 완성된 가공품 형태로 제공되었기 때문이었다.U. Chung 1982 : 178~79 남한에 제공된 자본재와 관련된 해외 원조 중 미국이 공여한 것은 4분의 1에 미치지 못했다. 미국 원조의 거의 모두 그리고 미 공법 480조에 의거한 원조의 전체는 농산물과 여타 상품들과 같은 소비재였

은 않은 동기가 있다고 다음과 같이 주장한다: "미 공법 480조에 의거한 미국의 거대한 '평화를 위한 식량' 프로그램을 집행함에 있어서, 미국 국제 개발처는 오늘 무료로 나눠주는 것을 받는 사람들은 내일에는 대금을 지불하는 고객이 될 것이라는 세상 물정에 밝은 원리에 입각해 운영된다"(Hancock 1989 : 168). 그는 계속하여 이렇게 말한다: "장차 값비싼 대가를 치르게 될 외래 곡물에 대한 중독을 유도하고, 미국이 수출량을 확대하고 있는 옥수수와 쌀과 같은 품목의 수출을 위한 생산의 동기를 저하시킬 뿐만 아니라, 미 공법 480조는 종종 심지어는 국내 소비를 위해 식량을 생산하려는 현지 농민들의 노력을 저해하는 중요한 유인(誘因) 노릇을 해왔다"(169). 남한의 사례는 그의 주장에 힘을 실어준다. 남한의 미국 식료품 수입은 1981년에만 21억 달러였는데, 이 금액은 1955년부터 1959년에 이르는 기간 동안 남한에 제공한 미국의 식량 원조 전체보다 더 많았다(168) 게다가 미 공법 480조에 따른 식량 원조 덕택에 남한 정부는 낮은 곡물 가격을 유지할 수 있었는데, 이 정책이 농업 부문의 저개발에 얼마쯤은 책임이 있다.

다. 간단하게 말하자면, 도움이 필요한 사람들에게 물고기 보다는 낚싯대를 주라는 널리 알려진 충고를 알지 못했던 미국은 임시방편을 선택했던 것이었다.

모든 원조가 그 수혜자를 의존적으로 만들고 부패되도록 한다는 것이 나의 주장은 아니다. 원조는 모두 다 서로 같지 않다. 예컨대 중소기업 선회 대출기금Small Business Revolving Loan Fund과 같은 몇몇 프로젝트들은 1950년대 남한에서 화학제품, 종이, 비누, 그리고 여타 저급 기술을 이용한 제품들을 제조했던 기업들을 성공적으로 출범시켰다.Reeve 1963 : 116 일반대중의 산업생산 투자를 주목적지로 한 원조는 국가 지배층들에게 제공된 상품들이나 자금들보다 성공할 가능성이 더 높다. 원조를 통한 노력의 효과를 결정함에 있어서 그것의 맥락이 결정적으로 중요하다. 최대한 낙관적으로 보더라도 1950년대 남한의 경우 그 맥락에 문젯거리가 수두룩했다.

독재정치와 가산주의patrimonialism

이승만은 정치적 억압을 관장하는 국가 기관들, 중요한 관직들, 그리고 주요 경제적 결정들 등을 장악하고 국가의 지배층을 사적私的으로 통제하였다. 그의 독재적인 행동을 가능케 해준 자원은 바로 미국의 원조였다.

이승만은 일본인들에 의한 식민지 탄압의 제도적 유산인 군대와 경찰을 손아귀에 넣었다.Cumings 1990b : 41 핵심 간부들의 환심을 사려고 노력함으로써, 그는 이 두 개의 중요한 국가 통제기관들로부터 그에 대한 사적인 충성심을 확보하였다.J. Oh 1968 : 28~29 국가보안법은 정치적인 동기로 자행된 체포들을 정당화하였다. 1950년 무렵 남한의 교도소 수감자 6만 명 중 거의 80퍼센트의 죄명은 국가보안법 위반이었다.Eckert et al. 1990 : 349 경찰은 시골지역의 정치적인 과정의 성격을 결정함에 있어서 유별나게 강력한 힘을 발휘하였다. 그들은 "이승만을 반대하는 모든 활동을 탄압하였으며, 골수 자유당원들이 종교나 교육에 관련된 행사에서 연설할 수 있도록 허락해줄 것을 요구하였고, 자유당을 후원하기 위한 10분의 1의 미곡세를 징수했고, 투표를 감시했다".Crofts 1960 : 547~48 반공청년단들과 폭력단들은 정치적 항의를 탄압했다.Y. J. Lee 1990 : 151 독재정치로 향하는 길은 "유사 나치 방식들para-nazi methods"에Reeve 1963 : 69 의하여 열렸다.

이승만은 또한 체계적으로 핵심 관직들을 자신의 조력자들로 채웠다. 그의 통제 아래 정실주의情實主義 : patronage system는 1950년대 남한 정부를 규정짓는 특징이 되었다. 박지영은1980 : 57 다음과 같은 글을 남겼다: "정치와 정부는 한국남한에서 개인적인 영달과 불이익의 주요 원천이었다. 따라서 그 누구라도 정치에서 패배하면, 그는 모든 것을 잃는다." 실제로 국가는 이승만의 사적인 영역이 되었고 인격주의personalism는 관료들의 충원과 승진이 있어서 지배적인 원리였다. 그는 모든 중요한 관료들과 군인들의 임명에서 결정적인 영향력을 행사하였다. "이승만의 생각에 정치적으로 믿을만하지 않다는 그 어떤 조짐이라도 보여준 내각의 장관은 그 즉시 해임되었다. 그것과 비슷하게, 내각 회의에서나 사적인 만남에서 이승만의 의견에 망설임 없이 동의를 표시하지 않으려고 한 장관은 예고도 없이 갑자기 해임되었다".J. Oh 1968 : 26

가산주의家産主義 : patrimonialism는 수많은 사회에서 빈번하게 표출되는 속성이다. 통치자는 친척관계와 여타 사적인 유대관계들을 이용하여 자신에 대한 충성을 보장받고 그 대가로 정부의 핵심적인 직위들을 제공한다.cf. Weber 1978 : 1010~15 실제로 가산주의는 미국과 같은 선진 산업 사회들에서도 그 모습을 드러내는데, 그곳들에서는 신임 대통령이 사적 유대관계에 근거하여 일련의 관직임명을 할 수 있다. 비록 족벌주의nepotism에 대한 이념적 반대는 있을 수 있다 하더라도, 중요한 직책들은 편애와 신임을 받는 인사들에게 주어진다. 그것과는 매우 다른 맥락에서, F. M. 콘퍼드1994 : 109는 사적 인맥에 근

거한 일자리 분배에 관하여 다음과 같은 흠잡을 데 없는 논리를 제시한다:

> 정치 활동의 가장 중요한 분야는 물론 **일자리들**과 밀접하게 연관되어 있다. 이
> 것들은 두 종류로 나뉘는데, 나의 일자리들과 당신의 일자리들이다. 나의 일자리들
> 은 공공심 있는 제안들로서 우연히(대단히 유감스럽게도) 나의 개인적인 친구의
> 영달이 반드시 수반되며, 혹은(한층 더 유감스럽게도) 나 자신의 영달 역시 그러하
> 다. 당신의 일자리들은 당신 자신과 당신 친구들의 영달을 위한 은밀하고 해로운
> 음모들인데, 공공심 있는 제안들이라고 그럴듯하게 포장되어 있다.

가산주의와 인격주의로 끌어당기는 힘은 모든 시대들 및 모든 문화들에서 강력하다.cf. Sandbrook 1993 : 29~34 하지만 선진 산업 사회들에서는 국가 기구의 규모 그 자체, (대중의 시야에 보다 더 많이 노출된) 국가 기구의 하위 직급들에서 시행되는 실력주의, 그리고 정기적인 선거를 통한 지배층 순환이란 이미 정착된 체제 등은 가산주의의 힘을 완화시키고 그 영역을 제한한다.Theobald 1990 : 64~75

1950년대 남한의 경우, 제도적인 존재란 측면에서 보면 국가는 여전히 규모가 작았다.C.-H. Cho 1972 : 93 대학 교육을 받은 엘리트는 소규모 집단이었다 (1950년대 후반에 대학생들은 대학 재학 연령의 남한 사람들 중에서 겨우 6퍼센트에 불과했다).McGinn et al. 1980 : 47 1950년대 중반의 소규모이며 서로 밀접한 관계 속에 있었던 엘리트 집단은 그레고리 핸더슨이1989 : 175 1948년의 서울에 관한 그의 연구에서 다음과 같이 묘사한 것보다 그다지 확장되지 못했다: "(한국)전쟁 이전의 서울은 비길 데 없는 친밀감과 흥분의 뒤범벅이었다 (…중략…) 길거리에서 자동차 한대가 지나가면 (…중략…) 당신은 3층의 창밖으로 몸을 기대고 내다보면서, '오, 이 씨로군. 구시장님을 만나러 가는가 보군'이라고

말했을 것이다. 1948년의 서울에서 당신은 차를 소유하고 있는 사람이면 누구든 알았고, 보통 그가 차를 타고 어디에 가는지도 알았다." 서울의 관료적 중앙 집중화는 일본 식민지배 기간 동안 가속화되었으며, 서로 긴밀하게 연결된 국가 엘리트 집단을 창출해내었다.최장집 1993b : 264 1950년대 후반에 국가의 관료조직에서 근무하셨던 나의 아버지는 많은 고위 관리들 및 정치인들과 친분이 있었으며, 그들 중 몇 명은 나중에 장관이 되었다. 우리가 1980년대 후반에 새로운 내각 임명에 관한 텔레비전 뉴스를 볼 때, 아버지는 그들 대다수를 안다고 주장하였다.

가산주의와 부정부패는 동일한 동전의 양면이었다. 뇌물 수수 관행의 역동성이 관료제의 계서 질서를 하강하면서 지속적으로 심각한 영향을 끼쳤으며, 나라 전체에 침투했다. 사사로운 청탁들이 관료들의 행동에 지대한 영향을 주었다.Bark 1967 : 62~63 "남한에서 관리들의 부정부패는 보기 드물게 대규모로 발생하고 있으며, 직위의 고하를 막론하고 관리들이 그 관행에 물들어 있다. 그 부정부패 관행의 수혜자들 중에는 빈번하게 '세금'을 징수하고는 착복하는 시골지역 경찰과, '자발적 회비'를 윽박질러 받아내는 이승만 자신의 정치 조직에 소속된 자들이 있다"Gayn 1954 : 215 전력電力에서부터 사친회師親會에 이르기까지, 그 "자발적인 납부 제도"는 청탁뿐만 아니라 기본적인 서비스들을 보장받는 수단이 되었다.Reeve 1963 : 98 밀수와 암시장의 중요성 또한 과소평가될 수 없다. 군사 쿠데타 이후 집권한 정부가 그것들을 일소하려 했음은 그것들이 사회의 도처에서 성행했었음을 입증한다.Reeve 1963 : 98~99

뇌물 수수는 국가 관료들에게는 당시의 사정상 피할 수 없었던 일이었다, 왜냐하면 그들의 보수가 아주 형편없었기 때문이다. 공식적인 보수는 금욕주의자나 만족시킬 수 있는 정도였다: "평범한 관리가 봉급만으로 생계를 꾸려간다는 것은 거의 불가능했다"Reeve1963 : 96 1950년대 중반에 중간급 공무원은 중간급 노동자보다 수입이 적었다.Chao 1956 : 66 안정된 재정적인 기반이 없는 고위 관료들에게 뇌물은 승진, 권력 획득, 심지어는 최소한의 생존 등의 목표를 달성하기 위한 유일한 수단이었다. 그 규모가 커져가기만 하는 선물은 관리들의 승진에 지대한 영향을 끼쳤고, 능력주의에 기초했다고 일반적으로 여겨졌던 시스템의 효율성을 점차 약화시켰다. 한편, 그러한 국가의 무능함과 뇌물 수수에 취약함은 교육수준 높은 대중의 불만을 부추기는 결과를 낳았다.

예속적 자본가들 – '양반 재벌'

예속적인 자본가들은 삼각 동맹에서 가장 힘이 약한 동반자였다. 행운을 얻은 자본가들은 특정 분야들을 독점하는 특혜를 받았으며, 국가 정책과 계획의 혜택을 체계적으로 누렸다. 그들의 출신 배경은 정치 지도자들과 똑같이 옛날의 지배층이었다. 그들은 본질적으로 **양반 재벌**이었다.[3]

국가의 후원은 대기업의 성장에서 그 무엇보다도 더 중요한 영향을 주었다.Kong 1992 : 39~52 한국전쟁의 휴전 후 국가는 미국의 원조를 통제하였고, 자원을 분배했으며, 관료제를 통한 장애물들을 세웠다.K.-D. Kim 1979 : 68~70 특히, 전후 남한에서 필수 소비재들이었던 "삼백三白" 즉 설탕, 밀가루, 그리고 면綿의 국가에 의한 분배가 사업의 성공을 위한 보장된 조건을 마련해 주었다. 바꾸어 말하자면, 미국의 원조가 대기업 성장에 확고한 기반을 제공해주었다.

촘촘히 짜인 인적 연계망連繫網이 국가 관료들과 예속적인 자본가들을 서로 묶었다.K.-D. Kim 1979 : 67~70 기업가 쪽에서는 특혜에 대한 보답으로 뇌물을 주었다. 요컨대, 국가 지배층과 예속적인 자본가들은 미국 원조 물자의 분배로

---

3 일본어 자이바츠와 동일한 한자로 표기되는 **재벌**에는 법적이거나 공식적인 정의가 없다.(M. Kang 1996 : 10~12) 규모가 크고 여러 분야에 걸친 사업체들을 거느리는 복합기업이라면 그 어느 것도 그럴듯하게 재벌이라고 주장할 수 있다. 가족이 소유하고 있다는 것이 그러한 기업들이 갖고 있는 또 하나의 공통된 특징이다.

부터 부정한 돈벌이 방법을 창출해 내었다. 국가와 밀접한 관계를 맺는 것이 공장의 매입과 인수뿐만 아니라 원자재의 지속적인 공급을 확보하기 위해서도 결정적인 중요성을 지녔다. 그러한 관계를 맺고 유지하는 것은 소규모 제조업자들에게는 대단히 심각한 문제였다. 어느 사업가는 시사주간지 *Newsweek*에서1960년 5월 16, 58 이렇게 말했다: "자유당 당원들에게 상습적으로 뇌물로 바쳐야 했던 것을 저축만 해도 (…중략…) 나는 일 년 안에 내 공장에 새 설비를 갖출 수 있을 거외다."

양반 재벌의 몇몇 사례들을 고찰해보자. 김성수의 경성 방직은 식민지 시절에 규모가 가장 큰 한국인 소유의 기업들 중 하나였다. 그의 동생 김연수가 그 기업을 이어 받았는데, 국가의 후원을 받고 또 미국에서 보내온 면의 공급을 보장받은 덕택에 번창했다. 국가의 지원은 또한 그 김씨 가문의 삼양 설탕정제공장에도 결정적으로 중요했다. 일본인 소유의 공장을 인수받은 다음, 삼양은 설비 구입에 필요한 자본은 미국의 융자로부터, 그리고 설탕은 미 공법 480조에 의거한 원조로부터 얻었다.McNamara 1990 : 131~32 식민지 시절 친일 부역자이자 기업가인 박흥식의 경력은 동일한 매커니즘의 작동을 실례實例로써 보여준다. 그는 1955년에 데이고쿠 방직회사의 인천 공장을 인수했으며, 또 장비 구입을 위한 85만 달러의 유엔 기금도 받았다. 그 회사는 또한 유리한 조건의 정부융자를 받는 혜택을 누렸다.McNamara 1990 : 131 1990년대 초에 남한에서 가장 성공한 **재벌**은 삼성이었다. 설립자 이병철에게 최초의 큰 성공을 안겨준 회사는 제일제당이었는데 이 회사는 1950년대에 남한에서 가장 큰 설탕 정제회사가 되었다. 융자를 얻고 미국산 원자재를 획득함에 있어서 국가의 후원이 지극히 중요했으며, 그 후원 덕택에 삼성은 사업 분야를 다각화하게 되었고, 최고의 재벌이 되었다.Clifford 1994 : 316~19

요약하면, 미국, 이승만의 국가, 그리고 예속적인 자본가들 간의 삼각동맹은 원조와 뇌물 수수에 의하여 서로 연결되었다. 미국의 지원은 이승만의 독재적인 통치에 결정적으로 중요했으며, 미국의 원조는 대기업과 관료들의 기생적寄生的인 생활을 부추겼다. 남한의 기업들은 미국의 원조로서 제공되는 귀중한 물품들을 얻을 기회를 위하여, 또 경쟁자들을 제치고 독점적인 특권들을 유지하기 위하여, 대통령과 사적私的인 유대를 구축하였다. 그 부정부패의 구조는 궁극적으로는 잠재적인 혁신적인 개선들 그리고 이로운 결과를 가져다 줄 경쟁을 남한에게서 앗아갔다. 경제적 잉여는 생산적으로 투자되지 못하고 정계 및 기업계의 지배층들에게 축적되고 말았다. 남한의 경제는 정체되었다.

1960년 4월의 학생혁명

양반의 권력이 괴멸된 이후에도 전통적인 지배층은 비록 미국의 지원을 받았다고 하더라도 성공적으로 남한의 정치 경제를 지배했다. 돌연히 그 삼각동맹을 산산조각으로 해체해버리고 훗날의 발전을 위한 정지작업을 해낸 것은 바로 1960년의 학생혁명이었다.

국내 정치, 1952~1960

좌익세력의 숙청 이후에 이승만의 으뜸가는 경쟁자는 민주당이었다. 1950년대의 정치적 갈등은 지배층 내의 파벌들이 서로 다투고 경쟁하는 양상으로 전개되었다. 이승만의 자유당과 야당인 민주당의 당원들 대다수는 한결같이 특권을 누려온 양반 출신이란 동일한 배경을 갖고 있었다. 1948년 국회의 의원들 중 40퍼센트 이상이 지주 계급 출신이었다.J. Oh 1968 : 13 이승만의 자유당은 본질적으로 그의 사적私的인 인적 연계망人的連繫網에 지나지 못했다.H.~B. Lee 1968 : 71~76 민주당의 기반은 지주 계급 그리고 식민지 시대 후기에 관료로서 또 사업가로서 영화를 누리던 일본의 식민지배에 협력한 자들이었다.

이승만은 1952년의 대통령 선거에서 70퍼센트 이상의 투표를 얻음으로써 압도적인 승리를 거두었다. 하지만 조금씩 심해지는 그의 노망기, 그의 통치의 노골적인 부정부패, 그리고 침체된 경제는 그의 지지기반을 잠식하여 1956년 대통령 선거에서는 그의 득표율이 56퍼센트로 줄어들었다. 야당인 민주당은 "못 살겠다, 갈아보자"라는 구호를 내걸고 선거운동을 하였다.J. Oh 1968 : 51 이승만이 신중하게 선택한 자유당의 부통령 후보 이기붕은 1956년 선거에서 민주당 후보인 장면에게 패했다.

1950년대에는 대통령과 국회 간의 긴장이 갈수록 고조되었다.C. Pak 1980 : chap.6 국회는 여러 차례 이승만을 권좌에서 축출하려고 시도하였다. 민주당은 되풀이하여 대통령으로서 그의 권한에 이의를 제기하였다. 이승만의 대응은 여러 가지 그럴듯한 정치적 도구들을 효과적으로 활용하는 것이었다. 1948년의 국가보안법은 억압적인 조치들을 정당화하였으며박원선, 1989, 이승만은 경찰과 폭력배들을 사주하여 야당 정치인들을 협박하였다.Gayn 1954 : 159~60 신문들의 정간은 다반사였으며, 어느 신문의 주필은 그의 반정부 언론 활동 탓에 처형되었다.J. A. Kim 1975 : 159~60 노골적인 정치적 가혹행위들의 목록은 긴 역사책을 채울 수도 있을 지경이었다.

가장 폭력적인 갈등들 중 하나는 1958년의 국가보안법의 수정을 둘러싼 위기였다.Macdonald 1992 : 195~99 고조되어가던 긴장 상태는 야당의 농성항의로 이어졌다. 제안된 국가보안법 개정안에는 이승만에 대한 모든 무례행위들 transgressions은 공산주의자들의 방해공작이자 국가반역 행위라고 규정되었다. 자유주의적인 약속들을 담은 1948년 헌법은 **사실상으로만** 아니라 **법적으**

로도 기능을 잃게 되었다.J. Oh 1968 : 55~58 남한에서 법치法治의 효력 상실은 1980년대 내내 지속될 것이었다. 윤대규1990 : 217는 이렇게 언급한 바 있다: "한국에서 법은 정부의 권력을 정당화함에 있어서는 넉넉함이 있어왔으며, 그 권력의 남용을 견제함에 있어서는 모자람이 있어왔다".

자신의 사명을 확신하고 있었던 이승만은 그의 정신력과 그에 대한 대중의 지지가 쇠락해감에도 권력을 더욱 단단히 움켜쥐었다. 그의 신임을 받는 고문인 로버트 올리버가 이승만에게 85세가 되면 은퇴할 것을 제안했을 때, 그는 이렇게 대답했다. "그렇게 하는 것보다 내가 더 좋아할 일은 없습니다, (…중략…) 하지만 이 싸움을 누가 떠맡겠습니까? (…중략…) 나는 반드시 이 자리에 남아 있어야 합니다, 나에겐 나의 국민들에게 그렇게 해야 할 의무가 있습니다."Q. Y. Kim 1983 : 33

1950년대 후반에 다다르자 이승만의 부패한 통치는 절망의 문화를 낳았다. 아마도 가장 잘 알려진 그 시대의 소설로서 1959년에 출판된 이범선의 『오발탄』은 사회에 만연한 그 절망감을 생생하게 묘사한다. 힘겹게 살아가지만 성실한 사무실 서기인 주인공은 사회 문제들의 포로가 된다: 미쳐버린 어머니, 창녀가 된 누이, 도둑이 된 동생 그리고 출산 도중 목숨을 잃는 아내. 정신이 나간 어머니가 주문처럼 내뱉는 "가자!"란 말이 뇌리에서 떠나지 않는 그는 사회적, 윤리적 기준이 결여된 아노미 상태를 몸소 대표한다. 소설의 마지막에 그는 택시 안에서 어디로 가야 할지 갈피를 잡지 못한 채 이렇게 혼잣말을 한다: "아들 구실, 남편 구실, 애비 구실, 형 구실, 오빠 구실, 또 계리사 사무실 서기 구실, 해야 할 구실이 너무도 많구나. 그래, 나는 네 말대로 아마도 조물주의 오발탄일지도 모른다. 정말 갈 곳을 알 수가 없다. 그런데 지금 나는 어디건 가긴 가야 한다"라고 말한다.이범선 1973 : 154 그가 피를 뱉어 내 자신의 흰 와이셔츠를 더럽히는 장면으로 소설이 끝나면서, 개인적인 문제들과 사회적인 문제들이 그를 세차게 때렸다.

'4·19'

이승만이 권좌를 지켜낼 전망은 1960년의 첫 몇 달 동안은 밝은 듯했다. 마치 그가 남한의 통치를 자신에게 위임하는 천명天命을 받은 것과 별로 다른 바 없는 듯했다. 1956년의 대통령 선거에서 이승만의 경쟁자였던 신익희가 실제로 그랬던 것처럼, 1960년의 대통령 선거에서 이승만의 경쟁자인 조병 옥은 선거가 실시되기 전에 갑자기 사망했다(1956년의 선거에서 또 다른 후보자였 던 조봉암은 훗날 공산주의자와 공모했다는 판결을 받고 처형되었다).S. Han 1972 : 46~49 이 승만의 승리를 위협하는 것은 그 자신 역시 죽음을 피할 수 없다는 인간의 조 건뿐이었다.

하지만 1960년 3월의 선거에서는 부통령 후보들인 이기붕과 장면이 또 다시 서로 경쟁하였다. 장면은 이전의 대통령 후보자들이었던 조병옥과 신익희처럼, 한때는 이승만의 추종자였다. 정치적인 의견의 차이로 이승만과 사이가 멀어진 장면이나 다른 사람들과는 달리 이기붕은 변함없이 이승만에게 충성을 바쳤다. 허나 이기붕은 퇴행성 질환을 앓고 있어서 늘 조롱을 받았다. 그는 1956년의 부통령 선거에서 장면에게 패배했었다. 이기붕의 압도적 승리를 전하는 1960년 선거의 결과가 알려지자, 마산에서 대규모 시위가 발생했다. 당시의 실상을 잘 아는 남한사람들에게 이기붕의 승리는 상상할 수조차 없는 것이었다. 그 선거는 부정선거였음이 명백했다.Yun Kyŏng-ch'ŏl 1986 : 173~82

마산의 소요는 애초에는 고립된 사건인 듯했다. 하지만 어느 어린 시위자의 시체가 우연히 발견되고 그가 경찰의 최루탄에 맞아 사망했음이 널리 알려지게 되자, 여러 도시들에서 시위가 발생했다. 대학생들과 고등학생들에 더하여 온 건한 사회세력들도 또한 공개적으로 불만을 표현하기 시작했다.박세길 1989 : 73~97

최대 규모의 시위는 4월 19일에 서울에서 발생했는데, 그 시위는 남한의 정치적인 기억 속에 **사-일-구**라는 이름으로 불멸의 존재가 되었다(근대 한국 역사에서 많은 주요 사건들은 사건의 날짜를 가리키는 일련의 정수로 표현된다). 경찰은 시위자들을 향해 발포했으며, 그 결과 186명의 사망자와 1,600명의 부상자가 발생했다.Q. Y. Kim 1983 : 5 그 폭력은 식자층에게 충격을 주었으며, 그 충격의 여파로 4월 25일에는 대학교수들에 의한 대규모 시위가 발생했다.

하지만 가두시위들은 이승만 정권의 붕괴에 필요는 했지만 충분치는 못했다. 그의 하야가 거의 불가피한 지경에 이르도록 한 것은 대단히 중요한 그의 지지기반이 약화되었다는 사실이었다. 군대와 경찰은 중립을 지켰으며, 한편으로는 당시까지도 열의 없고 미지근한 정도 이상인 적이 없었던 그에 대한 미국의 지지가 사라져버렸다.J. Oh 1968 : 63-64 이승만 통치는 무너졌다. 그는 4월 26일에 대통령직을 사임하고 하와이로 망명길에 올라서 1965년에 그곳에서 사망했다.

당시까지도 이승만의 권력 장악은 확고한 듯이 보였다. 훗날의 시점에서 되돌아 볼 때, 어찌하여 그의 권력 장악력은 그토록 허약한 것이었을까? 그는 정치적 탄압, 미국과의 불편한 동맹관계, 순종적인 정부 조직체 등에 의존해왔었다. 정치적 억압을 위한 국가 기관들, 즉 경찰과 군대는 독불장군 같은 최대 규모의 조직체들이었으며, 심각한 정치적 반대가 없는 상황에서, 통치력이었다. 대다수 국민들이 시골지역에 거주하는 나라라는 배경을 지닌 상태에서 정치란 도시에서나 일어나는 일이었다. 심각한 정치적 도전이 존재하지 않았기 때문에 민주주의란 허울이 독재정치란 실상을 가렸다.

일본의 식민통치는 지방정부들의 역할을 축소시키면서 중앙 국가기구들의 역할을 대단한 정도로 강화시켰으며, 동시에 독립적인 조직체들은 제거해버리거나 그 힘을 약화시켰다. 한국전쟁은 당시 성장 단계에 있었던 농민 조직들을 파괴해버렸으며, 토지 개혁은 전통적인 지배계급을 뿌리째 뽑아버렸고, 그로써 농민들이 품었던 불만의 근본적 원천을 제거했다. 농민들은 잠재적으로는 강력했으나 조직되지 못한 사회세력으로 남아있었다. 도시 지역의 정치적 반대는 제대로 조직되지 못했다. 1940년대 후반의 고도로 집중된 정치활동 기간 이후, 한국전쟁과 이승만의 통치는 정치적인 조직화를 좌절시키는 노릇을 하였다. 보통 선거권과 같은 많은 중산층의 특권들이 미국의 절대적인 영향력 하에 제정된 헌법에 의해 주어졌다. 정치적 탄압과 시민의 권리가 뒤섞인 탓으로, 1950년대의 남한에는 자율적인 정치적 조직체란 거의 없었다. 이러한 맥락에서 학생들과 교육수준 높은 중산층에 의한 정치적 집단행동의 첫 표출은 나라의 심장부에서 일어난 가늠할 수 없이 강력하고 공공연한 폭력적인 소동으로 느껴졌다.

이승만의 몰락은 대체로 지나친 자만과 개인적인 나약함에 관한 이야기이다. 그의 전기 작가인 리차드 앨런은1960 : 240 다음과 같은 글을 남겼다: "그가 실제로 그랬던 것처럼, 강력한 권력을 쥐고 있었으며 언제든 그 권력을 행사할 수 있었으므로, 이승만은 한국남한의 케말 아타튀르크가 될 수도 있었을 것이다. 허나 그는 통일에 대한 집착 이외에는 자신의 나라를 위한 그 어떤 계획도 갖고 있지 못했다." 한국 통일이라는 유일한 욕망에 사로잡혀 이 국민 영웅은 갈수록 망조가 짙어져 가는 부패한 정권의 무능하고 시대에 어울리지 않는 우두머리가 되어 있었던 것이다.

남한의 정치사에서 4월 학생혁명이라고 알려지게 된 사건의 영향력은 엄청났다. 남한 안팎의 보도들 대다수는 그저 어느 부패한 통치자의 몰락과 민주주의의 승리를 보았을 뿐이었다.[4] 남한에서 그 사건은 민주주의와 인간정신의

---

4 Min 1993을 볼 것. 시사화보잡시 *Life*는 다음과 같이 언급하였다: "한국에서 민주주의의 승리는 청년의 승리였으며, 그 사실에 걸맞게 기념되었다. 심지어는 너무 어려서 얼마나 엄청난 일이 일어났는지조차도 이해하지 못하는 이들도 그 사건을 기념하였다"(May 9, 1960 : 30) 그 기사는 이어서 이렇게 말했다: "그 사건들은 서양인들에게는 의미 없이 괴상해 보이지만 이상하

승리를 의미했을 뿐만 아니라 또한 하나의 강력한 정치적인 신화神話가 되었다.Q. Y. Kim 1983 : 2 **사-일-구**는 한국 근대사에서 훗날 일어난 모든 유관有關한 사건들의 전형적인 사례가 되어주거나 그 사건들에 결정적인 영향을 미치는 사건이 되었고, 그 중요성에서 **삼-일**일본 식민지배에 대항하여 일어난 1919년 3월 1일의 봉기 그리고 **육-이-오**1950.6.25, 한국전쟁의 시작와 동등하다. 널리 읽히는 한국사에 관한 두 교재는 모두 4월 학생혁명으로 서술을 종료한다. "4월 학생혁명은 한국의 민주주의가 살아 있고 건강함을 보여주었으며, 그 누구도 한국의 민주주의가 계속해서 성장하며 번영할 것을 의심치 않았다."W. Han 1974 : 509 "따라서 4월 혁명은 한국에서 민주주의의 발전에 밝은 전망을 제시했다"K. Lee 1984 : 385 학생 시위는 남한 정치에서 제도화되기에 이르렀다. 집권 세력에게는 공포의 대상이 되었고, 학생들에게는 세대를 거듭하면서 정치적 동원을 위한 신화가 되었다.[5]

근대적 이상理想들의 성장

4월 학생혁명은 도시거주 중산층의 힘을 과시하였다. 1960년에 이르면 30퍼센트에 육박하는 남한 사람들이 5만 명 이상의 인구를 가진 도시들에서 거주하였으며, 남한 인구의 70퍼센트는 글을 읽고 쓸 줄 알았다.Eckhert et al. 1990 : 353 도시 인구와 교육수준이 높은 중산층의 꾸준한 증가와 함께 찾아온

게도 동양인들에게는 적합한 종류의 정의로 여겨지는 비극으로 종결되었다"(May 9, 1960년 5월 9일, 30). 여기에서 언급된 비극은 부통령 후보였던 이기붕과 그의 가족의 집단 자살을 가리킨다. 셰익스피어풍의 드라마였던 것이 불가해한 동양적인 플롯으로 변했다.

5 예컨대 신용하 1990 : 325~34를 볼 것. 학생 운동을 신성화하는 것은 결코 남한에만 국한된 현상은 아니다. 애덤 코프닉은(1995 : 68) 프랑스에 관하여 다음과 같이 말한다: "사실상 프랑스에서 '학생 운동'이라는 문구는, 미국에서 '가족 농장'이란 문구가 지닌 것과 대단히 유사한 만큼의 마법을 지니고 있는데, 이 문구들은 어떤 이상화된 과거가 마음속에 떠오르게 한다. 심지어는 학생 운동에 한 번도 참가해 본 적이 없거나 가족 농장에서 살아본 적이 없는 사람들에게조차도 그렇다.

것은 문화적인 변화들이었다. 그중에서도, 1950년대 후반에 이르면 두 가지의 이상理想들이 현저하게 등장했는데, 바로 평등주의와 물질주의였다. 이 근대적인 가치들이 이승만 정권을 붕괴시킨 그 정치적 운동에 동기를 부여하였다.

평등주의를 고찰해보자. 조선 왕조 시대의 한국은 극도로 계층화된 사회였다. 양반 지배층은 빈농들과 노비들 위에 군림하였다. 사회 계층들 간의 구분이 분명한 어느 마을에 관한 오스굿의1951:44 묘사는 토지개혁 이전의 시대를 얼핏 엿보게 해준다: "(양반은) 일을 하지 않았고, 말총으로 짠 모자를 썼으며, 그들은 소작인들의 노동을 착취하거나 또는 서로에게 기대어 먹고 살았다. 향리에서 그들의 권력은 대단했고 때로는 절대적이었으며, 평민들과 정부 간의 중개자 노릇을 하였다. 두말할 나위 없이 그들은 중요한 관직들을 차지했으며 그 규모에 있어서 전형적인 족벌주의 체제를 운영하였다." 이 농촌 지배층의 우월적 지위는 식민지 시대 내내 지속되었다. 20세기 이전의 한국에서도 농민들의 삶에 활력을 불어넣었던 협동 관행들과 평등주의적인 정서가 존재했었던 것은 틀림없는 사실이며, 그러한 것들은 거의 모든 문명들에서 찾아볼 수 있다.S.-b Han 1993:286~88 하지만 부르스 커밍스가1981:282 언급한 것처럼, "불공평한 토지소유관계란 점에서 1945년에 한국을 능가할 수 있는 나라는 거의 없었다."

허나 크게 보아서 토지 개혁 덕택으로 한국전쟁 이후 남한은 비교적 평등한 나라가 되었다. 해방 이후의 토지개혁과 대대적인 이농離農이란 쌍둥이 현상이 남긴 영향은 수많은 마을에서 평등주의가 조장된 것이었다. 한국전쟁으로 인한 황폐화는 애초에는 모두가 평등했었다는 널리 퍼진 의식을 더욱 공고하게 할 따름이었다. 그리고 그러한 의식은 남한 사람들의 동질성(그리고 그러므로 평등함)을 강조한 민족주의에 의해 끈기 있게 조장되었다.

평등주의적인 정서는 남한의 잘 알려진 특성이 되었다.Brandt 1991:85 겉으로 표출된 이 정서의 한 가지 모습은 민주주의와 정치적 참여를 지향하는 욕구였다. 이 욕구가 사회에 널리 퍼져있음은 저명한 반체제 정치인 김대중1987 :325의 다음과 같은 글에서 엿볼 수 있다: "민주주의는 우리나라의 건국이념이다." 남한의 역대 대통령들이 자신들의 통치의 정당성을 입증하기 위해 민주주의라는 수사를 동원한 것은 그저 미국을 존숭하기 때문만은 아니다.

평등주의와 더불어 1950년대에는 근대성의 효과들과 속성들에 대한 확산된 욕구가 사회 곳곳에 스며들었다. 비록 굶어죽는 사람은 없었지만 1960년대까지도 남한에서 통상적인 인사말은 "오늘 식사하셨습니까?"였다. 이런 맥락에서 물질적인 갈망이 대단히 중요하게 여겨졌으며, 미국은 한마디로 풍요와 근대성의 상징이 되었다.

미군 병사들과 그들과 함께 온 찬탄할 만한 물질문화란 형태로 미국이 구체적인 모습을 띄었다는 사실이 대단히 중요했다. 미군들과 남한 사람들 간 접촉은 카투사KATUSA들과 기지촌의 매춘부들에게서 절정에 이르렀다. 다음과 같은 마크 클락 장군의1954:171 언급은 시사적이다: "대한민국은 우리 미군을 위해서 우리나라 산업이 생산하는 놀라운 장비들을 보았다. 전신주를 세우기 위한 기계로 작동되는 굴착기를 보았다. 불도저를 보았다. 대한민국의 짐꾼들이 여러 시간을 걸어야 오를 수 있는 산 정상으로 헬리콥터들이 보급품을 운반하는 것을 보았다. 뜨거운 음식과 아이스크림이 거대한 깡통에 담겨 최전선 벙커 속의 미국인들에게 전달되는 것을 보았다. 대한민국은 곧 이 모든 것들을 원하였다." 전쟁으로 피폐해진 남한에서 물질적인 풍요가 준 충격은 많은 이야기들에서 명료하게 목격된다. 미군들과 그들이 사용한 물품들이란 범위를 초월하여 서양의 영향은 꾸준히 남한 전역으로 퍼져나갔다. 존 루이스는1955:25 "시어스로벅 회사의 판매상품 목록이 거의 글자 그대로

이 나라의 가장 인기 있는 책이 될 때까지 물질적 욕구의 서양화를 부채질하여 심지어는 시골지역에까지 그러한 현상이 전파되도록 한" "공동의 목표로 뭉친 새로운 한 무리의 서양 출신 민간인들"에 관하여 글을 썼다.

남한 사람들에게 또 하나의 미국이었던 할리우드 영화들은 그들의 새로운 감수성을 매료시켰고 함양했다. 1960년대 후반에 부총리를 역임했던 장기영은 시사주간지 *Time*에서1967.3.10∼41 이렇게 말했다: "우리가 최근에 새로운 철도의 부설을 위해 대못을 망치로 박을 때, 나는 미국의 카우보이 영화와 서부지역 영토의 획득이 마음속에 떠올랐다." 나의 아버지는 서부활극 영화들을 좋아하였고 내 형제의 이름을 그가 좋아하는 영화감독들 중 한 사람의 이름을 모방하여 지었다. 그 영화들이 제시했던 에토스, 즉 당시 미국사회의 특징적인 정신을 넘어 그 영화들이 남긴 지속적인 인상들은 미국의 힘의 과시에 있었다. 예컨대, 큰 집들과 큰 자동차들, 호화로운 축제들과 사치스러운 파티들 등등. 미국 영화들과 텔레비전 쇼들은 소비문화 숭배를 전파하는 유능한 선교사들이었다.Twitchell 1992∶145∼47 할리우드 영화들 속에 표현된 물질적 풍요의 달콤한 유혹으로부터 자유로운 남한 사람들은 1950년대에 거의 없었다. 그 유혹은 미군들이 거리낌 없이 나눠주었던 껌과 초콜릿의 위력에 힘을 보탰던 것이다. 수입된 사치품들은 근대성과 사회적 위신을 보여주는 가장 직감적인 표식이 되었다. 지식인들의 항의에도 불구하고 그러한 사치품들은 제3세계에 사는 사람들 대다수에게 아주 매력 있고 갖고 싶어서 스스로를 제어할 수 없는 것들이 되고 말았다.cf. Colson and Scudder 1988∶118∼19

물질주의는 또한 젊은 남한 사람들의 자신감 넘치는 야망으로 그 모습을 드러냈다. 전형적으로 벼락출세한 사람인 줄리앙 소렐은 『적과 흑』에서 이렇게 선언했다: "나는 그들보다 더 많은 정보를 가지고 있다. 나에겐 내가 사는 시대에 알맞은 제복을 고를 능력이 있다."Stendhal 1991∶336 바로 그것이 실제로 많은 남한사람들이 시도했던 것이다. 그들은 군대에서, 관료기구에서, 그리고 직장을 얻고 싶어 했다. 달리 표현하면, 남한은 줄리앙 소렐들이 사는 나라가 되었다. 나의 아버지가 1952년에 처음으로 미국에 갔을 때, 그는 미국 대통령의 이름을 흉내 내어 자신의 이름을 지었고트루먼 대통령의 이름을 따라서 '해리'로 또 그가 세계의 대통령이라고 여겼던 유엔 사무총장의 성씨를 취하여 자신의 성姓으로 삼았다.트뤼그베의 성을 모방하여 'Lie'로 남한의 어느 유력한 신문의 파리 특파원은 파리의 어떤 제과점에 일하는 아이가 나중에 크면 그의 아버지와 똑같이 제빵사가 되고 싶다고 말했을 때 충격을 받았다고 말했다. 남한의 아이들이라면 틀림없이 남한의 대통령이나 큰 회사의 사장이 되고 싶다고 자신이 던졌던 질문에 대답했을 것이라고 그 기자는 혼잣말했다. 드높은 열망들과 자만에 찬 야망은 남한 사람들의 특징이 되기에 이르렀다. "하면 된다"라는 정신, 또는 W. 아서 루이스1955 : chap.2가 '절약하고 자원을 효율적으로 이용하려는 의지'라고 명명한 것이 남한사람들의 삶에서 강력한 추동력推動力이 되었다.

요약하면, 도시지역 중산층의 성장에는 근대적인 가치들을 옹호하는 문화적 변동이 수반되었다. 민주주의와 정치적 참여에 대한 욕구가 널리 퍼지면서 평등주의는 의미 있는 것이 되었다. 근대성과 물질적 소유에 대한 욕구는 경제 성장을 향한 강렬한 희망을 불러일으켰다. 새롭게 등장한 이러한 가치들은 이승만 통치의 지속을 가로막는 강력한 요인으로 작용했으며 1960년경에는 젊고 교육수준 높은 남한 사람들이 품은 문화적 불만의 근거가 되었다.cf. M. G. Lee 1982 : 98~101 그 문화적 불만이 미국과 미국이 제공하는 원조, 이승만과 국가, 그리고 예속적인 자본가들 간의 삼각 동맹을 중심으로 구축된 부패의 구조를 무너뜨렸고, 1960년대의 역동적인 발전으로 나가는 문을 열었다.

제3장

도약을 향한 암중모색

남한의 발전을 다루는 대다수의 해설들은 1960년대를 분수령을 이뤘던 10년이라고 묘사한다. 박정희[1971 : 114] 자신도 이렇게 언급했다: "1960년대에 한국은 전근대적이고 저개발된 사회에서 근대적이고, 생산적이며 끊임없이 성장하는 사회로 변신하였다." 남한의 어느 준準공식적인 출판물은 다음과 같이 선포했다: "1960년대를 발전의 10년으로 만들었고, 발전의 의지를 불어넣었으며, 한국의 근대화 역사에서 전환점이 되었던 것은 바로 제3공화국이었다."[KDI 1975 : 16] 그리고 경제학자 송병락은[1990 : v] 다음과 같은 주장을 펼쳤다: "이러한 모든 변화들은 한국南韓의 수출 지향적 성장 전략의 성공에서 비롯되었다." 이러한 류類의 논리전개에 따르면, 1960년대 박정희의 지도력은 남한을 수출 지향적 산업화라는 궤도 위에 올려놓았으며, 그럼으로써 빈곤貧困에서 출발하여 부유富裕를 목적지로 하는 모험과 위험으로 가득 찬 30년 동안의 여정旅程을 출범시켰다.[예컨대 다음을 볼 것, Chapin 1969 : 563; Cole and Lyman 1971 : 3; and Wade and Kim 1978 : 23]

이 성공 도취적인 설화說話는 세 개의 입증되어야 할 주요 명제命題, proposition들을 일단 진실로 가정한다. 첫째, 박정희의 지도력은 강력했고 효과적이었다. 둘째, 제1차 5개년 경제개발계획은 수출 지향적 산업화를 공공연하게 후원했다. 셋째, 경제 성장이 그 계획과 일치하여 시작되었다. 널리 진실로 받아들여진 이 견해는 과거회고조의 개념적 구성retrospective construct으로서 발전을 설명함에 있어서 국가와 국내 요인들의 역할에 방점을 두며, 사회 세력들과 국외 요인들의 영향은 누락시킨다. 나는 박정희의 통치는 취약했고, 애초의 경제 전략은 민족주의적인 것으로서 수입대체 산업화를 추구했으며, 경제 성장은 그 계획의 영향을 받음 없이, 적어도 그 계획과는 무관하게, 발생했다고 주장한다.

경공업 중심 산업화의 진척은 1965년의 한일 국교 정상화 조약의 체결과 깊어가는 미국의 베트남 개입에 그 명줄이 달려있었으며, 이 두 사건으로 인하여 남한 경제는 당시에 팽창하고 있었던 일본 및 미국 경제로 통합되었다. 1960년대 중반에 예기치 않게 우연히 발생한 힘과 국외발國外發 힘이 합류하여 성장 지향적인 환경이 조성되었다. 수출 지향적인 산업화는 계획되지 않았다. 기회들이 찾아왔고, 그 기회들을 움켜쥐었을 뿐이다.

군부 통치, 1961~1971

1961년의 군사 쿠데타를 모의한 사람들은 남한 사회의 전 분야를 점검하고 필요한 부문에 혁명적인 메스를 가할 것을 구상하였다. 그들에게 가장 중요한 이상들은 평등주의와 경제 성장이었다. 하지만 박정희는 자신의 개인적인 권력과 정치적 정통성을 추구하기 위하여 이러한 이상들을 나중에 다룰 일로 미뤄놓았다.

장면의 막간幕間 정부 기간

이승만의 하야는 한 시대에 조종을 울렸다. 자유당은 붕괴했고 허정은 과도 정부의 수반이 되었다. 1960년 7월에 치러진 선거에서 과거 부통령이었던 장면John Chang이 승리를 거두었다. 남달리 유리한 배경을 갖고 있었으며 미국에서 교육받은 가톨릭 신자인 장면은 남한의 근대적이고 온건한 일면을 보여주었다. 그는 "경제 발전을 최우선으로"를J.A. Kim 1975 : 209~16 주창했으며, 부패한 관료들과 사업가들을 처벌하려고 했다.Yun Kyŏng-ch'ŏl 1986 : 209~14 하지 만 장면 통치의 이 애초의 약속은 열 달도 지나기 전에 지킬 수 없게 되었다. 군부 쿠데타가 발생한 무렵에는 밝은 미래를 꿈꾸었던 수많은 사람들이 남 한에 민주주의가 개화할 여건 성숙에 대한 희망을 잃었다.

장면은 내부적으로나 외부적으로나 충분한 지지를 받지 못했다. 내부 갈등 에 시달린 그 자신의 민주당은 마침내 두개의 정당으로 분리되었다.J. Oh 1968 :8~82 그는 경찰 및 군대와 소원한 관계가 되었을 뿐만 아니라, 그가 맞닥뜨린 세상은 이념적으로 대립되는 정치 세력들로 찢겨진 사회였다.Yun Kyŏng-ch'ŏl 1986 : 216~18 이승만을 무너뜨린 세력인 도시 거주 중산층은 그의 통치에 만족한 적이 없다. 새 시대에 대한 고양된 기대는 정치적으로 활성화된 사람들로 하여금 한층 더 많은 변화를 갈망하게 할 뿐이었다. 정치적 개혁과 경제 성장에 더하여, 일부 시민들은 민족의 통일을 부르짖었고 좌익계열 정당들을 지지했 다. Yun Kyŏng-ch'ŏl 1986 : 221~26

박정희와 한 무리의 다른 육군사관학교 졸업생들은 1960년 2월에 쿠데타 를 일으킬 계획이었지만, 4월 학생혁명으로 인하여 그 계획은 일시 중단되었 다.J.Oh 1968 : 100 군대의 3분의 1을 감축하겠다는 장면의 선언과 좌익세력의 부활은 박정희와 그의 일당으로 하여금 무력에 의한 국가권력의 탈취를 열 망하게 하였다. 1961년 5월 16일 1,600명의 군인들이 대통령궁으로 행진 하여 유혈사태 없이 정부를 전복시켰다.J. Oh 1968 : 105 장면 정권은 아무런 주 목할 만한 저항도 보여주지 못한 채 간단히 무너졌다.다음을 볼 것, S. Han 1974 : 176; cf. Luttwak 1968 : 36~37

1961년 군부 쿠데타

군부 쿠데타는 개발도상 국가들에서 빈번하게 발생한다. 1945년부터 1985년에 이르는 기간 동안 제3세계에서는 183회의 성공한 쿠데타와 174회의 실패한 쿠데타가 발생하였다.David 1987 : 1~2 국내외의 위협들이 결합하여 제3세계 군대의 팽창을 부추긴다. 해외 강국들이 제공하는 재정적, 과학기술적, 그리고 조직과 관련된 지원의 수혜자인 군대는 빈번하게 개발도상 국가에서 가장 근대화된 조직체가 되기에 이른다. 동서냉전은 초강대국들이 자신들에게 우호적인 정권들에게, 특히 동서 간 세력의 각축장이 된 지역에 위치한 국가들에게 군사 원조를 제공하도록 보장하였다.David 1987 : 66~68 더욱이, 수많은 나라들에서 정치적 경쟁자들이나 농민 반란으로 말미암은 국내의 위협들은 군대의 "초강력 경찰"로서의 기능을 강화시킨다.Janowitz 1964 : 33

남한의 경우, 언제나 그리고 어디서나 존재하는 듯이 보이는 북한의 위협은 군대의 팽창을 위하여 반박할 수 없는 논리적 근거를 제공했다. 1960년 무렵이 되면 이승만과 미국은 남한의 군대를 나라 전체에서 가장 규모가 크고 가장 잘 조직된 기관으로 이미 대대적으로 변모시켜놓은 상태였다. 1948년에는 극도로 소규모의 군사력이었던 남한의 군대는 1954년에 이르면 육십만 명이 넘는 실 병력을 보유하게 되었다.S. J. Kim 1971 : 40 국가 예산의 절반 이상을과연 1953~54 회계연도에는 거의 80퍼센트를 소비하는 남한의 군대는 군인의 수만 보면 1960년에는 세계 4위의 규모였다.Lovell 1975 : 165~69 이승만은 한반도의 재통일을 이루기 위하여 군대를 이용할 생각이었으며, 국내의 사회적인 통제를 위해서도 군대가 매우 쓸모 있음을 알게 되었다. 미국은 자신의 군사력 배치를 감축할 목적에서 남한의 군사력을 키웠다.Lovell 1975 : 165

그러므로 훗날의 시점에서 되돌아보면, 남한에서 발생한 1961년 군부 쿠데타는 피할 수 없었던 것처럼 보인다.예컨대 Lovell 1970 : 144를 볼 것 아닌 게 아니라 미국 정치학자들은 군대는 오직 불안정한 정권들만 갈아치운다는 명제命題를 제시한다.Perlmutter 1977 : 98 바로 그 정치학자들이 불안정한 정권은 쿠데타에 의하여 전복된 정권이라고 정의한다는 점을 고려해 보면, 이 명제는 순환논법에 근거한 사후 과거 **소급적인** 개념적 구성ex post facto construct이다. 보다 더 중요한 점은, 남한의 경우에 적용해 볼 때, 이 논지는 어찌하여 군대가 그토록 갑작스럽게 성장했는가라는 의문 그리고 그 성장과정에서 미국이 담당했던 결정적으로 중요한 역할 등을 놓치고 있다. 이 두 요인들 뒤에는 공산주의라는 유령이 어렴풋하지만 위협적인 모습으로 도사리고 있었다.

한 나라에서 가장 규모가 큰 기관이 그 나라를 통치해야 한다고 미리 정해진 것은 절대로 아니다. 예컨대, 이승만의 축출 직후 그 여파가 아직 가라앉지 않았을 당시, 군대의 실력자 "호랑이" 송송요찬은 시사주간지 *Time*의 기자에게 다음과 같이 말했다: "만약 군대가 권력을 장악한다면, 우리의 민주주의는 사라져버릴 것이고, 공산주의에 대한 우리의 싸움도 성공하지 못할 것입니다."1960.5.9 : 25 미군은 남한 군대 출신 연수생들에게 민간인 주도 민주주의의 덕목들을 주입하려고 노력했다. "한국 군대의 성장은 미국인 고문관들의 면밀한 감독과 신중한 지도를 받아왔다."S. Han 1974 : 47 미국에서 교육받은 장교들로 하여금 민주주의의 철칙鐵則을 위반하고 국가권력을 탈취하도록 부추긴 것은 도대체 무엇이었을까?

박정희 주변의 젊은 군 장교들은 스스로를 백척간두에 선 나라의 마지막 희망이라고 여겼다. 그들은 북한의 위협, 끊이지 않는 부패, 정치적 불안정, 그리고 정체된 경제 등을 몹시 걱정하였다.Yun Kyŏng-ch'ŏl 1986 : 227~28; cf. Stepan 1978 : 129~30 나세르의 이집트1956, 네윈의 버마1958, 그리고 여타 군사 쿠데타들이란 사례들이 의심할 여지없이 그들의 마음 속 한구석에 있었다. 일본 군대의 영향 또한 대단히 중요했다. 박정희 자신이 군대와 민간인 간의 유대가 긴밀한 일본의 제국 군대에서 훈련받았다.^S. J. Kim 1971 : 48~49 제2차 세계대전 이전에 일본 군대는 환영받지 못하는 정치 개입을 자행하였다. 도조 히데키는 민간인 정치에 개입한 여러 군대 장교들 중 한 사례에 불과할 뿐이다.^Huntington 1957 : 134~38 일본에 대한 그의 공공연한 비난에도 불구하고, 전쟁 이전의 일본 군대 기풍氣風의 영향이 박정희에게 뿌리 깊이 남아있었다.^Masumi 1993 : 315~16

또한 남한 군대 내부의 불만도 있었다. 군대 상층부는 이승만의 부패한 통치에 깊이 연루되어 있었고, 내부 갈등으로 분열되어 있었는데, 그 갈등의 일부는 군대 최고 지도부에 내분을 야기하여 다스리려 했던 이승만이 조장한 것이었다.^S. J. Kim 1971 : 56~59 더욱이 비교적 젊은 장군들이 최상급 직위들을 차지하고 있었으므로 젊고 야심 있는 장교들의 입장에서는 진급에 큰 기대를 걸 수 없었다.^J. Sohn 1968 : 108 젊은 장교들은 부패하고 침체된 당시의 현실이 반란을 일으키기에 충분한 이유라고 여겼다.

그 쿠데타의 계급적인 측면도 무시될 수 없다. 많은 군 장교들은 박정희처럼 낮은 사회 계층 출신이었다.^H.-B. Lee 1968 : 146 그들의 개인적 야망의 추구와 국가의 위대함을 향한 그들의 갈망이 서로 맞아 떨어졌다. 나중에 보게 되듯이, 특권들을 폐지하고 평등주의를 강조하고 싶은 박정희의 소망은 본질적으로 그의 비엘리트적인 배경의 영향을 받은 정치의 표식이다.

하지만 지금까지 논의한 요인들 중 그 어느 것도 어찌하여 그 쿠데타가 성공했는가를 설명해주지는 못한다. 앞에서 언급한 바와 같이, 1945년부터 1985년까지의 기간 동안에 제3세계에서 발생한 쿠데타의 거의 절반이 실패로 끝났다. 여기에서 중요한 점은 남한에서 그 쿠데타는 반대에 직면하지 않았다는 점이다. 시골지역에 거주하고 있던 남한 사람들 대다수는 정치적으로 활성화되지 않고 있었던 상태였다. 비록 많은 중산층 시민들이 자유주의적인 정치적 가치들을 위해 공공연한 투쟁을 벌였었다고 하더라도, 그들은 협소한 사회적 기반을 대표할 뿐이었다. 더욱이 장면 정권의 집권기간 동안 지속된 정치적 불안은 시민들의 소요행위들로 점철된 상황이 북한의 침략을 위한 기회로 이어지게 될지도 모른다는 우려를 낳았다.Okai 1976 : 39~44 일반적으로 볼 때, 질서 회복과 시민들의 소요 진압은 군대의 정치 개입을 위한 강력한 논리적 근거가 된다.Huntington 1968 : 216~217 남한의 경우에는 북한에 대한 공포 탓으로 그와 같은 정당화가 한층 더 설득력을 얻게 되었다.N.-Y. Park 1961 : 365

군부 정권의 등장과 반공산주의의 긴급성은 분리 될 수 없다. 반공산주의는 20세기 한국에서 하나의 강력한 이념적 흐름이 되어왔다. 식민지 시대에 일본은 친 공산주의와 반공산주의를 모두 한국에 전해주었다. 몇몇 학생들, 지식인들, 그리고 노동운동 지도자들이 일본에서 공부하면서 또 일본어 번역본으로 마르크스의 저작들을 읽으면서 마르크스주의와 여타 좌익계열 사상들의 영향력 하에 들어갈 동안에, 일제 당국은 한국인 경찰, 군 장교들, 관료들, 그리고 지식인들에게 반공주의를 주입했다.Han Kye-ok 1988 : 56~62; Ishizaka 1993 반공주의가 갖고 있는 힘의 일부는 공산주의가 지닌 매력을 반영한다. 해방 이후에 등장한 인민공화국은 대개의 경우 좌경적左傾的인 성향을 지니고 있었으며, 지방의 인민위원회들 역시 마찬가지였다. 인민공화국은 인민위원회와 더불어 남한의 좌익적, 몇몇 경우들에서는 공산주의적, 기원에 대한 표식이다. 그러한 뿌리는 미군정과 이승만 정권에 의하여 폭압적으로 진압되었다. 더욱이, 앞에서 암시한 바와 같이 한국전쟁으로 인한 황폐화는 남한의 반공주의가 직감적直感的, visceral인 성격을 띄도록 결정적인 영향을 주었다. 가까운 가족 구성원이나 친구의 죽음을 겪지 않은 사람은 사실상 아무도 없었다. 그 전쟁은 수많은 부상당한 육신들 속에 뿐만 아니라 마지막 총성이 울리고 여러 해가 지나도 그대로 남아 있었던 물질적인 파괴 위에도 새겨졌다. 남한의 공식적인 해석에서는 한국전쟁의 시작과 끝을 이루는 그 전쟁으로 인한 파괴와 혼란에 대한 강조는 전체 그림의 일부만을 보여줄 뿐이다. 허나 공산주의라는 유령은 그 전쟁 그리고 그 전쟁이 남긴 상흔 속에서 만질 수도 있고 볼 수도 있는 구체적인 모습을 갖게 되었다. 그리하여 4월 학생혁명 이후에 잠시나마 좌익 정당들이 부활하게 되자 일부 남한 사람들은 그들의 반군사적反軍事的인 정서에도 불구하고 그 쿠데타를 지지하게 되었던 것이다.

내가 누차 강조했던 바와 같이, 반공주의는 미국의 대남한 정책에 부정적인 영향을 주었다. 비록 미국이 계속하여 박정희를 향한 의심의 눈을 거두지 않고 민주적인 선거를 치르도록 그에게 압력을 가했음에도 불구하고, 북한의 위협을 염두에 둔 미국은 쿠데타를 강력하게 반대하지는 않았다. 미국이 오랫동안 이승만의 부패하고 독재적인 통치를 묵인해 주었던 것과 마찬가지로, 미적지근하게든 아니든 미국은 박정희의 군부 통치 역시 지지할 터였다.Macdonald 1992 : 213~17 미국의 으뜸가는 관심사는 변함없이 반공주의였으며, 남한의 실질적인 정치적 상황은 기껏해야 부차적인 관심사일 뿐이었다. 시사주간지 *Time*은 장면의 축출에 대한 미국의 반응을 이렇게 보도했다: "그 군사 정권은 매그루더 장군남한 주둔 미군 사령관이 (…중략…) 그 쿠데타가 잘못된 행동이라고 반대하지는 않을 것이라고 타당한 이유가 있는 자신감에 차 있었다."1961.5.26 : 21 실제로 매그루더는 장면의 민간 정권을 옹호하였지만, 소위 "대한민국 육군의 아버지"라고 일컬어지는 제임스 A. 밴 플리트는 그 쿠데타를 가리켜 "한국에서 천년 동안 일어난 일들 중에서 가장 훌륭한 사건"이라고 말한 것으로 알려졌다. *Time*, 1961.7.28 : 25

군부 통치의 초기 단계

군부 정권은 비상 정부를 수립하고 당시 육군 참모총장이었던 장도영을 그 정부의 수반의 자리에 올려놓았는데, 얼마쯤은 미국의 우려를 완화시키기 위해서였다. 미국은 이미 벌어진 일을 받아들이게 되었으며, 질서를 회복한 후에 민간인들에게 권력을 반환하겠다는 군부 정권의 약속을 낙관적으로 믿었다.J. Oh 1968 : 109~17

스스로를 국가 재건 최고회의라고 선언한 다음, 군부 정권은 국가재건비상조치법을 1961년 6월 6일에 공포하였다.이 법의 본문은 다음에 실려 있음, S. J. Kim 1971 : 179~84 여섯 가지의 "혁명 공약"은 반공, 미국에 대한 지지, 국가 재통일, "부패 척결과 여타 사회악 일소", 빈곤 해소"자립 경제" 창조, 그리고 이 공약들을 성취한 다음 "우리 본연의 군사적 임무로 복귀" 등이었다. 이 공약들 중에서 공산주의를 반대한다는 것 그리고 부패를 제거하겠다는 것이 각별한 중요성을 띠었다.Secretariat SCNR 1961 : 9~16

그 군부 정권의 이데올로기는 개발도상국들의 직업적 군대 이데올로기의 전형적인 사례이다. 모리스 자노위츠에1964 : 63~66 따르면, 그 이데올로기에는 네 가지 신조들이 대단히 중요하다: ① "강렬한 민족주의 의식", ② "강력한 '청교도적' 관점 그리고 부패와 타락의 방지에 대한 강조", ③ "사회적, 정치적, 그리고 경제적 변화의 달성을 위한 기반으로서 집단적인 공공사업의 수용", 그리고 ④ "군대의 '반정치적'인 관점". 열의에 찬 민족주의와 강력하고 단호한 청교도주의는 남한의 군부 통치 초기 단계에서 특히 분명하게 드러났다.

청교도적인 열정의 갑작스럽고 강렬한 표출은 혁명을 겪고 난 사회들에서 빈번하게 일어나는 일이다. 급진적인 공식적 조치들은 순수하고 원칙에 입각한 새로운 사회에 관한 전망의 수용을 강제할 뿐만 아니라(그러한 전망은 정치권력의 탈취를 정당화하기 위하여 들먹여진다), 또한 반대의견의 표출을 제거하고 정치 체제에 규율을 불어넣는다. 그것과 유사한 소박·단순함의 기풍이 4월 학생혁명과 장면 정권의 구석구석에 스며들었었다. 장면의 막간幕間 정권 기간 동안에는 "신선한 흐름의 사회"를 향한 부르짖음이 서양식 의복, 기사 딸린 차량, 값비싼 식당, 그리고 커피와 같은 서양 수입품들을 포기하자는 운동으로 귀결되었다.^{N.-Y. Park 1961:345} 물론 이러한 현상이 특이하게 남한의 정치 문화에만 존재하는 것은 아니다. 리처드 호프스태터는^{1955:15} "미국 정치문화의 단점들"에 관하여 이렇게 말한다: "가장 현저하고 널리 퍼져있는 단점은 변화를 향한 열정으로 가득 찬 도덕적인 운동이 갑작스럽고 통제할 수 없게 일어나기 쉽다는 점이다. 만약 언젠가 약간의 무관심과 상식으로 순화되지 않는다면 이 발작적인 분출들은 재앙을 부를 것이다."

국가 재건 최고 회의는 자신의 눈에 무질서하고 제멋대로인 사회로 하여금 그들의 청교도적인 전망을 억지로 받아들이게 함으로써 반대세력을 강제로 침묵시켰다. 도시의 "깡패"들과 "거지"들을 대규모로 체포하는 것을 시작으로 하여, 국가 재건 최고 회의는 여러 조치들을 연달아 통과시켰다. 그중에는 식당에서 쌀밥의 제공을 통제하는 것 그리고 밀수, 암거래, 고리대금업 등의 불법화 등이 포함되었다.^{S. J. Kim 1971:105~6} 야간 통행금지가 강제로 시행되었다. 서울 시민들은 반사치 풍조를 구현하는 검소한 옷을 입었다. 박정희는 "사치품을 보는 것은 사람들의 마음에 공연한 욕망들을 불러일으킨다. 그것들을 태워버리시오"라고 말했다.^{Time, 1962.3.9:35} 그는 "세금을 납부하지 않는 것에서부터 약속시간에 늦는 것에 이르기까지" 수없이 많은 일들에 대하여 불만을 제기했으며, "남녀 모두 '재건합시다'라는 구호로써 서로 인사를 하도록 강력한 권고를 받았다".^{N.-Y. Park 1961:348} 새로운 사회에 대한 그 약속은 또한 "새사람'에 대한 전망도 제시하였다. 1961년도 정부 간행물 속의 이 전망에 관한 언술을 고찰해보자 :

마당을 빗자루로 쓸고 건강에 좋은 아침 식사를 한 다음 그는 간소하지만 깨끗한 바지와 반소매 셔츠를 입는다. 그는 이 더운 날씨에 더 이상은 넥타이와 두꺼운

정장을 꼭 입을 필요가 없게 된 것을 정말로 기뻐한다. 그러고 나서 그는 부끄러움 없이 버스나 전차를 탄다. 이제는 점잖은 사람들은 대개 버스나 전차를 탄다 (…중략…) 정오가 되면 그는 혁명이 가르쳐준 대로 사려분별 있게 살기 위해 집에서 가져온 도시락을 먹는다. 그는 국산 담배가 그 어느 외국 담배들 못지않게 훌륭하다고 부끄러움 없이 인정한다. 한때 병적인 허영심에서 꼭 필요한 것이라고 믿었던 커피가 그렇지 않다는 것은 그는 이제 깨달았다.Lovell 1970 : 176

군부 통치의 초기 단계에서 검소함과 순수함은 부유함과 세계주의를 대체했다.

박정희

능수능란하게 동맹관계들을 주무르고 가차 없이 경쟁자들을 숙청함으로써 박정희는 재빠르게 군부 정권에서 가장 강력한 인물로 부상했다. 그의 첫째 먹잇감은 쿠데타의 상징적인 우두머리인 장도영이었다. 반혁명 활동의 죄목으로 기소되어 사형선고를 받았으나 미국의 압력으로 감형 받은 장도영은 결국 어느 미국 대학의 교수가 되었다.Oliver 1993 : 277 쿠데타에 대한 미국의 지지를 더욱 튼튼하게 할 목적에서 박정희는 장도영을 타이거 송 장군으로 대체하였지만J. Oh 1968 : 126~27 이윽고 그 역시 숙청했다. 박정희는 총 2천 명에 달하는 고위급 군 장교들을 해임했다.Henderson 1968 : 356~57 박정희는 자신의 권력에 대한 위협을 용납하지 않았으며, 그가 신임하는 동료들을 한 명씩 차례대로 제거했다. 1963년 12월 무렵에 이르면 국가재건최고회의 최초 구성원들 중 3분의 1만이 남게 되었다.Lovell 1970 : 180

박정희가 남한의 실질적인 지도자가 되었을 때 그는 겨우 43세에 불과했다. 그는 경상북도의 어느 가난한 농가에서 성장했다. 초등학교 교사로서 불운한 시절을 보낸 다음 그는 일본 군대에 입대했다. 해방 이후 박정희는 공산주의자들이 배후에 있었던 1948년 여수 반란에 연루되어 사형 선고를 받았다.C. S. Lee 1985 : 63 옛 신분을 회복한 다음 그는 한국 육군사관학교에 입학했고 졸업한 뒤에는 군대의 계급제도를 통해 진급했다.Yang 1981 : chap.6

박정희는 "민주주의의 한국화" 혹은 "행정적인 민주주의"를 공공연히 부르짖었는데, 그것은 "지도받은 민주주의"란 수카르노의 개념을 본받은 것이었다.C.H. Park 1962 : 207~10 박정희는 이렇게 말했다: "민주주의에는 두 종류가 있다. 하나는 완벽한 자유를 추구하는 것이다. 다른 하나는 지도받는 민주주의이다. 후자가 남한에 적합할 것이다"Newsweek, 1962.1.1 : 22 그는 또한 "과거의 혼란"으로부터 민주주의가 꽃필 것이라고 믿는 것은 "쓰레기통 속에서 장미꽃이 피어날 수 있다"고 믿는 것과 거의 같다고 말했다. Time, 1962.5.25 : 38

군사 혁명을 통해 박정희가 성취하고자 했던 목표들은 평등주의와 물질주의였으며, 그것들은 또한 4월 학생혁명 배후의 지도적인 이상들이기도 했다. 그는 민주주의의 필수조건으로서 평등을 강조했으며, "부富 의식", "계층 의식", "학구적인 속물근성", 그리고 "가족 콤플렉스" 등을 포함하는 "특권 의식"을 근절할 것을 단호하게 주장했다.C. H. Park 1962 : 6~7 그는 "우리 사회에 특권 의식이나 계급적 우월감을 위한 자리는 없다"라는 글을 남겼다.C.H. park 1962 : 9 달리 표현하면, 그가 구상한 사회에서는 계급, 신분, 교육, 또는 가족 배경을 근거로 한 구분이 없을 터였다.C. H. Park 1962 : 174~175

박정희는 또한 물질적인 목표들을 추구하려고 노력했다. 명확하게 공언된 박정희의 소망은 "가난과 굶주림을 이 땅에서 몰아내고, 명목상으로 그리고 실질적으로 경제적 평등을 실현하는 것"이었다.C. H. Park 1962 : 21 제1차 경제개발 5개년 계획에 대하여 그는 훗날 다음과 같은 글을 남겼다: "이 계획의 가장 중요한 목표는 한국의 사회적, 경제적 발전을 가로막은 모든 형태의 부패, 불의, 그리고 사회악을 제거하는 것이다."C. H. Park 1970; 65 박정희가 품은 두 가지 주요 목표들은 시골 생활을 개선하고C. H. Park 1962; 232~36 '자급자족적인' 혹은 '독립적인' 경제를 건설하는 것이었다.C. H. Park 1962; 119, 1970 : 29

궁극적으로 박정희의 행동들은 권좌를 놓치지 않으려는 그의 욕망을 중심으로 이루어졌다. 언젠가 그는 이렇게 말했다: "무엇인가에 관한 결정을 내릴 때 유일한 기준은 상황이다. 인기도 명예도 의사결정에 개입할 수 없다."Yang 1981 : 260 과연 그는 권력을 원칙 위에 올려놓고 그 권력에 집요하게 집착함으로써, 북쪽에 있는 그의 적 김일성의 닮은꼴이 되었다.[6]

강력한 조치들, 취약한 통치

1961년의 군사 쿠데타는 **양반** 지배의 종식으로 시작되고 4월 학생혁명으로 깊이가 더해진 심대한 지배층의 변동을 더욱 확고하게 하였다. 겨우 10년 전에 토지를 상실한 **양반** 지배층은 마침내 그들이 장악하고 있었던 정치적 권력 역시 내놓지 않을 수 없게 되었다. 연로한 **양반** 지배층이 아닌 젊고 **양반** 출신이 아닌 군 장교들이 이제 권력을 쥐었다. 사실상 새로운 권력의 인적 연계망人的連繫網이 출현했다.Hattori 1992 : 158~79 하지만 그 새로운 지배층이 외부의 공격으로부터 안전했던 것은 절대 아니었다. 그들에게 당면 과제는 힘을 권리로, 즉 '벌거벗은' 권력을 정통성 있는 권위로 환골탈태시킬 방법을 찾는 것이었다. 오로지 경제 성장만이 군부 통치를 정당화할 수 있었다.

제1차 경제개발 5개년 계획은 남한 경제를 개혁하려는 군부 정권의 강력

---

6 어느 미국인 관리는 마크 클리포드와 가진 인터뷰에서(1994 : 82), 다음과 같이 진술했다: "언젠가 나는 이후락(중앙정보부장)을 만났습니다. (…중략…) 나는 중립적인 화제를 꺼내려 했습니다. '최근에 북한을 방문하셨죠'라고 내가 말했다. '어떤 기분이 드셨습니까?' '아주 강렬한 인상을 받았습니다'라고 그는 북한 사람들에 대하여 언급하면서 엄지손가락을 들어보였다. '한 사람의 통치. 그 사람 참 대단합디다.' 그것은 김일성에 대하여 감탄하는 반응이었다."

한 소망의 표현이었다. 그 계획은 다음의 문장으로 시작되었다: "과거 정권들의 부정부패와 비효율을 가장 생생하게 입증하는 지난날의 사회현상은 국가 경제의 도덕적 타락이었다."ROK 1962 : 9 그 계획안 속에서 군부 정권은 남한 경제가 침체된 것은 부정부패와 부정축재 탓이라고 비난하였다.ROK 1962 : 12~13 수많은 공식적인 조치들이 신속하게 뒤를 이었다. 1962년 2월의 반재벌법과 경제 성장 계획 발표, 1962년 5월의 금융 부문에 대한 정부 통제의 확립, 그리고 1962년 6월의 화폐개혁 등은 모두 부패의 구조를 뿌리 뽑고 경제적인 민족주의를 촉진시키기 위한 시도들이었다.B. K. Kim 1965 : 44~49

부정부패를 근절하겠다는 희망을 실행에 옮기면서, 국가 재건 최고회의는 남한의 24만 명에 달하는 공무원의 거의 6분의 1을 해고하였으며J. Oh 1968 : 124, 부당하게 이득을 취했다는 죄목으로 남한의 주요 기업가들을 체포하였다.Yun Kyŏng-ch'ŏl 1986 : 240~48 사실상 군부 정권은 국가 관료와 예속적인 자본가들에 대한 자신의 우세를 과시한 것이었다. 35,000명의 공무원을 해고함으로써 그 쿠데타는 국가 관료의 세대교체를 해냈다.Taniura 1989 : 8~9 그때까지 없었던 이 승진 기회의 수혜자들인 젊은 관료들은 충성심을 바침으로써 군부 정권에 보답하였다.

국가 재건 최고회의는 다른 방식들로 국가 권력을 위협으로부터 보호하고 튼튼하게 하려고 노력하였다. 군대내 권력자 집단과 경찰의 구조조정에 더하여 김종필은 중앙정보부를 조직했는데, 이 기구는 미국에 있는 동일한 이름의 기구를 모델로 한 것이었다.J. A. Kim 1975 : 234~35 군부의 통치를 돕는 일에만 전념하는 3천 명의 장교부대로 시작한 중앙정보부는 1960년대 후반에 이르면 37만 명의 직원을 거느리게 되었다.S. J. Kim 1971 : 111~12

하지만 그 군부 정권은 **군부** 정권으로서 권좌에 머물도록 허락받은 것은 아니었다.H.-B. Lee 1968 : 174~75 미국으로부터의 압력과 국내의 압력에 직면하여 국가 재건 최고회의는 해산되었고, 군대 지도자들은 민간인 옷을 입었다.Macdonald 1992 : 219~22 그 군부 정권은 지속적인 미국의 지지를 상실할 모험을 감행할 여유가 없었다. 1960년대 초에는 미국의 군사원조로 남한 국방비의 70퍼센트 이상이 충당되었다.Eckert et al. 1990 : 361 선거 민주주의를 확립해야한다는 미국의 요구를 마침내 수용하여 박정희는 김종필이 조직한 "전문가 고문단brain trust"의 도움을 받아, "계서적이며 단일한 명령 체계에 따라서 고도로 조직화될" 민주 공화당을 창당하였다.C.I.E. Kim 1971 : 371~75

그럼에도 불구하고, 민주 공화당이 박정희에게 용이한 선거승리를 확실히 보장해줄 수는 없었다. 1963년 10월의 대통령 선거에서 박정희는 겨우 1퍼센트 남짓한 투표차로 승리했다. 그는 전체 투표의 43퍼센트밖에 얻지 못했다. 만약 야당들이 뭉쳤더라면 그에게 패배를 안겨주었을 것이다.J. A. Kim 1975 : 252~54 뒤이어 실시된 국회의원 선거에서는 비록 선거제도 덕택에 민주공화당이 실제 의석의 60퍼센트 이상을 장악하게 되었지만, 민주 공화당 후보들은 전체 투표의 34퍼센트밖에 얻지 못했다.J. Oh 1968 : 164~71 승자와 패자를 가른 그 간발의 득표 차들은 정치적 조직과 정치 자금 면에서 박정희가 누린 유리함K. B. Kim 1971 : 155~69 그리고 광범위하게 자행된 선거의 부정행위들과 반칙행위들을Axelbank 1967 : 10 고려해 볼 때, 한층 더 돋보인다. 1960년대 후반에 어느 인류학자는 "지방선거들이 냉소적인 잔인함으로써 경찰에 의해 '감시되었음'"에 주목했다.Brandt 1971 : 14 선거의 승리에도 불구하고 박정희의 통치는 결코 안정되지 못하였다.

박정희에게는 자신의 대중적 인기를 높일 필요가 있었다. 정치적 억압을 위한 기구들의 장악만으로는 어딘가 미진했다. 제3세계의 수많은 다른 군사정권들처럼 박정희 정부는 시골지역의 지지에 의존했지만R. Wade 1982 : 18, 그들과 달리 박정희에게는 또한 증가하고 있었던 도시지역 중산층의 지지가 필요했다. 폭넓은 지지를 확실하게 확보하기 위해 그에게 필요한 것은 부정부패 척결, 공산주의와 투쟁, 민족주의 진작, 그리고 평등주의적이고 물질적인 이상들의 실현을 위한 노력 등등 이었다. 도시지역 중산층은 물질적인 번영과 정치적인 참여를 요구했다. 그는 경제성장이란 목표의 달성을 위해 노력함으로써 그들의 번영에 대한 욕구에 응답했다. 그는 북한이란 유령을 불러냄으로써 자신의 권위주의적인 통치를 정당화했다. 그리하여 경제성장과 반공산주의는 그의 취약한 권력 장악을 떠받치는 한 쌍의 이데올로기적 기둥이 되었다.

제1차 경제개발 5개년 계획－이미지와 현실

거국적인 계획들은 1950년대의 발전에 관한 담론에서 필수적인 요소였다. 장소에 구애받지 않고 어디에서나 발견할 수 있었던 경제계획에 대한 소망은 발전 담론의 당시 상황을 반영할 뿐만 아니라, 또한 널리 퍼져있었던 경제성장에 대한 갈망의 표현이며, 또 그러한 갈망을 충족시켜야 하는 정부의 의무에 대한 대중적 인식의 표현이었다. 1960년대 중반에 앨버트 워터스튼은[1965 : 28] 널리 채택된 그의 교과서 『발전 계획』에서 이렇게 말했다: "오늘날, 국가 계획은 국가國歌 그리고 국기와 함께 주권 및 근대성의 상징이 된 듯하다. 하지만 발전 계획이 전 세계에 전파된 것은 겨우 최근 십 년 안에 일어난 일이다"[또한 다음을 볼 것, W. Lewis 1966 : 13, 1969 : 121] A. F. 로버츠[1984 : 26]의 말을 빌리면, 계획을 수립하는 것은 제3세계에서 "불가피하고도 필수적인" 일이 되었다. 아닌 게 아니라, 워터스튼의 말마따나 "(서양의 원조 제공국들이) 그들 자신들의 경제를 위해서는 계획 수립을 선호했던 아니던 상관없이, 그들은 원조 수혜국들의 계획 수립을 받아들였으며 종종 저개발 국가들에게 원조를 제공하기 전에 그 저개발 국가들이 먼저 계획들을 수립할 것을 강력하게 요구했다."Waterston 1965 : 36

1950년대에는 대다수의 개발도상국들은 수입 대체 산업화 전략SI을 공개적으로 지지했다. 수입 대체 산업화 전략이란 이전에는 수입했던 것들을 이제는 국내에서 제조하는 것을 가리킨다. 경제학자들은 국내의 산업 기반을 확장하는 것이 발전의 첩경이라고 믿었다.Nurkse 1962 : 314~22 수출 지향적 산업화 전략은 국외의 수요에 부응함으로써 국내의 산업 생산을 촉진하는 결과를 낳는다. 하지만 실제로는 이 두 전략들은 손을 잡고 함께 가지 않으면 안 된다. 수입 대체 산업화 전략에는 자본재와 원자재를 구입하기 위한 외환이 필요하다. 할 래리가1968 : 13 지적했듯이 "만약 저개발 국가들이 그들의 필요를 충족할 만큼의 외환을 벌고자 한다면, 그들은 선진국으로 향한 공산품 수출에서 신속한 증가를 성취해야 할 것이다". 한편 수출 지향적 산업화는 공산품에 대한 국내의 수요에 의존하는 것 이외에도 거의 불가피하게종종 수입 대체 산업화에 힘입은 기존의 산업기반에 의존한다.

박정희의 5개년 계획이 남한 역사에서 최초의 경제계획이었던 것은 결코 아니었다.Satterwhite 1994 이승만의 경제 자문관들이 3개년 계획을 입안하였지만1960~62, 그 계획이 이행되기 전에 이승만 정부는 4월 학생혁명으로 타도되었다.Oregon Advisory Group in Korea 1961 : 13~23 그것과 비슷하게 장면 정권에게도 5개년 계획1962~66이 있었다. 하지만 그 계획이 착수도 되기 전에 장면 정부는 군대에 의하여 전복되었다.Wolf 1962 : 23~24

남한의 계획 입안자들이 수출 지향적 산업화 전략을 추진했었다는 이미 널리 진실로 받아들여진 견해는 과거 회고조의 개념적 구성retrospective construct이다. 장면의 계획을 꼼꼼하게 모방한J. W. Lee 1966 : 12 박정희의 계획은 애초에는 수출 지향적 산업화를 공개적으로 지지하지 않았다. 그의 최우선적인 목표는 "자립 경제를 확립하는" 것이었다.C. H. Park 1962 : 119, 1970 : 65~66; 또한 다음을 볼 것, Chong 1988 제1차 경제개발 5개년 계획은 농산물과 원자재구체적으로 쌀, 돼지고기, 김 그리고 몇몇 광물들텅크텐, 철, 그리고 흑연의 수출을 계획하였으나 산업 생산품의 수출은 계획에 없었다: "수출품은 돼지, 쌀, 해조류, 신선한 생선, 냉동 해산물, 그리고 건오징어와 같은 1차 산품들로 구성될 것이다."ROK 1962 : 39 산업화를 위한 조항들은 발전 경제학에 유행하는 지혜를 따르는 것들이었다. 즉, 수입 대체 산업화였다. 그 계획은 "지도받은 자본주의guided capitalism"ROK 1962 : 28의 발전을 강력히 촉구했으며, 마르크스주의 언어를 사용하여 "증가하고 있는 국민총생산 중에서 점점 더 많은 몫이 생산 수단의 확장에 투자될 것이다"라고 선언하였다.ROK 1962 : 24 "그 계획은 특히 에너지 생산과 사회 기반시설의 발달을 강조했으며, 한편으로는 '시멘트, 화학비료, 그리고 합성섬유와 같은 수입대체 산업들의 성장을 공개적으로 지지했다."ROK 1962 : 25

그 계획에도 불구하고 남한 경제는 발작적인 미약한 움직임 이상을 거의 보여주지 못하였다. 국민총생산과 수출의 성장은 계획 입안자들의 기대치에 미치지 못했으며, 국민 대중의 인식은 경제가 정체 상태에 있다는 것이었다.J. S. Kim 1975 : 258 1964년이 되어서는 그 계획의 야심찬 목표들이 하향 수정되어야 했다.P. Kuznets 1977 : 202~3 공보부가 간행한 어느 1965년도 출판물은 다음과 같이 이 어려움들에 대한 언급을 되도록 자제하려고 노력하였다: "그러한 종류로는 한국 역사상 최초인 이 장기적인 경제 개발 계획을 수행함에 있어서, 많은 장애물들을 극복해야 했으며, 소중한 경험을 얻었다. (…중략…) 한국 경제의 근본적인 문제들에는 토지 자원, 에너지 자원, 국토방위의 부담, 농업에 관련된 문제들, 그리고 국내 자본의 동원 등(이 포함된다)"MPI 1965 : 6, 20 달리 표현하면, 경제는 침체된 것처럼 보였다.

미국의 관찰자들은 1960년대 중반의 남한 경제 사정을 신통치 않게 여겼

다. 제임스 몰리[1965:51]는 박정희 정권의 역량을 다음과 같이 평가했다:

　　하지만 유감스럽게도 군대 생활은 이 사람들이 정치적 기술을 습득하도록 해주지 못했으며, 또 그들에게 경제 문제들에 관한 폭넓은 지식과 기술을 전수해주지도 못했다. 그들 스스로는 어떻게 그 나라를 재기再起시킬지를 안 적이 없다. 그리고 그들이 보여준 권위주의로써 그들은 적어도 일시적으로는 정부의 관료사회에서 혹은 일반대중 속에서 그들을 대체할 젊은 민간 지도자가 성장하는 것을 가로막아왔다.

　1964년에 실시된 어느 설문조사는 남한 지식인들의 80퍼센트 이상이 한국인의 성격은 "불량하다"라고 생각하고 있음을 보여주었는데, 민주주의와 발전의 실패를 반영한 결과였다.[S.-c. Hong 1969:177~78] 박정희 통치와 남한 경제의 미래는 암울해 보였다.

　1965년에 발표된 김승옥의 소설 『서울 1964년, 겨울』은 쿠데타 이후 남한 사회의 좌절과 절망을 전형적으로 예시例示해준다. 이 소설에서는 두 명의 25살배기들이 방금 아내가 수막염으로 사망한 한 사내를 만난다. 아내를 잃은 그 사내는 아내의 시체를 병원에 넘기고 받은 돈을 몽땅 써버리려고 한다. 두서너 순배의 술잔이 오간 다음 그 사내는 그 돈을 불 속으로 던져버리고 나중에는 자살한다. 부유한 대학원생은 해설자에게 이렇게 묻는다.

　"김 형, 우리는 분명 스물다섯 살짜리죠?"
　"난 분명히 그렇습니다."
　"나두 그건 분명합니다." 그는 고개를 한 번 갸웃했다.
　"두려워집니다."

"뭐가요?" 내가 물었다.

"그 뭔가가, 그러니까……" 그가 한숨 같은 음성으로 말했다.

"우리가 너무 늙어버린 것 같지 않습니까?"

"우린 이제 겨우 스물다섯 살입니다." 나는 말했다.^{김승옥 1993 : 101}

하지만, 이러한 자신감 없고 아노미적인 젊은이들의 초상화는 머지않아 흘러간 옛이야기가 될 터였다. 남한을 대변혁 속으로 몰아넣을 급속한 경제성장은 이 시기에 그 기원을 두고 있다.

외부의 자극－일본, 베트남, 그리고 미국

남한 경제가 겪은 대변혁의 근원은 공식적인 경제계획 문서에서나 박정희와 그의 자문관들의 지혜 속에서는 찾을 수 없고, 대신 일본 경제의 부흥과 미국의 베트남전쟁 개입에서 찾을 수 있다. 해외로 이주한 남한 사람들의 인적 연계망的連繫網들은 남한 경제가 당시 팽창하고 있었던 일본 및 미국 경제로 통합되는 과정을 촉진하였다. 사전에 계획되었거나 국내적인 요인들이 아니라, 우발적이거나 국외적인 요인들이 남한의 경공업 중심 산업화와 수출을 추진해나감에 있어서 결정적으로 중요했음이 입증되었다.

1965년 한일 국교 정상화 조약 전후

얼마쯤은 진지했고 얼마쯤은 국내의 지지를 얻기 위한 술책이었던 이승만의 반일 정서는 그의 반공주의보다 더 심한 적의에 차있었다.^{Cheong 1991 : 135~43} 한국과 일본 간 국교 정상화 조약의 체결에 대한 그의 고집스러운 거부는 되풀이하여 한일 간 외교 및 경제 관계에 지장을 초래하였다.Reeve 1963 : 52~59 한국과 일본은 재산 청구권, 어업권, 그리고 일본에 거류하는 한국인의 지위 등에 관한 문제들에서 의견을 달리했다.Macdonald 1992 : 117~27 게다가 당시에는 일본인들이 남한을 또다시 식민지로 삼을 것이며, 이번에는 정치적 또는 군사적 식민지가 아니라 경제적인 식민지로 삼을 것이라는 널리 퍼진 두려움이 있었다.D. Chang 1985 : 73~74 예컨대, 박정희는 "한국남한에 대한 일본 측의 또 다른 형태의 공격"에 대한 경각심을 일깨웠다.1962 : 163 민족적 자존심과 반일 정서는 그 어떤 한국과 일본 간 관계의 정상화든 다루기 힘든 문제로 만들었다.B.-i. Koh 1973 : 50~51 박정희의 문화적 논쟁을 고찰해보자 :

> 장면 정권 당시 '일본 붐'은 사람들의 이성을 마비시켰다. 서울과 부산 등 대도시들의 다방들은 한국 음악은 제쳐두고 싸구려 일본 음악만 틀고는 건들거렸다. 일본어 교습 학원들이 백 개도 넘게 우후죽순처럼 생겨났고, 일본의 포르노 잡지와 문학이 한국에 넘쳐났다. 날림으로 만든 일본 상품들이 밀수를 통해 들어와 세금도 내지 않고 우리 시장에 범람하면서 장면 정권은 이윽고 친일 내각이라는 비난에 직면했다. 장면 정권 당시의 '일본풍'은 반민족적인 흐름으로서 양심적인 사람들의 반감을 샀다.C. H. Park 1962 : 1966

불가피하게 식민지 시대에 초점을 맞추는 반일 정서의 의례적인 환기喚起는 해방 이후 남한 내 일본에 관한 논의에서 가장 두드러진 측면이었다.Takasaki 1993 겉으로는 한국의 우월성을 말하고 있어도Tanaka 1988 : 128~58, 남한 사람들 대다수는 일본이 남한보다 몇 년, 아마도 몇십 년은 앞서 있음을 인정했다. 그러한 열등감이 반식민 민족주의 정서와 결합하여, 일본을 따라 잡기 위해 할 수 있는 일은 무엇이든 다 하도록 수많은 남한 사람들을 자극했음에는 의심의 여지가 없다.Dore 1990 : 359~62 일본에 대한 두려움은 일본 영화의 상영 이나 일본 노래의 가창을 금지하는 문화에 관한 법률의 제정에서 분명하게 표출되었다. 허나 한편으로는 식민지 시대에 대한 향수와 일본의 경제적 힘이 결합되어 친일 정서라는 강력한 역류를 만들어 내었는데, 특히 남한의 엘리트들에게서 그랬다. 그중에서도 특히 남한의 기업계 인사들은 일본인들의 말투와 버릇을 사용했다. 일본 기업의 문화적 관행들이 고급 술집의 실내장식에서부터 경영진 계급제도의 명칭에 이르기까지 남한 사회의 다양한 환경에서 찾아볼 수 있었다. 더욱이 젊은 사람들과 (김일성과 박정희를 모두 포함한) 나이든 사람들이 은밀하게 일본의 대중문화에 심취했다.

광범위하게 공유되어 있는 반일 정서에도 불구하고, 1960년대 중반경에는 일본과 조약을 맺는 것이 거의 피할 수 없는 상황에 이르렀다. 미국이 이를 강력하게 권고하였으며 남한 기업들도 그러한 조약의 체결을 위한 로비를 벌였다.K. B. Kim 1971 : 78~80 일부 기업들은 일본의 관세가 축소되어 남한이 일본에 더 많이 수출하게 되기를 갈망했고, 다른 기업들은 일본의 경공업 생산이 점차 남한으로 이전될 것을 전망했다.K. B. Kim 1971 : 87~90 1960년대 중반에 이르면 일본은 경제적인 초강대국이 되어가는 노정路程에 확실하게 들어서 있었다. 일본은 자본뿐만 아니라 과학기술 분야의 노하우 역시 보유하고 있었다. 그의 반일본적 수사修辭에도 불구하고 박정희가 결국에는 남한 경제를 위한 도움을 일본의 산업적 힘에서 구하려 했던 것은 놀라운 일이 아니다. 일본의 기업들 역시 박정희의 정당에 돈을 기부했다.Clifford 1994 : 91 그러나 한일 간 조약의 체결을 위한 가장 절박한 이유는 박정희 정권의 경제적 어려움이었는데, 그 어려움은 설상가상으로 줄어드는 미국의 원조로1961년의 2억 6천 6백만 달러에서 1965년의 1억 9천 4백만 달러로 인하여 더욱 악화되었다.K. B. Kim 1971 : 85 악명 높은 김종필 – 오히라 각서에서 밝혀진 것처럼, 그 조약이 체결되면 현

금과 융자금이 남한 경제로 신속히 유입될 것이란 약속이 있었다.^{Yun}
Kyŏng-ch'ŏl 1986 : 290~92

1965년의 한일국교정상화조약을 반대하는 시위는 1964년에 시작되었
다.K. B. Kim 1971 : 109~16; 조약의 원본은 Han Kim 1972 : 53~54를 볼 것 1964년 6월 3일에 발생
한 최초의 주요 시위는 6ㆍ3세대라는 이름을 낳았다.박세길 1989 : 143~53; Pak and
Kim 1991 : 175~96 한일 국교 정상화 조약에 반대하는 그 투쟁은 반일 정서뿐만
아니라 그것보다 한층 더 강력한 반정부 감정을 가두어온 둑을 허물었다.Yun
Kyŏng-ch'ŏl 1986 : 296~303 그 대규모 시위들을 멈추게 하고 한국의 옛 식민 통치자와
맺는 조약의 체결을 완결하기 위하여 박정희는 계엄령을 선포하였다.

1965년 조약이 가져다준 즉각적인 '횡재'는 현금의 유입이었다. 일본은
대략 2억 달러의 공공 차관public loans, 3억 달러의 보조금grants, 그리고 또 3
억 달러의 상업 차관commercial credits을 남한에게 주었다.Bix 1974 : 214 그 조약은
또한 일본인의 투자를 장려했다. 일본의 총 대 남한 직접 투자는 1965년에
는 120만 달러에 불과했지만 1969년이 되면 2천 7백 10만 달러로 증가해
있었다. 그것에 못지않게 중요한 것은 과학기술 분야와 기업경영 분야의 전
문지식이 일본에서 남한으로 전파된 것이었다.

남한이 일본 경제의 권역圈域 속으로 포함된 것은 남한의 운명에서 방향의
전환이었다. 사실상 남한은 성장하고 있었던 일본의 경제적 연계망連繫網 그리
고 국제적 노동 분업 속으로 통합된 것이었다.cf. Fröbel, Heinrichs, and Kreyer 1981 :
44~48 남한과 일본 간 경제 관계의 시작으로 생산 사이클 속에서 남한 기업들
이 일본 회사들을 뒤따를 기반이 놓였다.Kobayashi 1983; Cumings 1984; cf. Mitchell
and Ravenhill 1995

남한은 두 가지 방식들로 일본을 뒤따라갔다. 산업 생산이란 측면에서 일
본의 산업생산을 위한 과학기술 그리고 일본 경영기법의 전파는 남한 기업

의 발전을 촉진했다.Hirakawa 1988 : 175~76 특히 일본 기업들은 구식이며 빈번하게 오염을 유발하는 기계류를 남한에 수출했다.Ozawa 1979 : 18~19 또한 일본 측으로서는, 오염의 근절을 요구하는 국내의 압력과 해외로부터 받고 있었던 수출 자제 요구 탓으로 일본의 제조업자들은 그들의 산업 관행들을 변경하지 않을 도리가 없었다. 그런 까닭에 일본 기업들이 오염물질 유발이 덜하고 부가가치가 보다 더 높은 산업 생산으로 전환함에 따라서, 대체당한 그들의 생산품들과 기계류는 남한 회사들이 떠맡게 되었다. 달리 말하면, 일본 회사들이 이미 포기했던 이용되는 과학기술 수준이 낮고, 노동 집약적이며, 오염을 유발하고, 또 부가가치도 낮은 산업 생산은 남한 기업들의 몫이 되었던 것이다.Watanabe 1982 : 194~96 남한이 일본과 지리적으로 인접해 있고 문화적으로도 일본과 유사한 탓에 남한으로 일본의 산업 생산 기술이 이전되는 것이 한층 더 용이하였다.E. Park 1984 : 28~29 요컨대, 남한의 산업은 일본의 기업이 입다가 물려준 옷을 입었다.

남한 수출품의 판매에서도 일본의 중요성은 변함없었다. 애초에 수많은 남한의 생산품들이 일본의 옛날 시장들, 특히 미국으로 수출되었다. 직물류로부터 트랜지스터 그리고 흑백텔레비전 수상기에 걸친 남한의 생산품들은 제2차 세계대전의 종전 이후 일본 기업들이 일궈놓은 수출 시장에서 이미 마련된 틈새시장들을 발견했다.Borden 1984

일본이 남긴 식민지 유산은 남한과 일본 간의 경제관계를 용이하게 하였다. 수많은 남한 사람들이 일본어를 유창하게 구사했다. 몇몇 사람들은 일본 측 상대역들과 심지어는 같은 학교를 다녔거나 또는 다른 연줄을 공유하기도 했으며, 이러한 면들은 사업 거래를 상당히 촉진하였다.C. S. Lee 1985 : 61~62 예컨대 삼성의 창업자 이병철은 일본에서 교육 받았으며 빈번하게 그리고 장기간 동안 일본을 방문했는데, 그 목적은 도쿄에 있는 그의 첩을 만나기 위함이거나, 사업 계약을 공식적으로 발효시키기 위해서, 그리고 일본의 경제를 직접 관찰하기 위해서 등등이었다. 삼성의 무역 회사 회장은 1980년대 후반에 어느 미국 출신 기자에게 이렇게 말했다: "(이병철이) 일본에서 돌아오면, 그는 유관 회사의 임원들을 불러 모아서 자신이 생각한 바를 말해주곤 했는데" 그 안에는 일본인들의 경영기법들도 포함되었다.Tanzer 1988 : 87

재일본 한국인 거류민들 또한 양국 간 연결통로 역할을 하였다. 롯데그룹은 남한에 있는 한국-일본 기업들 중에서 가장 이름난 기업일 뿐이다. 하지만 두 나라 사이에는 강철 생산에서부터 장난감 제조에 이르기까지 고급 기술, 저급 기술을 모두 아우르는 훨씬 더 많은 국경을 초월한 사업관계들이 있었다. 1960년대 남한의 상업 역사는 상업 거래의 성공적 타결을 위해 수없이 대한해협을 건너 양국을 오갔던 수많은 한국계 일본인 사업가들과 남한의 사업가들에 관한 이야기이다. 예컨대 나의 외삼촌은 1960년대에 도쿄에 있는 우리 집을 일본 회사들과 수출 및 수입 거래를 주선하기 위한 기지로 활용했다. 그의 뛰어난 일본어 구사 능력 덕택에 그의 사업은 금방 번창했다. 그의 사례는 보기 드문 특별한 경우가 아니었다.

1960년대 중반에 일본과 외교·경제 관계를 재구축함으로써 남한은 당시 팽창하고 있었던 동북아시아 경제체제 속으로 편입되었다. 그 이후로 남한 경제는 일본이 갔던 길을 따라갔다. 산업생산과 무역이란 양 측면 모두에서 일본과의 관계는 남한 경제에 결정적으로 중요한 자극이었음이 입증되었다.

전리품 - 베트남전쟁과 남한

미국의 베트남전쟁 개입은[7] 남한의 발전에 있어서 재개된 일본과의 관계

---

7 베트남전쟁은 그 자체로 얼마쯤은 한국전쟁의 소산이었다. 한국전쟁은 미국의 아시아 개입에 못을 박았으며 미국의 냉전 외교 및 군사 정책을 확정시켰다. 게다가 한국에서 얻은 교훈은 미

만큼이나 중요한 요인이었다. 미국의 베트남 개입은 남한의 산업 생산품에 대한 수요를 창출했으며, 남한의 수출과 산업화에 자극제가 되었다.

남한 군인들은 1965년 10월부터 1973년 3월에 이르는 기간 동안에 베트남에서 전투에 참가했다. 1966년부터 1971년에 이르는 전쟁이 절정에 도달했던 기간에는 매년 5만 명에 육박하는 남한 군인들이 베트남으로 파견되었는데, 그로써 베트남 주둔 남한 군대는 남베트남 군대 다음으로 미국의 최대 동맹군이 되었다. 남한이 베트남전에 개입했던 8년의 기간 동안 30만 명 이상의 남한 군인들이 베트남에서 전투에 참가했다.S. Han 1978 : 893 남한 군인들은 '용맹함'과 '잔혹함'으로 이름이 났다. A. 테리 람보에 따르면, 남한 군인들은 "푸옌성에서 전술적인 임무를 수행하는 동안 수백 명의 남베트남 민간인들을 죽였다".Lee and Yim 1980 : 85 미국에 기대어 이득을 보고 있었던 남한 군인들과 기업가들은 널리 남베트남인들의 미움을 샀다.김선일 1973 : 142~44

미국이 남한의 베트남전쟁 참가를 권고한 이유는 명확하다. 비록 남한의 군인들을 라오스에 파견하겠다는 이승만 대통령의 1954년 제안은 거절되었지만Kahin 1986 : 54, 그것과 유사한 박정희 대통령의 1965년 제안은 기꺼이 수

국의 베트남 개입을 확대하려는 미국 정책입안자들의 결정에 지대한 영향을 주었다: "한국은 근대적인 조건들하의 제한적인 전쟁에 관한 전형적인 사례 노릇을 하였다. 이것이 나중에 베트남에서 민족 해방 전쟁에 참전하기 위한 맥나마라의 '유연한 대응' 전략의 존재 이유가 되었다.(J. Nam 1986 : 54)" 하지만 마크 클락 장군은(1954 : 2) 다음과 같이 진술하였다: "내가 군대를 지휘하고 있던 기간 동안에 우리가 통솔하고 있었던 그 제한된 병력을 가지고 그리고 전투의 범위를 확대하지 않고도 언제든 우리가 승리할 수 있었다는 소위 군사 전문가들의 진술에 나는 단연코 동의하지 않는다. 산이 많은 한국의 지형은 글자 그대로 보병부대를 흡수해버린다. 적은 우리의 공격을 막아내기에 충분한 병력을 보유하고 있었을 뿐만 아니라 작은 성과들을 얻어내고 지킬 수 있었던 반면, 우리는 충분한 병력을 보유했던 적이 결코 없다." 참으로 한국의 야산에서 배우지 못했던 교훈들이 베트남의 정글에서 더욱 완벽하게 재현되었다. 유엔 퐁 콩은(1992 : 101) 이렇게 주장한다: "한국이 준 한 가지 근본적인 교훈은 (…중략…) 국제 공산주의가 영향력을 지니고 있었다는 것이다 (…중략…) 베트남전쟁을 한국전쟁과 비교함으로써, 그 비유는 또한 베트남에서의 정치적 이해관계가 극도로 높았음을 암시했다."(또한 다음을 볼 것, K. Thompson 1981 : 197; Kahin 1986 : 339~41)

용되었다.Macdonald 1992 : 108~10 1964년의 통킹만 사건과 1965년 2월의 북베트남 공중 폭격 이후 미국은 남베트남에 대한 지원을 강화해왔었다. 하지만 미국에서는 공식적으로 선전 포고된 적이 없는 그 전쟁은 재정적으로 그리고 미국의 국내 정치적 측면에서 극도로 값비싼 대가를 요구한다는 것이 드러났다. 남한의 군대는 경제적으로든 정치적으로든 미국에게 매력적이었다. 미군 병사 일인당 월급은 남한 군대 병사 일인당 월급의 스무 배가 넘었다.Burchett 1968 : 165 더욱 중요했던 것은 베트남전쟁에서 발생한 남한 군대의 사상자들은 그 전쟁에 대한 미국 내의 대중적인 지지에 사실상 아무런 영향도 주지 않는다는 점이었다.Young 1991 : 158

남한의 베트남 파병 결정은 만장일치로 성사된 것이 아니었다. 야당 지도자들은 박정희가 자신의 정권에 대한 미국의 계속적인 후원을 사기 위해 남한 젊은이들의 피를 파는 것이라고 박정희를 몰아세웠다.김선일 1973 : 138 박정희는 베트남 파병에 대한 모든 반대 의견의 표출을 폭압적으로 억누름으로써 그 비판에 응답하였다. 남한에서 베트남전쟁에 관한 공공연한 토론은 미국에서보다도 훨씬 더 오랜 기간 동안, 또 더 심하게 억압당했다. 박정희의 베트남 정책을 비판하는 리영희의 책1974은 검열을 받았으며 그 저자는 투옥당했다.

박정희 정권으로 하여금 남한 군대를 베트남에 파병하도록 재촉한 것은 무엇이었을까? 아시아의 어느 분단국가에서 벌어지고 있는 반공산주의 전쟁은 아주 명백하게도 남한 지도자들의 관심을 끌만큼 충분히 중요했다.Y. Koo 1975 : 224~25 보다 더 중요했던 것은 남한의 베트남 개입으로 지속적인 미군의 남한 주둔뿐만 아니라 박정희에 대한 미국의 지속적인 지지 역시 보장을 받았다는 점이었다. 박정희가 남한 군대를 베트남에 파병한 다음, "존슨 행정부는 그때까지도 갖고 있던 (박정희 정권의) 정통성에 대한 유보적인 태도들을 모두 극복했으며, 그 대신 박정희 정권이 이룩한 성취들과 그 정권의 통치능력을 아낌없이 칭찬하기 시작했다".S. Han 1978 : 907 박정희 정권은 또한 그 군사 개입이 재정적인 지원 및 예기치 않은 경제적 이득을 가져다줄 것을 기대하였다. 미국의 군사 원조는 남한 군대의 파병 이후 곱절로 증가했다.J.-H. Kim 1970 : 123 박정희는 또한 1950년대 초반의 일본의 경제 부흥에서 한국전쟁이 담당했던 역할을 민감하게 인지하고 있었다.이숙종 1992 많은 남한의 관리들과 기업인들은 그 역사적인 유사성을 의식하고 있었다. 어느 남한 사람은 시사주간지 *Newsweek*에1966.2.7 : 37 다음과 같이 말했다: "한국전쟁에서 일본인들은 우리 한국인들이 싸우고 있는 동안에 돈을 벌었다 (…중략…) 이제는 한국의 차례다."

남한의 인력 수출은 베트남 파병이 처음은 아니었다. 외환을 획득하고 실업 문제를 완화시킬 목적으로 남한 정부는 해외에서 일하도록 남한 국민들에게 권유했다.[8] 1962년부터 1965년까지 서독으로 광부와 간호사들을 보냈지만, 총 인원은 3,809명에 불과했다.I. Kim 1981 : 53~54 그것과 대조적으로, 베트남전쟁이 정점에 도달했던 1968년과 1969년 무렵에 이르면 파병된 군인들 이외에도 16,000명의 남한 출신 기술자들, 기업인들, 그리고 노동자들이 베트남에서 일하고 있었다.Pak Kŭn-ho 1993 : 28 당시 베트남에 주재해 있었던 외국 출신 민간 고용인들 전체가 26,000명에 불과했다는 점을 고려하면, 이 숫자는 한층 더 두드러진다.Kahin 1986 : 335

거의 틀림없이 남한은 미국의 인도차이나 개입으로부터 가장 많은 이득을 보았을 것이다.J.-H. Kim 1970 : 122 그 전쟁과 관련이 있는 수입은 1969년과 1970년에는 2억 달러를 넘었고 1965년부터 1972년까지 7년 동안 10억 달

---

8   외환 보유고를 늘리기 위한 국가의 노력은 매춘의 장려로(Lie 1995), 심지어는 아기들의 "수출"로 이어졌다.(N.-h. Lee 1989; Lewin 1990)

러 이상을 창출했다(1967년도 국민총생산의 3.5퍼센트를 차지함).Pak Kŭn-ho 1993 : 29~37 총 군수품 조달은 1965년에 3백만 달러 미만이었지만, 1970에 이르면 그 수치는 5천 7백만 달러로 증가했다. 음식, 군복, 군화, 시멘트, 그리고 담요 등의 제품들이 군수품 조달의 80퍼센트를 차지했다.Pak Kŭn-ho 1993 : 23 남한의 기업들 또한 베트남에서 영업을 했는데, 운송 분야에서 3천 4백만 달러, 청소 분야에서 8백만 달러, 등 1969년에만 총 5천 5백만 달러를 벌었으며, 1966년부터 1972년에 이르는 기간 동안에 벌어들인 수익은 총 2억 2천 3백만 달러에 달했다.Pak Kŭn-ho 1993 : 27 남한 출신 군인들, 기술자들 그리고 노동자들의 본국 송금은 개인들에게 뿐만 아니라 정부에게도 유익하였다. 베트남전쟁 동안 창출된 정부의 조세 수입은 대부분이 1968년부터 1970년에 이르는 기간 동안에 건설된 서울과 부산을 연결하는 남한의 대동맥인 경부고속도로의 건설 자금으로 사용되었다.Pak Kŭn-ho 1993 : 43

베트남전쟁에 의해 창출된 소득의 효과는 미래에 미치는 파장이 대단했다. 왜냐하면 그것은 국내의 산업 생산과 연결되었으며 산업 생산품의 수출을 촉진시켰기 때문이다.Naya 1971 : 45 예컨대 1967년도 남한산 시멘트의 대베트남 수출은 그해 남한의 총 시멘트 수출액 160만 달러 중에서 150만 달러를 차지하였다. 1970년에 이르면 그 수치들은 각각 870만 달러와 610만 달러가 되었다. 1968년도 남한산 비료의 대 베트남 수출은 그해 남한의 총 비료 수출액 190만 달러 중에서 120만 달러를 차지했다. 1970년이 되면 그 수치들은 각각 630만 달러와 470만 달러가 되었다.Pak Kŭn-ho 1993 : 22~23 대베트남 수출을 통해 남한은 시멘트, 비료, 그리고 석유 제품들의 자급자족을 달성했다. 그리하여 제1차 경제개발 5개년 계획의 목표들은 베트남전쟁으로 인하여 조성된 경기 호황에 의해 달성되었다.

원조aid와 산업 생산을 촉진하는 수요demand 간의 차이점은 대단히 중요하다. 이승만 정권의 사례에서 본 바와 같이, 원조는 빈번히 국가 차원의 부패로 귀결된다. 원조 물자의 가공이 자립적인 산업 생산의 발전으로 이어지는 경우는 드물다. 산업가들이 외부의 수요에 응하기 위해 생산할 때, 그들은 생산 역량을 제고하고 개선하기 위해 이윤을 재투자한다.

베트남전쟁에 의해 창출된 수요는 1960년대 후반에 남한의 경공업 중심 산업화와 수출에 결정적으로 중요한 틈새시장을 제공했다. 여기서 일본의 기술적, 금융적 도움이 대단히 중요했다. 일본 기업들은 남한 제조업자들에게 기업경영 분야 및 과학기술 분야의 노하우를 제공했다.Pak Kŭn-ho 1993 : 88 게다가 미국의 전시戰時 경제는 합판, 신발, 직물류 등 남한의 경공업 제품들에 대한 수요를 창출해내었다. 대 미국 수출은 1964년도 남한 총 수출의 30퍼센트를 차지하였는데, 그 수치는 1966에는 37퍼센트로, 1968년에는 52퍼센트로 증가했다가 1974년에는 34퍼센트로 떨어졌다. 1960년대 후반에 남한의 대 미국 수출의 40퍼센트는 직물류였다.Pak Kŭn-ho 1993 : 51 남한의 베트남전쟁 개입 덕택으로 조성된 한미 간 정치적 친선의 분위기 탓으로 미국과의 직물류 무역협정의 체결이 용이하게 되었다.Department of State Bulletin, February 22, 1965 : 274~78 1960년대 후반의 남한에서 베트남전쟁의 영향은 한마디로 말해서 수출 촉진뿐만 아니라 경공업 중심 산업화 추진에도 지극히 컸다.

베트남전쟁은 또한 남한의 군인들에게도 영향을 끼쳤다. 훗날의 대통령들인 전두환과 노태우는 모두 베트남에서 군대 복무를 하였다. 비록 몇몇 퇴역 군인들은 베트남전쟁에 참전한 이후 기업계에서 혹은 정계에서 성공을 거두었지만, 다른 퇴역군인들은 그다지 운이 좋지 못했다. 수많은 베트남전쟁 참전 고참병들이 육체적, 정신적인 상처를 안고 한국으로 돌아갔다. 1970년대 서울의 길거리에서 쉽게 눈에 띄었던 무모하고 저돌적인 택시 운전사들은 불만을 품은 베트남전쟁 참전 퇴역 군인들이라고 알려졌다. 소설『하얀 전쟁』에서 한 군인은 자신의 희생을 이렇게 되돌아본다. "우리들이 목숨을 바쳐 그 대가로 벌어들인 피 묻은 돈이 나라의 발전과 현대화를 위한 밑거름 노릇을 했다. 그리고 우리들의 공훈 때문에 대한민국은, 적어도 그 상부 계층은 세계 시장으로 큰 걸음을 내디뎠다. 목숨을 팝니다. 용병의 민족."J. Ahn 1989 :40 비슷한 맥락에서, 소설 『무기의 그늘』에서 주인공인 안용규 병장은 어느 미국인에게 다음과 같이 불쑥 말한다: "우리의 땅은 둘로 분리된 육신처럼 분단되어 있다. 원래 내 집은 이북에 있다. 베트남에 온 다음에야 나는 내 고국을 객관적으로 보기 시작했다."S. Hwang 1994:342 그의 분노는 다음과 같은 미국에 대한 비판으로 이어진다: "(나의) 부모님 세대는 식민지 지배자들의 군대에서 복무하도록 강요받았고, 지금과 똑같이, 제국주의 열강들끼리 싸우는 전쟁에서 아시아와 태평양의 도처에서 수많은 사람들이 죽임을 당했다. 그때부터 당신네 나라 사람들은 이미 전쟁터에 있었다. 당신들의 정부는 우리 나라를 분할하고 점령하였다".S. Hwang 1994:343

미국 및 일본 경제로 통합됨

1965년 체결된 한일 국교정상화 조약과 베트남전쟁은 남한 경제를 당시 팽창하고 있었던 미국과 일본의 경제권들 속으로 통합시켰다. 남한 출신 해외 이주자의 인적 연계망은 실질적인 경제적 연줄을 제공해주었다. 미국과 일본의 경제 모두 남한의 제조업 분야 수출을 촉진하는 방향으로 이미 진행되고 있었다. 더욱이 지구 전체의 노동 분업 속에서 일본이 점유하고 있었던 틈새시장을 물려받기 위한 경쟁이 태평양 지역 경제권에서는 없다시피 하였다.

경제학 교과서에서 수입과 수출은 그저 국경을 넘나드는 무역에 불과하다. 시장에 관한 이러한 추상적인 시각에서는 누가 수출을 하고 수입을 하는

가는 그다지 중요하지 않다. 하지만 현실에서는 교역하는 사람들 간 그리고 교역에 종사하는 조직들 간의 명확하고 확실한 구체적인 유대관계가 수입과 수출 간의 연결고리를 장기간 유지시킨다.cf. Lie 1992b 미국에 거주하는 남한 출신 이민자들은 경험 없고 미숙한 남한 기업들의 생산품 수출에서 대단히 중요한 연결고리가 되어주었다. 그것은 남한이 일본과 경제관계를 맺음에 있어서 일본 거주 한국인들이 결정적으로 중요했던 것과 마찬가지였다.

  가발 산업은 주목을 끄는 흥미로운 사례이다. 혹자는 남한의 발전에서 가발 산업이 차지하는 중요성에 대하여 의심을 품기 십상이겠지만, 1960년대 후반에 이 산업은 줄기차게 남한의 가장 중요한 두세 개의 수출 품목들 중 하나였으며 전체 수출의 10퍼센트 정도를 차지했다.S. Koh 1973 : 75 정점에 이르렀던 1970년에는 남한의 대 미국 가발 수출은 8천만 달러 이상에 달했다.I. Kim 1981 : 125 가발의 마케팅을 착수하고 유지하기 위해 필수적인 지역 사정에 관한 지식을 고려할 때, 한국계 미국인들은 이 수출 지향적 산업의 발전에 결정적으로 중요한 역할을 수행했다.I. Kim 1981 : 121~43 S. K. Koh는1973 : 75 다음과 같이 언급했다: "미국 시장의 [가발] 수입은 미국으로 이주한 젊은 한국인들에 의해 시작되었다."

  한 걸음 더 나아가 그 무역 연계망들은 당시 팽창하고 있었던 일본과 미국 경제의 중요하고도 필수적인 일부로 자리 잡았다. 남한과 그 두 나라들을 연결하는 무역의 삼각관계가 존재했던 것이었다. 사실 남한은 부가가치가 낮은 제조 설비, 노하우 그리고 생산품 시장을 일본에게서 얻었다. 한편 남한은 이전에는 일본이 수출했던 품목들을 미국에 수출했다. 일본과 미국 경제가 담당했던 그 무엇보다도 중요했던 역할은 아무리 강조해도 지나치지 않다. 1960년대에 남한의 총 수출의 4분의 3은 대미 및 대일 수출이었다.S. H. Kim 1970 : 106 예컨대 1967년부터 1974년에 이르는 기간 동안 남한 전체 무역의

70퍼센트는 이 두 국가들과의 교역이었다.^{W. Hong 1976:9} 이러한 이원적인 의존은 1980년대 후반까지 지속될 터였다. 일본의 경우, 남한은 생산 사이클을 통해 일본의 흥기興起를 바짝 뒤좇았다. 미국의 경우, 베트남전쟁에 의해 창출된 수요는 남한의 경공업에 전례 없는 기회를 제공했다.

합판은 훌륭한 실례實例다. 비록 1959년까지는 남한에서 합판의 생산이 시작도 되지 않았지만, 1967년에 이르면 남한이 북미 시장에 가장 많은 합판을 수출하는 나라가 되었으며, 1970년이 되면 북미 합판시장의 절반이 남한의 몫이었다.^{G. Lee 1973:84} 아닌 게 아니라, 1964년에 이르면 합판이 남한의 최대 수출 품목이 되어 있었으며, 1968년 무렵이 되면 남한은 세계에서 최대의 합판 수출국이었다.^{OEAR 1972:20, 35} 이 산업의 성공은 외부적 및 내부적 요인들에서 그 기원을 찾을 수 있다. 예컨대 1957년에는 미국이 수입한 합판 중 80퍼센트 이상이 일본산이었다.^{OEAR 1972:168~69} 일본의 합판 제조업자들이 부가가치가 보다 더 높은 산업 생산으로 옮겨갔을 때, 그들이 비운 틈새를 남한이 메웠다. 1960년대 후반 내내 남한의 합판 수출의 90퍼센트 이상은 대 미국 수출이었다.^{OEAR 1972:35~36} 남한 정부 역시 세금 감면과 우대 이자율, 그리고 여타 인센티브들을 제공함으로써 합판 산업을 진작시켰다.^{OEAR: 1972:45~49} 특히 정부는 합판 생산에서 대단히 중요한 원자재인 단단한 재목의 수입을 용이하게 해주었다. 합판 산업의 발전에 유리한 또 하나의 내부 요인은 남한의 낮은 노동비용이었다. 1960년대 후반 무렵에 남한의 노동비용은 일본 노동비용의 절반이었으며, 필리핀과 대만보다도 낮았다.^{G. Lee 1973: 121} 필수적인 과학 기술 수준의 저급함, 대략 비슷한 원자재와 운송비용 등을 고려해 볼 때, 보다 저렴한 임금비용 덕택에 남한의 합판 제조업자들은 그들의 수출 전선에서 결정적으로 중요한 우위를 점했다.

현대와 한진 같은 **재벌**들은 베트남전쟁으로 인한 경기호황의 혜택을 입었다. 하지만 수출전문 기업들 중 수많은 기업들은 결코 대규모 기업집단들이 아니었으며, 현대와 한진조차도 훗날 그들이 1980년대에 도달하게 되는 그 러한 거대기업은 아니었다. 1960년대 후반은 남한의 기업 역사에서 사업 기 회를 포착하고, 사업체를 세우고 운영하며, 금융상의 위험도 마다하지 않았 던 기업가들이 빛났던 순간이었다. 그러한 기업가들이 설립한 소규모 회사 들이 합판, 직물류, 가발 등 남한의 주요 수출품들의 생산과 판매에서 지극히 중요한 역할을 담당했다. 당시에는 그러한 기업들이 갑자기 마구 늘어나는 것이 유머의 소재였다. 임대한 비좁은 방에서 두세 명의 직원을 데리고 꾸려 가는 회사들이 종종 놀림삼아 재벌이라고 불렀다. 마찬가지로, 그러한 회사 의 직원들이 서로를 사장, 이사 등등으로 호칭하는 모습을 보는 것은 드문 일 이 아니었다. 1969년에 발표된 어느 대중가요의 가사는 이렇게 묘사한다:

> 길거리를 걸어가면서 나는 낮은 목소리로
> "사장님" 하고 불렀지
> 열이면 열 모두 대답하려고 뒤돌아 서네
> 하지만 한 사람은 그냥 걸어가기만 하네
> 마치 듣지 못한 것처럼
> 그를 멈춰 세우고 나서 알고 보니
> 그는 상무였다네
> (…중략…)
> 앞에서건 뒤에서건 사장들은 어디나 있지
> 하지만 사장은 외롭고 고통스럽지
> (왜냐고 자신만이 유일한 직원이고 양심에 걸리니까) Christie 1972 : 216

국외에서 발생한 요인들과 우발적인 요인들이 한국 경제를 팽창일로에 있었던 미국과 일본의 경제로 통합시키는 데 대단히 중요했다. 1960년대 후반에 미국은 개방 무역 체제를 추구했다.^{Block 1977 : 10} 그러한 까닭에 미국의 수입정책은 남한의 제조업 분야 수출에 유리했다. 당시 미국은 전면적인 자유 무역을 공식적으로 지지했다. 남한의 노동 집약적인 제조업 분야의 수출은 미국의 무역에서 작은 몫을 차지하는 데 지나지 못했으므로 그 수출은 미국 경제에 큰 위협이 되지 않았다.^{Lary 1968 : 94} 남한이 미국과 호의적인 정치적 관계를 유지했던 것 역시 미국과의 경제적 거래에 도움이 되었다.

1960년대 후반에 이르면 일본은 고부가가치 산업생산으로 이행移行할 수 있는 실력을 갖추게 되었다.^{Kobayashi 1983 : 7~14} 일본의 영향권을 확장하려는 시도가 가능했던 데에는 일본 정부의 역할이 중요했으며, 일본 정부는 일본과 남한 간 경제 관계를 촉진시켰다.^{D. Chang 1985 : 55~57} 게다가, 남한에게는 또한 세계 노동 분업에서 일본의 바로 뒷자리에 대한 경쟁이 거의 없었다. 생산 사이클을 통한 일본의 흥기로 인해 비워진 틈새시장은 사실상 남한의 몫으로 지정되어 있었던 셈이었다. 아시아에서는 대만이 유일하게 남한과 어깨를 겨룰만한 산업화 시도를 추진할 수 있는 역량을 갖추고 있었다. 당시 산업화가 진행되고 있었던 라틴 아메리카 국가들의 경제들은 수입대체 산업화에 그 초점이 맞춰져 있었으며, 우선적으로 북미 시장을 겨냥하고 있었다.^{Bulmer-Thomas 1994 : 278~87} 대다수의 라틴 아메리카 경제들은 또한 농업을 진작시키고 원자재를 수출하는 데 만족하는 정부들 탓에 어려움을 겪었으며, 한편으로는 남미지역 노동조합의 강세로 인해 저렴한 노동력에 기초한 수출지향적 산업화의 추진은 방해를 받았다.

일본, 베트남전쟁, 미국, 그리고 무역의 인적 연계망 등이 남한의 경제를 철저하게 또 극적으로 변화시켰다. 1960년대 후반 무렵이 되면 남한의 수출은 증가하였고 산업화는 빠른 속도로 진행되고 있었다. 1958년과 1969년의 수출 통계들을 비교해보자. 1958년에는 오직 텅스텐, 철광석, 그리고 생선만이 1백만 달러나 그 이상의 수출 실적을 보여준 수출품들이었다. 더욱이 이 세 가지의 1차 산업 상품들은 전체 남한 수출의 40퍼센트를 훨씬 상회했다. 1969년이 되면, 남한의 3대 수출 품목들은 의류1억 6천 1백만 달러, 합판7천 9백만 달러, 그리고 가발6천만 달러 등이었다. 이 세 상품들의 수출은 남한의 총 수출액 6억 2천 2백만 달러의 거의 절반을 감당했다.Bartz 1972 : 98

1960년대의 수출 성장을 국가 경제계획의 공적功績으로 돌리는 것은 명백히 그릇되고 받아들일 수 없는 과장일 것이다. 수출 지향적 산업화는 그 계획 속에 포함되었던 적이 없었다. 박정희 정권이 애초에 추구했던 것은 자급자족 그리고 수입 대체 산업화였다. 수출 지향적 산업화를 위한 최초의 자극들은 국외로부터 유래했다.

박정희 정권의 경제적 성향

밖에서 온 기회들이 제아무리 중요했다 하더라도, 만약 그 삼각동맹 속에 온존했던 부패의 구조가 1960년대까지도 유지됐더라면 그 기회들은 탕진되었을 공산이 높다. 예컨대 1965년에 일본과 맺은 국교 정상화 조약은 지연될 수도 있었다. 베트남전쟁이 제공한 경제적인 기회들을 놓쳤을 수도 있었다. 4월 학생혁명은 국가 관료와 **재벌** 간의 기생적인 유대관계를 절단했고, 박정희의 정통성 위기는 경제발전에 초점을 둔 국가의 등장을 위한 기반을 닦았다.

박정희의 통치는 국내외의 지지를 얻기 위한 조급하고 볼썽사나우며 힘에

겨운 투쟁의 연속이었다. 그는 미국의 압박에 못 이겨 선거를 허용했으며, 지속적인 미국의 지지를 확보하기 위해 베트남에 군대를 파견했다. 그는 자신의 반부패(그리고 반 대기업) 운동을 저버리고, 경제 성장을 촉진시킬 목적으로 대기업들과 새로운 관계를 모색했다.Pak II 1992 : 137~39 그렇지만 그 군부 정권이 지녔던 전망과 의지는 남한의 정치경제가 1960년대에 걸어가야 할 궤도를 이해하기에는 형편없이 역부족이었다. 만약 그에게 대항하여 경쟁했던 사회세력들이 그토록 허약하지만 않았더라면, 그 제한적이었던 박정희의 혁명은 가능하지도 못했을 것이다.

후안 벨라스코 알바라도 장군 통치하의 페루의 경우를 고찰해보자. 1968년 10월의 쿠데타 이후, 벨라스코와 군부는 광범위한 개혁을 추진했다. 박정희처럼 벨라스코도 "새로운 페루인"의 창조를 부르짖는 민족주의적이고 반공주의적인 정책을 주창했다.Lowenthal 1975 그 정책은 토지 사용권, 노사 관계, 교육, 그리고 훨씬 더 많은 것들을 개혁하려고 시도했다. 허나 1970년대의 중반이 되자 그 개혁 운동은 전면적인 퇴조 상태에 처했다. 그 페루 혁명은 왜 실패했을까? 비록 박정희의 정치적인 통찰력을 찬양하는 것이 용이한 일이기는 하나, 훨씬 더 의미심장한 요인은 그 페루 혁명에 대한 뿌리 깊고 잘 조직된 저항이었다. 벨라스코 정권은 토지 개혁에 저항하는 강력한 농촌사회의 소수 지배그룹과 맞닥뜨렸으며Harding 1975, 한편으로는 잘 조직된 정당들과 노동조합들이 그들의 인식으로는 부르주아 혁명이었던 그 개혁들을 반대했던 것이다.Quijano 1971; becker 1983 국가의 권한이 확장되었음에도 불구하고, 벨라스코 정권은 기존 조직체들 및 사회세력들과 동맹을 맺지 않고는 개혁을 수행해낼 역량이 없었다.Cotler 1978 결국, 군 장교들 내부의 이데올로기적 양극화가 그 실패로 끝난 혁명에 조종弔鐘을 울렸다.North and Korovkin 1981 : 69

대조적으로, 박정희는 대토지를 소유한 강력한 소수의 농촌 지배층도 또 잘 조직된 야당들 혹은 노동조합들도 맞닥뜨리지 않았다. 남한의 공적 영역 에는 박정희가 얻은 그 몇몇의 경제적 기회들을 그가 기꺼이 그리고 단호하 게 움켜쥐는 것을 저지할 수 있는 자란 도대체 아무도 없었다.

경제 관료제 강화

삼각 동맹의 붕괴는 노골적으로 가산주의적인 관료제의 종말을 알려주는 신호였다. 1963년의 국가 공무원법은 능력 위주 관료제의 시작이었다. 이한 빈에 따르면[1982 : 223~24], 남한의 민간인 관료제도는 1960년대에 연공서열에 기초한 승진제도에서 능력에 기초한 승진제도로 전환되었다. 비록 형식주의 와 허례허식이 국가 관료제의 여러 곳에서 특징적인 현상으로 남아있었지만 [M. K. Kim 1991 : 38], 새로운 계층의 근대적으로 변모하는 관료들이 등장했다. 앞 에서 언급한 바와 같이, 군사 쿠데타는 많은 연로한 관료들을 숙청하고 그들 을 젊은 기술 관료들technocrats로 대체했다. 관료들의 사회적 기반이 변화를 겪었다. 1959년에 관료들의 절반은 지주 계급 출신이었지만, 1960년대 중 반에 이르면 관료들의 4분의 1만이 지주 계급 출신이었다.[Whang 1968 : 77~78] 대 학 교육을 받은 지식인들 그리고 퇴역한 군대 장교들이 새로운 두 관료 그룹 들이었다.[Whang 1968 : 153] 그 신출내기들을 하나로 묶은 것은 근대화를 추진하 는 정권에 대한 충성심이었다.

박정희 통치하에서 대통령이 국가 관료들에게 행사하는 권한이 강화되었 다.[B.-K. Kim 1987 : 57~58] 그 시스템은 독재자의 명령에 따르듯 능률적으로 작동하 기 시작했다. 박정희는 경제 분야 관료기구 산하 하부 조직의 역량을 확충했 다. 그리고 가장 중요한 것은 국가가 금융의 고삐를 쥐었다는 사실이다. 1962 년의 한국은행법은 은행업을 중앙은행이 아니라 정부의 통제 하에 놓았다.

1970년에 이르면 국가가 나라 전체 금융자산의 96퍼센트를 통제했다.Michell 1988 : 67; 또한 다음을 볼 것, Shaw 1973 : 210 급속한 산업화 시대의 전 기간 내내, 국가에 의한 금융의 통제가 중대한 영향을 갖는다는 것이 입증될 것이었다.

조세租稅 행정은 그 새로운 경제 관료제도의 실례實例를 보여준다. 스벤 스테인모는1993 : 1 이렇게 간결하게 요약한다: "정부들에게는 돈이 필요하다. 현대 정부들에게는 많은 돈이 필요하다." 이승만의 통치하에서 세금 징수에는 부정부패가 넘쳐났으며 그 행정은 비효율성으로 인한 질적 저하를 겪었다. 길버트 브라운에1973 : 65 따르면, "1965년 이후 한국남한이 조세 행정을 개선하는 데 성공한 비밀은 세무서가 통상적인 정치적 영향을 받지 않도록 한 대통령의 강력하고도 단호한 노력이었다". 박정희는 어느 군인 출신 인사를 힘 있는 조세행정의 수장으로 앉혔는데, 그는 조세 행정의 능률을 개선하기 위해 주도면밀하고 근면하게 노력했다. 1960년대 후반이 되면 세금 징수가 이미 정부 세입의 믿을만한 원천이 되어 있었다.C. K. Park 1991 : 250~63

경제 분야 관료기구 중에서 가장 중요한 조직체들은 경제기획원 및 대통령 비서실이었다.Taniura 1989 : 7~9 경제기획원은 경제개발위원회를 대체하여 1962년에 설치되었다. 비록 근무 직원들의 연속성이 무시될 수는 없지만Satterwhite 1994 : 378~82, 경제적인 사안에 관한 의사 결정권이 경제기획원에 집중되게 되었다는 점에서 질적인 변화가 있었다.B.-K. Kim 1987 : 120~21 박정희는 경제기획원을 통하여 성장 지향적인 계획들을 명쾌하게 발표했다. 경제기획원이 박정희 경제계획의 공적인 얼굴 노릇을 했던 반면, 대통령 비서실은 공적인 감독에서 벗어나 대통령과 밀착하여 작업했다. 경제 분야에서는 중앙정보부와 비슷한 존재로서, 대통령 비서실은 박정희의 명령에 따라 기꺼이 일하려 했던 머리 좋고 야심찬 관리들을 끌어 모았다. 대통령 비서실이 지녔던 상징적인 힘은 많은 **재벌** 소유주들이 자신들의 사업상 관심사들을 담당시키기 위해 그들만의 사적인 비서실을 설치했던 사실로부터 알아낼 수 있다.

비록 경제 분야 관료기구가 결코 자율적이지는 못했다 하더라도, 그것을 그저 박정희의 의지와 전망의 도구에 불과한 것으로만 보는 것은 실수일 것이다. 두 가지 요인들이 결합하여 관료들의 자율성과 의사결정의 분권화를 진작시켰다. 첫째, 한국은 관료들의 자율성이란 전통을 오랫동안 지녀왔는데, 그것은 조선왕조 국가와 일본의 식민지배가 남긴 유산의 덕택이었다. 토니 미첼은1984 : 35 다음과 같이 말한다 : "영국의 관료제에서는 아마도 오직 이 민국 관리만이 누리는 정도의 의사결정에 관한 독립성을 한국남한의 관리가 누리고 있다." 고위급 국가 관료들에게는 상당한 정도의 위신과 권력이 있었다.Kim and Leipziger 1993 : 32~33 둘째, 새로운 경제 분야 관료기구의 설치에는 불가피하게 그 하부 조직의 확대가 뒤따랐다. 달리 말하면, 국가 관료조직의 바로 그 규모와 복잡성이 박정희의 독재적인 통제를 완화시켰다. 그 결과, 고위 관료들은 의사결정에 있어서는 물론이고 직원들의 임명 및 승진에 있어서도 이승만 정권 당시보다 더 많은 자율을 누렸다.

산업 기반의 발전과 수출 진흥

제2차 경제개발 5개년 계획은 여러 난관들 속에서 착수되었다. "첫 번째 계획은 오명 속에 떨어졌고, 그것의 수정은 무시당했으며, 그 계획의 입안에 참가했던 사람들은 당시의 주요 경제 정책의 심의에 깊이 가담하지 않고 있었다." Cole and Lyman 1971 : 218 실상은, 제2차 계획은 제1차 계획과 거의 동일했으며, 제1차 계획과 마찬가지로 자급자족 경제를 확립하는 것이 제2차 계획의 주요 목표였다. P. Kuznets 1977 : 206

국가는 산업화의 가능성을 열어주는 기초적 산업생산 기반 시설들의 개선을 위해 노력하고 있었으며, 그 기반 시설들에는 전기, 교통, 통신 등이 포함되었다.Brown 1973 : 85~96 예컨대 전력 생산은 1961년부터 1971년에 이르는 기간 동안에 10배 이상 증가했다. 같은 기간 동안에 화물용 자동차의 역량은 거의 두 배로, 항구의 하역荷役 역량은 2.5배로 늘었다.Hasan 1976 : 31 1961년에는 국도의 13퍼센트, 전체 도로의 5퍼센트가 포장도로였으나, 1975년이 되면 해당 수치들은 각각 44퍼센트, 23퍼센트가 되었다.Keidel 1981 : 129 전국적인 전화 서비스가 실행되었다.Brown 1973 : 92~96 1961년부터 1971년에 이르는 기간 동안에 우체국의 수는 두 배로, 전화기의 수는 6배로 늘었다.Hasan 1976 : 33 1960년대 내내 국가는 해외 원조와 차관의 대부분을 산업 기반 시설의 발전에 쏟아 부었다.Adachi 1986 : 48 국가가 소유한 기업들이 이 과정에서 핵심적인 역할을 수행하였다.Cole and Lyman 1971 : 197

한 걸음 더 나아가, 수출 지향적 산업화를 지원하는 일에 관한 공식적인 관심의 첫 신호가 있었다. 이 새로운 강조점의 첫 신호는 제2차 경제개발 5개년 계획 속에서 발견할 수 있다.Adelman 1969 어느 남한 정부의 공식 간행물은 이렇게 표현했다: "부존된 천연 자원이 상대적으로 불리한 탓에 남한의 경제는 불가피하게 개방 경제가 될 수밖에 없다. 수출을 늘리지 않고는 산업화에 기반을 둔 자립이 가능한 개방 경제를 유지하는 것은 가능하지 않다."ROK 1966 : 15 국가는 수출을 촉진하기 위해 특별 세금 감축, 관대한 신용, 그리고 다른 조치들의 시행에 돌입했다.Kawai 1988 : 81~84 예컨대 1964년에 국가는 화폐가치를 절반이나 낮췄으며, 신용 인센티브와 수입 면허를 제공함으로써 수출업자들의 편의를 도모했다.Frank, Kim, and Westphal 1975 : 47~50 그밖에도 국가는 수출업자들에게 원자재 수입에 대한 소모 허용치를 포함한 관세 면제를 제공했다.Hasan 1976 : 56 국가는 한국무역진흥공사를 설립했으며 한국무역협회를 강화하였다.Michell 1988 : 64~67 1970년에 국가는 해외 자본을 유치하기 위하여 수출 가공 지역들을 설치하였다.Pak Il 1992 : 79~80 "정부는 수출을 거국적인 운동으로, 거의 애국적인 의무로 삼는 것에 주저함이 없었다."Cole and Lyman 1971 : 90 그러므로, 1960년대 후반에 이르면 국가 주도의 수출 진작이 제대로 자리를 잡게 되었다. 벌어들인 외환의 자유로운 해외 유출을 막고 수출을 장려함으로써 박정희 정권은 발달 초기 단계에 있었던 남한의 산업들을 보호했으며 경제 성장을 촉진했다.

국가의 기구들을 반석 위에 올려놓으려는 박정희의 노력은 경제 분야 관료기구의 입지를 확고하게 다져놓았을 뿐만 아니라 서서히 그 기구를 비교적 자율성 있고 능률적인 기관으로 탈바꿈시켰다.

박정희는 자신에 대한 지지를 강화하기 위하여 경제 성장을 추진했다. 하지만 급속한 남한의 수출 신장은 박정희 정권의 경제 계획에 따른 결과물이 아니었다. 그러한 수출 증가에 대한 공훈功勳은 오히려 나라 밖에서 미쳐오는 강력한 힘들에 있다. 즉, 일본 중심의 지역적인 노동 분업 속으로 남한 경제가 통합된 것, 그리고 미국의 베트남 개입으로 인하여 창출된 수요 등이 그것들이다. 그러므로 1960년대 남한의 갑작스러운 경제성장을 박정희가 능수능란하게 주도했다는 주장은 우리의 이해를 그르치기 쉽다. 1960년대 남한의 경제적인 도약의 배후에는 외부적 및 내부적 요인들의 복잡한 만남이 있다. 허나 1960년대 후반의 경제적인 성취는 관련된 요인들의 상대적인 중요성이란 점에서 올바르게 고찰되어야 한다. 1968년도 남한의 일인당 평균 국민총생산은 138달러였으며, 일본이 주권을 되찾은 해였던 1951년도 일본의 해당 수치보다 2달러 모자랐다. 대다수의 경제 지표들은 1960년대 후반에 남한이 심지어는 북한보다도 뒤처져 있었음을 시사했었다. 남한의 발전을 이해하려면 보다 더 먼 곳까지 탐구할 필요가 있음이 이제 아주 명료해졌다.

제4장

발전 도상의 속과 그늘

유신정권 기간[1972~79] 동안에 국가는 중공업 중심의 산업화, 산업 기반시설의 발전, 그리고 수출 증대를 추구했다. 그러한 노력의 와중에 국가는 **재벌**과 저렴한 노동력의 성장 또는 등장에 힘을 보태게 되었다. 하지만 1970년대의 급속한 수출 증가와 산업 성장은 1960년대 후반에 닦여진 궤도 위에서 진행된 것이었다. 남한의 산업 생산품들은 생산 사이클 속에서 일본의 산업 생산품들을 뒤좇았으며, 그럼으로써 일본, 남한, 그리고 미국 간 무역의 삼각형을 유지시켰다. 남한의 경제적 흥기興起에 에너지를 공급한 것은 저렴한 노동력이다. 이 저렴한 노동력이 남한의 노동력 집약적인 제조업 분야 수출에 결정적으로 중요한 비교 우위를 제공했다.

남한의 발전에 관한 많은 해설들은 국가를 지목하여 강조한다. 아마도 이러한 견해를 가장 야심차고 명료하게 표명한 것은 앨리스 암스덴[1989]의 『아시아의 다음번 거인』일 것이다.또한 다음도 볼 것, R. Wade 1990; Woo 1991; 김석준 1992; 그리고 Hart-Landsberg 1993 암스덴에 따르면, 1950년대에 강력한 국가가 존재하지 않았던 것이 당시 남한 경제가 정체되었던 원인이며, 1960년대 이래 강력한 국가가 존재했던 것이 남한의 경제 성장을 설명해준다는 것이다. 그녀는 **자유방임주의** 신화를 강력하게 논박한다. 남한이 발전한 원인들이 그 무엇이든, 자유 시장의 제한 없는 작동은 확실하게 그 원인들 속에 포함되지 않는다는 것이다. 시장의 신화를 성공적으로 무너뜨렸음에도 불구하고, 암스덴은 결국 자율적인 국가라는 신화에 도달하게 된다.Lie 1991d 1970년대의 남한에서 국가가 그 무엇보다도 중요했으며 남한 사회의 곳곳에 국가의 힘이 미쳤음을 내가 부인하는 것은 아니다. 허나 국가의 자율성을 강조함으로써, 암스덴은 국가 경제 정책에 지대한 영향을 끼쳤던 내부적, 외부적 요인들을 경시한다.

　발전에 초점을 맞춘 그 국가는 대토지 소유 신사紳士 계층을 몰락시킨 해방 이후의 토지 개혁, 삼각동맹을 분쇄한 시민운동, 그리고 정통성을 위하여 발전이 필요했던 군부 통치 등의 모진 시련들을 딛고 탄생했던 것이다. 하지만 발전을 추구하기 위하여 그 국가는 노동자들을 억압했고, 농민들을 착취했으며, 시민들에게는 침묵을 강요했다. 정치적 권위주의와 자본 축적은 유신 시대 남한의 정치경제에서 서로 떼어낼 수 없는 주제들이며, 그 시대는 남한의 발전 연대기에서 최고조로 성공에 도취했었으며, 또 제일로 비극적이었던 시대였다.

정통성 위기와 정치적 권위주의

　남한의 발전에 관한 수많은 설화說話들 속에는 박정희가 중요한 인물로 등장하는데, 그는 비록 무자비하긴 하지만 그래도 카리스마가 있는 지도자로서 자신의 전망과 의지로서 경제 성장을 이끈 인물로 묘사된다. 어느 미국 출신 언론인이 1960년대 후반에 남한에서 가장 중요한 **재벌**이었던 삼성의 창업자 이병철에게 "근대 한국의 경제 성장은 누구의 공입니까"라고 질문했을 때 그는 박정희의 공이라고 "주저하지 않고 대답했다"Sochurek 1969 : 320~21; 또한 다음을 볼 것, C.-y. Kim 1994 : 115~23 그렇지만 박정희를 세계사에서 보기 드문 권력과 능력의 소유자로 묘사하는 것은 잘못된 일일 것이다. 비록 그의 이름을 언급하지 않고 1970년대의 남한에 관하여 글을 쓰는 작업이 가능하지 않다고 하더라도, 그의 전망이 형성된 배경 노릇을 했던 당시의 상황 그리고 그가 감수해야 했던 제약들을 이해하는 것이 무엇보다 중요하다.

1971년의 대통령 선거가 치러질 무렵에 이르면, 1950년대에는 상상할 수도 없었던 경제적인 성취들을 박정희는 자랑거리로 내세울 수 있었다. 수출과 경공업들은 번창일로에 있었으며 일인당 국민총생산은 빠른 속도로 늘고 있었다. 그리고 박정희는 그 공적功績에서 가장 큰 몫은 자신의 차지라고 공언할 수 있었다. 더욱이 자금이 넉넉한 대규모 정치조직이 그의 손아귀에 있었으며, 그 덕택에 그에게는 그 선거를 조작할 수 있는 능력도 있었다.^{Kim and Koh 1980:79~80} 그럼에도 불구하고, 마흔한 살의 김대중을 누르고 그에게 승리를 안겨준 득표수의 차이는 몹시 위험하리만치 근소했다. 어찌하여 그러한 일이 일어났던 것일까?

수많은 남한 사람들은, 그중에서도 특히 교육수준 높은 중산층과 민간인 관료들은 결코 군부 통치를 마음속 깊이 받아들인 적이 없었다. 1970년대에 군대는 남한 사람들 생활의 곳곳을 파고들었으며, 남한 시민 사회의 구석구석에 대한 군대의 감시를 정당화할 목적으로 공산주의의 위협을 들먹였다. 선진 산업 국가들을 닮아가기를 소망했던 교육수준 높은 남한 사람들에게 군부 통치는 용납하기 힘들 뿐만 아니라 수치스러운 일이었다. 그들은 근대성을 갈망했으며, 그들에게 근대성이란 군부 통치가 아니라 민주적인 통치를 의미했다.

뿐만 아니라 얼마쯤은 평등주의와 물질주의란 이상들에 의해 고무된 사회적 불만이 60년대 후반에 보다 더 거세어지기 시작했다. 학생들과 지식인들은 규모는 작지만 끈질긴 박정희 통치에 대한 반대세력이었다. 급속한 산업화 또한 강력한 대항세력을 낳았다. 노동자들이 임금인상과 보다 나은 근무조건을 공공연하게 강력히 요구했던 것이다. 1970년 평화시장에서 있었던 전태일의 분신자살은 노동자들이 처했던 곤경이 똑똑히 보이도록 했다. 평화시장은 서울에 있는 소규모 직물류 생산의 중심지였는데, 그곳의 노동자 27,000명 중 거의 절반이 열다섯 살도 채 못 되었다. 그들 중 일부 사람들은 휴일도 없이 하루에 16시간을 일하면서도 10달러 밖에 안 되는 월급을 받았다.^{H. Sohn 1989 : 34} 그밖에도 심화되는 도시와 농촌 간 격차 그리고 농업부문에 대한 체계적인 착취 탓에 농민들의 생활조건이 악화되면서 농민이란 박정희의 지지 기반이 서서히 약화되기 시작했다. 1970년대 초 무렵에는 지역 차별 또한 겉으로 표출되었는데, 특히 전라도의 상대적인 빈곤화에서 두드러졌다.^{E. Yu 1990 : 26}

박정희는 또한 국외에서 발생한 난제難題들에 맞닥뜨렸다. 냉전 세력들 간의 화해와 임박한 미국의 베트남 철수라는 국면에서 남한에 대한 미국의 지지는 약화되고 있는 듯했다. 1970년에 미국은 남한으로부터 2만 명의 병력을 철수시켰다.^{Eckert et al. 1990 : 364} 미국의 대 남한 군사지원 프로그램은 빠른 속도로 감축되어, 1974년에는 거의 3억 달러에 달했으나 1978년이 되면 전혀 없는 상태로 되었다.^{Ha Young-Sun 1984 : 118~19}

미국 정부는 단지 국제적인 치욕을 면하기 위해서라도 남한의 권위주의적인 통치를 완화시키고자 했다. 미국의 일반대중은 남한을 업신여겼다.^{Watts 1982 : 80} 시사주간지 *Time*은^{1974.6.24 : 46} 이렇게 보도했다: "박정희 대통령이 실천한 대로라면 '근대 민주주의'는 이제 독재적인 일인 통치의 오웰식 동의어가 되었다." 이러한 분위기 속에서 1976년에 "코리아 게이트" 사건, 즉 1970년부터 1976년에 이르는 기간에 미국 정치인들의 영향력을 돈으로 매수하려는 박정희 정권의 음모가 폭로된 사건이 갑자기 밝혀졌으며, 그 결과 남한에 대한 미국 대중의 지지는 나락으로 추락했다.^{Boettcher 1980 : 332} 1977년에 비즈니스 잡지 *Fortune*은 이렇게 언급했다: "오늘날 대다수 미국인들에게,

남한이란 나라가 그들의 마음속에 떠오르게 하는 것은 믿을 수 없을 정도로 성공을 거둔 경제가 아니라 우리나라 하원의원들에게 뇌물을 먹이는 데 막대한 돈을 지출해온 억압적인 정부이다."Rowan 1977 : 171

더욱이 1970년대에는 북한의 군사적, 정치적 위협이 모두 여전히 매우 현실적이었다.Kihl 1984; Clough 1987 1970년대 초반에는 남한의 모델이 북한의 모델보다 더 바람직하다는 것이 아직은 분명하게 드러난 것이 결코 아니었다. 몇몇의 서양 출신 관찰자들은 북한에 대한 호의적인 인상들을 전달했다.J. Robinson 1965 : 541~42; Brun and Hersch 1976 : chap.7 남한의 일인당 국민총생산은 1970년대 중반까지는 북한의 해당 수치를 능가하지 못했다.CIA 1978 : 6 석유 파동 이후에 북한의 경제는 늘어나는 대외 채무와 확대되는 군사 활동에 대한 비용 탓으로 쇠약해졌다(북한은 국민총생산의 15 내지 20퍼센트를 군비로 지출했고, 그것에 비교하면 남한의 군비지출은 국민총생산의 5퍼센트 미만이었다. 북한의 노동 연령층 남성의 12퍼센트가 군대에 복무하고 있었던 반면, 남한의 해당 수치는 6퍼센트였다).CIA 1978 : 6~8 오늘날에는 북한보다 남한이 더 우월하다는 남한 측 주장에 이의를 제기하는 사람은 아무도 없으나, 1970년대 중반 이전에는 이 문제에 논쟁의 여지가 있었다.J. Ha 1971 : 443; Dumont and Mazoyer 1973 : 9장; E. Hwang 1993 : 3장

이러한 나라 안팎의 난제들에 대해 박정희가 보여준 반응은 1972년 10월의 계엄령 선포였다. 그 조치를 정당화하는 어느 정부 간행물은 다음과 같이 언급했다: "우리는 남에게 의존할 수 없다. 그러므로 우리 문제는 우리 스스로 해결해야 한다."MCI n.d. : 10~11 유신"새로운 생명력을 불어 넣음"헌법은 두 달 뒤에 반포되었다.원본을 보려면 다음을 참조할 것, Hinton 1983 : 155~75 그 헌법하에서 남한은 공식적으로는 여전히 민주주의 국가였다. 어느 인터뷰에서 박정희는 한국계 미국인 언론인 피터 현에게 "우리는 민주주의가 평화와 행복으로 인도하는 유일한 길이며 어떠한 대가를 치르더라도 민주주의를 지켜내야 한다는

것을 알고 있습니다"라고 말했다.1974:591 하지만 실제로는 유신헌법은 대통령에게 한층 더 많은 권력을 부여했으며, 대통령이 6년의 임기를 제한 없이 거듭하여 역임하도록 허락했다. 민주주의라는 허울은 독재라는 실상을 숨기지 못했다. 중앙정보부는 가장 힘 있는 국가 기관이 되었고J.-H. Kim 1978: 196, 유신 정권 치하의 남한은 인권 재앙 지역이 되었다. 박정희는 "아시아 판 히틀러"가 되어가고 있다는 김대중의 주장 속에는 어느 정도 진실이 담겨있었다. *Time*, 1973.8.20 : 39

그렇다 하더라도 독재정부에게조차도 얼마간의 사회적인 지지가 필요한 법이다. 원하든 않든 리바이어던은 여론이라는 위태로운 기반 위에 서있다. 그리하여 경제 성장은 계속하여 박정희 통치가 제공하는 으뜸가는 당근이었다. 반체제 시인 김지하1974:92는 이 주제에 관하여 다음과 같은 경구를 만들어 내었다: "발전의 주요 목적 / 독재정치 합리화를 위해." 정치적 억압을 경제적 성장과 결합함으로써 박정희는 국내적으로는 정통성을 획득하고 또한 동시에 민족을 보다 더 힘세고 자신감 있게 만들고자 시도하였다. 유신헌법과 중화학공업 중심의 산업화를 위한 노력은 서로 난마처럼 뒤얽혀있었다.

국가와 경제

1971년에 발표된 제3차 경제개발 5개년계획에서 제시된 세 가지 주목표들은 "농촌 경제의 역동적인 발전, 현저하고 지속적인 수출 증대, 그리고 중화학 산업 확립" 등이었다.ROK 1971:2 얼마쯤은 시골지역의 불만과 지역차별의 불만을 달랠 목적으로 그 계획은 균형 잡힌 발전을 강조했으며 심지어는 약간의 사회복지 정책들도 포함하였다.R. Johnson 1972 남한의 경공업 제품 수출에 대한 제한을 운운하는 미국의 협박에 대항할 목적에서, 그리고 그가 산업의(특히 국방 관련 산업의) 자급자족을 원했던 까닭에, 박정희는 1973년의 중화학공업 중심 산업화 계획을 제안했다. 철강, 비철금속, 기계류, 조선, 전자, 화학 등 여섯 개의 핵심 산업들이 그 계획의 주력분야로 선택되었다.S.-C. Lee 1991 : 432~34[9]

수출 지향과 수입 지향 간 상호 의존을 간과해서는 안 된다. 발전 경제학의 담론에서 수입대체 산업화와 수출 지향적 산업화는 종종 두 개의 상충하는 전략들로 간주된다. 발전 담론은 또한 1970년대 남한의 국가 경제정책을 수출 지향적이라는 단순화된 형태로 제시하고 또 그러한 모습으로 그 정책에 확정적인 내용과 형태를 부여하는 경향이 있다. 허나 내가 앞에서 언급한 바와 같이, 발전 지향적인 정책결정자들은 빈번하게 상기 두 전략들을 동시에 추구한다.cf. Hirschman 1958 : 124 유신 국가의 초점은 분명했다. 1976년부터 1978년에 이르는 기간 동안 전체 제조업 분야 투자의 77퍼센트는 중화학 산업들에 집중되었다최장집 1993a : 37 그러한 산업들을 안정적으로 확립하는 데 필요한 원자재 및 기계류를 수입할 목적으로, 국가는 소요되는 외환을 벌어들일 수출 지향적인 산업생산을 진작시켰다.

1970년대에 급속한 산업화를 추진함에 있어서 국가는 강력한 역할을 수행했다. 국가는 특히 세 가지의 지극히 중요한 과업들을 수행하였다. 국가는 국내 경제를 외국 자본으로부터 또 해외에서 가해오는 경쟁으로부터 보호했고, 공기업들을 설립하는 한편 사기업들에게는 우대 조치들을 제공하거나

---

9   그 제4차 계획은 과거와의 연속성을 앞날의 구상 속에 넣었다: "우리에게 비교 우위가 있는 산업들을 진작시킴으로써 한국(남한)은 자립적인 성장을 위한 경제 구조를 발전시키지 않으면 안 된다."(ROK 1976 : 6) 이 계획은 역설적으로 "국제 경제에 대한 우리의 의존을 최소화할" 것을 도모하는 동시에 "수출 확대를 지속할" 것을 추구했다(ROK 1976 : 7~8) 이 난제의 실질적인 해결책은 산업생산 과학기술의 효율성과 무역의 다양성을 달성하기 위해 노력하는 것이었다(ROK 1976 : 11~12). 제 3장에서 암시된 바와 같이, 이 문서들에는 남한의 발전이 실제로 따라갔던 그 노선에 관한 청사진은 전혀 포함되어 있지 않다.

제재를 가했으며, 저렴한 노동력이라는 조건을 지켜냈다.

외국인 직접 투자와 다국적 기업들

대다수의 개발도상 경제들은 산업기반의 발달과 중공업 중심의 산업화를 추구한다. 그럼에도 불구하고 그들 중 대다수는 그들이 바라는 변화의 성취에 지극히 중요한 자원들, 즉 돈, 과학기술, 사업체 조직에 관한 기법, 경영에 관한 지식 등이 부족하다. 수많은 개발도상 경제들이 다국적 기업들에게 도움을 청한다. 비록 제3세계 국가들이 과세부터 국유화에 이르는 주권국으로서의 권한들을 모두 장악하고 있다고 하더라도, 통상적으로 다국적 기업들이 제3세계 국가들과의 관계에서 보다 더 힘센 파트너이다.Hymer 1979 : 72 가장 중요한 것은, 다국적 기업의 중역들이 어느 특정 나라에 대한 투자 여부에 관하여 최종적인 발언권을 쥐고 있으며, 그들의 결정에 동기를 부여하는 것은 놀랄 것 없이 사리사욕이라는 점이다. 외국인의 직접 투자가 국가의 발전 목표들이 덜 훌륭한 것으로 보이게 하거나 심지어는 그 목표들의 성공 가능성을 훼손하는 일이 비일비재하다. 확실히 높은 수준의 외국인 직접 투자와 경제적 저발전 상태 간에는 상관관계가 있다.Bornschier, Chase-Dunn, and Rubinson 1978

칠레 구리 생산의 사례를 고찰해보자. 1970년대에 구리 생산은 칠레 국내 총 생산의 거의 20퍼센트를, 그리고 칠레 경화 소득의 80퍼센트를 담당했다.Moran 1974 : 6 그리하여 외국인의 구리 장악은 칠레를 예속적인 경제로 만들어 버렸다. 에두아르도 프레이의 칠레화로부터 살바도르 아옌데의 국유화에 이르기까지, 다국적 기업과 칠레 국가 사이에는 사실상 구리 생산을 둘러싼 주도권 다툼이 있었다.Moran 1974 : chap.5 경제적인 독립을 되찾으려는 칠레의 투쟁은 구리 산업을 국유화하려는 아옌데의 시도에서 정점에 도달했다. 그 시도는 국내외의 보복은 물론이고 미국의 보복도 불러들였으며, 그 보복은 아옌데 정권을 무너뜨린 군사 쿠데타에 힘을 실어주었다.Moran 1974 : 250~53 피노체트 장군 정권의 목표들 중 하나는 칠레가 다국적 기업들에게 "안전한" 나라가 되도록 만드는 것이었다.Valdes 1989 비록 다국적 기업들과 제3세계 정부들 간의 투쟁이 항상 그렇게 극적인 종말을 맞는 것은 아니라 하더라도, 그들의 관계는 종종 골칫거리가 되어왔다. 미국은 제3세계 정부가 미국 기업들의 주요 자산들을 국유화하려고 시도할 때마다 빈번하게 군사적으로 개입했다.Krasner 1978 : chap.8; Gibbs 1991; Chomsky 1993 : chap.7

물론 다국적 기업들이 반드시 제3세계 국가들을 제압하고 승리를 거두는 것은 아니다. 언제나 타협의 여지가 존재하며, 국가란 잠재적으로는 강력한 행위자이다.Krasner 1985 : 179~88 하지만 경제적인 민족주의는 발전과 관련된 문제들과 난관들의 만병통치약은 아니다.cf. H. Johnson 1967 자본, 과학기술, 그리고 지식에 대한 필요는 여전히 남아있으며, 국제 금융과 경제의 막강한 힘 역시 마찬가지다.Biersteker 1987 : 298~99

남한은 다국적 기업들을 어떻게 다루었는가? 첫째, 남한에서 다국적 기업들은 여타 제3세계에서 그들이 그랬던 것과 같은 골칫거리가 아니었다. 나라 안팎의 원인들이 결합하여 남한의 국내 경제에 대한 국외의 간섭을 제한했다. 우선 남한에는 원재료가 사실상 전무하다시피 하며, 원재료는 외국인이 제3세계에 직접 투자를 하는 아주 중요한 원인들 중 하나이다. 남한은 원재료가 없는데도 불구하고 발전을 이루었다는 자주 제기되는 주장에는 오해의 소지가 있다. 만약 남한에 어떤 하나의 귀중한 광물이 존재했더라면 그것 때문에 남한은 착취당하기에 알맞은 상태에 놓여있게 되었거나 단일 상품에 과도하게 의존하는 처지가 되었을지도 모른다.cf. Baran 1957 : 203~5 남한에게는 대단히 중요한 자원인 저렴한 노동력에 대한 수요는 1960년대에는 그다지 크지 않았다. 인접한 일본에서 그랬으며 또 미국에서도 마찬가지였는데, 미국은 필요하다면 멀지 않은 중남미 지역에서 저렴한 노동력을 구할 수 있었을 것이다.

한 걸음 더 나아가 남한 정부는 다국적 기업들의 자율성을 통제하고 제한했다.Rodgers 1993 : 354 정부는 면밀하게 투자를 심사하였으며 국경을 넘나드는 경제적 거래의 모든 국면에 간섭하였다.LueddeNeurath 1988 : 85~88 이러한 국가에 의한 통제의 배후 동기는 얼마쯤은 이데올로기적이었다. 박정희는 김일성의 **주체**자립 철학과 그다지 다를 것 없는 표현을 구사하여 민족적인 자율과 통제라는 절박한 과제를 누차 강조하였다.D.-S. Suh 1988 : 302~9; cf. M. Robinson 1993 : 184~85 박정희1979a : 21 자신이 다음과 같이 말했다: "간략히 말하자면, **자주**란 우리가 우리 집의 주인이 되어야 한다는 뜻이다." 그리하여 남한이 외국의 투자가들에게 보다 더 매력적인 곳이 된 1970년대 무렵에 이르면, 남한은 자신의 민족적인 자결自決을 지키기 위한 이데올로기적인 신념과 제도적인 역량을 모두 갖추고 있었다. 그때가 되어서도 1972년부터 1976년에 이르는 기간 동안 외국인의 대남한 직접 투자는 국민총생산의 2퍼센트에 불과했으며, 4퍼센트가 넘었던 브라질과 멕시코와 비교된다.Westphal, Rhee, and Pursell 1979 : 372

남한은 또한 외국인의 직접 투자와 외국 기업의 직접적인 통제에 의존하지 않고도 자본 및 과학기술을 획득할 수 있었다.Mardon 1990 : 119 남한은 지정학적인 이유로 또 경제적인 이유로도 미국과 일본 모두에게 지극히 중요한 나라였다. 남한은 냉전에서 으뜸가는 중요성을 지닌 "경계선 국가"였으며, 서태평양 경제권에서 비록 한 수 아래라고 할지라도 반드시 필요한 동반자였다. 그러므로 그 두 나라들에게는 남한의 산업화를 지원할 강력한 동기들이 있었다.Kobayashi 1983 : 7~8

자본 획득에 있어서 남한은 외국인 직접 투자 대신 해외 차관에 의존할 수 있었다.E. M. Kim 1989~90 : 41~42 국가는 자본과 신용의 근본적인 원천이 되었다.[10] 국가는 해외 차관의 최종적인 보증인이었으며, 해외 차관이 우대 기업들에게로 흘러 들어가게 하여 그들의 부채 부담을 덜어주었다.Cole and Park 1983 : 162~68 국가는 자본 축적과 신용 할당을 용이하게 하기 위해 다양한 금융 기관들을 설립했다.Cole and Park 1983 : 65~67 1964년부터 1971년에 이르는 기간 동안에 공적 차관은 16억 달러에 달했고, 23억 달러의 순 자본 유입 중 가장 큰 몫을 차지했다. 1972년부터 1976년에 이르는 기간 동안에는 해당 수치들은 제각기 31억 달러와 37억 달러였다.Westphal, Rhee, and Pursell 1979 : 370

근대적 과학기술에 접근하기 위해 남한은 특허권 협약에 의존했으며, 특히 미국 및 일본과 특허권 협약들을 맺었다. Kim Yŏng-ho 1988 : chaps. 6~7 남한이 받은 과학기술 이전의 80퍼센트 이상에 이 두 나라가 개입되었다.Hattori 1988 : 211 에즈라 보겔은1991 : 8 이렇게 관찰하였다: "세계 최고의 산업 강국인 미국으로 하여금 과학기술이 동맹국들에게 흘러가도록 허락하고 심지어는 그것을 재촉까지 하게 한 것은 무엇보다도 냉전이었다." 생산 사이클의 작동 탓으로 낡아버린 일본의 과학기술이 남한으로 이전되었다. B. Koo 1985 : 205~8 특히 1970년 마산 수출자유구역의 설치로 인하여 일본으로부터 저급 과학기술이 이전되는 틈새가 창출되었다. Kobayashi 1983 : 100~104; Bloom 1992 : 50~5i 예컨대 일본의 투자와 기술

---

10 물론 국가의 금융 독점은 광대한 비공식적인 자본 시장과 공존했다. 수많은 기업들이 비공식적인 길거리 융자에 의존했다. 자금을 빌려주는 인적 연계망(계)과 사적인 저축을 통해 조성된 그 비공식적인 길거리 대출 시장은 1972년도 통화 공급량의 80퍼센트를 차지하는 것으로 추정되었다.(W. Kim 1991 : 168) 어느 1981년의 조사로 밝혀진 바에 따르면, 모든 융자의 거의 3분의 2가 비공식적 시장에서 창출되었다.(Watanabe 1986 : 161; cf. Nam and Lee 1995 : 33~34) 비록 국가가 그 비공식적 시장을 완벽하게 통제할 수는 없었지만, 1972년에 발령된 **경제의 안정과 성장을 위한 대통령 긴급조치**는 길거리 대부업자들이 부과한 높은 이자율 때문에 곤경에 처한 기업들의 고통을 덜어주었다.(최장집 1993a : 30-31) 어느 기업의 중역은 이렇게 말했다: "우리에게는 파산을 선언을 하는 것 말고는 다른 해결책이 없었습니다. 모두가 절망에 빠져 있었습니다. 갑자기 우리는 그 긴급 조치에 대한 소식을 들었습니다. 모두가 '만세! 우리는 살았다'라고 외쳤으며, 우리는 모두 다 눈물을 흘리며 울었습니다."(Ogle 1990 : 43)

은 직물류 생산에서 중요했다.O. Lee 1990 : 89~92 또한 남한의 기업에서 부업을 얻었던 일본 기술자들의 끊이지 않는 유입도 있었다. 일본인 기술자들을 구할 수 없을 경우, 남한 사람들은 일본어로 된 기계 사용 설명서에 의존했다.Watanabe 1986 : 75~76 그밖에도, 남한의 정부와 기업들은 과학적, 과학기술적 지식의 습득을 위해 남한 사람들을 미국과 일본에 보내기 시작했다. 남한 정부는 또한 국내 연구를 진작시켰으며, 그 일환으로 예컨대 한국과학기술원을 설립하였다.

국가 자본주의와 미성숙 산업 보호

신고전주의 경제학의 신조에는 자유무역의 우월함이 또렷하게 새겨져 있다. 이러한 계열의 추론에서는 보호무역주의는 정당화되지 못하며, 자유무역이 궁극적으로 모두에게 이롭다.Bhagwati 1988 : 24-33; cf. J. Robinson 1974 그렇지만 정치적 관계와 경제적 관계 간의 상호 침투는 국제적 차원에서 이 모델의 오류를 입증한다.Hirschman 1980 : 78 종속 이론가들은 자유무역 체제가 한 국가의 교역 조건을 체계적으로 악화시킬 수 있다고 주장하는데, 예컨대 가난한 농업 국가가 산업 국가와 교역을 하면 옛날보다 더 가난해질 것이라고 말한다.Emmanuel 1972 : xii-xx 악화일로에 있는 교역 조건과 약화되어가는 경제적 독립을 고려해 볼 때, 보호무역주의적인 정책들은 토착 산업화를 진작시키기 위해 종종 필요하다.

미성숙 산업은 보호를 받아야 한다는 주장의 아버지는 프리드리히 리스트였다. 그는 "대중성 있는 학파"였던 자유무역 옹호론자들은 국경선의 중요성을 무시한다는 이유로 비판했다.List 1966 : 126 만약 어느 한 국가가 대대적으로 산업들을 발전시키고자 한다면, 그 국가는 관세와 같은 보호무역주의 조치들을 강제로 시행하지 않으면 안 된다고 단호하게 주장하면서 그는 이렇게 말했다: "만약 어떤 국가가 상업조약들에 의해 해외의 경쟁자들을 위해 자신의 제조업 역량을 희생시키고, 그럼으로써 그 이후로는 줄곧 그 보잘 것 없는 농경 산업의 저급한 관점에 의존하는 처지로 남도록 스스로를 옭아맨다면, 그 국가는 어리석게 행동하는 것이다."List 1966 : 324 어떤 국가든 오직 산업화를 달성한 다음에야 다른 산업 국가들과 자유롭게 교역해야만 한다는 것이다.List 1983 : 178, 189 정치와 경제가 상호의 영역을 침범함을 강조함으로써 리스트는 아직 성숙하지 못한 산업의 보호를 옹호하는 논박할 수 없는 주장을 제시한다.List 1966 : 140; cf. League of Nations 1945 : 33-34

경제 성장 촉진에 국가의 역할이 중요하지 않은 분야가 없음은 여러 번 되풀이하여 입증되었다. 경제사학자 폴 바이로치는1993 : xiv 다음과 같이 말한다: "산업 혁명 이후 한 세기 반이 지나고 나서야 자유 무역으로 전환한 영국을 제외하면, 유럽의 자유 무역 정책은 겨우 20년 동안 지속되었고 19세기에서 경제적으로 가장 어두운 기간과 시대를 같이했다, 아니 그러한 기간으로 이어졌다.(덧붙여 말하자면, 미국은 이 짧은 자유무역의 막간幕間 기간을 함께하지 않았으며, 그 기간은 19세기에서 그 나라에게 경제적으로 최고의 기간이었다.)" 그는 계속해서 강요된 자유무역이 제3세계에 끼치는 부정적인 영향을 공공연하게 비난한다. 정반대로, "모든 경우들에서 보호무역주의는 산업화 및 경제 발전으로 이어졌거나 아니면 적어도 그것들을 동반했다".Bairoch 1993 : 54

남한 정부는 수출을 진작시키고 수입을 통제하기 위하여 다양한 정책들을 활용했으며, 공략의 대상으로 선택된 산업들마다 제각기 특별 조치들을 마련하고 시행했다. 예를 들면, 1967년의 기계 산업을 위한 조치, 1969년의 전자 산업을 위한 조치, 그리고 1970년의 조선 산업을 위한 조치 등등이다. 정부는 우대 기업들에게 자본과 신용을 공급했으며, 원재료의 수입을 용이하게 해주었고, 세금에 있어서의 우대조치와 수출 보조금을 제공했다.Frank, Kim, and Westphal 1975 : 63~67; Kim, Shim, and Kim 1995 정부는 기업들에게 수출 할당량을 배정하고, 실적이 우수한 기업들에게는 보상을, 실적이 저조한 기업들에게는 벌을 주었다. 정부는 또한 새롭게 등장하는 미국과 일본의 보호무역주의 시책들을 극복하려고 애썼으며, 최적의 교역환경을 위하여 이 두 나라들과 협상하려고 노력하였다.Yoffie 1983 : 206~12

남한 정부의 수출 정책은 얼마쯤은 국내 산업 생산의 발전을 진작시키기 위해 필요한 것이었다. 수출이 확실하게 이루어지도록 하기 위해 정부는 수출 할당량을 달성한 기업들에게만 수입 허가장을 내주었으며, 그 수입 허가장은 과학기술적으로 고급화된 기계류를 도입하기 위한 것일 수도, 또는 원재료를 도입하기 위한 것일 수도 있었다.P. Kuznets 1977 : 159 현실적으로 기업들은 수입을 하기 위해서는 반드시 수출을 해야 한다는 것을 알게 되었다. 그렇게 함으로써, 박정희 정권은 이승만 정권 당시 성행하던 기업들의 불로소득 생활자적인 이윤 추구 행태의 재발을 막았다.

정부는 또한 국내 산업이 해외의 경쟁자들에게 완패당하는 것을 예방하기 위해 수많은 보호무역 장벽들을 세웠다. 리처드 루에데–뇌래스는1986 : 131~32 자유무역에 대한 몇 가지의 뚜렷한 장애물들을 이렇게 제시하였다: 무역업 허가, 양적인 통제, 자동적으로 승인되는 수입 품목들을 제한하는 조치들, 외환 배정 제한, 장관의 승인이 필요하게 하기, 사전 예치금이 필요하게 하기, 그리고 마지막으로 세관. "만약 한국남한 당국이 특정 품목들의 국내 유입을 막고자 한다면, 그 품목들의 수입 가능성에 관하여 규칙들이 어떻게 적용될 수 있는지에 관계없이, 남한 당국은 그 유입을 중지시키기 위해 한 무더기의 도구들을 자유자재로 사용할 수 있다."Luedde-Neurath kr, 132

남한 정부의 수입 통제는 미성숙 산업 보호의 단계를 훨씬 초월했으며, 남한의 외환 보유고를 보호할 목적으로 소비재 수입을 적극적으로 억제했다. 사치품들로부터 담배에 이르는 외국산 소비재들을 맞이한 것은 전면적인 수입 금지 또는 무거운 관세였다.Jones and SaKong 1980 : 115~19 외국 기업들은 남한 소비시장에서는 남한의 국내 생산자들과 경쟁할 수 없음을 알게 되었다.H.-C. Lim 1985 : 118 아닌 게 아니라, 1970년대에 남한을 방문했던 많은 외국인들에게 가장 놀라웠던 것은 외국산 담배와 자동차가 없다시피 하다는 것이었다. 다국적 기업들이 마침내 보호받는 남한 시장에 도전장을 내밀 수 있었던 것은 1980년대가 되어서였다.Barnet and Cavanagh 1994 : 200~204

무역의 보호란 현실에도 불구하고, 남한은 자신의 경제가 무역에 관한 제한이 거의 없는 시장 경제라고 주장하였다. 자그디시 바그와티와1988 : 93 같은 신고전주의 경제학자들은 대체로 이 견해에 지지를 보냈다. 하지만 남한에서 영업하던 대다수의 외국인 기업인들의 경험 속에서는 남한 경제의 실제 모습은 자유방임주의 이상과는 거리가 멀었다. 자유무역이란 수사修辭는 보호무역주의란 실상實狀을 거짓으로 가렸다.

세계 경제

확대되는 해외 투자의 역동성은 세계 산업 구조의 변화에 힘을 보탰다. 선진 산업 국가들의 탈산업화는 신흥 산업 국가들의 산업화와 동시에 발생했다. 앞에서 강조한 바와 같이, 남한의 수출 팽창은 일본이 갔던 길을 뒤따라갔다. 남한의 수출품들은 이미 고부가가치 산업 생산으로 옮겨간 일본의 기업들이 포기했던 틈새시장들을 메웠다. 그러므로 국제적인 노동 분업 덕택에 남한은 일본의 경제적인 역동성의 혜택을 입을 수 있었으며, 또 일본 및 미국과 함께하는 교역 삼각형을 유지할 수 있었다. 남한의 국내 산업 생산은 남한의 가장 중요한 무역 상대국들인 미국과 일본, 이 양국의 수요에 부응하기 위하여 성장했다. 1970년대 내내 자유주의적인 국제무역 체제는 온전한 모습으로 유지되었으며, 태평양 지역의 경제는 팽창하기를 멈추지 않았다. Van der Weer 1986 : 345~58 남한은 이러한 국제경제 질서의 주요 수혜자들 중 하나였다.

남한의 수출품들은 일본 수출품들의 궤적을 뒤따라갔다. 일본의 제조업자들이 고부가가치 산업 생산으로 이동함에 따라, 그들은 세계시장의 수요에서 비워진 틈새시장들을 남기게 되었는데, 특히 미국에서 그랬다. 일본에서 과학기술이 전파되어 남한의 산업 생산이 진작되었다. 더욱이 한국 출신 해외이주민들의 인적 연계망은 교역관계와 상품 및 사업정보의 흐름을 용이하게 해주었다. 박정희가 일본의 정·재계 엘리트들과 맺고 있었던 광범위한 연줄 또한 한·일 간 경제관계에 도움이 되었다.McCormack 1978b : 181~82 남한은 일본에 의존해왔었던 것일 수 있다. 그렇지만 조안 로빈슨의 말을 바꾸어 보다 명료하게 표현하자면, 그랬었던 것이 기댈 나라가 없었던 것보다는 나았다.

한편, 남한에게는 경쟁자가 별로 없었다. 대다수의 개발도상국들은 농민 반란에 시달리고 있었고 또 1차 산업 생산품의 수출에 주력하고 있었으므로 수출 지향적 경공업 중심의 산업화를 착수할 역량이 없었다. 그들 중 많은 나라들은 당시에 세를 떨쳤던 발전 담론을 추종하여 수입 대체 산업화에 집중해 왔다.cf. Aggarwal 1985 : 6~7 어느 이집트 국회의원의 "수출 아니면 죽음을!"이라는Richards and Waterbury 1990 : 28 유명한 1970년대 중반의 외침이 보여주듯이, 일부 개발도상국들이 수출지향적인 정책들을 실제로 추구했을 때조차도, 다른 요인들이 개입하여 수출 주도 산업화를 방해하였다.Richards and Waterbury 1990 : 214~18 예컨대 공산권 국가들은 무역에 대한 정치적 장애물들에 직면했다. 일본의 발자국을 뒤따라감으로써 남한의 성공은 보장된 것이나 다름없었다.

신발 산업은 하나의 실례實例를 보여준다. 일본의 노동비용이 증가하면서 나이키와 다른 신발 제조업자들은 남한의 생산에 의존하기 시작했다.Korzeniewicz 1994 : 256 남한이 제공할 수 있었던 것들은 저렴한 노동 비용, (남한과 노동 비용이 비슷했던 태국이나 다른 동남아 국가들에서는 구할 수 없었던) 충분히 높은 수준의 과학 기술 및 경영기법Korzeniewicz 1994 : 257, 비용 효율이 높은 대량생산 역량Gereffi and Korzeniewicz 1990 : 59, 그리고 수출 지향적 산업 생산에 대한 강조 등이었다. 그 어느 다른 개발도상국도 이러한 이점들을 하나로 합친 것과 근사한 것을 제공할 수 없었다.

국외의 요인들과 우발적인 요인들 또한 중요하였다. 석유 수출국 기구에 의한 원유 가격의 네 배 인상에 뒤따른 1973년의 석유 파동은 남한의 수출에게는 은총이었다. 외국산 석유에 대한 남한의 의존을 고려해 보면 역설적이다. 남한 정부는 적극적인 에너지 절약 정책을 추진했으며 대체 원료 자원을 권장했다.Y. H. Kim 1991 : 189~93 그 석유파동은 또한 일본 및 독일산 경공업 제품들의 세계시장 경쟁력을 약화시켰다. 일본과 독일 역시 외국산 석유에 대한 의존도가 높았기 때문이었다. 미국의 닉슨 대통령이 달러화에 변동환율제를 적용하기로 결정하였을 때, 고정 환율제에 기반을 둔 브레튼 우즈 체제는 그 일부가 붕괴되었다.Odell 1982 : 340~42 일본의 엔화와 서독의 마르크화의 가치가 상승하였는데, 그 나라들의 탁월한 제조업 역량을 반영한 것이었다. 일본, 독일 그리고 다른 나라들의 경공업 제품들에 대한 상대적인 생산비 이점 덕택에 남한의 제품들은 독일, 일본, 그리고 미국의 시장에서 한층 더 매력을 발산하게 되었다. 1972년부터 1973년까지 일 년 동안 남한의 대 일본 수출은 세배로 증가했고 대 독일 수출은 이전의 곱절이 되었다.

현금이 넘쳐나는 중동 국가들에 대한 남한의 수출 역시 석유 파동 이후에 신속하게 증가하였다. 경공업 제품들 다음으로 남한의 가장 수익성 높은 수출 분야는 인력 수출이었다. 베트남에서 국가가 조직한 용병傭兵이란 모험을 감행한 다음 남한 정부는 과감하게 자국민들의 중동 수출을 추진했다.McCormack 1978a : 101~2 "1976년 초 남한 정부는 남한에 있는 여러 곳의 군대 기지들을 건설 노동자 교육장으로 전환시켰으며, 그 비용은 남한 정부와 건설 회사들이 공동으로 부담했다."Disney 1978 : 203; 또한 다음을 볼 것, Westphal et al. 1984 : 22~26 정부는 필요한 외교적, 재정적 지원을 제공했다.C. H. Lee 1991 : 532~34 국가가 시작하고 **재벌**이 조직한 중동 건설 프로젝트들은 수천 명의 남한 노동자들을 고용했다. 공사 계약과 노동자들의 본국 송금으로 외환을 벌어들였으며, 이렇게 얻은 외환 소득은 자본 형성 및 외국산 물품들을 수입에 있어서 대단히 중요했다. 예컨대, 1977년에 남한이 사우디아라비아와 맺은 건설 계약은 25억 달러에 달했던 반면J. K. Park 1985 : 252~53, 그해의 대 중동 지역 남한의 수출은 10억 달러에 가까웠다.Disney 1978 : 200 또 다른 예를 들면, 현대 그룹의 눈부신 성장은 중동 건설 프로젝트들에 참가한 덕을 아주 많이 보았다.Kirk 1994 : 81~96 1974년부터 1981년에 이르는 기간에 중동 지역 건설 프로젝트에 참가하여 벌어들인 외환은 같은 기간 남한의 총 상품 수출액의 44퍼센트에 상당했으며C. H. Lee 1991 : 527, '중동건설 붐'이 절정에 이르렀던 1982년에는 중동 지역 건설 프로젝트들에 참가하여 남한이 벌어들인 외환은 그해 남한 국민총생산의 6.6퍼센트에 상당했다.NSK 1988 : 194~95 1960년대 후반의 베트남 전쟁과 마찬가지로, 1970년대 중반의 중동 지역 건설 호황은 남한 경제에 대단히 중요한 경기부양을 제공했다.

산업화의 주체들 국유 기업들 및 재벌

남한과 같은 후기 개발도상국에서 많은 공기업들이 중요한 행위자로서 존재한다는 것은 놀라운 일이 아니다. 그러한 나라들에서 국가는 종종 생산 산업 기업들을 운영하기 위한 재정적 수단뿐만 아니라 관료적 역량도 지닌 유일한 행위자이다. 더욱이 전기에서부터 교통, 통신에까지 이르는 산업 생산 기반의 구축은 국가 행위의 영역으로 남는다. 그러한 상황에서 사기업들은 무임승차를 할 수 있다. 허나 그 무임승차가 사기업의 독립적 활동에 필요한 자본, 과학기술, 그리고 여타 자원들을 대신하는 것은 아니다. 오로지 국가만이 산업 생산 기반의 발전에 소요되는 착수 비용 및 그 발전에 따르는 위험을 모두 감당할 수 있다.

국가의 개입이란 유산이 남한에서 국가가 설립한 기업들에게 정당성을 부여하였다.Jones 1975 : 73 이승만 정권은 정부 세입을 늘리고 외환을 획득할 목적으로 국가 독점 기업들을 설립했다.Jones and SaKong 1980 : 143~47 1960년대에 남한 정부는 호남 비료 공장, 대한 석유 공사, 그리고 대한 항공 공사를 포함한 여러 개의 대규모 회사들을 운영했다. 신고전주의 경제학 이론 및 그 이론에 배어있는 자유방임주의 이데올로기의 신봉자는 경제 관료들 중에는 거의 없었다.

1970년대 초에 국가는 광범위하게 경제에 개입했으며, 특히 자본 집약적인 산업들 및 과학기술 집약적인 산업들에서 그러하였다.목록에 대해서는 다음을 볼 것, Jones 1975 : 44~46 국유 기업들은 국내 총 생산의 약 10퍼센트 가량을 책임졌다.Jones 1975 : 68~69 국가 소유 비율은 자본 집약적인 산업들에서 가장 높았다. 최고로 자본 집약적인 열한 분야의 산업들 중에서 네 분야는 거의 완벽하게 국가 소유였으며, 다른 여섯 분야들에서도 국가의 개입이 현저하였다. 유일한 예외는 시멘트 산업이었는데, 비교적 저급한 과학기술을 필요로 하는 산업으로서 수익을 보장해주는 높은 수요가 확실한 분야였다.Jones and Mason 1982 : 39 예컨대 1972년에 남한에서 가장 규모가 큰 열여섯 개의 기업들 중에서 열두 개가 공적 부문 소속이었다.Jones and Mason 1982 : 38 르로이 존스와 사공일은1980 : 164 이렇게 언급했다: "급속한 경제 성장 기간 동안에 공기업이 '선도先導하는' 부문이었다. 즉, 공기업은 경제 전체보다 훨씬 더 빠른 속도로 성장했고, 그러한 성장을 다른 부문들에 연결해주는 식별 가능한 메커니즘들이 존재했다."

전형적인 사례는 포항종합제철 주식회사로서, 1973년에 철강 생산을 시작했다. 중공업 중심 산업화에서 철강이 차지하는 논란의 여지가 없는 중요성은 재론할 필요가 없다. 박정희는 국내 철강 생산의 발전에 지대한 개인적인 관심을 보였다. 하지만 철강 공장 건설 계획에 세계은행이 반대했을 뿐만 아니라C.-y. Kim 1994 : 53~54, 국내의 대규모 복합 기업들도 박정희의 새로운 계획에 따르기를 주저했다.Rhee 1994 : 69~71 역설적이게도 포스코포항종합제철 주식회사는 남한의 역동적인 경제를 대표하게 되었으며, 1980년대의 고부가가치 산업생산을 위한 기반이 되었다. 하지만 정부의 그 새로운 계획에는 외국의 지원이 필수적이었다. 미국이 제공한 보조금 및 차관이 총계 7천 4백만 달러에 달했으나, 일본의 지원이 훨씬 더 중요했다.C.-y. Kim 1994 : 56~57 특히 포스코 회장 박태준은 신용과 과학기술을 얻기 위해 일본인들과 친분관계를 맺으려고 노력했다.Clifford 1994 : 71 일본 정부 관료들과 회사 중역들은 그들이 종종 해외 모험적인 사업들에서 그랬듯이, 포항 프로젝트에서 남한의 상대역들과 긴밀하게 협력했다.Ozawa 1979 : 33~39 일본 정부가 1억 2천 4백만 달러의 차관을 제공했으며D. Chang 1985 : 114~15, 동시에 일본의 철강회사들은 과학기술을 제공했다.Amsden 1989 : 302~3 최신 과학기술을 채택할 수 있는 능력을 가리키는 낙후된 처지의 이점the advantage of backwardness을 발판으로 삼고, 그리고 저렴한 노동력에 의지하면서 포스코는 성공을 거두었다.Clifford 1994 : 73~75

국가 소유의 한계들

남한 정부는 적극적으로 기업의 공적 소유를 추진했다. 많은 대규모 국유 회사들이 박정희의 측근 인사들에 의해 경영되었으며, 그 결과 서로 긴밀하게 연결된 정·군·경 유착이 탄생했다. 예컨대 포스코 회장은 박정희의 두터운 신임을 받고 있었으며 또 풍부한 경험이 있는 박정희의 측근 인사들 중한 사람이었다.Clifford 1994 : 68~71 1969년에 42개의 중요한 공립 산업생산 기업들 가운데 33개의 수장은 군대 장교들이었다.S. J. Kim 1971 : 162 그렇다면, 어찌하여 정부는 국가가 소유하고 경영하는 기업들을 더 많이 설립하지 않았을까? 광범위한 국가 소유에 역행하는 강력한 제약들이 있었다.

첫째, 박정희 정권은 미국에게는 물론 국민들에게도 스스로가 자본주의적 정부라고 표방했다. 예컨대 1950년대 중반의 남한 정부 간행물은 다음과 같이 진술했다: "한국남한 정부의 철학은 모두 과도기적인 반쪽 사회주의를 최대한 빨리 종료시키는 것이며, 미국을 지구 최강국으로 만들어준 자유 기업 체제 경제에게 이 나라를 바치는 것이다."OPI 1955 : 26 그리고 국가 소유 기업들보다 그 어떤 것이 더 공산주의다울 수 있단 말인가? 공산주의와 연루되었던 박정희의 전력 탓에 자유 기업에 대한 그의 믿음과 지지가 한층 더 절실하게 되었다.Jones 1975 : 133~39 연달아 발표된 경제 개발 계획들 속에는 자본주의, 자유 시장, 그리고 자유 기업 체제가 되풀이하여 논의되었다. 반공산주의라는 국가 지배 이데올로기는 남한이 불가피하게 자본주의를 추종하게 하였으며, 단지 남한이 북한과는 최대한 뚜렷하게 다른 체제로 남는 것을 확실하게 하기 위해서라도 그랬다.

둘째, 국가는 많은 기업들을 동시에 설립하고 운영하기 위한 산업생산 기반 역량을 충분히 갖추고 있지 못했다. 군사적 안보에 집중된 국가의 초점 그리고 유능한 경영 인력의 부족을 고려해 볼 때, 국가에게는 다른 행위 주체들이 필요했다.

마지막으로, 공·사 간 구분이 두부모 자르듯 명확하지 못했다. 어디에서나 존재하는 인적 연계망의 중요성은 국유기업들과 사유기업들 간의 단순한 이분법을 초월했다. 실제로 포스코의 최고위 경영진과 박정희를 연결한 연계망과 똑같은 연계망이 사기업들과 박정희 간에도 역시 존재했다. 국가 권력, 특히 금융 영역의 국가 권력 덕택에 모든 기업들에 대한 국가의 우월한 지위가 보장되었다. 국가와 **재벌** 간 관계는 국가와 국유기업 간 관계와 질적으로 뚜렷하게 다르지 않았다.

국가와 '재벌'

신속한 산업화를 추진하기 위해 국가는 자본의 집중을 장려했으며, 그렇게 하는 과정에서 **재벌**이 남한 경제에서 군림君臨하게 되는 결과를 초래했다. 1970년에 최상위 십대 **재벌**의 매출 총합이 국민총생산의 17퍼센트에 그쳤던 반면, 1980년이 되면 그 수치는 극적으로 상승하여 48퍼센트에 달했다.^{S. K. Kim 1987 : 2} 그러한 인상적인 성장은 언제나 찬사를 받기 마련이다. 미국 출신 기업가 윌리엄 오버홀드는 **재벌**이 "이 세상에서 여태껏 본 적 없는 가장 효율적인 경제 기구"라며 흥분을 감추지 못하고 소리 질렀다.^{Stephens 1988 : 193}

몇몇 사람들은 **재벌**은 동아시아 전체는 아니라 하더라도 남한에 독특한 현상임을 강조해왔다.^{e.g. Kirk 1994 : 32~35} 하지만 가족 소유 기업들은 발전된 나라든 아니든 관계없이 다른 나라들에서도 일반적인 현상이다. 1990년대 초에 인도네시아 국민총생산의 5퍼센트를 차지했고, 427개의 회사들을 거느리고 15만 명을 고용했던 인도네시아의 살림 그룹을 고려해보라.^{Abegglen 1994 : 164} 다른 사람들은 "[재벌]의 성공은 대체로 진취적이고 야심찬 기업가 정신 덕택이다"라고 주장한다.^{S. Koo 1994 : 157} 1980년대 중반에 삼성, 현대, 그리고 대우의 창업자들은 가난뱅이에서 시작하여 거부가 된 자신들의 인생 여정에 관한 베스트셀러들을 썼다. 과거 회고조로 영웅적인 기업가의 모습을 구성해내는 것은 자본가들에게 거의 보편적인 현상이다. 허나 그 개인주의적인 관점은 주요 **재벌**들 모두를 하나로 묶는 두드러진 특징, 즉 국가와 사회적 인적 연계망이 담당했던 그 가장 중요한 역할을 포착하지 못한다. 앞에서 본 바와 같이, 1950년대의 **재벌**들은 예속적인 자본가들이었다. 1970년대에도 그들은 여전히 지도자들이라기보다는 오히려 남을 추종하는 자들이었으며 국가가 구상한 산업 정책을 이행했었다.E. M. Kim 1988; Amsden 1989

국가는 적극적인 기업 복지 정책을 추진했으며, 기업의 성장 가능성 그 자체에 지대한 영향을 끼쳤다. 한 가지 방식은 "투자 허가"를 이용해서였는데, 투자 허가는 어느 한 기업에게 어떤 특정 상품에 대한 독점적인 특권을 부여했다. 예컨대 1972년에 열 개의 최상위 대규모 복합기업들은 제각기 하나 또는 그 이상의 독점적인 투자 허가를 보유하고 있었다.S. K. Kim 1987 : 111~17 국가는 자본과 신용에 대한 국가의 통제를 활용하여 기업의 성장을 좌지우지하고 진작시켰다.Rhee 1994 : 71~76 만성적인 인플레이션이란 결과를 낳은 지속적인 통화 공급량 확대를 통하여 국가는 **재벌**이 융자를 얻고 그들의 부채가 낳은 이자를 갚아나감에 어려움이 없도록 해주었다.Michell 1982 : 212 기업들에게 대한 국가의 편애에는 다른 수단들도 또한 동원되었다. 국가는 주요 **재벌**들에게 국가 소유 기업들을 매각하였으며Chŏng Ku-hyŏn 1989 : 183~84, 그로 인해 재벌들의 중소 사기업 인수가 용이해졌다.Koo and Kim 1992 : 135~36 국제적 기회들이 국가를 거쳐서 재벌들에게로 흘러들어갔다. 수익성이 매우 높았던 1970년대의 중동 건설 호황에서 열 개의 최상위 복합기업들은 벌어들인 총소득의 16퍼센트를 얻었다.S. K. Kim 1987 : 196~201

국가의 금융 장악은 **재벌**들을 감시하는 유력한 수단이었다.Zysman 1983 : 285

자본이 부족한 시기에 신용을 얻을 기회는 기업의 확장과 정체 사이의 갈림길에 중대한 영향을 끼쳤다. 한 기업이 얻을 수 있는 빚의 양과 그 기업의 성공 사이에는 높은 상관관계가 있었다.^{Kuk 1988 : 120~21} 재벌들에게는 차입 자본에 의존한 투자의 비율이 매우 높았으며, 경기 하강 국면에서는 국가의 지원이 결정적으로 중요했다. 한 가지 그러한 사례는 1972년 8월의 대통령 긴급 조치로서, 그 조치를 통해 국가가 기업의 채무를 경감해 주었다.^{W. Kim 1991 : 165~67} 기업들이 차입금에 의존하고 있었음에 비추어 볼 때, 국가의 미움을 사면 심지어는 기업이 파산될 수도 있었다.^{Fields 1995 : 127~32}

기업 활동의 다변화는 국가에 의해 조성된 기회의 구조를 뒤따랐다. 부를 축적하기 위한 가장 효과적인 방식은 가능한 한 가장 많은 독점적인 영역들로 확장해 나가는 것이었다. 1960년대에는 겨우 34개의 자회사들만이 최상위 십대 복합기업 그룹들에 의하여 설립되거나 흡수되었던 반면, 1970년대에는 그 수치가 114개로 늘어났다.^{Kuk 1988 : 116} 국가는 집중 공략 분야로 선택된 수입 대체 산업들에게 세금 및 다른 금융에 관한 중요한 우대조치들을 제공하였다.^{S. T. Suh 1975 : 214} 국가는 또한 열 개의 종합무역상사^{사실상 규모가 가장 큰 열 개의 재벌}를 지정하였으며, 그들의 해외 투자 및 무역을 도와주기 위해 국가는 특혜와 융자를 제공했다.^{Fields 1995 : chap.6}

기업의 성장은 국가의 중요한 새로운 계획들에 의해 지대한 영향을 받았다. 네 가지의 지극히 중요한 기업의 급속한 성장 양식들은 다음과 같다: ① 일본인이 소유한 공장을 불하받기; ② 1950년대의 "삼백三白" 가공하기; ③ "베트남 호황"을 기회로 활용하기; ④ 박정희의 산업화 계획을 추종하기. 이러한 네 가지 양식들 모두에서 국가의 지원이 사활을 결정할 정도로 중요했다. 하지만 기업들이 가장 극적으로 성장했던 것은 1970년대였다. 과연 1973년도 총 산업자본 주식의 10퍼센트 미만이 한국전쟁 이전 시기로부터 유래한 것이었다.W. Hong 1976 : 22 요점만 말하면, 성공을 거둔 **재벌**들은 고부가가치 산업생산을 향한 남한 경제 흥기興起의 화신化身이었다.

현대 남한의 대규모 복합기업들의 기원이 일천日淺함은 1966년에 최대 규모였던 **재벌**들 일곱 개와 1985년에 그러했던 **재벌**들 일곱 개를 비교해 보면 명료하게 드러날 것이다. 1966년에 가장 규모가 컸던 기업들은 삼성, 삼상, 삼양, 개동, 동아, 럭키, 그리고 대한이었으며, 1985년이 되면 삼성1952년 설립, 현대1948, 럭키 금성1947, 대우1967, 선경1953, 그리고 쌍용1948 등이 일곱 개의 최대 기업들이었다. **재벌**들의 창업년도가 암시하는 것처럼, 많은 **재벌**들은 남한보다 연륜이 길지 못했다. 삼상, 삼양, 개동, 동아, 그리고 대한은 1985년이 되면 더 이상 중요한 기업들이 아니었다. 1980년대 중반 무렵에 이르면 겨우 두 개의 주요 기업들쌍용과 대림만이 식민지 시대에 기원을 두고 있었다. 더욱이 1980년대 중반의 최대 기업들 열 개 중에서 겨우 두 개만이 1961년의 부정축재처리법의 적용 대상이었다.

박정희와 기업가들 간 사사로운 인적 연계망들이 한편으로는 자본과 신용대부를 얻을 기회를, 또 한편으로는 독점적인 특권들을 얻을 기회를 제공해 주었다.K.-D. Kim 1979 : 75 부총리를 역임했던 이한빈은 다음과 같이 설명했다: "60년대와 70년대에 가장 규모가 컸거나 가장 눈에 잘 띄었던 프로젝트나 공장 (…중략…) 백 개를 말해 보시오. 그것들이 무엇이든 상관없이 최종적 결정권은 정권의 정상에게 있었습니다."S. K. Kim 1987 : 109 그 '정권의 정상'은 물론 박정희였다. 1970년대에는 박정희와의 개인적인 연줄들이 사업의 성공으로 인도하는 특혜 받은 길을 열어주었다. 박정희를 제외하고도, 유관有關 관료들과의 연줄은, 그들이 건설부 소속이든 아니면 재무부 소속이든 상관없이, 특혜로 이어졌으며, 똑같이 중요하게, 관료적인 장애물들을 방지해주었다.

특권적 대우의 추구에서는 가족, 군대, 학교, 그리고 지역에 근거한 인적 연계망들 모두가 어떤 사람들을 남들보다 더 선호했다. 빈번하게 은퇴한 군대 장교들과 정부 관료들이 **재벌** 경영진에 합류하여 기업과 국가 간의 끈끈한 유대관계를 발전시켰다.Hattori 1984 : 183~84 지역주의가 그 모습을 드러냈다. 경상도 출신 인사들은 군대, 국가, 그리고 기업의 엘리트층에 인구비율에 비해 과도하게 많았던 반면, 이웃한 전라도는 발전에서 뒤처지게 되었다.Chon 1992 : 155~58 무엇보다도 더 귀중하게 여겨졌던 것은(대구라는 도시와 경북 고등학교를 가리키는) TK 표식으로서, 이 표식을 단 사람들이 정 · 재계 엘리트층 안에서 가장 힘 있는 사람들이었다. 전두환과 노태우 모두 그러한 사람들 간에 형성된 인적 연계망에 속한다.『서울경제신문』 1992 : 29~33

국가의 후원이 담당하는 역할이 중요함은 두말할 나위조차 없다. 애초에는 국가와의 끈끈한 유대관계에 의존하지 않았던 두 주요 기업들, 즉 롯데와 코오롱은 재일교포 기업가들에 의해 창업되었다.Mabe 1986 : 115~29 보다 더 중요한 것은 "정권의 정상"에 반기를 들었던 주요 기업들이 종종 재앙을 당했다는 사실이다. 중요한 주류 제조업자이자 1960년대 후반에 최대 복합기업들 중 하나였던 삼학의 사례를 생각해보라. 삼학의 소유주는 1971년의 대통령 선거에서 김대중을 지지했다. 그 후 몇 달 지나고 나서 삼학은 탈세했다는 유죄 판결을 받고 강제로 파산을 당했다.Shim and Sherry 1995 : 71 율산과 국제라는 훗날의 사례들이 암시하는 바와 같이, 국가는 실적이 좋지 못한 기업들뿐만 아니라 고분고분하지 않고 독불장군처럼 처신하는 기업들에게도 벌을 주었다.Clifford 1994 : 219~26; C. Nam 1995 : 357~58

국가의 후원을 강조함에 있어서, 기업가 정신을 완벽하게 몹시 하찮은 것으로 취급하려는 것은 나의 의도가 아니다. 한국전쟁 이후의 남한에는 기업가 정신을 배양할 문화적, 사회적 토양이 있었다. 상업 활동에 대한 유교적인 멸시는 이미 힘을 잃었다. 대토지 소유 소수 지배층의 소멸로 인하여 새로운 부와 권력의 원천을 찾는 과도하게 교육받은 엘리트들로 구성된 인력 풀이 생겨났다.Hattori 1988 : 153~56 새로운 구조의 사업 기회들은 야망에 찬 사람들이 움켜쥐었는데, 그러한 사람들 속에는 지주 신사계층의 자손들뿐만 아니라 자신들의 재능과 근면에 기대어 출세하려는 결의가 확고한 보다 낮은 배경 출신의 사람들도 있었다. 한국전쟁의 휴전으로부터 **재벌** 체제가 공고하게 된 1970년대까지 남한에는 능력 있는 자가 성공할 수 있는 시절이 있었다. 하지만 호레이쇼 앨저의 소설들 속의 허구적인 주인공들처럼 열심히 일하는 것만으로는 충분하지 못했다. 성공은 열심히 일하려는 의지가 있으며 성공을 도와주는 권력자들과 연줄이 닿아있는 사람들에게 찾아왔다.

현대그룹의 창업자 정주영은 좋은 사례이다. 낮은 사회적 배경을 가진 그가 박정희와 친분을 쌓으려고 열심히 노력하지 않았더라면, 그의 회사는 지금도 여전히 소박한 규모였을 것이다.Kirk 1994 : 59~60 비록 정주영에 의해 1948년에 창립되었지만, 미군과의 계약을 얻어내고 또 정부 고속도로를 포함한 주요 국가 프로젝트들을 수주함으로써 현대는 1960년대에서야 비로소 건설회사로서 두각을 나타내기 시작했다.Hattori 1989 : 46~47 현대는 베트남과 연관된 사업들에 깊숙이 관여했으며 계속하여 성장했다. 현대는 또한 중동 건설 호황에서 이익을 얻었으며, 박정희의 중공업 중심 산업화 계획에서는 고속도로 건설과 조선업 분야에서 수익성 높은 계약들을 수여받았다. 현대는 제3차 5개년계획 기간 동안 13개의 회사들을 설립했는데, 그것은 국가의 경제적인 우선사항들의 윤곽을 따른 것이었다.Hattori 1989 : 47 이러한 기회들 모두에서 국가의 후원은 결정적인 중요성을 지녔다. 현대를 창업한 기업가가 박정희와 맺은 친밀한 연줄로 인해 현대는 대중매체에서 "유신 **재벌**"이란 별명을 얻었다.

가족에 의한 소유 및 통제는 1970년대에 거의 모든 **재벌**들의 특징이었다.Hattori 1988 : 92~103 허나 하나의 양식으로서 가족에 의한 소유와 통제는 남한에 독특한 현상이라고 보기 어렵다. 대다수의 회사들은 의사결정의 책임 그리고 조직 및 경영의 책임을 가족 구성원들, 친척, 학교 동창들 등의 신임 받는 인사들에게만 위임함으로써 시작된다.cf. Hattori 1988 : 21~24 가족에 의한 지배는 미국의 기업들에서도 흔한 일이었다. 록펠러가, 포드가, 혹은 카네기가의 초기 역사를 생각해 보라. 가족에 의한 통제를 종결시키는 것은 통상적으로 상속세라는 압박이다. 남한 기업들은 가족에 의한 통제를 이완시킬 그러한 압력을 전혀 받지 않는다. 1984년에 이르러서도 50개의 최대 규모 복합기업들 중 겨우 두 곳의 수장들만이 전문 경영인들이었다.Kuk 1988 : 128 가족과 친척의 인적 연계망은 **재벌**의 팽창에 필요한 인력을 공급하였다. 특히 1970년대에는 가산주의적인 연줄이 기업 내부 권력층의 전형적인 모습이었다.Kim and Kim 1989 그밖에도 현직에서 물러난 군 장교들, 정치인들, 그리고 관료들이 **재벌** 경영진의 상층부 직책들을 차지했다.Lim and Paek 1987 : 26 도널드 크리스티는 1972 : 219 "한국식" 승진에 관해 다음과 같이 말한다: "열심히 일함으로써가 아니라 비리행위 공모共謀하기와 연줄을 통해서." 내가 어느 **재벌**의 계열 회사에서 근무했을 당시 많은 중간급 간부들이 그 기업그룹을 주무르는 가족 "마피아"에 대하여 끊임없이 불평했었다. 그들이 신봉했던 능력 중시 주의 이데올로기에 역행하므로, 가족에 의한 소유 및 경영은 혐오스러웠을 뿐만 아니라, 또한 비효율적이라는 것이 그들에게 널리 공유된 믿음이었다.

국가의 권력과 규율

1970년대에 국가의 후원이 **재벌**의 성장에서 결정적으로 중요했었음을 나는 주장한 바 있다. 비록 부패와 인물주의personalism가 끈질기게 지속되었다 하더라도, 국가와 자본 간 관계가 1950년대의 특징적 현상이었던 무기력한 정체상태로 퇴보한 것은 아니었다. 국가는 경쟁을 통제하고 활용하였으며, 수출과 경제 성장을 제고시킬 목적으로 대기업들을 길들였다.

부정부패는 1970년대에 사라지지 않았다. 1970년대 중반에 어느 남한의 사회 과학자는 이렇게 언급했다: "기능적인 범위란 측면에서 정부 권위의 급속한 확장은 이전보다 훨씬 더 큰 규모로 또 한층 더 만연한 방식으로 부정부패를 유발하는 경향이 있어왔다."Hahn 1975 : 301 예컨대 1975년부터 1977년에 이르는 기간 동안에 널리 홍보되었던 반부패 운동이 관료 사회에서 진행되었다.S. H. Oh 1982 정부의 특혜를 고급 아파트와 맞바꾼 1978년의 현대 스캔들은 뇌물을 받고 직위를 이용하여 기업의 뒷배를 봐주는 행태가 정부 관료들에게 광범위하게 퍼져 있었음을 드러내 보여주었다.K. Nam 1989 : 142~43 1980년대 후반까지도 기업들은 정부와 정부 관료들에게 많은 액수의 돈을 기부하도록 기대 받았다.CISJD 1984 : 100~132; Sin Tu-bom 1993 : 146~53 바로 그 정부 관료들은 또한 남한에서 사업을 하려는 외국 회사들에게서도 그것과 유사한 "기부금"을 기대했다.Clifford 1994 : 92~93 몇몇 회사 간부들은 정부가 1988년의 서울올림픽 개최를 위한 막대한 기부금을 요구한다고 나에게 불평을 털어놓았다. 내가 어느 **재벌**에서 일했을 당시 기업계 인사들과 정부 관료들 간에 많은 양의 현금이 담긴 봉투들이 조심스럽게 오가는 것을 나는 수차례 목격했다. 아주 명백하게 기업 측이 제공하는 돈과 접대는 국가와 대기업 간 연결을 원활하게 해주는 윤활유였다. 만연되어 있는 일반대중의 **재벌**과 부정부패 간 연상 聯想은 급진적인 남한 학생들의 상상력이 지어낸 이야기가 아니다. 1960년대 김영록의1973 : 232 불평은 전형적이다: "사업을 시작하려면 기업가는 정부의 지원을 얻지 않으면 안 되며, 또 정부의 지원을 얻기 위해서는 정부 관료의 호의를 사는 것으로 시작해서, 받은 혜택에 대한 고마움을 나타내는 상당한 정도의 그의 감사 '표시'로 끝나는 그 악순환은 계속되고 있다 (⋯중략⋯)

접대는 반드시 일류 식당에서만 제공되어야 한다." 재벌들을 비판하는 글들은 단지 금전 추구에 대한 유교적인 경멸이나 반자본주의만을 반영하지 않으며, 오히려 정경유착의 속살인 그 도처에 퍼져 있는 인물주의적인 연줄에 대한 역겨움의 표현이다.Janelli 1993 : 82~88

비록 그렇다 하더라도, 1970년대의 국가와 **재벌** 간 관계를 1950년대의 국가와 **재벌** 간 관계와 구별 지었던 것은 발전이라는 절박한 과제이다. 1950년대의 삼각동맹을 종료시킨 그 사회세력들이 경제 성장을 추진하도록 새 정권을 재촉했다. 기업들이 수령한 것은 가공할 원재료가 아니라 상품을 생산하기 위한 자본과 기회였다. 간단히 말해서 대부받은 돈은 갚아야 하는 것이다. 국가 주도 발전의 목표들이 지극히 중요한 역할을 수행했던 것은 바로 이러한 맥락에서 이다. 국가의 발전 이데올로기는 소수의 대상들과 연결되는 사업을 하기 보다는 수많은 대상들과 연결되는 생산적인 활동을 추구하도록 기업들에게 요구했다. 국가는 산업과 사업 간 베블런적인 구분을 단호하고 끈질기게 준수했다. 국가는 불로이익의 가능성을 차단했다. 그 대신 국가는 기업가적인 에너지가 산업으로, 즉 제조업 전반으로, 그중에서도 특히 수출 지향적인 산업생산으로 흘러가도록 조치했다. 달리 표현하면, 포지티브 섬positive-sum 노력이 제로 섬zero-sum 게임을 밀어내고 그 자리를 차지했다.Jones and SaKong 1980 : 277 국가에 의한 신용대부의 배분은 기업이 꽤 훌륭한 실적을 달성하는가에 달려 있었다. 생산품 수출에 성공하기 위해서는 기업들은 가격과 품질 면에서 경쟁력 있는 상품을 생산할 필요가 있었다. 달리 말하면, 세계무대에서의 경쟁이 기업 실적의 추진력이었다. 부패했건 아니건, 변하고 있었던 시대적 상황이 기업들이 남한의 산업화에 기여하도록 보장했다.

파키스탄은 비교분석을 위한 흥미로운 사례를 제공해준다. 1960년대 후반에 43개의 가문들이 비금융 기업들이 보유한 총 자산의 절반 이상을 움켜쥐고 있었다.White 1974 : 58~59 남한과 마찬가지로 "산업에 종사하는 가장 중요한 가문들과 그룹들의 지배적인 위치는 그들의 허가제도 장악과 관련이 있었다".White 1974 : 121 많은 유사점들에도 불구하고, 1960년대 후반의 파키스탄을 1970년대의 남한과 구별 지었던 것은 자본가들에 대한 국가의 힘이었다. 파키스탄에서는 대지주들과 거대 자본가들이 연합하여 국가 권력에 도전하고 그것을 순화시켰다.White 1974 : 155~59 그리하여 파키스탄의 국가는 자본을 통제할 능력도, 수출 지향적인 산업생산을 추구할 능력도 없었다.

요약하면, **재벌**들은 국가 주도 발전의 으뜸가는 행위주체들이 되었다. 복합 기업들의 성장은 국가 정책의 필수적인 요소였다. "자본주의는 언제나 독점적이어 왔으며" 국가의 지원을 필요로 한다는 페르낭 브로델의1977 : 113 주장 속에는 상당한 진실이 담겨있다. 달리 말하면, "자본주의가 승리를 거두는 것은 오로지 그것이 국가와 동일시 될 때, 그것이 바로 국가일 때뿐이다".Braudel 1977 : 64 명백하게 남한의 경우도 예외는 아니다.

노동자 착취

1970년대 내내 급속한 산업화를 추진하면서 남한의 국가는 한마디로 국민들 위에 군림했다. 자본 축적과 노동자 착취는 불가분의 관계 속에서 진행되었다. 저렴한 노동력은 경제 성장과 수출 증가에 비록 충분조건은 결코 아니었더라도 필수적인 조건이었다. 국가는 노동자 조직들을 탄압했고, 농업 부문의 발전을 지체시켰으며, 시민들에게는 침묵을 강요했다. 국가에 의한 억압은 그 전체가 조망되어야 마땅하다. 저렴한 노동력이란 사회적 기반에는 시민사회에 대한 그야말로 강력하고 체계적인 공격이 불가피하게 수반되었다.

국가의 노동 정책

수출 지향적 산업화는 저렴한 노동력에 기초를 둔다. 해외의 과학기술에 대한 의존 그리고 부존된 원자재의 결여를 고려해 볼 때, 남한의 가장 귀중한 자산은 자신의 노동력이었다. 저렴한 노동력을 염두에 둔 비교우위란 이데올로기가 널리 수용되기에 이르렀으며, 저임금을 정당화할 목적에서 들먹여졌다.S.-K. Cho 1987 : 228~29 실제로 수출 산업들과 노동의 집약도 간에는 높은 상관관계가 있었다.Watanabe 1982 : 113~116 1970년대 중반에 남한의 부총리였던 남덕우는 이렇게 말했다: "우리가 낮은 임금을 지불하며 노동력을 착취하고 있다는 비판이 있다. 허나 내 견해로는 첫 번째 단계는 경제가 돌아가게 하는 것이고, (사회)복지에 대한 고려는 그 다음 단계이다. 성장과 효율이 첫째고 공정公正은 그 다음이다"Time, 1975.12.22 : 40 경제 성장과 정통성을 추구하는 국가와 이윤과 신용대부를 쫓는 **재벌**들이 결합하여 저렴한 노동력이란 조건을 지속시켰다.

남한의 발전에 관한 대다수의 해설들은 저렴한 노동력을 준準 자연적인 조건으로 혹은 문화적인 현상으로 제시한다. 그 해설들은 풍족하고(그러므로 저렴하고도 질 좋은) 순종적인 노동력의 존재를 당연한 것으로 간주한다.Hasan 1976 : 29; Liebau 1987 : 66~67 나중에 상술하듯이, 지속적인 노동력의 과잉 공급은 얼마쯤은 농업 부문의 저발전 탓이다. 더욱이 남한 노동자들이 문화적으로 수동적이라고 가정假定하는 것에는 문제가 많다.C. S. Kim 1992 : 197~98 남한의 노동 운동사는 행동주의 전통을 증명하고 있다.Y.-K. Park 1974 : 43~52; 김낙중 1982 : 92~104; D. Chang 1985 게다가, 남한 노동자들은 그들의 일터에 대하여 물질주의적인 성향을 명백히 보여주었으며, 기업에 대한 충성심은 별로 보여주지 않았다.K.-D. Kim 1979 : 19 그리고 높은 수준의 계급의식을 나타냈다.K.-D. Kim 1992 : 395~423 1960년대와 1970년대 전 기간 내내 체계적인 노동자 조직의 파괴,

그리고 특히 여성 노동자들의 극단적 착취는 저임금 노동을 생산했고 또 재생산했다.

남한 정부는 근본적으로 노동자의 이익에 적대적이었다. 노동자들을 통제하려는 시도에서 남한 정부는 그들의 기본권들을 박탈했고, 그 시도에서 실패했을 때는 그들을 탄압했다. 하지만 미국의 노동법들을 모방한 노동에 관한 남한의 법률들은 겉으로는 진보적인 것 같이 보였다.Y.-K. Park 1974 : 30~42 1953년의 남한 노동법은 미국의 와그너법을 모방했다. 1963년의 개정 노동법은 비록 1953년의 법보다는 퇴보적이었지만 여전히 노동 기본권들을 옹호했다.Choi Jang jip 1989a : 85~86 노동조합법 제1조는 "노동자들에게 자신들의 근로 조건을 유지하고 개선시킬 것을 목적으로 하는 결사의 자유, 단체 교섭, 그리고 단체 행동 등에 대한 자율권"을 보장했다.Y. K. Park 1974 : 125; 원문을 보려면 125~37을 참조 할 것 모든 노동조합들은 산업별로 조직되어 한국 노동조합 총연맹이란 상부단체의 산하에 속했다.김백산 1985 : Shimizu 1987 : pt 2; Bognanno 1988

1970년 평화시장에서 발생한 전태일의 자살이 전형적으로 예시하듯 점점 더 강력해지는 노동자들의 도전, 그리고 (가장 중요한 비교우위로서 저렴한 노동력에 의존한) 수출 지향적인 경공업 중심 산업화라는 임무가 국가로 하여금 더욱더 강경한 노선을 취하도록 재촉하였다. 유신 시대 동안 남한의 법률들은 노동자들에게 노동 기본권들, 즉 결사의 자유, 단체 교섭, 그리고 단체 행동 등에 관한 권리들을 허락하지 않았다.J. T. Lee 1988 : 138 정부 기관들이 노사 분쟁의 해결을 좌지우지했으며, 노사 분쟁의 해결을 위한 진정한 절차는 존재하지 않았다.Bognanno 1987 : 179~80 국가는 또한 단체 행동권을 약화시켰다. 1969~70년에 제정된 법은 외국인 소유 회사에서 파업하는 것을 금지시켰으며, 1972년의 국가안보에 관한 특별법은 사실상 모든 중공업 분야 산업들에서 일하는 노동자들의 파업을 금지시켰다.Liebau 1987 : 75~76 노동자들은

실제로 그들의 권리들을 박탈당했다.임종렬 1985

  국가와 사적 자본은 연합하여 강력한 반노동 동맹을 구축했다.김형기 1988 대다수의 **재벌** 소유주들과 경영자들은 본능적으로 노동조합에 적대적이었다. 삼성의 창업자는 이렇게 말했다: "내 눈이 흙으로 덮이기 전에 삼성에서 노동조합은 허용될 수 없다."Ogle 1990 : 126 또 현대의 정주영은 이렇게 말했다: "내 기업에서 노동조합은 절대 허락할 수 없다. 노동조합은 오직 내 시체 위에서만 존재할 수 있다."Bello and Rosenfeld 1990 : 29 제조업 분야 노동자들의 노동조합 가입률은 1970년대 내내 15퍼센트에도 미치지 못했는데, 그것은 신흥 산업국가들 중에서 가장 낮은 비율이었다.Deyo 1989 : 68~75

  한국노총은 준準국가 기관으로서 협동 조합주의적으로 노동자들을 통제했다.최장집 1988 : 22~33, 1989a : 169~72 회사의 통제를 받는 어용 노동조합들과 그곳의 회유당한 노조 지도자들은 국가와 경영진의 명령에 따라 행동했다.Choi Jang Jip 1989a : 114~15 몇몇 기업들은 심지어 아무런 실체가 없는 꼭두각시인 유령 노조를 설립했다.Bello and Rosenfeld 1990 : 33~34 경찰, 중앙정보부, 그리고 기업이 고용한 폭력배들은 노동자들을 극심한 공포와 분노 속으로 몰아넣었다.Ogle 1990 : 59~62 반공 이데올로기는 노동운동에 대한 사회적 인식에 부정적인 영향을 주었고, 노동조합을 결성하려는 초기 단계의 노력을 탄압하기 위한 자의적인 외부 개입을 정당화하였다.Ogle 1990 : 51~53 당시에 글을 썼던 George Ogle은 1977 : 88 이렇게 선언했다: "박정희는 검열받는 언론, 경찰, 그리고 특히 중앙정보부를 이용하여 모든 자신의 반대세력에게 공산주의자들 혹은 그들의 '동조자들'이라는 오명을 씌운다.Choi Jang Jip 1989a : 92~106" 도처에서 번득이는 국가 기관들과 고용주들의 감시의 눈은 노동조합을 결성하려는 노력들이 은밀하고 게릴라 활동과 흡사한 활동이 될 수밖에 없게 하였다.

군대화한 경영과 유교 윤리

저임금 노동인력은 그것 자체만으로는 산업화의 성공에 충분치 못하다. 그 어느 사무실 또는 공장이라도 효율적으로 운영되려면 직무를 감당할 수 있도록 교육받았으며 의욕도 충만한 노동자들이 필요하다. 이것이 개발도상 사회들에서 한 가지 긴급한 문제이다. 알렉산더 거셴크론은[1962:9] 다음과 같이 주장했다: "토지와 연결된 탯줄을 이미 절단했으며, 공장에서의 활용에 적합한 자질을 갖춘, 안정되고 신뢰할 수 있고 규율을 준수하도록 훈련받은 집단이라는 의미의 산업 노동력은 낙후된 국가에서는 풍부하지 않고 극도로 부족하다." 더욱이 E. P. 톰슨이[1991] 강조한 바와 같이, 노동자들은 근대 산업 생산이 부과하는 임무들을 군말 없이 받아들이지 않으면 안 된다. 그들은 명령을 이행할 수 있어야 하고, 새로운 기계를 다룰 수 있어야 하며, 그리고 다른 노동자들과 협동 작업을 할 수 있어야 한다.

남한에서는 남성들을 산업 노동자들로 전환시킴에 있어서 군대가 대단히 중요한 역할을 담당했다.[Janelii 1993:44~49] 3년간의 보편적인 징병제를 고려해 볼 때, 군대는 글자 그대로 규율을 준수하도록 남성 인구 전체를 훈육시켰다. 군대는 근대적 산업들의 경험과 기량과 습관들이 반복 훈련으로 그들의 몸에 배도록 하였으며, 모든 군인들 각자가 엄격한 체계에 입각한 계서적階序的, hierarchical인 조직화와 시간 엄수 등과 같은 근대적인 제도들의 명령들을 이행하도록 강제하였다.[cf. M. Clark 1954:172] 농경 생활의 준準자연적인 리듬은 근대 생활의 기계적인 정확성에 자리를 내주었다. 갖가지 신분적·지역적인 배경을 가진 남한 사람들이 똑같은 훈련을 받도록 함으로써, 군대는 국가적인 통합과 문화적인 동질성에 기여하였다. 그렇게 사실상의 문화 혁명을 일궈냄에 있어서 군대의 으뜸가는 중요성과 영향력을 파악하지 않고는 현대 남한 사회를 제대로 이해할 수 없다.

비록 식민지 시대의 특성들이 얼마간 잔존해 남아있지만, 남한의 군사적·문화적 혁명의 많은 몫은 사람들을 다루고 통솔하는 것에 관한 미국 군대의 신념·원칙과 관행에 그 기원을 두고 있다.Martin 1973; Bark 1984 : 274~75 의식적인 모방과 무의식적인 전파를 통해 군대는 남한 내 다른 조직체들의 모델이 되었다.

군대는 기업 경영자들의 독재를 조장했다. 그 무엇보다도 유력한 기업 경영 스타일은 권위주의적인 것이었다. "일인-人"에 의한 통치는 기업의 계서제도를 하강하면서 지속적이고 심각하며 광범위한 영향을 주었다.Lie 1990a 기업들은 계서적인 규율을 제도화하면서 군대를 모방했다. 군대와 공장 간의 이형異形 동질성同質性은 군대 장교들을 기업 경영자들로 전환시킴으로써, 또 전역한 징집병들을 공장 노동자들로 우대 채용함으로써 보장받았다. 예컨대 현대는 ROTC 훈련을 받은 경험이 있는 노동자들을 체계적으로 선호했다.Kearney 1991 : 156 남한 사회학자 배규한은1987 : 37 현대의 울산 공장에 대한 다음과 같은 인상을 전달해주었다: "내가 그 공장을 방문하였을 당시, 많은 것들이 내 군복무 시절의 경험들을 상기시켜 주었다." 그 옛 경험들을 기억하게 해준 것들 속에는 의무적인 제복과 명찰, 생활의 모든 영역들에 스며든 규제들, 그리고 젊은 남성들만 눈에 띄다시피 했다는 사실 등이 있었다. 많은 제조업 분야 노동자들이 회사 기숙사에서 생활했다는 사실을 고려하면, 공장들은 군기가 잘 잡힌 군대 막사들을 방불케 했다.K. Bae 1987 : 37~38

그렇지만 기업의 경영에 관한 남한의 담론은 직장의 가족적이고 유교적인 성격을 강조했다. 예를 들면, 마치 부모가 자식들에게 선물을 주듯이, 휴일들에 고용인들employees에게 선물을 제공함으로써 회사들은 그들에게 회사에 대한 충성심을 주입하려고 노력했다. 그 가족이란 이상은 고용인들 통제의 수단으로 기능하였다. 어느 기업의 인사 담당 간부는 로버트 키어니에게1991

:157 다음과 같이 말했다: 그가 구하고 있는 사람은 "가장 평범한 사람이다. 사무실을 한 가족이라 치면, 보통의 가정 출신 사람들은 쉽게 적응한다. 하지만 무엇인가를 포기하는 것에 곤란을 겪은 적이 있는 사람은 사무실에서 어려움을 겪을 공산이 크다." 그리하여 그 기업의 인사 담당 부서는 고용인의 적응 능력을 평가할 때 부모의 혼인 상태를 고려사항에 넣었다. 배규한이1987:44 연구한 현대 공장의 노동자들 중 5분의 4는 "그들의 친척들 혹은 친구들의 추천을 받았다". 노동자들은 기존 고용인들의 인적 연계망을 통해 고용되었으며, 그러한 고용인 충원 방식은 체제 전복 활동들을 방지해준 책임의 연계망을 보장하였다.K. Bae 1987:44 예컨대 어느 한 고용인이 노동조합 활동에 가담한다면 그 고용인의 부모는 그들 자식의 "공산주의자" 활동들에 대하여 통보를 받게 될 뿐만 아니라 같은 회사에 근무하는 그 고용인의 친척들은 내부 승진을 못하게 될 것이다.An 1982:173~75 가족 이데올로기는 공장 **새마을** 운동에서 영향력이 있었는데, 그 운동은 나중에 논의되는 시골지역 발전 프로그램의 한 파생물이었다. 가족 이데올로기는 노사 간 화합 이데올로기를 전파함으로써 산업 생산성의 향상을 추구하였다.Choi Jang Jip 1989a:181~90 어느 전형적인 슬로건은 다음과 같이 촉구했다: "고용인을 가족처럼 대하라. 공장일을 자신의 일처럼 하라."Choi Jang Jip 1989a:183

하지만 군대 스타일의 경영은 무조건적인 충성심, 복종 또는 효율성 등을 보장하지 못한다. 특히 사무직 노동자들의 경우에 그러하였다. 남한의 노동자들은 퇴사退社에 대하여 불안감이 전혀 없다.Christie 1972:221; Lie 1990a 더욱이 기업 내 권력층에 대한 그들의 외면적인 순종은 그들이 마음속에 품고 있는 반대의견을 숨긴다. 내가 1980년대 후반에 어느 **재벌** 회사에서 일할 당시 나는 얼마나 많은 직원들이 통상적인 인사 대신에 "난 바빠"라고 말하며 돌아다니는가를 흥미롭게 눈여겨보았다. 비록 그들이 분주하게 왔다 갔다하고 있거나 책상에서 남의 눈에 띄도록 서류들을 넘기고 있더라도, 그들의 시간 엄수와 분주함은 일을 회피하려는 다양한 꼼수들을 감추고 있었다. 경영진의 감시 대상은 지각, 조퇴, 근무 태만 등 눈에 띄는 모습들이었다. "나는 바빠"라는 끊임없이 반복되는 상투어는 상관들과 동료들에게 그들이 열심히 일하고 있음을 상기시켜주었을 뿐만 아니라 추가적인 일거리를 떠맡지 않게 해주었다. 1970년대 초반에 도널드 크리스티는[1972 : 142] "우리 부서의 남자들은 일은 하지 않고, 영문英文 소설이나 신문을 읽거나 혹은 그저 다른 사람들과 잡담을 나누고 있었음"을 발견했다. 내가 일했던 회사의 동료들이 어느 날 오후 내내 일하지 않고 사우나에 가거나 영화관에 가는 것은 보기 드문 일이 아니었다.

그렇다면, 어찌하여 그토록 많은 관찰자들이 "한국인들은 매우 열심히 일한다"라고 주장하는 것일까? 많은 학자들은 남한의 권위주의적인 경영 행태는 한국의 전통문화 또는 유교 문화의 소산이라고 생각한다.[Sin Yu-gun 1984; B. W. Kim 1992] 육체노동자들 대다수의 경우에는, 군대화된 경영진이 오랜 시간 동안 힘든 노동을 하도록 그들을 강제한 것이다. 앞에서 암시한 것처럼, 사무직 노동자들의 경우에는 사정이 달랐다. 나에게 각별하게 기억에 남는 경험 하나가 어떻게 유교가 들먹여지는가를 엿보게 해주었다. 어느 날 내 상사가 나에게 사장에게 제출할 보고서를 작성하라고 요구했다. 그러고 나서 얼마 안 되어 나는 초안 작성을 마쳤지만, 그 초안은 제출일 전날 밤까지 여러 주 동안 무시되었다. 내가 퇴근하기 직전 내 상사는 나와 열 명 남짓의 다른 직원들에게 남아서 보고서를 작성하라고 시켰다. 여러 시간 동안 힘들게 고쳐 쓴 끝에 우리는 새벽 3시경 보고서 작성을 끝냈다. 그때 내 상사는 밖에 나가서 축배를 들자고 고집했다. 몇 순배의 술잔이 오간 다음 그는 자신의 팔을 내 어깨에 두르고 이렇게 물었다: "리 박사, 우리가남한이 왜 이렇게 급속히 발전했는지 아시오?" 내 대답을 기다리지도 않고 그는 의기양양하게 "우리가 대단히 열심히 일을 하기 때문이지! 우리의 유교 유산 덕분이지!"라고 갑자기 외쳤다.

물론, 로저 자넬리가[1993:205] 언급하듯이, 남한 사람들은 "그들의 경제 성장이 근면한 노동 덕택이라고 여길 때 그러한 것처럼, 그들의 긴 노동 시간에 자부심을" 느낀다. 허나 가족 이데올로기나 유교는 노동자들이 반기를 들 때 특히 매력이 있었다. 루시안 파이가[1985:227] 주장하듯이, "그리하여 근대화는 한국[남한] 사회에 점점 더 강도 높은 긴장을 가져다주었으며, 정부는 전통적인 정서에 도움을 청함으로써 그 긴장을 완화하려고 시도한다". 파이는 이어서 이렇게 말했다: "한국[남한]은 유교 사회로서 서양식 노사 관계의 '비경제적인' 노·사 간 대립이 필요치 않다는 정책상의 원칙을 정부는 천명하였다"[Pye 1985:226] 1980년대에 노동자들의 투쟁 정신이 두드러졌던 국면에서 남한의 경영 이론가들과 실천가들은 노사 간 화합을 달성하기 위한 하나의 규범적인 이상으로서 유교를 거론했다.

남한 노동자 계급의 조건

다른 신흥 산업 국가들과 비교해서도 남한은 양적, 질적인 노동력 착취란 측면에서 유별났다. 1960년대와 1970년대에 남한 노동자들이 처했던 실정은 놀랍게도 식민지 시대 이래로 거의 개선된 것이 없음을 보여주는데, 식민지 시대 당시 일본인 경영자들은 저렴하고 순종적인 노동력을 확보하기 위해 여성과 아이들의 노동력에 의존했었다.[Chao 1956:36]

대다수의 공장들에서 노동 조건은 열악했다. 남한의 산업 재해 비율은 매우 높았다.[Han Hui-yong 1988:176~178] 예컨대 1976년부터 1988년에 이르는 기간 동안에 60명의 풍산의 고용인들이 근무 중 사망하였다. 하지만 1980년대 후반에 그 회사는 사망한 노동자 한 사람의 가족에게 겨우 삼천만 원37,500 달러만을 지불할 의향이 있었다. 그런데 그 당시 그 회사는 전두환 대통령의 조직체인 일해 재단에 35억 원430만 달러을 기부했었다.Clifford 1994 : 280 소설『난장이가 쏘아올린 작은공』에서 작가 조세희는1990 : 344 어느 작은 회사에서 일하는 주인공으로 하여금 다음과 같이 그의 좌절감을 분출하도록 한다: "우리는 앞도 제대로 보이지 않는 공기 속에서 귀가 먹먹해지는 소음을 들으며 한밤중까지 일했다. 물론 우리가 그때 거기서 죽어가고 있었던 것은 아니다. 하지만 더러운 작업 환경, 우리가 흘린 땀의 양, 쥐꼬리만한 보수 등이 합쳐져서 우리를 화나게 했던 것이다." 불만을 표출했던 노동자들은 해고되었고, 그러는 동안에도 회사의 파산을 운운하는 끊임없는 협박 탓에 나머지 노동자들은 침묵을 지킬 수밖에 없었다.

남한 노동자들의 임금은 다른 개발도상국들 노동자들의 임금들보다 낮았다. 1980년에 미국의 평균적인 제조업 분야 노동자는 시간당 10달러를 벌었던 반면, 해당 수치는 멕시코의 경우에는 3달러였으며, 남한의 경우에는 1달러였다.Deyo 1989 : 91 남한의 제조업 분야 노동자들의 임금 인상은 생산성 향상보다 뒤쳐졌으며, 다른 분야 노동자들의 임금에 미치지 못했고, 그들보다 더 빈궁한 집단은 오직 농부들뿐이었다.Kim Hyong-gi 1988 : 379~86 이러한 저임금의 실상을 가장 여실히 보여주는 것은 제조업 분야 노동자들이 수령했던 평균 임금은 사회적으로 필요한 최저 임금에도 미달했다는 사실이다. 한국개발연구원KDI, 정부의 씽크탱크은 5인 가족에게 필요한 최소한의 월 소득은 27만 원미화로 약 335달러이라고 1980년에 추정했다. 실제로는 전체 노동자 중 31퍼센트의 월 소득은 7만 원 이하였으며, 56퍼센트는 10만 원 이하, 그리고 86퍼센트는 20만 원 이하였다. 1986년에 한국노총은 4인 가족에게 필요한 월 최소비용을 52만 4천 원으로 추정했는데, 당시 남한 노동자들의 월 평균 임금은 33만 9천 원이었다. 제조업 분야 노동자들의 거의 90퍼센트가 4인 가족을 부양하는데 필요한 최소 금액보다 덜 벌고 있었다.Lie 1991a

충분치 못했던 사회복지 공급을 고려해 볼 때, 노동자들은 그날그날의 생계를 꾸려가기 위하여 힘든 투쟁을 이어갔다. 수많은 노동자가 비공식 부문에서 폐지와 유리의 재활용과 같은 일용직 노동에 종사했으며, 그곳에서는 공식 부문에서보다 노동 조건은 더욱 열악했고 보수도 더 적었다.Takizawa 1988 : 23~51 도시의 비공식 부문은 최대한으로 계산하여 전체 노동력의 3분의 1까지도 흡수했다.정동일 1985 : 11~12; Kang Myong-sun 1985 : pt. 1 비공식 부문 일자리 하나의 하루 평균 임금은 1970년대 초반에 1달러도 못 되었다.Breidenstein 1974 : 267 게다가 도시 빈민층은 무거운 세금 부담을 짊어졌다.Bahl, Kim, and Park 1986 : 211~15 도시 빈민가들이 도처에서 우후죽순처럼 늘어났다.Sumiya 1976 : 63~68; J. Chung 1990 : 323

1981년에 처음 출간된 조정래의 『유형의 땅』은 노동자계급에 속하는 어느 짓밟힌 사내의 운명에 대한 이야기를 들려준다. 아들을 고아원에 맡기고 나서 주인공인 천만석은 인민군에서 보냈던 시절, 머슴살이했던 수년간, 그리고 자신을 떠난 아내를 회상한다. 떠나버린 아내를 찾아 헤매던 때를 회고하면서 말없이 눈물을 흘리는 천만석은 그의 비참한 생애에 대하여 곰곰이 생각해 본다:

> 나는 지금 어디로 가고 있는가. 나는 왜 낯선 땅에서 이러고 있는가. 사람이라는 것이 한번 잘못 태어나면 이렇게 되고 마는 것인가. 왜 누구는 양반으로 태어나고 누구는 상것으로 태어나는가. 왜 이 세상에는 양반이고 상놈이고 하는 법이 생겨난 걸까. 다 똑같은 사람인데, 생김도 같고, 생각도 같고 (…중략…) 그런 차등이 생긴 걸까. 내가 잘못한 것이었을까. 상놈의 피를 타고 났으면 상놈답게 살아야 하는 게 순리였을까.C. Cho 1993 : 218

극단적인 여성 노동자들 착취

발전이란 종종 여성들에게 불리한 영향을 주는 성적性的으로 편향적인 과정이다.Mies 1986 남한에서 여성 노동자들의 극단적인 착취는 모든 노동자들의 착취라는 맥락 속에서 발생하였다. 산업화 과정에서 남성의 권력이 사무실과 공장에서 명확한 내용 및 형태를 부여받고 제도화됨에 따라, 급속한 산업화는 가부장적 권위라는 문화적 관행을 최대한으로 유리하게 이용하였다.

통상적인 수준을 넘게 저렴한 노동력을 찾게 되면서, 노동 분화의 한 중심축으로서 성性에 초점이 모아졌다.Lie 1996a 여성들이 어떻게 사회화되어왔는가라는 문제는 차치하고, 여성들의 노동을 덜 가치 있는 것으로 만들어주는 고유하거나 본질적인 특질들이 여성들에게 있는 것은 아니다.B. Lee 1994 : 74~79 여성 노동의 상대적인 가치 절하는 차라리 문화적인 현상이다. 농경 사회의 가부장적 이데올로기라는 유산은 남한에서 저렴한 여성 노동력이 용이하게 성립되도록 도움을 주었지만, 그 과정에는 남녀 유별한 가정과 직장에서 자율과 가부장적 지위를 위해 고투했던 남성 노동자들이 개입되었다. 남성의 노동이 가족의 임금이란 관점에서 규정될 때마다 여성의 노동은 필요 이상의 잉여적인 것으로서 재규정된다. 노동조합들은 종종 여성들을 제외시켰으며, 한편 경영진은 여성 노동자들의 노조 결성을 저지하기 위해 남성 노동자들을 동원했다.Ogle 1990 : 20

남한에서 여성의 노동 참여는 1960년의 25퍼센트로부터 1990년의 46퍼센트로 증가하였다.Choe, Kong, and Mason 1994 : 287 남한의 수출 지향적인 산업들은 여성 노동자들에게 의존하였다. 1970년대 초반 직물류 생산은 남한 총수출의 40퍼센트를 차지했으며, 직물류 산업 생산인력 중 70~80퍼센트는 여성 노동자들이었다.O. Lee 1990 : 67, 151

여성들은 남성들보다 근무시간이 더 길었지만 그들의 보수는 남성들 보수의 절반도 못 되었다.CISJD 1988b : 82, 85 1984년도 한국개발연구원의 보고서에 따르면, 여성 노동자들의 40퍼센트가 한 달에 십만 원도 못 벌었다.Lie 1991a : 506 1985년에 남성 노동자들의 13퍼센트가 일인 최저 생계비보다 적게 벌었던 반면, 여성 노동자들의 경우에는 64퍼센트가 그러하였다.Bello and Rosenfeld 1990 : 26 직물류 공장들에서 일하는 여성들은 환기도 되지 않고 조명도 열악한 비좁은 공간에서 매일 12시간 이상 일했다.고경심 1988; Spencer 1988 : chap.4 여성 직물노동자들은 1977년에 다음과 같은 호소문을 작성했다:

> 우리의 공장 생활은 정말로 비참합니다. 우리는 일에 얽매여 비좁은 공간에서 숨이 막힐 듯이 삽니다. 옆 사람에게 말을 거는 것도 금지되어 있고, 형편없는 음식을 먹으며, 급할 때 화장실 가는 것도 허락되지 않습니다. 회사는 (…중략…) 우리의 사생활에 간섭하면서 우리를 억압합니다. (…중략…) 우리는 폐결핵, 무좀, 그리고 갖가지 위장병에 끝없이 시달립니다. 여성 노동자들은 햇빛을 충분히 받지 못해 얼굴이 노랗게 부어 있습니다. 우리는 또한 섭씨 40도나 되는 작업장에서 먼지로 가득한 공기를 마시며 고통을 받습니다. (…중략…) 너무 많아서 헤아릴 수조차 없는 이러한 비참한 조건들로부터 우리 스스로를 해방시키기 위하여 우리는 투쟁합니다.Asian Women's Liberation Newsletter 1983 : 233~34

공장 기숙사들은 사실상 감옥들이었으며, 정원 초과와 면밀한 감시가 특징이었다.O. Lee 1990 : 171~79 수많은 여성 노동자들은 혼자 쓰기에도 턱없이 부족한 자신들의 수입을 시골집으로 보내야했다. 어느 1980년의 연구에 따르면, 여성 직물 노동자들은 그들의 수입 중에서 평균적으로 거의 50퍼센트를 가깝게 저축했다.S. J. Oh 1983 : 195 그밖에도, 수많은 여성 노동자가 성희롱과 다른 폭력들로 고통을 받았다.Ogle 1990 : 20

공장에서 일하는 대신에 할 수 있는 일들의 경우에는 형편이 더 좋지 않았다. 1960년대부터 1980년대에 이르는 기간 동안 수많은 여성들이 가사 노동자로, 흔히 입주 가정부로 고용되었다.White and White 1973 : chap.I; 김영모 1990 : chap.7 여성들은 또한 건설업과, 담배나 사탕의 행상 등과 같은 육체노동과 단순 막노동 직종들에서 일했다.Son 1983 : 13~19; H. Cho 1987 : 76~79 1989년에 3백만 명에 달하는 여성 임시노동자들이 있었는데, 전체 노동력의 20퍼센트에 육박하는 거의 2백만 명의 여성들은 일용직에서 일하고 있었다.A. Park 1992 : 16 종종 직물류 제조업자들로부터 하도급을 받는 불법적인 노동력 착취 공장들은 미성년자들을 고용하였다. 이옥지에1990 : 196 따르면, "주거지역들에 위치한 초소형 의복공장들에 고용된 미성년 노동자들의 노동 조건은 (…중략…) 노예의 신세와 다를 것이 별로 없어 보였다".

극단적인 여성들 착취는 통계에 나타나지 않은 경우들도 있었다. 수많은 남한 여성들이 남한 주둔 미군들을 위한 청소부, 요리사, 호스티스, 접대부, 그리고 매춘부 등의 노릇을 하였다. 식민지 시대에 한국 여성들은 일본인 식민 지배자들의 시중을 들었으며, 한국전쟁 이후에는 미군들을 접대하였다.Lie 1995 (한국판 일본 게이샤인) 기생이 동반자 및 섹스 파트너 노릇을 하면서 일본인 남성들을 접대하는 섹스관광은 1970년대에 유행하였다.

배링턴 무어는1966 : 506 다음과 같은 글을 남긴 바 있다 : "지금까지 모든 형태들의 산업화는 근본적으로 위로부터의 혁명들이었으며, 무자비한 소수집단의 작품이었다." 그러한 남한의 소수집단에 의하여 자행된 무자비함은 지금까지는 그 짝을 찾기가 쉽지 않아 보인다. 비록 남성 공장 노동자들이 착취를 당했다 하더라도, 그들은 자신들보다 더 심하게 착취당했던 여성 공장 노동자들을 낮춰 볼 수 있었다. 한편 여성 공장 노동자들로서는 비공식 부문 노동자들과 비교하여 우월감을 느낄 수 있었다. 노동 인구의 거의 모두에게 일한다는 것은 순전히 필요상 불가피한 일이었으며, 실효성 있는 선택이란 열악한 일자리들과 끔찍한 일자리들 간의 선택뿐이었다. 노동자의 이익에 반하는 국가 정책의 한계를 넘어서면, 저렴한 노동력을 유지시켰던 것은 시골 부문의 저개발이었다. 도시민들의 거의 모두가 자신들이 시골 사람들보다 우월하다고 느꼈던 데에는 타당한 이유가 있었다.

시골 부문의 불황

남한의 농업은 국민총생산의 성장에 직접적으로 기여를 한 바가 거의 없는데, 시골 부문의 저축이란 관점에서 볼 때 그러하며, 생산성 향상이란 관점에서 보아도 역시 그렇다.Ban, Moon, and Perkins 1980 : 12~17 남한의 발전에서 농업이 담당했던 역할은 저임금 노동자들과 저가 곡물을 도시에 공급하는 것이었다.

토지 개혁과 그 이후

제1장에서 논의하였듯이, 토지 개혁은(일시적으로) 농민들의 불만을 제거하였다. 하지만 극단적인 빈곤을 근절시키고 농업 생산성을 개선시킨 것을 제외하면, 토지 개혁은 만능 해결책이 아니었다. 한국전쟁 이후 농민들의 형편은 서서히 그리고 줄기차게 악화되었다. 시골 부문에 대한 국가의 태도는 무관심 및 방치였으며, 간헐적으로 진지하게 관심을 기울였던 시기들이 있었을 뿐이었다.Y. Lim 1973 : 17 미국의 식량 원조, 특히 미 공법 480조에 의거한 미국의 식량원조는 곡물 가격을 하락시켰다. 국가는 도시지역의 산업들을 이롭게 할 목적으로 공정하지 못한 조건으로 잉여 농산물을 유출해감으로써

시골지역을 착취했다.^{Yi Tae-gŭn 1987}

급속하게 증가하는 도시 노동자들을 먹이기 위하여 산업화는 저렴한 곡물을 필요로 한다. 주식主食을 대상으로 한 국가의 이중 곡가제 하에서 쌀과 보리는 시장 가격보다 상당히 낮은 가격에 판매되었다.^{P. Moon 1991a : 377~82} 1960년대에 정부의 곡물 수매가격은 시장 가격보다 15퍼센트가 낮았다.^{Ban,} ^{Moon, and Perkins 1980 : 240~41} 그러한 주식들의 수매에 때로는 강압적인 수단이 동원되었지만, 정부는 쌀과 비료의 맞교환 방식, 현물 농지세 등과 같은 간접적인 수단들을 주로 활용했다. 쌀의 총 판매량 중 정부가 담당했던 몫이 1950년대에는 대략 10퍼센트였던 것이 1970년대 중반에는 대략 50퍼센트로 증가했다. 낮은 주식가격主食價格 정책 덕택에 도시 가구들은 그리 비싸지 않은 곡물을 공급받았다. 1960년대 후반에 식품 구입비는 평균적인 도시가구 지출의 대략 60퍼센트를 차지했다.^{Pak and Han 1969 : 112} 그밖에도, 국가는 또한 수입된 쌀과 보리에 의존하였다.^{Ban, Moon, and Perkins 1980 : 24~26} 1964~65년에는 수입된 쌀의 양의 몹시 적었던 반면, 수입된 쌀은 총 국내 쌀 소비량 중에서 1967~68년에는 6퍼센트를, 1970~71년에는 25퍼센트를 차지했다. 국가가 그처럼 많은 양의 쌀을 기꺼이 수입하려 했던 이유의 일부는 그 쌀이 미 공법 480조에 의거해 미국의 잉여 농산물이 남한으로 이전된 것이었고, 그렇기 때문에 빈틈없이 지키고 있었던 남한의 외환보유고를 헐어서 그 대가를 지불할 필요가 없었다는 데 있었다.^{Ban, Moon, and Perkins 1980 : 28~31}

그러므로 도시 주민들과 비교하여 시골 주민들의 생활 형편이 하락했다는 것은 놀라운 일이 아니다. 1963년부터 1967년에 이르는 기간 동안 농민들의 실질 소득은 15퍼센트가 감소했다.^{Hasan 1976 : 51} 1970년이 되면 시골지역의 1인당 소득은 도시지역 1인당 소득의 3분의 2였다.^{M. Moore 1984 : 582~84}

하지만 1970년대 초반에 이르자, 정치적, 경제적 이유들 탓에 시골지역의 경제 부흥이 불가피하게 되었다. 시골지역에서 박정희에 대한 지지가 하락했으며R. Wade 1982 : 18; M. Moore 1988 : 144-45, 미국의 식량 원조는 머지않아 종료될 예정이었는데, 그것은 남한은 곧 자신의 외환보유고를 헐어서 곡물 수입의 대가를 지불하기 시작하지 않으면 안 된다는 것을 의미했다.Burmeister 1988 : 69~70 그리하여 제3차 경제개발 5개년 계획은 시골지역의 발전에 방점을 두었다. 그 계획은 이전 계획의 농업부문 예산을 4배로 늘렸고, 댐과 수력 발전소 건설과 같은 대규모 프로젝트들에 착수하였다.Ban, Moon, and Perkins 1980 : 188~91 그 계획은 주식들의, 특히 쌀의, 정부 가격을 인상했으며Ban, Moon, and Perkins 1980 : 250, 보호무역 조치들을 취했다. 그 결과, 1980년대에 이르면 남한의 농업은 "전 세계에서 가장 많이 보호받는 농업부문들 중 하나"가 되어 있었다.Anderson 1989 : 110

무엇보다 중요한 것은, **새마을 운동**새로운 공동체, 혹은 마을, 운동이 시골지역의 생활에 새로운 생명력을 불어넣기 위한 시도로서 시작되었다는 사실이다.P. Moon 1991b : 4~5 그 운동은 1970~71년 겨울에 잉여 시멘트를 시골지역에 배포하면서 시작되었는데, 최초의 체계적인 시골지역 발전 집단 활동으로 성장하였다. 아마도 북한의 천리마 운동을 모방한 것 같기도 하다.M. Moore 1984 : 584~88 국가는 농경의 기계화, 다수확 쌀 품종들의 보급, 그리고 마을의 미화 등을 이루고자 했다. 마을 사람들 간의 결속을 활용하고 다양한 프로그램들을 상명하달 식으로 시행할 목적에서 국가는 마을들 간의 경쟁을 도입했다.M. Moore 1984 : 588~89 국가는 또한 시골지역의 산업화와 다른 형태들의 비농업 고용을 장려했다.Choe and Kim 1986 : 105~9 박정희는1979b : 68 이렇게 말했다: "전국에 걸쳐 진행되고 있는 **새마을 운동**은 보다 풍요로운 한국을 건설하기 위하여 외부의 도움 없이 가난을 정복하도록 고안된 범국민적인 운동이다."또한 다음을 볼 것, Whang 1981 : 9 **새마을 운동**의 실상은 풀뿌리 운동이 아니고 국가가 주도한

운동으로서, 교묘한 술수로써 시골 생활의 기본 바탕 속에서 유신 정권에 대한 지지를 얻으려는 시도였다.

도시와 시골 간 소득 격차가 줄어들면서 **새마을 운동**의 초기 단계에서는 시골의 생활이 개선되었으며Wang 1986 : 238; cf. Yu and Kim n.d. : 28~32, 그 운동은 시골 지역 발전에 관한 저작著作들에서 널리 찬양받았다e.g. Whang 1981 : 245~54; Watanabe and Fukagawa 1988 : 77~79 허나 도시와 시골 간 가구당 소득의 차이가 다시 늘어났고 그 운동은 인기를 잃었으며 효과도 기대 이하였다. 식수 위생과 같은 기본적으로 필요한 것들이 수많은 마을들에서 낙후된 상태였다.Han et al. 1988 : 128~36 **새마을** 프로젝트들에서 가장 눈에 띄는 현상은 권위주의였다. 시골 마을들을 동원하는 방식은 식민지 시대의 마을 자조自助 운동이란 유령을 소생시켰다.R. Wade 1982 : 103~4; cf. Helen Kim 1931 그 방식은 보수적인 마을 유지들에게 권력을 주었고Steinberg et al. 1984 : Appendix D-12, 그들은 마을 주민들에게 노동과 재정적인 기부를 강요하였다.Wideman 1974 : 295~96 많은 의사결정들이 평범한 마을 사람들이나 현지 사정에 밝은 조직체들의 의견을 전혀 반영하지 않고 이루어졌다.R. Wade 1982 : 147~49 예컨대 **새마을** 운동의 독단적인 의사결정 스타일 덕택에 어느 다수확 쌀 품종의 신속한 보급이 가능했고, 애초에는 그 품종의 보급으로 쌀 생산이 증가했다.Sakurai 1991 하지만 그 품종의 쌀은 많은 남한 사람들의 입맛에 맞지 않았다. 설상가상으로, 그 새로운 품종은 악조건을 견디고 살아남는 능력이나 질병에 저항하는 능력이란 기준들에서 토종 품종들에 미치지 못했다. 1979년과 1980년의 미곡 수확은 재앙 수준이었다.Burmeister 1988 : 60~65

1970년대 내내 가톨릭 농민회 및 다른 단체들은 가난한 농민들이 스스로 자신들의 운명을 개척하도록 할 목적으로 정권에 대항하여 농민들을 조직하였다.SSS 1988 : 177~93 새로 닦은 고속도로변에 줄지어 위치한 마을들에 새 지붕의 산뜻한 집들, 폭넓은 도로 등을 정부 주도로 건설한 것은 시골지역이 겪고 있는 진정한 문제들을 가릴 뿐이었다. 그 문제들이 결국 1980년대 농민들의 정치적 동원의 원인이 되었다.Abelmann 1996 : 213~25

급속한 대량 시골 탈출

농업의 저발전 상태는 많은 제3세계 국가들에서 이례적인 대규모의 시골지역 인구 유출을 유발해온 반면, 적절한 농업의 성장과 시골 생활의 개선은 그러한 사태를 방지해왔다.Streeten 1987 : 74~75 남한의 경우, 농민들은 도시로 이주함으로써 당시의 경제 상황에 반응했으며Y. Cho 1963; H. Koo 1991, 그 결과 시골지역의 인구가 심각하게 감소했다.

1960년대와 1970년대에 남한은 세계사에서 가장 가속화된 시골지역들의 인구유출들에 속하는 현상을 겪었다.Mills and Song 1979 : 32 1960년에 농민은 남한 총 인구의 72퍼센트를 차지했으나, 그 몫은 1970년에는 45퍼센트로 그리고 1980년에는 28퍼센트로 감소했다. 1967년부터 1979년에 이르는 기간 동안 남한의 농업 인구는 연평균 3퍼센트의 비율로 감소했다.Kim, Kajiwara, and Watanabe 1984 : 113, 119 이주는 연쇄 이주를 촉발시켰다. 예컨대 나의 친조부모는 교육을 위해 아들들을 처음에는 서울로 보냈다. 그분들의 다섯 딸들은 모두 서울에서 직장을 구한 남자들과 결혼했다. 1970년대 중반이 되면 내 친조부모 자신들이 자식들 곁에 있기 위해 이미 서울로 이주하신 상태였다. 이러한 식의 가족 연쇄 이주는 흔한 일이었다. 1957년부터 1980년에 이르는 기간 동안에 1천1백만 명이 시골에서 도시로 이주했다(1990년대 중반 남한의 인구는 대략 4천 5백만 명이었다).H. Koo 1993 : 137 예컨대 서울의 인구는 1960년대에 2백4십만 명에서 5백 5십만 명으로 두 배 이상 증가했는데, 그 증가분은 총 인구 증가의 3분의 1에 해당했다.E. Yu 1982 : 89

남성들보다 더 많은 여성들이 시골지역을 떠났다. 시골을 떠난 30세 미만의 여성들 거의 모두는 가사家事 노동자와 공장 노동자가 되었다.S. Hong 1984 : 193 젊은 남성들은 교육을 받기 위해 도시로 이주했다.Seok 1982 : 1 일반적으로 시골을 떠나는 사람들은 젊은이들인 경향이 있었고Ban, Moon, and Perkins 1980 : 374~75, 그들은 시골 사회의 최상위 부유층 출신이거나 아니면 최하위 빈곤층 출신인 경향이 있었으며, 그들이 떠남으로써 시골에 남은 사람들 간에 평등주의가 강화되었다.Brandt and Lee 1981 : 111; Y. Chang 1989 : 246~47 도시를 목적지로 한 급속한 대량 인구 이동은 또한 필요시 고용할 수 있는 대규모 노동인력 풀을 창출해냈으며, 그로 인해 임금이 지속적으로 하락했다. 시골지역의 저개발은 저렴한 노동력의 성립에 기여했다.

국민에 맞선 국가

박정희 통치의 근본적인 모순은 그가 자신의 권력을 정당화할 목적으로 성취하고자 했던 경제 성장에는 권위주의적인 통치가 필요했다는 점이다. 국민의 복지라는 미명 아래 국가는 노동자들의 권익에 어긋나고 농민들의 권익도 거스르는 정책, 요컨대 국민에게 맞서는 정책을 시행했다. 시작은 권위주의적인 국가였으나, 1970년대를 거치는 동안 거대한 리바이어던으로 탈바꿈하였다.

관료적 권위주의 국가

유신 국가는 몇몇의 측면에서는 관료적 권위주의 국가의 전형적인 사례였다.S.-j. Han 1987 : 373; H. Im 1987 : 239~40 이 개념은 브라질과 아르헨티나에 관한 기예르모 오도넬1979 : 91의 연구에서 유래한다: "'관료적'이란 용어는 고高차원

근대화의 권위주의 체제들에 고유한 대단히 중요한 속성들을 시사한다 (…중략…) (다음을 포함하여) 대규모공적 및 사적 관료 조직들에 의하여 수행되는 중추적인 역할." 하지만 오도넬이 기술한 국면들과 1970년대의 남한 간에는 세 가지 차이점들이 있었다. 오도넬의 설명 체계는 수입 대체 산업화의 위기를 강조하지만, 남한은 수출 지향적 산업화의 문제를 겪었다. 게다가, 남한의 관료적 권위주의 국가를 탄생시킨 것은 단순히 경제적인 어려움들만이 아니라 그것에 더하여 박정희 정권이 직면했던 국내외의 정치적 난관들이었다. 마지막으로, 시민사회와의 역학관계에 있어서 남한의 국가는 브라질이나 아르헨티나의 국가보다 훨씬 더 강력했다.^{Choi Jang Jip 1993a}

앞에서 논의한 바와 같이, 박정희는 고질적인 정통성 위기를 직면한 상태에서 통치하였다. 비록 경제성장은 그의 통치를 지탱해주기 위한 수단이었지만, 경제성장이 그 자체로 목적이 되어서 독재정치를 정당화하였다. 마치 경제성장과 민주주의 간 상관관계에 관한 어느 근대화 이론가의 가설을 강조하기라도 하듯이, 당시의 국무총리 김종필은 1974년에 이렇게 진술했다: "1인당 국민총생산이 1천 달러가 될 때, 국민들 자유의 스펙트럼은 그것에 걸맞게 확장될 것입니다."^{H. Sohn 1989 : 103}

그럼에도 불구하도 유신 국가는 스스로의 정체政體가 민주주의라고 강변했다. 비록, '한국식' 민주주의였지만. 그 선전은 어느 정도 성공을 거두었다: "우리나라를 방문하는 사람들은 (…중략…) 그토록 많은 외국인들이 군부 독재정치 치하에 있다고 믿고 있었던 나라치고는 한국이 놀라우리만치 열린사회임을 알게 되었을 것이다."^{Keon 1977 : 4~5} 허나 그 명명백백하게 권위주의적인 정권은 많은 사람들을 속일 수 없었다. 전직 대통령 윤보선은 1976년에 다음과 같은 의견을 개진하였다: "나는 가만히 앉아서 국민의 단결이란 미명하에 민주주의가 희생되는 것을 두고 볼 수 없다. 민주주의가 사라진 곳에는 오직 세 가지 대안들만 있을 뿐이다: 공산주의, 군국주의, 또는 독재정치."*Time*, 1976.3.22 : 26

유신 정권 치하에서 공포의 시대가 불청객처럼 도시 생활에 찾아왔다. 반대 의견의 표현은 체포로 이어졌다.^{H. Sohn 1989 : 58~63} 진보적인 대학 교수들은 해고당하고 감옥에 갇혔다. 서울대학교 교수 최종길은 1970년대 초에 고문 받고 살해당했지만 대다수의 남한 사람들은 15년이나 지나도록 그 사실을 알지 못했다.^{T. K. Sei 1974 : 71~72} 사람들을 가장 큰 충격 속에 빠뜨린 사건은 1973년에 중앙정보부가 일본의 호텔 방에 있던 김대중을 납치한 사건이다.^{C. S. Kim 1992 : chap.12} 중앙정보부의 촉수는 해외로도 뻗어 나갔고 유럽과 북미에서 유학하던 반정부 성향의 남한 출신 학생들을 괴롭혔다.^{McCormack 1978c : 190~92} 중앙정보부 정보원에 대한 두려움은 무심결의 대화에서도 목소리를 낮추게 했다.^{J. A. Kim 1975 : 265}

언론과 출판물 등에 대한 검열은 지나치게 강압적으로 되어갔으며 정권과 의견을 달리하는 매체들은 영업정지를 당했다.^{Y. Chang 1994 : 253~57} 1973년에는 두 개의 부정적인 기사들이 중앙정보부에 의하여 삭제를 당했는데, 하나는 울산 지역의 오염에 관한 것이었고 다른 하나는 남한산 **라면**[인스턴트 국수]의 조악한 품질에 관한 것이었다.^{T. K. Sei 1974 : 22} 1974년에 두 주요 신문사들인 『동아일보』와 『조선일보』에서 전개되었던 자유 언론 운동은 마침내 1975년 3월의 편집장들 및 기자들의 대량 해고로 이어졌다.^{Nam 1989 : 78~83} 1970년대 중반에 시사주간지들인 *Time*이나 *Newsweek*의 남한 내 독자들은 거기에 실린 남한에 관한 기사들을 읽을 수가 없었다. 좌경 『**아사히신문**』과 같은 일본 출판물들 역시 1974년에 배포 금지되었다.^{H. Sohn 1989 : 69} 나는 제목에 '좌左'라는 한자가 들어있는 일본책들은 한국으로 가져가지 말라는 말을 빈번하게 들었다. '마르크스'와 같은 이름들 혹은 '사회주의'와 같은 단어들은 금기시되었다. 요약하면, 표현의 자유는 부정당했다.

인간의 비극들, 즉 육체적 및 정신적인 고통이 쌓이고 쌓여 한이란 문화적 표현으로 그 모습을 드러냈다. 한은 엄격히 제한되지 않은 의미에서 **억울함·분개·원한** 등으로 번역될 수 있다. 당시 한국 기독교교회협의회의 총무였던 김관석은 로버트 샤플렌에게 이렇게 말했다.1978 : 208 : "내면화된 공포감이 (…중략…) 아주 많은 사람들의 넋을 앗아갔고 그들의 정신을 마비시켰습니다." 아마도 가장 많이 인구에 회자되었던 문학적 표현은 김지하의 담시『오적五賊』일 것이다. 김지하는 나라에서 거들먹거리며 사는 다섯 가지 도적들을 웃음거리로 만든다. 그 다섯 도적들이란 재벌, 국회의원, 고급 공무원, 장성, 장차관 등이다 예컨대 둘째 도적은 다음과 같이 선포한다:

> 혁명이닷, 구악舊惡은 신악新惡으로!
>
> 개조改造닷, 부정축재는 축재부정으로!
>
> 근대화닷, 부정선거는 선거부정으로!
>
> 중농重農이닷, 빈농貧農은 잡농雜農으로!
>
> 건설이닷, 모든 집은 와우식臥牛式[11]으로! C. H. Kim 1974 : 43; cf. 1978 : 68

그의 인기 있는 시 탓에 김지하는 체포되어 사형 선고를 받았으나 국제적인 압력 덕분에 그 형벌이 집행되지는 않았다.C. H. Kim 1978 : xlii~xlvi

---

11 "1970년 4월의 와우아파트 붕괴는 서울시 건설국 측의 값싸고 결함 있는 시공 탓으로 돌려졌다. 서울시장은 128명의 생명을 앗아간 그 사고의 결과로 면직되었다."(C. H. Kim 1974 : 58~59)

반공주의와 국가 안보

반공주의는 군부 통치의 모든 측면들을 정당화할 목적에서 들먹여졌다. 어느 1950년대 중반의 정부 문서는 다음과 같이 진술했다: "오랜 세월 동안 그리고 비극적으로 공산주의를 체험한 결과, 우리 한국^{남한}은 그 어떤 중간 입장도, 공존의 가능성도, 일시적 타협의 길도 없다고 믿는다."OPI 1955:1 북한과의 전쟁이 재발할 가능성에 대한 우려는 국가 안보라는 명목으로 자행된 정치적 탄압을 합리화하는 강력한 논리적 근거를 제공해 주었다.

학교에서의 수업 및 군사훈련은 반공주의 이데올로기를 널리 전파했다.Henderson 1976:139; cf. McGinn et al. 1980:241 교사들에게는 그들이 가르치는 학생들의 정치적 활동에 대한 책임이 지워졌다. 국가 안보가 끊임없이 위협받고 있다는 인식은 모든 남한 학생들 각자의 뇌리에 각인될 때까지 반복적으로 주입되었고, 남한의 반공주의적 민족주의의 중심적인 교리敎理가 되었다. 예컨대 학생들은 사악한 북한을 상상하면서 글을 짓도록 재촉을 받았다. 어린 학창시절에 주입된 공포의 불합리함이 1980년대 대학생들에게 공유된 반공주의에 대한 반발의 원인이다. 나는 1974년 서울에서 재외 한국인들을 위한 여름학교에 다녔을 당시 반공주의 포스터에 등장하는 소년이 될 기회를 가까스로 놓쳤다. 그 학교 교사들 중 한 사람이 내가 솔제니친의 『수용소 군도』를 읽고 있는 것을 목격하고는 눈물을 흘리며 기뻐했고, 그는 반공주의 이데올로기의 화신化身이라고 여겼던 한 인간을 껴안았다. 내 청소년기의 수줍음만 아니었다면, 나는 서둘러 마련된 나라 전역에 방송되는 라디오 인터뷰에 참가했을 것이고 박 대통령과 면담도 했을 것이다.

반공주의 이데올로기는 (그리고 특히 반북한 정서는) 시간과 공간에 구애받음 없이 중대하고도 광범위한 영향을 미치는 국민의 감시를 합리화했다. 매일 밤 자정부터 새벽 4시까지 시행된 야간 통행금지는 사람들의 활동을 제약했다. 대다수의 도시화된 사회들에 공통적인, 사람들이 야간 생활을 자신들만을 위하여 즐기는 현상은 남한에서는 1980년대까지는 발생하지 않았다. 그것과는 정반대로, 위험한 시간인 밤의 어두움은 공산주의에 대한 공포를 상징하기에 이르렀다. 매달 시행되는 민방위 훈련은 언제든 북한이 남한을 공격할 가능성에 대해 국민들의 경각심을 일깨웠다. 공간적인 제약은 시간적인 제한에 부족한 것을 보충했다. 남한 사람들 마음속의 지도 그리기는 북한에 대항하는 전투 지도가 되었다. 많은 장소들에서 시민들의 입장이나 사진 촬영이 금지되었다. 남한의 대통령 관저인 청와대는 1980년대 후반까지 모든 서울 지도들에서 누락되었다. 그 반공주의적 상상력 속에는 공산주의란 언제 어디서나 존재하며 공산주의 국가와의 국경에는 구멍이 숭숭 뚫어져있었다. 북한 간첩들에 관한 경고가 그리고 그들의 소재 파악에 대한 엄청난 보상이 담긴 포스터는 수없이 많은 전신주들과 공공건물의 벽면들을 장식했다. 북한이라는 유령은 남·북한 간 경계를 방심하지 않고 순찰하지 않을 수 없게 하였다. 남·북한을 가르는 DMZ 전 구간에 걸쳐 높이 22피트, 두께 8피트에 달하는 장벽을 세우려는 1970년대 중반의 계획은, 적들에게 포위되어 있어서 스스로를 보호하기 위해서는 무엇이든 하지 않으면 안 되겠다는 집단심리가 극단적으로 표출된 사건이었다.^{Shaplen 1978 : 192} 반공주의 이데올로기 및 정책은 좌우 역전 외에는 실체와 동일한 거울에 비친 북한의 모습으로 남한을 바꾸어 놓았다.^{cf. B. C. Koh 1973}

억압과 대항의 변증법

1974년 8월 어느 강당에서 내가 졸음에 **빠져들게** 하는 박정희 연설을 듣고 있었을 당시, 그의 목숨을 노리는 암살 시도가 있었고 그 와중에 그의 부인이 죽임을 당했다. 뒤이은 전국적인 애도는 경계 강화로 이어졌고, 사람들은 장차 정치적 탄압이 더 심해질 것을 두려워하였다. 1974년 12월에는 박정희의 하야를 제안한 한 정치인이 동료 국회의원들에게 구타를 당했다.Shaplen 1976 : 74 같은 날에 장기간 동안 한국에 체류해왔던 미국 출신 선교사이며 유신 정권을 공개적으로 강력하게 비판해왔던 조지 오글George Ogle이 추방되었다.Henry 1975 : 66 사이공의 함락 또한 정치적 긴장을 더욱 악화시켰다. 박정희는 "단결의 부족과 사회 전반에 퍼져있는 비판"이 "남베트남에서 '민주주의'의 몰락을 초래했"다고 비난했다.Jack 1975 : 302 1975년 5월 박정희는 대통령 긴급조치 제9호를 발표했는데, 그것은 "헌법에 대하여, 여하한 수단에 의한 그리고 그 어떤 형태의 비판도 금지시킴으로써 유신체제에 대한 모든 도전을 사실상 차단했다".H. Sohn 1989 : 85; 전문은 다음을 볼 것, T.K. 1976 : 356~62 1970년대 중반은 유신 시대 정치적 탄압이 최고조에 이르렀던 시기였다.

유신 국가는 여하한 비판도 용납되지 않는 정치 체제로 변질되었다. 김지하의 1974 : 90~91 『민중의 소리』는 유신 통치하의 사실상 전체주의 사회를 조롱한다:

> 유신이란 간판걸고 국민대중 기만하여
> 민주헌법 압살위에 유신독재 확립하니
> 기본권은 간곳없고 생존마저 위태롭다
> 반체제를 내세워서 민주인사 투옥하고
> 학생들과 종교인을 반역자로 몰아치니
> 공포정치 폭력정치 최후발악 하는구나

유신 정권에 의한 정치적 탄압의 순수 효과는 반정부 정서가 심지어는 온건한 중산층에게까지도 전파된 것이었다. 1970년대 중반에 남한을 방문한 윌리엄 J. 패런테1974 : 319는, "정부 반대세력 속에 폭넓게 다양한 사람들이 포함된 것에 감명을 받았다". 1976년의 미국 대통령 선거에서 지미 카터의 당선 그리고 남한에서 미군을 철수하려는 그의 의도는 사면초가에 몰려 있었던 박정희의 통치에 불길한 징조였다.McGleish 1977

반정부 세력은 1970년대 후반 내내 기력을 회복했다. 학생들, 기독교도들, 정치인들, 그리고 심지어 농부들도 유신 통치에 대한 반대의사를 표현하였다.CISJD 1985 : 94~100 1970년대 중반에 어느 기독교 단체는 이렇게 선언하였다: "[그] '한국식 민주주의'는 민주주의는커녕 일종의 파시스트 독재정치이다. '재활성화'유신는 개혁 프로그램이 아니라 박정희 권력의 극대화일 뿐이다."ECCKP 1975 : 10 정치적인 활동들 이외에도, 더욱 격렬해진 노동쟁의들이 1970년대 후반부터 발생했다.K. Nam 1989 : 125~26 가장 잘 알려진 노동쟁의는 1979년 8월 11일에 발생했다. 당시 경찰은 신민당사에서 자신들의 요구 사항들의 목록을 제시하고 있었던 Y.H. 섬유회사의 여성노동자들을 체포했다.CISJD 1985 : 107~13

그 사건 이후 겨우 두 달 남짓 지난 뒤 박정희 정권은 예기치 못한 종말을 맞았다. 야당 정치인 김영삼이 국회에서 축출당했을 때, 그의 고향인 부산의 학생들과 시민들은 가두시위를 시작했으며 곧 인근 지역인 마산의 노동자들이 가세했다. 그 시위들의 이데올로기적 취지는 그 일부나마 어느 학생운동 팜플릿에서 발견할 수 있다:

반민족적인 매판 자본주의에 기반을 둔 (…중략…) 군사 독재정권은 자립적인 민족경제의 건설을 바라는 절체절명의 민족적 열망을 무시하고 외국에 의존하며 수출 지향적인 경제성장 정책을 맹목적으로 추구했다. 그 정책으로 말미암아 노동자들과 농민들은 저임금과 저농산물 가격에 시달리지 않을 수 없게 되었다. 긴급 조치들은 이 정책을 반대하는 노동자들과 민주 세력들의 법적으로, 도덕적으로 정당한 투쟁을 억압하기 위한 것이다 (…중략…) Y.H. 사건은 이 정책하에서는 노동자들이 착취당하고 생존권을 박탈당하지 않을 도리가 없음을 명백하게 보여주었다.H. Sohn 1989 : 165

그 부마항쟁은 박정희 정권을 심각한 위기 속에 몰아넣었다.Tamura 1984 : 41~43

점점 심각한 상황으로 치닫는 그 위기의 해결은 신속하고도 극적이었다. 격화되어가는 국민들의 항의에 대한 적절한 정부의 대응을 둘러싸고 의견의 충돌이 있었던 것으로 보이는데, 그로 인하여 1979년 10월 26일에 박정희의 후견을 받아온 중앙정보부장 김재규가 박정희와 박정희의 심복이며 강경론자인 차지철을 권총으로 저격했다.공식적인 보고서에 관해서는 다음을 볼 것, Hinton 1983 : 101~16, 120~29

박정희가 인생에서 겪었으나 그의 기대와는 어긋나게 귀결된 일들은 여러 가지였다. 시골 생활을 옹호하기를 희망했으나, 그의 통치는 돌이킬 수 없을 정도로 남한을 도시 중심의 사회로 전환시켰다. 자급자족 경제의 건설을 의도했지만, 남한은 전 세계 차원의 노동의 분업에 얽혀들게 되었다. 여태껏 꿈꾸지도 못했던 번영을 가져다주었으면서도, 그는 자신의 통치에 대한 광범위한 분노를 자초했다. 노동 탄압 중에서도 최악의 상황을 견뎌왔던 어린 여성 노동자들에 대한 국가의 탄압 행위는 유신 정치경제의 모순들을 고조시켰다. 마지막으로, 중앙정보부장이자 박정희 독재통치의 상징 그 자체였던 김재규는 이러한 모순들을 개인적인 반목反目 속에서 해결했다.

제5장

발전의 모순들과 정치적 민주화

발전은 자연스러운 과정도, 필연적인 과정도 아니다. 불가피한 내부의 힘 때문이든 혹은 외부적인 제약 때문이든, 한 민족국가에게 그 어떤 주어진 궤도를 계속 따라가라는 운명이 미리 정해진 것은 아니다. 발전 과정의 도약들은 그 과정이 무르익기도 전에 서둘러 중단될 수 있고, 기적들은 시들어 갈 수 있다. 오스트리아 경제에 자극을 주려는 1900년대 어네스트 폰 코어버의 노력에서부터Gerschenkron 1977 1960년대의 브라질Furado 1976 : 174~78과 같은 일련의 제2차 세계대전 종전 이후의 기적적인 경제들에 이르기까지, 전도유망한 출발들은 종종 실패로 귀결된다.

남한의 역사는 위기들과 획기적인 사건들로 가득 차있다. 하지만 1980년은 진정한 전환점이었던 듯하다. 박정희의 암살은 정치적인 혼란으로 이어졌고, 경제는 침체되어 있었다. 완만한 수출 성장세, 늘어나는 외채, 격화되어가는 노동분쟁 등은 외곬수로 추진해온 남한의 경제 성장이 한계에 도달하고 있었음을 암시했다. 비즈니스 잡지 『포브스*Forbes*』가 보도했듯이, 남한의 "경제적인 기적은 (…중략…) 1979년에 거의 산산조각이 났다".Minard 1985 : 39~40 허나 1987년이 될 무렵에 남한 경제는 다시 호황을 누렸으며, 이번에는 민주주의 정치체제 아래에서였다.

본 장에서 나는 1980년대에 관한 두 개의 중요한 의문들에 대하여 논의한다. 첫째, 1970년대의 산업화가 해외 도입 차관과 대외 무역에 심하게 의존했었음을 고려해 볼 때, 남한은 어떻게 경기침체를 예방했는가? 둘째, 어찌하여 정치적인 민주주의는 1987년에 실현이 가능하였으며, 박정희의 사망 직후인 1980년에는 그렇지 못했는가?

제5공화국과 불만을 품은 자들

박정희가 살해당했을 때 학생들, 노동자들, 그리고 시민들은 민주주의를 요구하며 투쟁했다. 하지만 1980년 3월 17일에 선포된 계엄령 10호와 함께 군부는 다시 권력을 장악했으며, 전두환 장군은 새로운 실력자로 부상했다. 서울의 봄은 거의 시작되기도 전에 지나가 버렸다.

1980년 서울의 봄과 광주 항쟁

유신헌법에 따라서 박정희의 사망 이후에 최규하가 대통령 권한 대행이 되었다. 하지만 진정한 실권자는 계엄 사령관인 정승화였다.Cho Kap-je 1989 : 86~93 최규하와 정승화는 온건한 노선을 추구했다. 그 임시 정부의 수뇌부는 유신 시대의 조치들 가운데 가장 가혹했던 긴급 조치 9호를 폐지하였으며, 김대중과 다른 정치범들이 정치 활동을 재개하도록 허락하였다.Hinton 1983 : 49 지미 카터 미국 대통령의 인권 외교 정책에 고무된 진보 세력은 군부 통치의 종식을 갈망하였다.

그럼에도 불구하고, 권좌를 차지하고 있었던 온건주의자들은 얼마 안 있어 강경 노선을 추구하는 자들로 대체되었다. 정승화는 박정희 암살에서 중앙정보부장 김재규와 공모했다는 증거 없는 혐의를 받고 축출당했다. 노태우가 지휘한 9사단이 서울에 진입한 1979년 12월 12일에 발생한 군대의 반란으로 이희성이 새로운 계엄 사령관이 되었다.Clifford 1994 : 143~48 미국은 새 정부를 암묵적으로 지지하였다.Baker 1982b : 174 허나 그 반란은 군부 통치를 즉시 안착시키지는 못하였다. 12월 18일에 발표한 선언에서 그 신군부는 "군대는 정치에 간섭해서는 안 된다는 것을 확고한 원칙"으로서 서약하였다.Hinton 1983 : 117

그 군대 반란에도 불구하고, 학생들, 노동자들, 그리고 시민들은 지속적으로 전국에 걸쳐 동요하였다. **사-일-구**, 즉 4월 19일 학생혁명의 20주년 기념일이 다가오자 학생들의 시위가 특히 활발하였다. 또한 수많은 노동자들의 파업이 발생했다.Shaplen 1980 : 192

그 군대 반란에 대한 극적인 반대의견의 표출에 가장 잔혹한 대응으로 이어졌던 사건은 1980년 5월의 광주 항쟁이었다.HSSY 1990 광주는 남한에서 대단히 중요한 야당 정치인 김대중의 고향일 뿐만 아니라 남한에서 경제 활동이 가장 빈약한 도道의 수도였다. 군대 쿠데타를 방불케 하는 작전을 벌여, 정권은 1980년 5월 17일에 김대중과 다른 정치인들을 체포하였다.Warnberg 1987 : 52 처음에는 광주지역의 학생들이, 그 다음에는 광주 시민들이 봉기하여 김대중의 석방뿐만 아니라, 자신들에게 돌아와야 할 경제 성장의 공정한 몫을 요구하였다.L. Lewis 1988 : 18~20 그 결과 광주는 전투지구가 되었고 연이어 열흘 동안 그런 상태가 지속되었다. 당시에 광주에 머물고 있었던 영국 출신 시인 제임스 펜튼은1988 : 241 이러한 글을 남겼다: "나는 자꾸만 사람들에게 다음과 같은 질문을 받았다: '당신은 우리에 관하여 진실을 말할 작정인가요?' 정부 측의 선전은 그 반란 가담자들에게 공산주의자들이란 낙인을 찍어 왔었다. 자신들은 공산주의자들이 아니라고 그들은 단호하게 주장했다. 그들이 원했던 것은 민주주의 그리고 전두환 장군과 중앙정보부가 누리는 권력의 종말이었다."

악명 높은 육군특수전사령부 대원들을 동원하여 군부는 그 반란을 진압했으며, 약 2천 명의 사망자와 그보다 훨씬 더 많은 부상자가 그 과정에서 발생하였다.Cho Kap-je 1989 : 196~226 어느 미국 출신 광주시 거주자에 따르면, "군인들은 앞길에 거추장스러운 사람이 있으면 그 누구든 인정사정없이 폭행을 했습니다. 부상당한 사람들이 길거리에 누워있는 것을 보면 군인들은 그 부상자들을 다시 두들겨 팼습니다".Time, 1980.6.9 : 41 시인 고은은1993 : 65~67 『오월이 가면』에서 이 사건을 추모하였다:

5월 어느 날 우리는 일어섰는데

천년의 분노 움켜쥐고

맨주먹 쥐고 일어섰는데

(…중략…)

그 이름 광주항쟁시민군으로 싸웠는데

외세와 맞서

매판과 맞서

유신 잔재와 맞서

아 이 땅의 욕될 수 없는 삶을 지키다가

가슴 뚫리며 죽어갔는데

군부 정권은 광주에서 발생한 폭력에 대한 보도를 못 하도록 하거나 진실을 왜곡하였다.Warnberg 1987 : 46~48 허나 소문, 외국 TV 보도 영상의 복사본, 그리고 지하 출판물 등의 매체를 통해 진실은 서서히 온 나라에 전파되었다. 거의 틀림없이 광주 학살은 1980년대 반정부 활동가들이 가장 많이 정치적 논쟁거리로 삼은 사건이었을 것이다. 비록 국가는 광주 학살을 기억에서 지우려고 노력했지만, 그 사건은 남한 정치사에서 새로운 시대의 서막이 되었으며, 새

정권에게 지울 수 없는 오명을 남겼다.^{Han Kye-ok 1988 : 89~105; 박세길 1992 : chap.2}

전두환의 부상

군부 통치의 안정화와 전두환의 부상^{浮上}은 병행하여 진행되었다. 1980년 4월에 전두환은 중앙정보부의 수장이 되었고, 그 다음 달에는 국가보위비상대책위원회의 위원장이 되었다. 항의 운동들에 직면하여 유신체제의 동조자들이 강경론자인 전두환의 뒤에 줄지어 섰으며, 1980년 8월에는 그를 대통령의 자리에 올려놓았다. 1980년 9월에 제정된 새 헌법이 제5공화국을 출범시켰다.^{헌법의 본문은 다음을 볼 것, Hinton 1983 : 176~203}

1931년에 출생한 전두환은 만주에서 유년시절을 보냈다. 박정희와 마찬가지로, 그의 어린 시절은 부유함과는 거리가 멀었다. 가난한 집안의 야심찬 아들들이 선호하는 길을 따라서 그는 한국 육군사관학교 최초의 정규 4년제 교육과정에 입학했으며, 노태우와는 동기생이 되었다. 그는 박정희의 후원을 받았으며 그것을 기반으로 두각을 드러낼 수 있었다.^{Shaplen 1980 : 174} 그는 하나회의 우두머리가 될 목적에서 지역과 학교에 근거한 인맥을 돈독하게 구축했는데, 하나회는 한국 육군사관학교의 졸업생들로 구성된 영향력 있는 집단이었다.^{Han Kye-ok 1988 : 42~46; Cho Kap-je 1989 : 21~26}

대다수의 정치인 지망생들처럼, 전두환은 신중하고 끈질기게 정치 또는 대통령직에 관심을 갖고 있음을 부인하였다. 그는 로버트 새플렌에게^{1980 : 178} 다음과 같이 말했다: "정치는 나의 취미 활동들 중에 들어 있지 않습니다. 여태껏 나는 항상 군인이기를 소망해왔으며, 1979년 10월 26일까지 나는 행복한 전사였습니다. 그러나 때로는 사건들이 상황을 주도하게 되지요. (…중략…) 나는 억지로 이 힘든 직책을 맡게 된 것입니다." 그렇지만 박정희와 다를 바 없이, 권력은 부패하며 절대 권력은 절대적으로 부패한다는 액튼 경의 금언이 진실임을 그는 입증하게 될 터였다.

전두환의 억압적인 통치

1980년에 실시된 미국 대통령 선거에서 로날드 레이건이 승자가 되었다는 사실 그 자체가 전두환의 통치에 버팀목이 되어주었다. 카터 대통령의 인권에 대한 강조를 계승하는 대신 레이건 대통령은 외곬수로 반공주의 외교정책을 추진하였는데, 그 정책은 내정에서는 억압적이지만 미국에게는 우호적인 정권들을 용인하였다.Sherry 1995 : 398~415 1980년대 초반의 고조된 초강대국들 간의 긴장이 전두환 정권에게 보호 우산을 제공했으며, 그 우산 아래에서 전두환은 자신의 정권에 대한 반대 의견의 표출에 단호한 조처를 취할 수 있었다. 하지만 미국의 군사적인 지원에도 불구하고, 전두환의 권력 장악은 결코 안정되지 못했다.S. Han 1989a : 283

전두환은 자신의 통치가 직면한 문제들을 인식하고 있었다. 자신의 통치에 대한 전면적인 반대를 완화시킬 목적으로 그는 단 한 번의 임기 동안만 대통령직을 수행하겠다고 공언했다. 1980년 9월 1일의 대통령 취임사에서 그는 "우리의 정치 풍토에 적합한 민주주의"와 "진정한 복지 국가의 달성"을 촉구했다.Hinton 1983 : 205 그는 온건한 형태의 유신 정치를 실천하겠다고 약속했고, 얼마간의 재분배를 동반하는 경제 성장을 추진했다.

허나 전두환과 그의 일당이 실제로 한 일은 그들의 정치적인 경쟁자들을 제거하는 것이었다. 대략 300명 정도의 고위급 중앙정보부 요원들과 5,000명에 육박하는 하급 정부 관료들이 해임되고 전두환을 지지하는 사람들로 대체되었다. 전두환은 박정희에게 최후의 보루이자 가장 중요한 무기였던 중앙정보부를 약화시켰으며, 한편으로는 정보 부대와 폭동 진압 경찰을 강화시켰다.Cumings 1989 : 10~11 군대의 영향력도 확대되었다. 1982년도 국회의

원의 절반 이상이 퇴역한 군 장교들이었는데, 그 비율은 1970년대 동일 비율의 대략 곱절이었다.Han Kye-ok 1988 : 41 비록 나중에는 전두환이 미국의 압력에 굴복하여 감형시켰으나, 대단히 중요한 반체제 정치인이었던 김대중은 1980년 9월에 사형을 언도받았다.Hinton 1983 : 60~61 1980년 7월의 어느 정부 보고서에 따르면, 김대중은 "전례 없는 국가적 비극인 광주 사태의 시작을 비밀리에 교묘히 조종하였다".Hinton 1983 : 146 당시 서울에 있었던 어느 서양인은 미국 출신 언론인 톰 매슈에게1980 : 44 김대중의 범죄에 관하여 다음과 같이 말했다: "그 범죄는 대통령 선거 출마라고 불립니다. (…중략…) 대다수의 국가들에서 그 범죄는 사형으로 처벌될 만한 위법 행위는 아니지요."

정치적 경쟁자들만 전두환에 의하여 희생당한 것은 아니었다. 전두환이 처음으로 행한 일들 중 하나는 400명에 육박하는 언론인들을 해고시키고 172개의 정기 간행물들을 폐간시킨 것이었다.Cohen and Baker 1991 : 201 언론은 엄격한 감시를 받았다.Sin Tu-bŏm 1993 : 23~24 박정희 통치의 초기 단계를 연상시키면서, 전두환은 대규모 정화 운동을 능숙하게 주도하였다. 경찰은 "30,578명의 '폭력배, 협잡꾼, 그리고 도박꾼들'을 체포했다. 그들 중 2만명 이상이 군대의 재교육장으로 보내졌으며 그곳에서 그들은 새벽에 기상하여 4마일을 달리고, 통나무를 들어올리고, 또 '과거의 악행들'에 대한 '고백서들'을 썼다".Mathews 1980 : 44 어느 성직자는 미국 출신 언론인 도날드 커크에게1982 : 6 이렇게 말했다: "경찰은 이제 박정희 통치 당시보다 더 힘이 셉니다. 그들은 언제나 우리를 감시합니다. 그들은 우리의 전화 통화를 도청합니다. 추적당하지 않고 우리가 할 수 있는 일은 아무 것도 없습니다." 그처럼 광범위한 국내 감시는 공산주의자 간첩들을 표적으로 한 것이라고 주장함으로써 전두환은 그 감시를 정당화하였다.

비록 그 새로운 정권이 보기 드문 국가안보 조치들을 실행에 옮겼을지라도, 그 정권에 대한 국내의 반대는 계속되었다. 그 새로운 대통령은 자신의 전임자처럼 경제성장에 정권의 명운을 걸었다. 한마디로, 전두환의 권력 장악은 확고하지 못했다. 그가 '화해의 정치'를 촉구했던 것은 그저 수사修辭가 아니었으며 실은 이러한 사실에 대한 시인이었다. 전두환이 보기 드물게 대규모의 정화운동을 강력하고 공공연하게 요구했던 바로 순간에도 그는 박정희가 그랬었던 것처럼 재벌들에게 도전장을 내미는 일은 상상조차 할 수 없었다. 이념적 순수성보다 기술자 출신 관료들technocrats의 논리적 근거가 보다 더 중요했다. 그는 최고위 행정직들을 기술자 출신 관료들로 충원했으며, 그들 중 많은 사람들은 미국의 대학들에서 박사학위를 취득한 사람들이었다.

중산층, 그중에서도 특히 증가일로에 있었던 교육 수준이 높은 사무직 노동자들은 그들이 군부 통치가 일궈낸 경제성장의 혜택을 누렸던 동안에도, 아무리 낙관적으로 본다 해도 군부 통치에 대하여 미온적인 태도를 취했다. 전두환 정권은 "민주적인 복지국가"를 재촉함으로써 그들에게 잘 보이려고 노력했으며, 일련의 사회적인 자유화 조치들을 통과시켰다. 예컨대 지난 20년 동안 도시지역의 밤을 어둡게 했던 자정 통행금지는 1982년 1월에 종료되었다. 전두환은 또한 중산층의 요구들에 부응할 목적에서, 보다 더 많은 학생들을 입학시키도록 대학들을 확충했다.S.-B. Kim 1990 : 389 그중에서도 특히 대학원 교육이 확충되었는데, 그것은 역설적이게도 군부 통치에 대한 반대를 확산시켰다.

전두환이 처한 딜레마는 남한이 추진해왔던 급속한 산업화의 모순들이 한계점들에 근접해가고 있었다는 사실이었다. 그에게는 권위적인 정치의 유지에 필요한 사회적인 지지가 충분하지 못했다. 그리하여 그는 대중의 요구들을 억누르기와 그 요구들에 응하기, 이 양극단 사이에서 오락가락했다. 그 결과 그의 통치는 변덕이 심하고 제멋대로인 것처럼 보였다. 그의 통치는 또한 1982년에 발생한 대규모 대부 스캔들로 얼룩졌다. 대통령의 인척인 장영자란 사람이 대통령의 영향력을 빙자하여 3억 달러 이상을 벌었음이 드러났다.Yun Kyŏng-ch'ŏl 1986 : 429~31 그 스캔들로 인하여 자신이 청렴결백하다는 전두환의 주장에 회의가 일었다. "미나 도로베 데스"우리는 모두 다 도둑들이다라는 일본어 구절이 교육 수준이 높은 서울 시민들에게 공유된 상투어가 되었다.Nakagawa 1988 : 18~19

채무의 덫에서 탈출하기

박정희의 암살에서부터 1980년대 초반까지의 정치적 혼란기에 남한 경제는 심각한 문제들에 시달렸다. 수출은 하락세였고 대외 부채는 증가했다. 1980년경 남한은 극심한 경제적 위기에 직면했다. 어느 정부 간행물은 다음과 같이 언급했다: "1980년은 한국남한 경제에서 전례 없이 어려운 한 해였음이 밝혀졌다."OAC 1981 : l

제2차 석유파동 이후의 경기침체는 남한의 수출 및 경제성장에 불리한 영향을 주었다. 남한의 양대 수출 시장들인 미국과 일본은 심각한 타격을 입었다. 서상목은1992 : 24 이렇게 관찰했다: "수출 주도 성장은 수출 주도 경기 후퇴가 되었다." 당시로부터 6년 전과 비교해 볼 때, 남한 경제 자체가 산업과 산업 생산품 수출에 더욱 깊게 의존하게 되었으며, 그 결과 남한 경제는 높아진 석유 가격으로 더 많은 고통을 겪었다. 보다 더 중요한 것은 남한의 산업체들이 짊어진 채무의 양이 불러온 재정적인 압박이 남한의 면전에 어른거렸다는 사실이다. 남한의 대외 부채는 1979년부터 1984년에 이르는 기간 동안에 곱절로 늘어났으며, 1984년이 되면 국민총생산의 53퍼센트 이상에

상당하였다. Dornbusch and Park 1992 : 73

그 위기는 남한 경제에 대한 급진적인 비판자들의 주장을 확증해주는 듯 보였다: "그 경제성장의 방향은 궁극적인 독립, 부, 그리고 평등으로 귀결되도록 진행되고 있지 않으며, 대신 외국인에 의한 경제 장악, 대중의 빈곤화, 그리고 고조된 불평등에 더욱 취약해지도록 진행되고 있다." Easey and McCormack 1978 : 81 하지만 남한 경제는 1982년부터 회생하기 시작했으며, 1986년에 남한은 최초의 국제수지상의 경상수지 흑자 그리고 최초의 무역수지 흑자를 경험했다. 이 되살아난 역동성을 어떻게 설명할 수 있을까?

많은 경제학자들은 1982년 이후의 남한경제 회생의 근원을 국가 주도 자유화 조치들에서 찾으려고 시도한다. e.g. Kwack 1990 : 218 그들의 주장은 국가에 의한 통제를 이완시킨 것이 경제적 역동성을 속박에서 해방시켰다는 것이다. 이러한 견해는 그저 대다수 경제학자들의 신고전주의 경제학적인 편견에 대한 믿음을 굳혀줄 뿐이다. 경제의 국제화는 종종 이전보다 덜한 국가의 개입보다는, 이전보다 더 많은 국가의 개입을 필요로 한다.

단지 1980년대가 되었다는 이유 때문에 남한의 경제적 성공의 공식이 변경된 것은 아니었다. 저임금 노동력은 변함없이 전 세계 차원의 시장쟁탈전에서 남한에게 대단히 중요한 비교우위였다. 남한의 제조업자들은 여전히 일본을 바짝 뒤쫓고 있었으며, 생산 사이클을 통한 일본의 부상浮上으로 인하여 남겨진 틈새시장들을 메우고 있었다. 국경을 초월한 남한 출신 이주민들의 인적 연계망들 그리고 미국과 다른 나라들에서 교육받은 남한 사람들이 여전히 국제 무역 및 송금을 용이하게 해주었다.

남한 정부는 계속하여 수출과 산업 생산을 진작시켰다. 남한 정부는 또한 세계경제 속 남한의 지위를 높이기 위해 정력적으로 그리고 단호한 결의를 갖고 개입하였다. 경쟁을 부추기고 자본의 흐름을 통제함에 있어 정부가 거둔 성공은 경제의 회생을 촉진했으며 국제통화기금이 강요하는 긴축 정책들이 남한 땅에 발을 딛지 못하도록 했다. 이와 동시에 단호한 반노동 정책들을 시행하여 임금 비용을 통제하였고 남한의 제조업 분야 수출품들의 경쟁력이 흔들림 없도록 하였다. 기왕의 국가 전략을 지속적으로 추진한 것 그리고 유리한 해외 요인들이 남한 경제의 회복을 북돋았다.

부채에 의존한 산업화의 위기

1980년대 초반 많은 신흥 산업국들은 그들의 산업부문에서 부채 위기를 겪었다. 1981년의 폴란드와 1982년의 멕시코를 필두로 하여, 몇몇 국가들의 경제가 부채에 대한 이자 지불에서 어려움에 직면하였고, 일부 국가들에서는 금융 붕괴가 임박한 지경이었다.^{MacEwan 1990:18~21} 1980년대 중반에 아르헨티나의 부채에 대한 이자를 지불해야 하는 부담은 그 나라의 총 상품 수출액을 상회했으며, 브라질과 멕시코의 경우에는 그 비율이 대략 60퍼센트였고, 이 나라들에서 채무에서 발생한 이자는 국민 소득의 5내지 10퍼센트를 차지하였다.^{MacEwan 1990:20, 106} 채무를 짊어진 많은 나라들이 부채 상환 시간표를 재조정하고 국제통화기금이 강요한 긴축정책들을 받아들였다.^{Aggarwal 1987:10}

제3세계의 부채는 1970년대 내내 증가했다. 미국 정부는 제3세계의 차관 도입을 부추겼으며, 발전 담론은 그것을 정당화했다.^{Payer 1991:6} 이윽고 제3세계 정부들은 부채의 이자를 지불하기 위해 돈을 빌리고 있었으며, 부채 종속이 급속하게 심화되었다.^{Moffitt 1983:99~103} 자본재, 원자재 그리고 소비품을 획득하기 위한 외환의 필요를 고려해 볼 때, 제3세계 국가들과 기업들이 해외차관을 얻으려 노력하는 동기는 분명하고도 남음이 있다. 그러면, 돈을 빌려주는 자들의 동기는 무엇이었을까? 1970년대 국제 경제에는 자산의 유동성流動性이 높아졌으며 금융 경쟁이 격심해졌다. 금융의 자유화 및 국제화는 1973년의 석유 파동 이후 유로 시장에 석유수출국기구OPEC의 예금이 증가함과 동시에 발생하였다.Frieden 1981 : 409~10 이러한 상황에서 국제 금융회사들은 제3세계에게 과감하게 돈을 빌려줌으로써 높은 이자를 거두어들일 수 있었다.Payer 1991 : 68~72 1984년에 이르면 제3세계 국가들과 동유럽 국가들에 대한 미국 은행들의 융자는 총 5천 5백억 달러에 달했다.Wachtel 1986 : 10 비록 과도한 융자가 초대규모 금융 붕괴들의 가능성에 관한 금융업자들의 억측과 설왕설래를 낳았지만, 국제통화기금과 채권국 정부들은 결국에는 은행들에게 유리한 합의들에 도달했다.Aggarwal 1987 : 49 하지만 그 은행들에게 받아들일만한 것이 언제나 많은 제3세계 나라들의 경제에 이로운 것은 아니었다. 비록 부채 상환 시간표의 재조정이 당면한 재정적 부담을 덜어주었지만, 국제통화기금이 강제한 긴축 조치들은 국가의 자율성을 약화시켰으며 종종 채무국의 생활수준에 해로운 결과들을 가져다주었다.Moffitt 1983 : 122~32; Wachtel 1986 : 150~52

　대조적으로, 남한 정부는 수출과 경제성장을 촉진하기 위해 자본과 노동 모두를 통제하였다. 정부와 재계의 지도자들은 그 위기의 엄중함에 대하여 광범위한 동의에 도달하였으며, 그로써 전두환은 보다 더 넓은 운신運身의 공간을 얻었다. 전두환 정권은 재벌들에게 보다 적은 국가의 지원을 제공하고 그들로부터는 보다 나은 성과를 얻어내려고 노력하였다. 정부는 1981년 4월에 공정거래법과 반독점법을 통과시켰는데Lee, Urata, and Choi 1992 : 211~12, 그 의도는 효율성과 생산성의 제고를 달성할 목적에서, 독점기업들이 증가하고 있는 시대의 흐름을 저지하고 기업들 간의 경쟁에 활기를 불어넣기 위함이었다.C. Moon 1988 : 73 자신들 상호간에 담합하거나 아니면 정부 관료들과 부정한 거래를 하는 데 그치는 대신, 이제 거대 복합기업들은 어쩔 수 없이 자력갱생을 도모하지 않을 도리가 없게 되었다.

남한 정부는 또한 노동자들에게 단호한 조처들을 취했다. 1961년의 군사 쿠데타와 1972년의 유신헌법과 같은 다른 주요 전환점들과 마찬가지로, 1980년의 군대에 의한 국가권력 장악은 노동자의 이익에 반하는 조처들로 귀결되었다.최장집 1988 : 301~02 1980년대 초반 동안 정부는 임금인상을 억제하였고C. Moon 1988 : 71~72, 노동조합 활동에 보다 많은 제한들을 가하였다.Sin Tu-bŏm 1993 : 160 노동자들의 노동조합 가입률은 1980년 6월의 17퍼센트로부터 1981년 3월의 12퍼센트로 하락했다.Nakagawa 1988 : 15~16 정부는 또한 소비는 줄이고 국내 저축은 늘리고자 노력했다.Stopford and Strange 1991 : 10 반노동 및 반소비 정책들을 통하여 정부는 남한 수출품들의 지속적인 경쟁력뿐만 아니라 남한 외환 보유고의 지속적인 증가도 흔들림 없도록 하였다.

남한 정부는 또한 국내 금융시장 그리고 국내 금융시장과 국제 경제 간의 접촉점에 대한 통제도 계속하여 장악하였다.Y. C. Park 1994 : 143 무엇보다도 중요했던 것은 정부가 국내 자본의 해외 도피를 통제했다는 점이다.Dornbusch and Park 1992 : 74~75 두 눈을 부릅뜨고 지키고 있는 외환을 불법적으로 이체하는 것은 극도로 악질적인 범죄였다. 그러한 범죄를 저지른 사람들은 종종 신문에서 대서특필되었다. 그리하여 국가는 자본의 해외 도피를 방지하고 금융상의 자율성을 지켜낼 수 있었다.cf. Haggard and Maxfield 1993 : 312~13 브라질 정부도 멕시코 정부도 국내 자본에 대하여 결코 그러한 수준의 통제를 행사하지 못했다. 브라질 근대 산업계의 강력한 실력자 그룹들이 국가 정책의 기반을 잠식했고 마침내 군부 정권 자체를 약화시켰다.Frieden 1991 : 129~34 그것과 유사하게, 멕시코 정부는 국내 자본에 대한 통제력이 없다시피 하였다.Maxfield 1990 : 143 어느 추산에 따르면, 멕시코 국민들의 국외 사유 자산은 멕시코의 대외 부채 전체와 맞먹을 정도의 규모였다.MacEwan 1990 : 22

남한 정부는 또한 세계 경제와 능동적으로 의사소통 및 협력을 할 수 있는 역량을 갖추고 있었다. 금융상의 자율성을 지켜낸 덕택에 낮은 이자율을 유지할 수 있었으며, 그리하여 외채 상환 부담이 가벼워졌고 경제적 팽창이 촉진되었다. 부진한 수출 증가를 극복하기 위해 정부는 1980년에 미국 달러 대 원화의 가치를 20퍼센트 평가 절하했다.S.-M. Suh 1992 : 25 정부는 또한 수출 지역 다변화를 장려했다. 특히 현금이 풍부한 중동 아시아 지역이 표적이었다. 1981년도 남한의 대 중동 지역 수출은 남한의 총 무역수지 적자의 73퍼센트, 남한 외화 획득의 38퍼센트와 똑같았다.Chong and Mun 1990 : 65~66 그밖에도, 세계 다른 지역들과의 교역 역시 증가했다. 예컨대 1981년도 수출 증가의 3분의 1은 라틴 아메리카와 아프리카 국가들과의 교역에서 발생했다.Michell 1988 : 15 남한 경제의 수출 지향적인 성격은 대외 부채에 대한 이자의 지불을 용이하게 해주었다. 예컨대 1982년에 외채에서 발생한 이자의 지불부담은 수출로 벌어들인 수입의 13퍼센트에 상당하였는데, 해당 수치는 멕시코의 경우에는 34퍼센트였고, 브라질의 경우에는 43퍼센트였다.Stallings 1990 : 83

국외적인 요인들 역시 그 경제적 호전好轉에 기여했다. 자국 경제에 대한 남한의 중요성을 잘 인식하고 있었던 일본은 남한에게 대규모 임시 융자를 제공했다.Wellons 1987 : 251 구체적으로 말하면, 남한이 자신의 외채에서 발생한 이자를 용이하게 지불하도록 일본은 남한에게 30억 달러를 빌려주었다.Stopford and Strange 1991 : 46 한 중요한 경제 강국의 재정적인 지원은 빚에 허덕이고 있었던 이 개발도상국 경제에게 대단한 중요성을 갖는 것이었다.

그러자, 국제 경제의 제반 여건이 극적으로 개선되었다. 1982년 이후로는 낮은 석유 가격이 세계 경제의 회복에 힘이 되어주었다. 그 결과로서 발생한 1982년 이후 미국과 일본 경제의 소생은 남한의 수출품들에 대한 그 나라들의 수요를 증대시켰다.Dornbusch and Park 1992 : 82~83 1985년의 플라자합의 이후에 일본 엔화의 가치가 급속히 절상됨에 따라서 미국 및 일본 시장에서 남한의 수출품들이 더욱 실속 있는 상품들이 되었다. 1985년 8월부터 1987년 4월에 걸친 기간 동안 엔화의 가치는 달러당 240엔에서 140엔으로 절상된 반면, 남한 원화의 가치는 대체로 변함이 없었다.^{Hirakawa 1988 : 183} 직물류로부터 자동차에 이르는 남한의 수출은 호황을 맞았으며, 총 수출액은 1985년의 300억 달러로부터 1988년의 610억 달러로 곱절이 되었다.^{Clifford 1994 : 241}

그리하여 내적·외적 요인들이 복합적으로 동시에 발생한 덕택에 1980년대 중반에 이르게 되면 남한의 경제는 이전의 역동성을 되찾을 수 있었다.

일본의 흥기興起를 뒤쫓기

남한이 1980년대에 산업 생산에서 거둔 성공을 연구할 때, 우리는 제3장과 제4장에서 탐구했던 것들과 동일한 주제들을 발견하게 된다. 즉, 일본과 미국으로부터의 과학기술 이전, 일본이 비워준 수출 틈새시장, 유리한 신용 정책, 그리고 보호받는 국내 시장 등등. 1980년대 중반이 되면, 남한 산업 생산의 무게 중심은 조선업, 자동차 산업, 전자 산업과 같은 고부가가치 산업 생산으로 이미 이동해 있었다. 저임금은 계속하여 세계시장에서 핵심적인 비교우위를 제공하였다. 더욱이 **재벌**들이 성장함에 따라 그들은 자신들의 자회사들 간에 자본, 과학기술, 그리고 경영에 관한 지식을 한데 모아 공유·이용하도록 할 수 있는 역량을 지니게 되었다.

남한에서 가장 중요한 제조 산업들 중 하나인 자동차 산업을 고찰해 보자. 남한이 국내 자동차 조립 생산에 착수한 것은 1962년이었지만, 국내 자동차 산업의 건설을 위한 최초의 진지하고 강력한 유인誘因은 1974년의 **자동차 산업의 진작을 위한 장기계획**으로서, 중화학 산업화 계획의 일부였다.^{N.-Y. Lee 1993 : 63~69, 78} 정부는 국내 시장을 보호했으며, 다국적 기업들과 필요한 전략적 동맹을 맺는 것을 도와주었다.^{Lee and Cason 1994 : 232~33} 남한 내 산업기반의 발달과 중공업 중심 산업화, 그중에서도 특히 철강 생산이 또한 자동차 생산의 밑거름이 되었다.Kim and Lee 1994 : 288

최초의 진정한 남한 자동차는 현대 포니였는데, 미쓰비시 회사와 기술 이전 협정을 맺고 1976년에 생산을 시작했다.Hattori 1989 : 56~58 1983년에 현대 자동차는 최초로 소형 자동차들을 캐나다로 수출했고, 그 다음 해가 되면 포니는 이미 캐나다에서 대단히 인기 있는 수입품이 되어 있었다. 1986년에 현대는 미국 시장에 성공적으로 진입했으며, 그 해에 미국에서 여섯 번째로 규모가 큰 외제차 수입상이 되었다. 포니의 성공은 여러 가지 요인들 덕택이었다. 세금 감면, 융자, 국내시장 보호 등 정부의 후원이 중요했다. 경쟁자 없는 국내시장은 새롭게 출시된 자동차의 성공 여부를 가늠해 볼 수 있는 이상적이고도 극히 수익성 높은 시험장이 되어주었을 뿐만 아니라, 생산에 있어서도 규모의 경제를 가능케 해주었다.NSK 1988 : 174~77; N.-Y. Lee 1993 : 170~72 일본의 아홉 개 주요 자동차 제조 회사들 간의 격심한 경쟁 탓에 과학기술 이전이 용이하게 이루어졌으며, 그리하여 어렵지 않게 협상할 수 있었다.Kim Yong-ho 1988 : 167~74 더욱이 북미 시장에는 저가 자동차들을 위한 틈새시장이 있었다. 일본은 더 많은 이윤을 창출하기 위해 고부가가치 자동차 생산에 주력하고 있었을 뿐만 아니라, 수입 할당제와 자발적인 수출 억제를 통한 수입 제한 탓에 일본의 자동차 제조업자들은 수출된 자동차 한 대당 더 많은 이윤을 얻을 궁리를 하지 않을 도리가 없었다. 한편, 그 당시 국제적인 경쟁은 미약했다. 미국, 유럽, 그리고 일본의 자동차 제조업자들은 모두 고부가가치 모델들에 관심을 집중하고 있었다. 신흥 산업국들은 수익성 높은 국내시장에 역량을 기울이고 있었거나, 아니면 보다 높은 품질과 낮은 오염 수준을 요구하는 제한적인 선진국들의 시장에서 이미 실패의 쓴맛을 보고난 뒤였다.N.-Y. Lee 1993 : 148~49 그 결과 1980년대 중반에 유일하고도 진정한 포니의 경쟁자는 유고

Yugo밖에 없었다. Green 1994 : 240~41

현대가 수출에서 거둔 성공은 무엇보다도 저렴한 노동 비용 덕택이었다. 과학기술의 이전과 이미 제조된 부품들의 수입에 의존하면서, 남한의 제조업자들은 최종적인 조립에 치중했다. 남한이 저렴한 노동 비용에 기댈 수 있었던 동안 그러한 전략은 성공적이었다. 예컨대 1985년에 소형차 한 대당 임금 비용은 일본에서는 1,003달러였는데, 남한에서는 대략 그 절반에563달러 불과했다. 그러한 차이는 첫눈에 보이는 것보다 한층 더 현저한 것이었다. 즉, 소형차 한 대의 생산에 요구되는 노동시간은 남한에서는 90이었는 데 반하여, 일본에서는 34에 지나지 않았다. Doktor and Lie 1993

중급 및 고급 기술을 이용하는 산업들의 증가는 남한 경제의 주력 분야에 일대 변혁을 초래했다. 1974년도 남한의 총 수출 중 직물류가 차지하는 비율은 34퍼센트였는데, 1985년이 되면 비교 대상이 될 만한 유사 수출품목들의 비율은 23퍼센트였다. Hong Moon-Shin 1989 : 496 하지만 높아져 가는 미국의 보호무역 장벽 그리고 다른 개발도상국들로부터의 격심해져 가는 무역경쟁이 저급 기술에 의존한 남한의 수출품들을 위기로 몰아넣기 시작한 것은 이 시기 동안이었다. Hong Moon-Shin 1989 : 499~500 예컨대 인도네시아는 남한을 밀어내고 세계에서 가장 중요한 합판 생산국이 되었다. 비록 1987년에도 직물산업은 여전히 남한의 으뜸가는 수출 산업이었지만, 그 다음으로 규모가 큰 두 가지 수출 상품들은 1970년의 합판과 가발에서 1987년에 이르면 통신 및 교통 기기들로 변했다. J. H. Kim 1989 : 15 가발과 합판은 이미 전자 산업과 중공업에 자리를 양보했던 것이었다. NSK 1988 : 107~8 군수품 생산 또한 1980년대를 거치는 동안에 수출 지향적으로 변신했다. Brzoska and Ohlson 1987 : 116 많은 **재벌**들이 고부가가치 산업 생산으로 옮겨갔으며, 수출 시장을 다변화하였고, 해외에 투자했다. Hong Moon Shin 1989 : 509~10 저임금 노동력을 보유한 나라들에 투자할 때, 남한 기업들은 종종 그들의 군대식 경영 기술 역시 수출하였다.

군은 결의로 목표를 추구하는 국가 정책과 유리한 국제 환경 덕택으로 1980년대 내내 남한의 수출은 팽창했다. 1980년대 중반에 이르면 많은 정부 관료들과 대기업 경영자들은 앞날의 경제에 대해 자신감에 차있었다. 어느 정부 관료는 미국 출신 언론인 레슬리 헴에게[1985:52] 이렇게 말했다: "우리나라 오천년 역사상 처음으로 경제적인 선진국이 될 기회가 우리에게 열린 것입니다. 우리는 해내지 않으면 안 됩니다." 서울올림픽이 열렸던 해인 1988년에 이르면 남한 경제의 성공적인 앞날을 의심하는 사람은 거의 없었다. 자동차 그리고 몇몇 첨단 산업 생산을 포함한 핵심 산업 부문들에서 거둔 수출의 성공은 그저 신흥 산업경제로서가 아니라 선진 산업경제로서의 남한의 지위가 임박했음을 보장하는 듯 보였다.

정치적 민주화

정치적인 민주화는 일반적으로 산업화 혹은 근대화에 동반된다.[Huntington 1991:59~61; cf. Hirschman 1979] 근대적인 것으로 추정되는 그들의 가치들 때문이든, 또는 그들의 소수 농촌 지배층이 쇠락한 때문이든, 아니면 중간 및 노동 계급들이 증가한 때문이든, 부유한 자본주의 민족 국가들은 통례적으로 민주주의 국가들이다. 하지만 박정희가 암살당한 1979년 무렵에 이르면 남한에는 번창일로에 있는 산업 부문과 견고한 중산층이 존재했었다. 1980년의 서울의 봄은 정치적 민주주의에 대한 국민의 광범위한 지지를 증명하고도 남음이 있었으며, 그 사실은 어느 전국적인 설문조사에서 확인된 바 있다.[ㄴ

Wade 1980 : 43-44 허나 그 뒤로도 7년 동안이나 군부 통치가 이어졌다. 그 이유를 알아내려면, 우리는 민주주의의 전제조건들 너머로 시선을 확장하여 사회적인 변화들과 우연히 발생한 과정들을 고려하지 않으면 안 된다.

정치적 민주주의를 위한 추진력

남한에서 산업화는 중간 계급과 노동 계급의 인구를 확장시켰다. 이 두 집단들이 30년간에 걸친 군부 통치의 해체에 관심이 있는 강력한 기저 세력을 이루었다. 군은 결의와 마르지 않는 정력으로 무장한 시민사회가 권위주의에 도전장을 내밀었다.조희연 1990

앞에서 논의한 것처럼, 교육 수준이 높은 남한의 중산층은 군부 통치를 전폭적으로 받아들인 적이 결코 없었다. 출판물과 대중매체에 대한 검열, 정치적인 선전, 그리고 정치적 탄압은 민주주의에 대한 열망을 말살시키는 데 전혀 성공하지 못했다.M. Cho 1989 : 95~96 당시의 지배적인 남한 국민의 민주주의적 성향은 권위주의적인 통치와 제한 없는 이윤추구에 비판적이었다. 카터 에커트가1993 : 116~18 강조하듯이, 남한의 지배층은 자본주의를 패권覇權의 지위를 누리는 이데올로기들의 반열에 올려놓는 녹록치 않은 과제에서 성공한 적이 결코 없었다. 특히 **재벌**들은 부정부패에 연루되었으며 또 권위주의적인 통치와 유착되어 있었다. 1977년 출간된 윤흥길의 소설『아홉 켤레의 구두로 남은 사내』의 해설자는 **재벌**들을 향한 그러한 고착화된 시선을 다음과 같이 표현한다:

나도 그랬다. 내 친구들도 그랬다. 부자는 경멸해도 괜찮은 것이지만 빈자는 절대로 미워해서는 안 되는 대상이었다. 당연히 그래야만 옳은 것으로 알았다 (…중략…) 우리는 우리 정부가 베푸는 제반 시혜가 사회의 밑바닥에까지 고루 미치지 못함을 안타까워했다. 우리는 거리에서 다방에서 또는 신문지상에서 이미 갈 데까지 다 가버린 막다른 인생을 만날 적마다 수단 방법을 안 가리고 긁어 모으느라고 지금쯤 빨갛게 돈독이 올라 있을 재벌들의 눈을 후벼 파는 말로써 저들의 딱한 사정을 상쇄해버리려 했다. 저들의 어려움을 마음으로 외면하지 않는 그것이 바로 배운 우리들의 의무이자 과제였다.H. Yun 1989 : 117~18

1960년의 학생혁명과 그 후의 유신정권 반대 정치투쟁의 배후 세력으로서 대학생들의 정치적인 중요성은 계속되었다. 대학생의 수는 1970년대에 극적으로 증가했다. 예컨대 1971년에는 212명당 겨우 한 명만이 대학생이었는데, 1982년에 이르면 그 비율은 60명당 한 명으로 상승했다.Takizawa 1988 : 19 선배 활동가들은 계속하여 학생 집단들과 함께 일했으며, 대학들 간에는 반정부 조직들의 연계망들이 확장되었다. 일부의 옛 활동가들이 대학 졸업 후 국가 관료기구와 **재벌** 기업들에서 출세를 추구했던 바로 그 시간에 다른 활동가들은 학교에서 축출당하거나1980년과 1987년 사이에 124,600명 선망 받는 일자리들로부터 그들을 배제시키는 블랙리스트에 이름을 등재당했다.M. Cho 1989 : 98 많은 투옥된 학생들은 "감옥에서 선배 정치범들에 의해 더욱 급진화"되었다.Shaplen 1980 : 194 일부의 활동가들은 노동조합을 조직할 목적으로 공장에 취직하기 위해 학력을 위장한 반면, 다른 활동가들은 야간학교에서 노동자들을 가르쳤다. 급진적인 출판사들과 서점들, 대항문화 카페들, 그리고 학생 운동의 다른 하부구조 기반들이 1980년대에 확장되었다.

1980년대의 저항 문화는 사실상 모든 대학생들에게 영향을 주었다. 은밀한 소규모 대학생 조직들이 광주 학살에 관한 비밀 불법 영상들을 보여주었고, 급진적 사회 분석들을 널리 유포시켰다. 이러한 방식으로 수많은 대학생들이 '반정부적'으로 사고의 전환을 겪었다. 최루탄 가스에 노출될 때의 불에 덴 것 같은 극도로 뜨거운 감각과 동료 학생들이 폭동 진압 경찰에게 폭행 당하는 것을 목도하는 충격적이고도 울화가 치미는 경험은 한 세대 전체를 반정부적인 입장으로 전환시키고 되돌릴 수 없도록 못 박았다. 1986년에 출 간된 강석경의 중편소설 『숲속의 방』에서 해설자는 어느 학생 시위를 뒤덮 은 최루탄 가스를 맡고 눈물을 흘리면서 어느 공유된 정서를 다음과 같이 표 현한다:

> 젊은들은 왜 외쳐야 하고 죄도 없이 한낮에 복면을 하고 무관심의 세계를 향해 불꽃을 던져야 하는가. 철벽같은 체제의 문을 여린 주먹뼈가 으스러지도록 두드리 는가. 청춘의 술잔에 취하지 않고 왜 스스로 피 흘리려 하는가 (…중략…) 피가 온 시야에 번져 내가 피눈물을 쏟고 있는 것 같은 착각을 일으켰다.S. Kang 1989 : II 1

가장 주목할 만했던 것은 1980년대에 보수적인 학생들마저 반정부 학생 운동에 공감하게 된 정도였다. 대학생들 사이의 실질적인 구분은 정부를 지 지하는 자들과 정부를 반대하는 자들 간의 구분이라기보다는 차라리 거리에 서 시위하는 자들과 뒤에 남아있는 자들 간의 구분이었다. 학생운동이란 영 웅적인 문화가 낳은 것은 그것에 대한 반대라기보다는 오히려 산더미 같은 죄책감이었다.

1980년대에는 농민들과 도시빈민들 역시 전국적 차원의 정치에 영향력을 행사하기 시작했다. 그들의 정치적 활동을 재촉한 것은 그들의 상대적인 경 제적, 사회적 궁핍화였다. 인구가 감소하고 있었던 농민들은 1980년대에 보 다 나은 조직을 갖추게 되었다. 아마도 그들의 곤경을 가장 여실히 보여주는 지표는 늘어만 가는 그들의 빚일 것이었다. 농가당 평균 부채는 1982년에 83만 원이었는데, 1988년이 되면 310만 원으로 늘어나 있었다. 같은 기간 동안에 소작률은 꾸준히 증가했다. 1950년의 8퍼센트라는 낮은 수치에서부터 1960년에는 14퍼센트, 1970년에는 18퍼센트, 1980년에는 21퍼센트, 그리고 1985년에는 31퍼센트 등으로 소작률이 증가했다.Lie 1991c 외부 출신 조직가들의 도움을 받아 농민들은 그들의 처지를 개선하기 위해 단체 행동에 나섰다.Nakagawa 1988 : 108~12 그밖에도 도시 빈민들의 조직적인 정치적 활성화가 서울과 다른 대도시들에서 발생했다.김영석 1989 : chap.3 대규모 이농현상으로 도시지역, 특히 서울과 부산에 일자리가 없거나 번듯한 일자리를 갖지 못한 대규모 노동인력 풀이 이미 창출되어 있었다. 도시산업선교회가 그들을 조직화하는 데 앞장섰는데CCA-URM and ACPO 1987 : 7, 시골지역의 인적 연계망이 도시지역에서도 지속되고 있었음이 그 작업을 용이하게 해주었다.Y. Chang 1982 : 42, 1991

누구보다도 중요한 사회 세력은 노동자 계급이었다. 1980년에 이르면 제조업 부문 노동자들은 총 노동 인구의 28퍼센트, 그리고 도시지역 노동 인구의 43퍼센트를 차지하게 되었다.H. Koo 1987 : 177 1970년대의 노동 운동에서는 여성 직물 노동자들이 선두에 섰다.S.-K. Cho 1985b : 83 학생들과 교회 지도자들 또한 노동자들을 조직하여 그들이 보다 높은 임금과 보다 나은 노동조건을 얻어내기 위해 노력하도록 했다.Song 1985 : 181~88; 김낙중 1985 : 407~12; Shimizu 1987 : pt. I, 1774~77 조지 오글은1990 : 84 다음과 같이 언급한다: "남성 노동자들과 달리, 여성 노동자들은 강제적인 규정 준수 체제의 가혹함에 대하여 종종 직접적인 저항으로써 맞섰다.1970년대에 신청된 노동 쟁의들의 대다수는 여성들에 의하여 신청되었으며, 많지 않았던 파업들은 모두 여성들이 주도한 것들이었다." 여성 차별주의적인 노동 관행들이 성性에 기반을 둔 노동 운동을 낳았던 것이다.S.-K. Cho 1985a : 213 YH 사건에 개입한 여성 노동자들이 유별난 것은 아니었다. 하지만 1980년대 중반에 이르면 남성 노동자들의 활약이 점점 더 많아졌다. 1985년에는 대우자동차에서 파업이 일어나 장차 노동자들이 자율적으로즉, 한국노총과는 무관하게 주요 **재벌**에 대항하여 조직적이고 단결된 행동을 할 수 있는 역량을 지니게 될 것임을 미리 보여주었다.Ogle 1990 : 109~34 1987년이 되자 노동자들이 전국적 차원의 정치에서 이미 중심무대를 차지하고 있었다.CISJD 1987; 노동부 1988

1980년대에 일어난 하나의 중차대한 변화는 노동계급 의식의 성장이었다. 앞에서 논의한 바와 같이, 평등주의equalitarianism는 한국전쟁 이후에 남한에서 널리 공유된 이상理想이 되었다. 토지 개혁과 한국전쟁은 상대적 평등을 향한 물질적 조건을 창출해냈다. 1960년대와 1970년대 내내 남한의 소득 분배는 자랑스럽게도 제3세계에서 가장 평등한 소득 분배들 중에 속했다.Adelman 1974 : 284; H. Koo 1984 그러므로 노동계급 의식은 남한에서 제대로 성장하지 못하도록 저지를 당했어야 함이 사리에 맞는 일이다. 그렇다면, 어찌하여 실제로는 노동계급 의식이 성장했던 것일까?

1980년대 중반에 이르면 새롭고 경색되어 보이는 계급 구조가 이미 출현해 있었던 상태였다. 평등주의란 이데올로기와 불평등한 현실 간의 현격한 간격은 갈등을 낳았다. 비록 절대 빈곤율은 1970년의 23퍼센트에서 1980년의 10퍼센트로 감소했지만, 대중들의 인식은 같은 기간 동안에 소득 분배가 악화되었다는 것이었다.Leipziger et al. 1992 : 16 심지어는 실력을 기준으로 삼는다고 세상에 알려진 시험제도조차도 기존의 불평등을 재생산하는 것처럼 보였다. 높은 시험 점수를 받는 것과 명문대학들에 입학하는 것은 도시에 거주하고 있는지, 가까운 곳에 학원들이 있는지, 그리고 과외 교사를 고용할 능력이 있는지 등에 달려있었으며, 그것들은 모두 평범한 노동자의 자식에게는 그림 속의 떡이었다.

게다가 부富의 불평등은 심각한 수준이었다. 부의 불평등이 무엇보다도 뚜렷하게 표출된 것은 토지의 소유가 대단히 중요한 사회적 우월함의 표식으로서 재등장한 것이었다. 1980년대 후반에 내가 여러 번 들은 바에 따르면, 미혼 여성이 남편감을 선택할 때 서울대학교 학위 취득보다는 토지혹은 고급 아파트의 소유를 더 중시한다는 것이었다. 1980년대 후반에 서울시 거주민들의 70퍼센트 이상이 토지를 소유하지 못했으며, 고질적인 주택난이 도시에 사는 사람들에게 고통을 주었다.Leipziger et al. 1992 : 6~7 1987년에 개최된 베를린 해비타트 회의에서 남한은 "강제 퇴거가 가장 잔인하고도 비인간적으로 이루어지는 두 국가들 중 하나로[나머지 하나는 남아프리카 공화국이었다]"지목을 당했다.ACHR 1989 : 1 남한 도시 빈민의 삶은 "절망과 비인간화의 생지옥"으로 묘사되었다.CCA-URM and ACPO 1987 : 7 이렇다 할 사회복지 정책이 전무했던 탓에 도시 빈민들은 심신이 더욱 피폐해졌다.Kim Yŏng-mo 1990 : 104~1 5; 조희연 1993 : chaps. 7~8 1988년이 될 무렵 가장 빈번하게 발견되는 도시 빈민 가구는 일용 근로자 노릇을 하는 남성들과 거리에서 행상 노릇을 하는 여성들이 포함된 다섯 식구로 구성되어 있었다. 가구의 총 월소득은 300달러로, 그중에서 70 달러는 단칸방의 방세로, 220달러는 식비로 지출되었고, 나머지 10달러만이 가처분 소득이었다.ACHR 1989 : 12

불평등과 계급 간 구별들은 일상생활이란 직물織物 속까지에도 수繡를 놓듯 새겨졌다. 불평등의 지도는 그 표식이 두드러졌다.D.-S. Hong 1992 가난한 동네들의 풍경과 냄새는 직감적인 계급의 표식들이었다. 가정부는 서울의 고급 아파트 살림의 필수적인 일부였으며, 자가용차를 소유하고 있다는 것은 종종 전용 운전사를 두고 있음을 암시했다. 이러한 예속의 관계들로 인해 계급 간 구별들은 도시 생활의 불가피한 현실이 되었다. 몹시 극단적인 경우에는 계급에 관한 편견들이 노골적으로 표출되기에 이르렀다. 어느 공장 노동자의 개인적인 이야기를 고찰해보자 :

공장에서 일하는 여자들은 공순이고, 공장에서 일하는 남자들은 공돌이다. 공순이와 공돌이는 경멸받는 자들로서, 사람 축에도 들지 못하는 그저 떠돌이에 지나지 않는다. 사람들은 우리를 이렇게 싸잡아 부른다. 우리는 그렇게 되기 싫더라도 공순이가 되어야 한다. 그저 공장에서 일하고 있다는 이유만으로 그렇다. 누군가가 어디에서 일하냐고 우리에게 묻는다면 우리는 그냥 "저는 작은 회사에 다녀요"라고 말한다. 하지만 공순이는 정말로 정체를 감출 수가 없다. 아무리 열심히 화장하고 옷을 잘 입으려고 애써도 공순이 티가 난다. 공순이들은 자신들의 정체를 숨기기 위해 옷, 헤어스타일, 그리고 화장하는 데 더 많이 신경 쓴다. 사람들은 돈을 많이 벌지도 못하면서 외모를 가꾸는 데 돈을 쓴다고 우리를 나무라지만, 우리가 그러는 이유는 그들이 우리에게 붙여준 공순이라는 딱지를 떼어내려는 것이다.H. Koo 1993 : 152

1980년대의 노동 투쟁에서 계급투쟁의 수사修辭는 가식 없이 백일하에 노출되었다. 어느 **재벌**의 공장에서 발생한 대규모 시위에 등장한 한 팸플릿은 사무직 노동자를 "가족 구성원들"이라고 묘사했지만, 육체노동자들은 회사의 "가축"이라고 묘사했다.Watanabe and Fukagawa 1988 : 102

계급, 혹은 부자와 빈자 간의 깊은 골은 1980년대 남한의 시위들에서 반복하여 등장하는 주제가 되었다. 1980년대의 남한에서 사회학자들이 계급적인 불평등에 관한 사실과 인식을 강조한 것은 놀라운 일이 아니다.So Kwan-mo 1984; Hong and Koo 1993 : 196~205; H. Koo 1993 : 132

'민중'의 등장

1980년대의 특징적인 흐름들로는 민주주의를 지지하는 사회 세력들의 팽창뿐만 아니라 하나의 강력한 반정부 이데올로기가 명료하게 표현된 일도 있었는데, 그 이데올로기에 의해 당시까지는 서로 별개였던 집단들이 하나로 묶였다. 권위주의적 통치는 **민중**축어적으로, '보통 사람들'이라고 알려진 급진적인 이데올로기와 어디에서나 등장하는 **한**의 표현을 낳았다. 문동환은[1982 : 12] **민중**을 "장구한 투쟁의 역사를 지닌 억압 받아온 민초들"이라고 정의한다. 이 포퓰리즘적인 이데올로기는 그것을 통하여 현상現狀을 기술하고 비난하는 강력한 렌즈가 되었으며 적극적으로 사회적 변화를 모색하는 사람들 사이에서는 공유된 담론의 역할을 하였다. Takizawa 1984; Abelmann 1993a; Wells 1995

민중 이데올로기의 진화적 발전의 계보系譜는 한국인들의 영웅적인 투쟁들을 요약하고 다시 진술하는데, 그 투쟁들 속에는 19세기 후반의 동학 농민 반란과 1970년 발생한 전태일의 분신 등이 포함된다. 그러한 두드러진 역사적 사건들보다 한 걸음 더 나아가, 1980년의 광주 학살은 학생들과 지식인들의 급진화에 결정적인 전기轉機가 되었다. 1984년 출간된 임철우의 소설 『동행』은 광주의 충격을 기억 속에서 불러낸다. 그 소설의 주인공은 정부당국의 눈을 피해 숨어 지내온 한 친구와 동행하여 어느 야간열차를 탄다. 그 열차는 한 여자를 치는데, 그 열차가 그 시체를 스쳐갈 때, 주인공에게 과거의 한 장면이 갑자기 생생하게 회상된다:

> 그것들을 목격한 순간, 너와 내가 그토록 안간힘을 써 가며 간신히 덮어두고 있었던 그 악몽의 이부자리 한 자락을 잡아채어 매몰차게 벗겨내고 말았다. 그리고 그 이부자리 속에서 기어코 우리의 수치스런 알몸은 드러나 버린 것이었다. 그것은 섬짓한 격노의 기억이었다.

갑자기 통찰력의 눈이 열리는 이 순간, 광주 학살, 학생들의 저항, 그리고 반정부 정서는 한 곳으로 모여서 하나가 된다.

민중 이데올로기는 권위주의 통치에 대항하는 반대세력을 하나로 뭉치게 함에 있어서 대단히 중요했다. 앞에서 언급했듯이, 한국의 전통 사회에서 서로 다른 신분들 간의 거리는 엄청나게 멀었다. 그 불평등한 구조는 유교 이데올로기에 의하여 뒷받침되었는데, 그 이데올로기는 극빈은 물론 특권에도 정당성을 부여했으며, 지배자와 피지배자를 서로 분리해 놓았다. 점점 더 강렬해져가는 평등주의적인 정서에도 불구하고, 지식인들과 노동자들(과 농부들) 간의 사회적·이데올로기적인 깊은 골은 현대에도 존속되었다. 4월 학생 혁명, 한일 국교정상화 반대 투쟁, 그리고 초기의 반유신 활동들은 모두 고등 교육의 혜택을 입은 중산층이라는 협소한 사회적 기반에 의하여 주도되었다.

극적인 전태일의 자기 분신을 시작으로 지식인들에 대한 정치적인 탄압과 노동자들 및 농민들에 대한 경제적인 착취가 한 지점에서 만났다. 종교 지도자들, 특히 개신교 지도자들은 노동자 계급의 처지를 개선시키기 위한 노력이란 도덕적, 실질적인 책임을 떠맡았다.[Y. Yi 1990] 남한의 발전이 낳은 희생자들과 사회적으로 소통하면서 당시 팽창하고 있었던 기독교 공동체의 주목받을 만큼 중요한 소수집단이 급진화되었다. 그것과 유사하게, 도시지역 지식인들, 특히 학생들은 1970년대에 사회적 문제들로 그들의 관심을 돌렸다. 이전부터 인권과 시민의 자유를 등한시하는 정부의 행태에 관심을 갖고 있었던 학생들은 가난한 사람들의 고통 속에서 한층 더 심각한 불의不義를 발견했다.

1980년대가 되자 민중 이데올로기는 남한 저항 문화의 특징이 되기에 이르렀다. 그 이데올로기는 특정한 정치적 목적의 달성을 위하여 사람들을 조직적인 행동으로 이끄는 신화였고 동시에 하나의 역사 철학이었다. 어느 기독교 팸플릿은 이렇게 충고했다: "역사의 근본적인 구조는 권력자들과 힘없는 자들 간의 모순관계이며, 이 관계에서는 힘없는 자들이 고통을 받는

다."ECCKP 1975 : 28 1970년대에 여성 공장 노동자들 속에서 목회 활동을 한 조화순 목사는1988 : 121 다음과 같은 글을 남겼다: "민중 운동은 (…중략…) 소수 지식인들의 단결을 통하여 실현될 수는 없습니다. 민중 운동에서는 민중이 주인이 되지 않으면 안 됩니다. 오직 민중이 행동할 때에만 새로운 사회가 실현될 수 있습니다." 민중 역사는 국내외 압제자들에 대항하여 한국인들이 벌여온 장대하고도 영웅적인 투쟁에 관한 이야기를 들려준다.e.g. HMY 1986 박경리의 『토지』12권, 1969~88와 조정래의 『태백산맥』10권, 1986~89과 같은 대하소설들은 한국 역사의 서술 속에 민중의 투쟁을 다시 새겨 넣었다.U. Kim 1993 : 185~92

민중에 관한 담론은 남한 사람들 사회생활의 모든 영역 속에 배어들었다. 문학 영역에서는 영향력 있는 문학 평론가 백낙청의 철저한 변신이 변화를 겪고 있었던 지적知的 환경을 썩 훌륭하게 보여준다. 1969년에 백낙청은 시민 문학을 진작시켰다. 허나 1970년대를 지나는 도중에 그의 초점은 민족 문학에서 민중 문학으로 이동했다.Paik 1993; 또한 다음을 볼 것, S.-K. Kim 1991 : 101 1978년 출간된 사회학자 한완상의 『민중과 지식인』은 민중이 역사의 주체라고 그 정체성을 확인하였으며, 그럼으로써 지식인이 지도자의 지위를 차지하는 장구한 전통에 종지부를 찍었고, 1980년대 중반에 이르자 그는 또한 민중 사회학을 주창하고 있었다.한완상 1984

국가의 통치에 이의를 제기하고 민중을 옹호하는, 남한의 발전에 대한 대항문화가 실제로 존재하였다. 문학과 예술 영역에서 민중은 강력한 영감의 원천이 되었으며 또 기념의 대상이 되었다. 시인 김지하, 포크송 가수 김민기, 그리고 다수의 다른 사람들이 국가에 의하여 침묵을 강요당하고 감옥에 갇혔다.S.-K. Kim 1991 : 99 하지만 그 문화 운동은 잘 알려진 예술가들과 작가들 너머로 멀리멀리 전파되었다.Standish 1994; C. Choi 1995 주목할 만한 그 문화 운동의 한 갈래는 샤머니즘과 농악과 같은 토착적이고 대중적인 문화 전통들을 재현하려는 노력이었다. 1980년대 남한의 대학교 교정들에서는 장구 소리, 춤, 그리고 "전통적인" 한국 노래들을 보고 듣지 않을 도리가 없었다.

민중에 대한 고조된 지적 관심은 도시 빈민과 노동 계급에 관한 진지하고 급진적인 분석들로 이어졌다. 민중 지향적인 정치경제학자들은 남한의 경제에 대한 혹독한 비판의 글들을 쏟아냈다.Yi and Chŏng 1984; Pak et al. 1985; Pak Hyŏn-ch'ae 1988 정부 당국의 검열에도 불구하고 마르크스주의를 포함한 급진적인 사회 이론들이 상당한 정도로 유행했다.HTH 1989; Kim and Cho 1990; HSSY 1991

그 발전의 초기 단계에서 민중 정치경제의 전형적 사례는 박현채의 저작들이었다. 비록 조용범과1973, 1981 유인호와1979, 1982 같이 그보다 먼저 남한 정치경제를 비판한 학자들이 있었지만, 박현채는 민중 경제학의 전형적인 사례를 제시하였다.또한 다음을 볼 것, Kim et al. 1981 일련의 책들에서 그는 정부가 주도하는 굴종적이고 반민중적인 경제의 건설보다는 민중 지향적인 자급자족 경제의 건설을 주장했다.Pak Hyŏn-ch'ae 1978, 1983 그밖에도, 라틴 아메리카의 종속 이론이Packenham 1992 1980년 서울의 봄을 맞이하여 널리 읽히게 되었다. 번역된 사미르 아민과 안드레 군더 프랭크의 저작들이 다수의 서로 유사한 영어본 및 일본어본 개설서들과 함께 1980년부터 등장했으며Pyŏn and Kim 1980; 염홍철 1980, 1980년대 중반 무렵이 되면 그 서적들을 배포하는 일이 이미 하나의 영세 산업이 되어 있었다.Kim Chin-gyun 1983; 염홍철 1983; H.-C. Lim 1985

1980년대 중반 무렵에 민중 정치경제의 이 두 갈래들은 갑자기 서로를 공격했다. 이 논쟁에서 가장 중요한 토론의 장場은 필시 1985년 10월판 『창작과비평』이었는데, 박현채와 이대근이 중요한 참가자들이었다. 간략하게 말하면, 박현채는 남한 경제를 국가 독점 자본주의라고 그 성격을 규정하고 노동 운동과 농민 운동의 중요성을 강조한 반면, 이대근은 남한 경제를 준準주변부 자본주의 경제라고 그 성격을 규정하고 민주화 운동이 무엇보다도 중요함을 강조했다.^{또한 다음을 볼 것, Pak Hyŏn-ch'ae 1984 그리고 Yi and Chŏng 1984} 비록 남한 반체제 진영의 대단히 중요한 학술지였던 『창작과비평』은 그 판의 발간 후 출판 금지를 당할 것이었지만, 남한 사회의 성격에 관한 그 토론은 그 이후에도 지속되었으며 양측 간 거리가 점점 더 멀어지는 방식으로 진행되었다.^{e.g. Pak and Cho 1989; 또한 다음을 볼 것, HSYH 1990; Takizawa 1992a : chaps. 5~6} 서울의 서점들, 특히 대학교 교정들 근처에 위치한 서점들에는 사회과학 서적들, 그중에서도 특히 비판적인 성향의 서적들이 넘쳐났다. 남한 사회의 성격에 관한 그 논쟁은 갈수록 더 다양한 지적 영향들을 받아들이게 되었다. 나는 "훌륭한" 서양 마르크스주의 책들이 "저급한" 소련의 소책자들과 나란히 진열되어 있는 것을 보고 종종 충격을 받았다. 실제로 남한의 사회과학 위에 군림했던 미국의 지적 패권은 마르크스주의 및 다른 좌익 계열 학파들에 의해 이미 도전을 받아왔던 상태였다.^{e.g. 이진경 1986} 1980년대 후반 무렵에는 서울 소재 명문대학교들의 사회학과 대학원생들 중에서 마르크스주의자가 아닌 학생을 발견하기 어려울 정도가 되었다. 일부 급진적인 학파들은 김일성의 **주체**사상을 열정적으로 수용하는 지경에까지 이르렀다. 소련 제국이 붕괴되고 있었던 바로 그 순간에도 많은 학생들은 임박한 자본주의의 종말에 관한 글들을 열심히 읽었다. 이 점에서 미국 출신 학자 대니얼 치롯의^{1994 : 259} 경험은 전형적이다:

1989년과 1990년에 남한의 대학들을 세 차례 방문했던 당시에, 나는 남한의 젊은 좌익 성향의 대학 교수들이 바로 그들의 눈앞에서 일어나고 있는 진보를 부인할 수 있는 그 고집스러움에 반복하여 놀랐다. 그들의 믿음 속에는 진실로 한국을 대표하는 북한을 그들이 찬양하는 그 순간에도 진행되고 있는 그 진보 말이다. 그들의 마음속에서 남한은 그저 미국의 식민지에 불과했다.

민중 사상의 영향력은 실로 대단해서 심지어는 일류 금융회사들에서 젊은 직원들이 남한 경제에 관한 급진적인 분석들을 읽고 있는 모습이 발견될 수 있을 정도였다.

두 개의 기독교

남한 내 반정부 세력의 성장은 **민중** 기독교의 발전에서 발견할 수 있다. 기독교가 한국에 도래한 것은 1880년대로서, 처음에는 프랑스 출신 가톨릭교회 신부들에 의하여 그리고 나중에는 미국 출신 개신교 선교사들에 의하여 전파되었다. 기독교는 근대성 및 독립 투쟁과 동일시되었으며, 그 덕택에 교육 수준이 높은 도시민들에게서 대중성을 확보했다. 해방 이후 남한에서 기독교가 경이로울 정도로 팽창한 것은 복잡한 요인들 덕택이었다. 해방 이전에 기독교의 중심지였던 평양 지역의 수많은 기독교도들이 남한으로 이주했다. 남한의 초대 대통령이었던 이승만은 기독교도였다.B.-S. Kim 1990 : 52 기독교는 근대성의 징표가 되었는데, 특히 기독교가 미국과 연관되었기 때문이었다. 기독교의 평등주의적인 취지는 여성들과 소외된 자들에게서 반향을 불러일으켰다. 대규모 이농 과정 그리고 이농민들이 도시에서 겪는 삶이 정상 궤도를 이탈한 느낌 등의 등으로 인해 서울의 교회들은 그들에게 공동체적인 지원을 제공할 기회를 얻었으며, 한편으로는 이농민들 간의 옛 유대관계가 살아남아서 연쇄적인 개종이 용이하게 이루어졌다.Yu Tong-sik 1987 : 146~48; B.-S. Kim 1990 : 53~56 남한의 총 기독교 인구는 1970년대 초반 무렵에는 2백만 명이었고, 1980년대 초반이 되면 천만 명으로 증가했으며, 1990년대 초반에 이르면 남한 총 인구의 3분의 1에 육박했다.D. K. Suh 1990 : 44

남한의 주류 기독교는 정치적인 색채를 띠지 않아 왔으며 암묵적으로는 국가 주도 발전과 관련된 가치들을 지지했다.^{D. K. Suh 1990 : 29} 80만 명도 넘는 신도를 거느린 세계 최대 교회인 서울 소재 여의도순복음교회의 현저한 특징은 전통적인 샤머니즘, 현세적現世的인 관심사들, 그리고 기독교 등에서 취사선택한 요소들이 절충·혼합되었다는 사실이다. 하비 콕스는^{1995 : 222~23} 그 교회의 "할렐루야-로빅스^{Hallelujah-robics}"를 다음과 같이 묘사한다:

> 그것은 전자 오르간, 드럼, 아코디언, 그리고 다른 악기들로 구성된 합주단에 의해 귀청을 찢는 것 같은 록 박자로 연주되는 찬송가에 맞춰 추는 일종의 춤이다. 그춤은 그 교회 청년부 소속의 열정적인 팀들이 이끈다. 음악이 잠시 멈추면 회중會衆은 오하이오 주립대학 미식축구 경기에서 사용되는 응원구호와 맞먹는 종교적 구호처럼 들리는 구호를 시작한다. (…중략…) 수많은 사람들이 알려진 바 없는 언어의 단어와 구절들로써 기도를 하기 시작한다. 그리고 나서 더 많은 노래 부르기가 시작되는데, 그 노래들은 팝 멜로디들의 곡조에 맞추어서 편곡된 것들이다. 그 숭배자들은 앞뒤로 부드럽게 움직이며 팔을 휘두른다. 때때로 그 밴드는 노래의 속도를 높이는데 (…중략…) 그러면 사람들은 점점 더 빠르게 움직인다. 마침내 그들은 그 율동을 계속할 수 있는 기력이 모두 소진된 행복한 상태에 이르러서 멈춘다.

그 교회의 설교들에 공통된 한 가지 주제는 물질적인 성공이다. 아닌 게 아니라, 일반대중들이 기독교와 근대성을 동일시하는 것이 암시하듯이, 주류 기독교는 기독교와 세속적인 물질들과의 상징적인 연관성 덕택에 이득을 얻는다. 남한의 오순절 교회파 교도들의^{Pentecostals} 열정 탓으로 남한은 세계에 또 하나의 수출품을 내놓게 되었다. 즉, 통일교 교도들에서부터 주류 개신교도에 이르는 남한 출신 선교사들이 일본에서부터 소련의 동아시아 지역, 그

리고 남북 아메리카 대륙에 걸치는 세계 전역에서 사람들을 개종시키려 하고 있다.Mullins 1994

　과도하게 세속적인 여의도순복음교회의 종교행사와는 대조적으로, 탄압에 대항하는 투쟁들과 연관된 또 하나의 기독교가 존재한다.D. Clark 1995 오순절 교회파 교도들이 경제 성장을 찬양한다고 치면, **민중** 기독교는 경제 성장의 부정적인 면을 폭로한다.Kang Ton-gu 1992 : 165~201 비록 기독교에는 오랜 세월 동안 교육, 의료, 그리고 여타 비정치적인 일에 관여해온 역사가 있지만, 1957년의 가톨릭 노동 청년회의 결성과 1958년에 시작된 장로교회의 산업 부문 복음전파로 인해 기독교는 세속적인 일들에 더욱 깊숙이 관여하기 시작했다.CISJD 1985 : 31; 강인철 1992 도시 빈민가들로부터 시골지역에 이르기까지 기독교 단체들은 사회 개혁 노력에 앞장섰다.H. Sohn 1989 : 62 서울 알린스키의 풀뿌리 조직화 방법들을 활용하여, 도시산업선교회는 1960년대 후반 무렵이 되면 지속적인 에너지와 굳은 결의를 갖추고 활동하는 단계에 도달해 있었다.CISJD 1981 게다가, 문익환과 같은 기독교인들은 반 유신 투쟁의 중심에서 있었다.Yu Tong-sik 1987 : 158~73 특히 1973년 4월 22일의 부활절 새벽 사건은 유신 정권에 대한 반대의 첫 번째 중요한 과시誇示였다.H. Sohn 1989 : 58~63 3・1운동의 기념일에 반체제 인사들이 명동성당에 회동했던 1976년의 명동성당 사건은 기독교도들을 반정부투쟁에서 대단히 중요한 한 세력으로서 자리매김했다.K. Nam 1989 : 98~101

　1980년대에 이르면, **민중** 기독교는 남한에서 주목받는 사회세력이었다. 기독교를 남한에 토착화시키려는 신학적 노력으로 출발한 **민중** 기독교는 라틴 아메리카의 해방신학과 같은 위상・기능을 지닌 남한 신학으로 발전했다.CTC-CCA 1983; Berryman 1987 : 164~67 미국 출신 흑인 신학자 제임스 콘이 1975년에 남한을 방문했을 당시, 그는 남한 기독교도들의 투쟁에 감동하여 다음과 같이 글을 남겼다: "정의와 민주주의를 쟁취하기 위해 투쟁하는 한국인들은 백인 인종주의에 맞서 싸우기 위해 비슷한 노력을 기울여온 내 동포들을 생각나게 했다."Cone 1993 : 363

반미주의의 등장

반미주의의 발생은 남한의 발전이 낳은 갈등과 모순의 또 하나의 문화적 표현이었다. 반체제 인사들은 남한의 권위주의적인 통치를 지속시킨 것에 대하여 미국을 비난했으며, 또 해방 이후 남한이 겪은 불행들이 사실상 모두다 미국 탓이라고 힐난했다.

지금까지 강조해온 바와 같이, 미국은 남한에서 강력한 역할을 수행했다. 남한이 미국에 문화적으로 종속되어 있음을 보여주는 하나의 징표는 Patrick Henry Shinicky신익희와 John M. Chang장면 등과 같이 예상에서 벗어나게 괴이쩍고 진실성이 결여된 듯 보이는 희한한 미국식 이름을 지닌 남한 정치인들이 다수라는 점이다. 예컨대 나의 아버지는 나의 한국식 이름을 짓기도 전에 나의 미국식 이름을 먼저 지었다.

남한 정부는 남한 국민이 미국에 대하여 반드시 우호적인 견해를 갖도록 하였다. 하지만 공보처로1955 : 2~3 하여금 다음과 같이 선언하도록 유도한 것은 단지 정부 측의 정치적 선전만은 아니었다: "우리는 우선 첫째로 한국남한의 미국에 대한 감사는 말로는 표현할 수 없는 정도라는 점을 말씀드리고 싶습니다. 반미주의는 이 땅에서 결코 존재할 수 없습니다. 우리의 친구들은 '양키 고 홈'이라는 외침을 절대로 듣지 않게 하겠습니다." 국무총리 정일권은 1960년대 후반에 여론 잡지 *New Republic* 소속의 어느 기자에게 이렇게 말했다: "아시아의 그 어느 다른 곳에서 당신들은 환영을 받습니까? 다른 나라 사람들은 '양키 고 홈'이라고 말합니다. 우리나라 사람들만 유일하게 '여기에 와서 더 많은 군대기지들을 건설하십시오'라고 말합니다."[Campbell 1969 :9] 노태우는[1990:12] 1989년에 행한 어떤 연설에서 다음과 같이 말했다: "나의 나라가 전쟁이 남긴 가난과 황폐를 딛고 번영하는 민주 국가를 건설하기 위하여 끊임없이 노력하는 동안 미국은 우리와 어깨를 맞대고 우리 곁에 있었습니다. 그렇기 때문에, 미국에 대한 한국 사람들의 감사하는 마음은 절대로 흔들린 적이 없었습니다."

하지만 그 친미 정서는 빈번하게 그것에 어울리는 응답을 받지 못했다. 일부 미국인들은 한국인들에 대한 경멸을, 심지어는 인종 차별주의적인 감정까지도 드러내보였다. 그러한 태도는 일찍이 해방 직후에 명백하게 드러났었다. 당시 남한 주둔 미군사령관이었던 하지 장군은 한국인들은 "일본인들과 같은 품종의 고양이들이다"라고 주장하였다.[Lauterbach 1947:201] 어느 미군 중위는 1946년에 일간지 *Chicago Sun*의 특파원 마크 가인에게[1948:349] 한국인들은 "더럽고 배신에 능"하며 "오로지 심리전만이 이 황색인종에게 그 어떤 사기 행위도 우리는 지지하지 않을 작정임을 보여줄 수 있는 유일한 방법이다"라고 말했다. 한국의 미군정에서 일했던 알프레드 크로프츠는[1960:544] 그의 동료들이 서울대학교의 전신을 병영兵營으로 전환시킨 사건에 대하여 다음과 같은 기록을 남겼다: "유교 사회에서 학자들에게 굴욕을 주는 것은 외교적인 큰 실수라고 나는 항의했습니다. 그러자 블림프란 이름의 대령은 '이 황색인종'에게는 '대학이 필요치 않소! 그곳들을 폐쇄시키고 학생들을 막노동꾼들로 훈련시킵시다'라고 반박했습니다." 언론인 앨버트 액셀뱅크는[1967:11] 남한에서 "반미주의의 흔적을 거의" 발견하지 못했다는 결론에 이른 다음 "미군 병사들이 개입된 사건들이 계속하여 한국인들에게 불쾌감을 준다"라는 경고와 함께 다음과 같은 일화를 소개했다:

약 200명의 카투사들, 즉 미군 부대에 배속된 한국인 병사들이 격분하여 단식 투쟁을 벌였다. 사건의 발단은 한국인들이 빵에 잼을 너무 많이 바른다고 생각하고 화가 난 어느 미군 취사반장이 어느 한국인 병사의 왼쪽 눈을 포크로 찌른 후 권총을 뽑아 든 다음 다른 한국인 병사들에게 덤벼보라고 약을 올렸던 것이었다. 그러한 사건들에 대한 기억은 평생을 두고 남는다.

1990년대 초반에조차도 미군 병사들이 남한 사람들을 "황색인종" 그리고 그보다 더 악의적인 호칭으로 부르는 것은 여전히 빈번하게 들리는 일이었다.

남한 사람들이 미국의 문화적, 경제적 힘에 대하여 품었던 존경심이 종종 개인적인 경험에서는 볼품없는 모습으로 변했다는 것은 놀라운 일이 아니다. 남한의 문학에는 미국인들 및 미국 문화의 영향에 관한 부정적인 묘사들이 넘쳐난다.Hahm 1984 : 44 대학생들을 대상으로 한 어느 1976년의 설문조사는 미국과 남한 간 관계에서 상반된 감정들이 공존함을 실증했다.H.-S. Lim 1982 : 36~37 사실 그 점은 전혀 새로운 것이 아니었다. 예컨대 어느 1946년의 설문 조사는 한국인들의 절반이 미국에 의한 점령보다도 일본의 식민 통치를 더 선호한다고 주장했다.Lauterbach 1947 : 247 1980년대에 남한의 자신감이 커지면서 미군의 남한 주둔이 문제가 되었다.이숙종 1995 : 23 북한의 위협이 점점 약화됨에 따라 서울의 한가운데에 있는 노른자위 부동산인 용산의 미군 점유가 주목받는 논쟁거리가 되었다. 캐서린 김이1996 : 28 언급하듯이, 1990년대 중반에 이르자 "많은 한국인들은 미군 병사들 모두가 교육도 변변히 받지 못한 미국의 시골 출신에다가 인종차별주의적인 젊은이들이라고 믿는다". 게다가 남한의 권위주의적인 정부들에 대한 미국의 계속되는 지지는 미국에 대한 남한 사람들의 존경심을 약화시켰으며, 특히 유신 시대 당시에 그러하였다. 어느 미국인은 1970년대의 글에서 다음과 같이 보고했다: "나의낮한 친구들은 한국에 주둔해 있는 미군과 미국이 남한 정부에게 가장 점잖은 항의들밖에는 제기하지 않는 것은 박 대통령의 정치적 탄압에 대한 우리의 지지를 상징한다고 여긴다."McGleish 1977 : 101

반미주의의 등장에 특히 결정적인 중요성을 지녔던 것은 1980년의 광주 학살에 미국이 연루complicity되었던 일이었다.J. Kim 1989 : 761; E. Chang 1992; Shorrock 1996 1980년 5월 27일에 발표된 광주항쟁에 대한 미국 국무부의 공식 반응은 다음과 같다: "어느 주요 도시에서 발생한 총체적으로 무질서하고 혼란스러운 상황이 무한정 지속되도록 허락될 수 없음을 우리는 인정한다."D. Clark 1988 : 14 1983년에 있었던 로널드 레이건의 남한 방문은 많은 부정적인 감정을 불러일으켰다. 그 당시 김영삼은 이렇게 말했다: "나는 레이건 씨의 이곳 방문을 반대하지는 않았지만, 그의 방문이 독재 정권에 대한 지지로 귀결되어서는 안 될 것이다."Time, 1983.11.28 : 44

급진적인 학생들은 남한의 정치적 권위주의의 기원을 미국 제국주의와 미군의 남한 주둔에서 발견했다. 이것이 1982년 3월에 발생한 부산 미국문화원 방화 사건의 배경이다. 그와 같은 투쟁적이고 공격적인 반미주의의 표출은 1980년대 중반에 빈번하게 발생했는데, 당시에 학생들은 주요 도시들 소재 미국문화원들을 점거했으며 미국 영사관들을 공격했다. 1980년대 중반에 등장한 어느 학생 운동 팸플릿이 비난한 바에 따르면, 남한의 정치체제는 "식민지적 파시스트 체제로서 그 정치체제를 통해 미국 제국주의와 그 하수인들이 총칼로써 민중의 민주적 권리와 민족의 독립을 쑥대밭처럼 짓밟아왔다."CISJD 1986 : 46

1980년대에 미국과 남한 간의 관계는 이론異論이 있는 화제話題가 되었다. 반미 정서는 1990년대에도 존속되었으며, 주로 무역 압력 탓이었다.D. Clark

1991 영화를 포함한 미국 상품들을 불매하자는 수많은 사람들이 마음을 모은 운동들이 있었다.Lent 1990 : 122~23 그 반미 운동은 저항문화 중에서 외국을 혐오하는 흐름을 반영하였다. 어느 대학생은 다음과 같이 진술하였다: "우리가 먹는 것은 우리가 생각하는 것과 긴밀한 관계를 맺고 있다. 우리는 서양 음식의 맛에 길들여져서 우리의 민족주의적 영혼과 자존심을 잃고 싶지 않다. (…중략…) 그밖에도 우리는 우리가 먹는 것에 대한 특허권 사용료를 지불하고 싶지 않다."*Korea Times*, 1989.12.5 : 7 특히 학생 운동의 입장에서 볼 때, 미국은 군부 통치 그리고 통일의 실패와 불가분하게 연결되게 되었다.강성철 1988; 최상용 1989

군대 근대성의 모순들

민중 운동과 그 운동의 이데올로기는 군대식軍隊式 근대성의 모순들을 보여주었다. 경제 성장을 강조함으로써 군부 정권은 민족의 위대함을 지향한 남한의 특정한 궤도를 상상해 내었다. 군부 정권은 물질주의와 근대성에 가치를 부여했으며, 한편으로는 반공주의와 민족주의를 설파했다. 앞에서 본 바와 같이, 경제 성장과 근대성의 달성, 바로 그 성취가 정치적 민주주의를 위한 사회적 기반을 창출하였다. 1980년대 후반에 이르면 군부 통치의 이데올로기적인 버팀목들 하나하나가 이미 모두 무너져버린 상태였다.

민족주의를 고찰해 보자. 남한의 문화적인 민족주의는 항일抗日 반反식민 독립 투쟁에 그 기원을 두고 있다.C. S. Lee 1963; M. Robinson 1988 제3장에서 논의한 바와 같이, 초기 단계의 군부 통치는 일반 대중을 대변하는 듯한 민족주의를 옹호했다. 박정희가 말한 다음의 구절은1962 : 117~18 1980년대에 어느 급진적인 남한 비평가의 글속에 나올법한 말이다: "한국 역사의 주인들―국민들―은 오랫동안 겨울잠을 자고 있었다. (…중략…) 우리는 한국 민족의 주체성을 충분히 이해하고 한국 역사의 정신적 기둥을 되찾지 않으면 안 된다." 허나 대중의 이익을 거스르는 정책들을 추진하면서 남한의 군부 출신 통치자들은 이 정통성의 원천을 탕진했다.

근대성이란 가치를 고찰해 보자. 군부 통치는 근대성에 관한 일반 대중의 인식과 충돌되었다. 대중적인 학교교육과 대중매체는, 심지어 그것들이 국민을 엄격하게 조직화하고 통제했을 때조차도, 또한 사회적 · 정치적 · 법적 제약들로부터의 해방에 관한 이념들과 욕구들을 소개했다. 투 웨이 밍은[1991:759] 이렇게 언급했다: "역설적인 것은 군부 정권은 한국의 과거에 대한 긍지에 새로운 활력을 불어넣으려고 시도했던 반면에, 양반 귀족의 후예들인 문화적 엘리트들은 (…중략…) 서구화되었으며 옛날에 소중하게 여겼던 기존의 신념들과 제도들을 타파하려는 마음으로 유교儒敎에 적대적으로 변했다는 사실이다." 이 점에서 대학생들은 군대식 근대성이 지닌 모순들의 전형적인 실례實例가 되었다. 장차 남한의 발전을 실현시킬 전문 기술자들과 공학 기술자들을 교육시키기 위하여 고등 교육은 필수적이었다. 허나 대학교육 제도는 군부 통치에 대한 가장 기백 있는 반대세력을 낳았다. 근대성을 향하여 한 걸음 내딛는 것은 본질적으로 군부 통치로부터 한 발짝 멀어지는 것이었다. 1980년대 후반에 이르자 중산층의 거의 모두가 군부 통치를 수치스러운 시대착오적 현상이라고 여겼다. 그들의 견해에는 근대적인 민족국가들은 민주적이며, 오직 낙후된 제3세계 국가들에서만 군사 정부가 존재한다는 것이었다. 수많은 남한 사람들에게, 선진 산업화와 정치적 민주주의 간에 상관관계가 존재한다는 것은 군사 정부가 퇴출되어야 함을 의미했다.

관련된 맥락에서, 반공주의에 대한 정권의 강조는 1980년대 동안에 정권의 반대자들에게서 반反반공주의를 불러일으켰다. 반공주의의 문화적인 권위 실추는 남한 민주화의 본질적인 요소가 되었다. 1980년대 중반에 이르자 반공 이데올로기는 이미 경쟁 이데올로기들에 대한 우위를 상실한 상태였으며, 특히 젊고 교육 수준이 높은 사람들에게서 그랬다. 1980년대 후반 즈음에는 많은 사람들이 민방위 훈련에 무관심해졌으며, 북한 간첩의 신고에 관한 포스터의 훼손이 상당히 빈번히 발생했다.Winchester 1988 : 188~89 간단하게 말하자면, 비록 완벽하게는 결코 아니라 하더라도, 북한에 대한 공포가 소멸되어버렸다.

그리하여 국가 이데올로기란 무거운 짐은 물질적인 성취에 지워졌다. 남한의 국가 민족주의를 떠받치는 결정적으로 중요한 지주支柱는 국민총생산GNP의 성장을 공공연하게 경축하는 것이었다. 그 성장의 신속함, 바로 그것 때문에 수많은 남한 사람들은 경제 성장을, 그 성장의 과실이 제아무리 불균등하게 분배되었다 하더라도, 용이하게 감지할 수 있는 혜택으로서 경험했다. 착취와 극단적인 착취가 발생했었다는 것은 평범한 남한 사람들에게 중요하지 않았으며, 불과 수십 년 만에 그들의 수중에 라디오, 흑백 TV, 그리고 컬러 TV가 차례로 쥐어졌다. 1970년에는 전체 남한 가구의 2퍼센트만이 냉장고를, 4퍼센트만이 전화를, 그리고 6퍼센트만이 텔레비전을 소유했던 반면, 1980년대 후반이 되자 해당 수치들은 각각 75퍼센트, 50퍼센트, 그리고 거의 모두가 되기에 이르렀다.Lockwood 1988 : 4 1983년 무렵에는 젊은 여성가수 정수라가 부른 대중가요 "아, 대한민국"은 남한의 발전을 공공연히 축하하였다. 한없이 낙천적인 그 가사는 남한을 도시와 시골이 조화를 이루는 땅으로 그렸다: "여기서는 누구나 행복을 누리지 / 언제나 자유로운 곳. (…중략…) 원하는 것은 무엇이든 얻을 수 있고 / 바라는 것은 무엇이든 이룰 수 있어"Takizawa 1992b : 197~99

그럼에도 불구하고, 경제성장은 마침내 그것에 대한 반대세력을 낳았다. 앨버트 허쉬만이1981 : 40 주장하듯이, 불평등에 대한 관용은 경제 성장의 초기

단계들에서는 높을 수 있지만, 시간이 흐르면서 서서히 줄어든다. 그는 다음과 같은 비유를 든다:

내가 같은 방향으로만 통행하도록 되어 있는 2차선 터널에서 운전을 하던 도중 심각한 교통체증을 겪게 되었다고 가정해보자. 그 양쪽 차선에서는 그 어떤 차도 움직이지 않는다 (…중략…) 나는 왼쪽 차선에 있으며 낙담해있다. 얼마쯤 지나자 오른쪽 차선에 있는 차들이 움직이기 시작한다. 자연히 내 기분이 상당히 좋아진다. 왜냐하면 교통체증이 이제 풀렸으며 내 차선의 차들이 움직일 차례가 금방이라도 반드시 올 것임을 나는 알기 때문이다. (…중략…) 하지만 그 기대가 실망으로 변하고 오른쪽 차선의 차들만 계속 움직인다고 가정해보자. 그럴 경우 나는 왼쪽 차선에서 나와 함께 고통을 겪고 있는 사람들과 더불어 부당한 행위가 일어나고 있을 것이란 의심을 품을 것이고, 우리들 중 여럿이 어느 순간에는 분기탱천하게 될 것이며, 기꺼이 명백한 부당함을 직접적인 행동으로써 바로잡으려 할 것이다.

대략적으로 이것이 1980년대 후반에 남한에서 일어났던 일이다. 대중 매체들, 그중에서도 특히 텔레비전 연속극들은 도시 거주 소수자들의 대단히 차별 나는 부를 모든 사람들이 볼 수 있도록 전시해 보였다. 근대적이고 질서 없게 뻗어나간 백화점들로 예시되는 과시 소비는 많은 도시민들의 주목을 끌게 되었다. 물질적인 풍요의 과시와 고삐 풀린 소비자 욕망들은 결합되어 상류층에서 시작되어 사회 전체로 전파되는 물품들을 허울은 그럴듯하나 실속은 없는 잔치로 변질시켰다.

이상의 논의를 요약하면, 급속한 산업화는 정치적 민주주의의 사회적인 기반을 창출했다. **민중** 운동은 당시까지 서로 동떨어져 있던 사회 집단들을 견고한 반정부 정치 세력으로 묶어냈다. 허나 어찌하여 1980년에는 영속적인 민주적 해결책이 가능하지 않았을까 라는 의문이 가시지 않는다. 서울의 봄 당시의 민주주의 꿈이 권위주의 악몽으로 둔갑한 이유는 무엇일까? 정치적 저항과 문화적 변화는 정치적 민주화를 설명하기에 충분치 못하다. 아래로부터 치솟는 힘은 필수적이긴 하나 충분치는 못한 조건이다.

지배층 권력의 분화

급속한 산업화는 대체代替 협치원들協治源, alternative sources of governance을 창출해내었으며, 그리하여 다두정치多頭政治, polyarchy가 남한에서 등장하는 데 도움이 되었다. 국가의 영역이 확장되고 경제가 발전함에 따라 지배층 권력의 근원들도 분화되었으며, 그 결과 권위주의적 통치에 불확실성이 커졌다.

지배층 권력은 이승만과 박정희 통치 시절에는 한 곳으로 집중되어 있었다. 이승만은 정치적 억압을 위한 국가 기구들을 장악한 덕택에 독재 권력을 얻었다. 그는 국내의 반대 의견을 침묵시키기 위해 경찰을 이용했으며 국내외의 위협에 대응할 목적으로 군대를 이용했다. 박정희 정권은 경찰과 군대를 확충하고, 거기에 중앙정보부를 더하여 '벌거벗은 권력'의 삼두마차로 삼았다. 독재 권력의 신장은 하부 조직 권력의 확장과 동시에 발생했다. 군대 장교들이 힘 있는 비非군사적인 조직체들에 배치되었는데, 1975년에 이르면 내각의 66퍼센트 그리고 국회의원의 22퍼센트가 군대 출신 인사들이었다.Han Kye-ok 1989:142 더욱이 앞 장에서 논의한 것처럼, 박정희는 **재벌**들에게 상당한 권력을 행사하였다. 비록 박정희는 끈질기게 따라붙는 정통성 위기를 겪었지만, 그의 통치 시절에 지배층 권력은 한 곳에 집중되었으며 또 통일되어 있었다.

하지만 1980년대에 이르자 군부는 더 이상 정치적·경제적 권력을 독점하지 못했다. 국가의 기초적인 물리적·조직체적 구조들과 시설들의 팽창은 불가피하게 독재적 권위의 분화 및 확산을 수반했다. 군대 자체는 관료적 분화 탓으로 응집력이 덜하게 되었다.Choi Jang Jip 1989b : 222~32 권력의 분화는 또한 국가 관료들에게도 뚜렷했다. 1980년대 후반이 되면 오십만 명에 달하는 지방 정부 관료들 중 수많은 사람들이 최대한 낙관적으로 보아도 군부 통치에 대하여 미온적인 태도를 취했다.Clifford 1994 : 8 더욱이 **재벌**들이 성장함에 따라서 그들은 국가의 지원에 점점 덜 의존하게 되었으며, 그러한 경향은 전반적으로 국가로부터, 그중에서 특히 군부로부터 재벌의 점진적인 독립으로 이어졌다. 그들이 얻은 그 새로운 독립은 노골적인 국가의 반대의견에도 불구하고 1980년대의 광란과도 같던 부동산 투기에 그들이 가담했던 사실에서 명백하게 드러났다. 1980년대 후반이 되자 급속한 기업의 성장과 주식 시장의 발전이 재정적 지원의 원천으로서 이미 국가를 대체하기 시작했다.Clifford 1994 : 243~44

박정희와 전두환 사이의 차이점을 고찰해보자. 박정희는 엄청난 권력을 축적했으며 자신의 최측근 인사들을 조종하여 그의 지위를 공고하게 또 더욱 강력하게 하였다.Lie 1991b : 39~40 대조적으로, 전두환은 결코 독불장군적인 지도자로서 행동할 수 없었다. 그가 끊임없이 정당들을 조종했던 것은 그에게는 자신의 지지기반을 확장할 필요가 있었다는 사실을 반영했다. 박정희에게는 그의 신임을 받는 측근들로 구성된 매우 소규모의 집단이 있었던 반면, 전두환은 규모도 더 크고 또 비공식적인 성격을 지닌 인적 연계망인 하나회에 의존할 수밖에 없었다.Cho Kap-je 1989 : chap.1; Han Kye-ok 1989 : 137~46 박정희는 종종 일방적으로 행동했지만, 전두환의 권위는 훨씬 더 많은 제약을 받았다. 요컨대 1987년 무렵이 되면 남한의 권력 엘리트는 더 이상 내부 분열이 없고 동질적인 구성원들로 이루어진 단일체가 아니었으며, 그렇기 때문에 체제 전반에 걸친 위기에 취약했다.

전두환의 몰락

1980년대 중반에 전두환은 자신에 대한 정치적 지지가 급전직하急轉直下하는 것을 목격했다. 노동자들의 불만, 그에게 실망한 중산층, 그리고 끊이지 않는 가족의 부패 추문들로 인하여 줄기차게 괴롭힘을 당한 전두환은Cho Kap-je 1989 : 50~58 폭력의 도움을 받아 권력을 유지하고자 하였다. 허나 권위주의적인 공포는 비록 일시적으로는 효과를 볼 수도 있겠으나 오랫동안 지속될 수는 없는 법이다.

변화무상한 국제 정치는 전두환 통치의 불행한 종말을 더욱 재촉했다. 고르바초프의 **글라스노스트**로 예시例示되는 냉전시대의 저물음은 강경 반공주의 통치에 대한 미국의 지지를 약화시켰다.Billet 1990 : 301~2 고문과 다른 형태들의 국가에 의한 테러행위에 관한 보도들이 널리 주목받기 시작하자 군부 통치에 대한 미국의 지지는 남한 내에서뿐만 아니라 미국에서도 또한 반대를 불러일으켰다.Palais 1986; Oxman, Triffterer, and Cruz 1987 예컨대 미국 여론 잡지 *The New Republic*은 오로지 사실에만 집중한 채 이렇게 언급하였다: "남한은 전 세계에서 가장 심하게 경찰이나 군대에 의하여 통제되는 국가들 중 하나이다."North 1986 : 15 "우리는 그 어떤 터무니없는 방식으로 그들이 원치 않는 일을 하도록 압력을 가하지 않을 것이다"라는Lord 1987 : 28 미국 국무장관 조지 슐츠의 말마따나, 비록 미국은 군부 통치에 대한 반대에는 여전히 열의가 없었지만, 미국의 태도는 전두환 또는 그의 정권에 대한 열성적인 지지와는 거리가 멀었다.

두 가지 우발적인 요인들이 중요했음이 판명되었다. 첫째, 필리핀에서 발생한 "피플 파워" 운동과 그 결과물인 1986년의 민주화는 남한에게 깊은 인상을 남겼다.Jin-Hyun Kim 1986:26; Huntington 1991:103 1986년에 김대중은 이렇게 말했다: "다음은 한국의 차례이다."Desmond 1986:55 그는 또한 다음과 같이 선언했다: "필리핀의 상황은 민주주의를 쟁취하기 위하여 투쟁하고 있는 다른 아시아 국가들에게 도미노 효과를 줄 것이다."*Time*, 1986.3.24:51 둘째, 1988년에 개최될 서울올림픽은 정치적 민주주의를 바람직한 것으로 만들었다. 엘리트층과 교육 수준 높은 중산층 모두 세계인들의 시선을 우려했다. 즉, 정치적 민주화는 남한 경제 발전의 필수적 동반자라고 세계만방에서 인식되었던 것이다. 의심할 여지없이, 텔레비전으로 방영된 폭동진압 경찰, 최루탄, 그리고 투석하는 학생들 등에 대한 이미지들은 남한의 기업계 인사들에게 수치심을 안겨 주었다. 시사 주간지 *Far Eastern Economic Review*는 올림픽이 남한 사회에서 갖는 정치적 함의에 관하여 이렇게 보도했다: "참으로 역사학자들이 1987년과 1988년의 혼란스럽고 격동적인 사건들을 분석할 때, 어떻게 해서든 올림픽 개최를 성사시키고자 하는 의욕은, 순발력 있고 힘차게 발전해나가는 남한의 경제로 추동된 정치적·사회적 역동성 못지않게, 권위주의적 질서로부터 새롭고 더욱 민주주의적인 질서로 바뀐 저 놀라운 대전환을 가능케 했던 가장 중요한 원인들 중 하나가 될 것이다."McBeth and Clifford 1988:53

이러한 상황에서 민주주의로의 이행을 취소하겠다는 전두환의 4월 13일 자 선언, 즉 단 한 번의 임기 동안만 대통령직을 수행하겠다고 자신이 했던 약속의 파기는 이미 정치적으로 동원되어 있었던 대중을 자극하여 새로운 차원의 정치적 행동에 나서게 했다.S. Han 1989a:286~87 다가오는 올림픽을 위한 준비의 필요성을 언급하면서, 헌법 개정에 관한 거국적인 토론은 "여론의 분열과 국력의 낭비를 초래"할 것이라고 전두환은 주장했다.Chua-Eoan 1987:38 매일 발생하는 가두시위와 끊임없는 파업에 직면한 전두환은 정치적 억압

조치들을 강화시켰다. 비밀경찰과 학생운동 간의 충돌이 더욱 격렬해지면서 중산층의 여론은 단호하게 그에 대한 반대로 돌아섰다. 국가에 의해 자행되는 폭력에 대한 반응으로 시민들이 정치적으로 동원되어 공개적인 저항에 나섰다. 어느 가두시위 도중 연세대학교 학생 이한열 군이 사망한 사건이 자극제가 되어 백만 명의 사람들이 1987년 6월 9일에 서울 도심을 관통하여 행진했다. 당시의 경제성장 전략을 확고하게 지지해왔던 사람들조차도, 즉 정부 관료들, 기업 임원들, 그리고 기술자들과 공학자들마저도 전두환이 계속하여 통치하게 될 것과 그가 또 한 사람의 박정희로 변신하게 될 것을 두려워했다.Clifford 1994 : 264~66 옛날의 방관자들은 이제 학생들에게 가담해서 그들 자신이 시위자들이 되었다.

당시의 집권 정권은 초기 단계의 혁명 상황에 직면했다.CISJD 1988a 권위주의적인 통치를 유지하기 위해 지불해야 할 대가는 위험할 정도로 가파르게 상승했다. 내전의 위험을 무릅쓰는 대신 군부는 민주화를 선택했다.Lie 1991b : 46~49 전두환은 뒤로 물러났으며, 그의 오른팔이었던 노태우가 그를 대체할 터였다. 그 뜨거웠던 1987년 여름의 파업 및 가두시위에 직면하여 노태우는 정권 반대세력의 민주화 요구들에 굴복하여 8개 조항의 민주화 계획을 선언했다. 그는 다음과 같이 발표했다: "오늘 저는 국민 각계각층이 서로 사랑하고 화합하며 모든 사람들이 이 나라의 국민임을 자랑스럽게 여기고 정부는 국민들로부터 슬기와 용기, 그리고 진정한 힘을 얻을 수 있는 위대한 조국의 건설에 일조하기 위하여 비장한 각오로 역사와 민족 앞에 섰습니다"M. Lee 1990 : 145 그는 직선제 대통령 선거 및 일련의 개혁 조치들을 실시할 것을 약속했다.Maeda 1988 : 10~11; Choi Jang Jip 1989b : 292~310

서울의 봄 당시 제기되었던 요구들이 마침내 만족스러운 응답을 받았다. 어느 집권 여당의 당료는 다음과 같이 말했다: "나는 (노태우가) 야당의 정강政綱

을 읽고 있는 것이 아닌가라고 생각했다."Doerner 1987 : 34 야당 정치인 김영삼도 의견을 같이 하면서 이렇게 말했다: "나는 (노태우가) 우리가 원했던 것을 모두 우리에게 주었다고 생각한다."Doerner 1987 : 34 노태우의 발표가 있은 지 며칠 후 전두환 자신이 텔레비전 화면에 등장해서 다음과 같이 말했다: "우리의 정치는 우리나라의 경제 발전 수준에 걸맞지 않는 그 낡고 추레한 방식을 이제는 버리고 그럼으로써 전 세계에 자랑스럽게 보여줄 수 있는 선진적인 민주주의를 달성하지 않으면 안 될 것입니다."Doerner 1987 : 34

데이비드 흄은1987 : 57 이백 년도 더 지난 옛날에 다음과 같이 언급한 바 있다: "비록 사람들은 이해관계에 의해 좌지우지 당하지만 (…중략…) 이해관계 그 자체조차도 또 모든 인간사도 전적으로 **여론**의 지배를 받는다." 1987년 무렵에 이르면 남한의 여론은 의심할 여지 없이 정치적 민주주의를 찬성하는 쪽으로 이동해 있었다.

1988년 서울올림픽 – 남한의 발전 축하행사

김영삼과 김대중 간의 경쟁 탓에 1987년 12월에 실시된 대통령 선거에서 노태우는 승리를 보장받았다.M. Lee 1990 : 124~26 대통령 취임사에서 노태우는 다음과 같이 진술했다: "경제 성장과 국가 안보라는 미명하에 자유와 인권이 무시당할 수 있었던 시대는 이미 끝났습니다. 억압적인 폭력과 밀실의 고문이 용납되던 시대는 이제 지나갔습니다."West and Baker 1988 : 137 전두환 자신은 다음과 같이 공개적으로 사과했다: "제가 통치하던 칠 년 반은 이제 권위주의와 부정행위들의 시대라고 비난을 받습니다. 저에게 책임이 있습니다. 대단히 죄송합니다."M. Lee 1990 : 155 전두환의 애처로운 변명은 1980년 서울의 봄이라는 연기당한 꿈으로부터의 복수였다. 제5공화국 당시의 부정부패와 광주항쟁에 관한 국회 청문회들이 1980년대 후반 남한 정치를 좌우했다. 한편 1995년이 되면 비자금 추문이 마침내 전두환뿐만 아니라 노태우의 체포로 귀결되었다.B. Ahn 1995

수많은 남한 사람들에게 1988년의 서울올림픽은 하나의 통과의례를 표시했다. 그 행사는 한국전쟁 이후에 남한이 세계의 중심 무대에 서게 된 첫 번째 사건이었다. 10억 명으로 추산되는 세계인들이 1988년 9월 17일에 거행된 그 올림픽의 개막식을 시청했다.Larson and Park 1993 : 8 당시까지 아시아 대륙에서 열렸던 다른 유일한 올림픽경기였던 1964년의 도쿄올림픽이 선진 산업국가들 내에서 일본이 옛날에 차지했었던 지위의 회복을 알리는 신호였음을 모르는 사람은 거의 없었다. 그로부터 24년이 지난 후, 남한에게 서울올림픽은 그것과 유사한 성취를 기념하는 행사였다.

성공에 대한 자부심이 넘쳐나는 남한 기득권층의 의기양양한 어조는 다음과 같은 노태우의1990 : 45 연설에서 또렷하게 들린다: "서울올림픽은 12년 만에 처음으로 동서東西가 함께하는 역사상 최대 경기로서뿐만 아니라 선진국들에서 개최되었던 그 어느 올림픽보다도 더 빛나는 가장 멋진 올림픽 경기로서 기록될 것임을 저는 확신합니다." 북한이 서울올림픽 참가를 거절했다는 사실은 중요하지 않았다. 소련과 중국의 서울올림픽 참가는 노태우 **북방정책**의 시작에 불과했다.

1988년 올림픽의 개최는 절대로 남한의 자기중심적인 행사가 아니었다. 남한 사람들은 외국인들의 시선과 그들이 보여주는 반응에 대하여 극도로 민감했다. 인상印象 관리가 도처에서 진행되었다. 정부와 기업들은 남한과 남한의 생산품들을 미화하는 일에 거액을 지출했다. 서울올림픽 조직위원장 박세직은 다음과 같은 평을 남겼다:

서울올림픽 경기는 세계에 대한 한국인들의 견해와 한국에 대한 세계인들의 견해를 변화시켰다. 한국에 대한 세계인들의 견해는 주로 내전으로 피폐한 한국의 어두운 시절에 의하여 형성되었었다. 서울올림픽은 (…중략…) 그 이미지를 말끔히 씻어냈다. 텔레비전은 근대적이고, 활발하고, 번영하고 있으며 평화로운 주옥같은 도시를 보여주었다. 서울올림픽을 개최한 다음부터 한국인들은 더욱 많은 존경을 받아오고 있으며 한국인들이 만든 상품들 역시 마찬가지다.Larson and Park 1993 : 190

시민들은 관광객들을 정중하게 대하려고 무척 애썼으며, 거리들을 청소했고, 심지어 오염 수준을 낮추기 위해 자동차 운행을 줄이기까지 했다. 선의善意와 자축의 분위기를 어디에서나 감지할 수 있었다. 1987년 6월 29일의 선언과 1988년의 올림픽 이후로 정치적 민주주의는 마침내 남한에 안착安着한 듯하다.

제6장

되돌아 본 남한의 발전

불과 30년 만에 남한은 스스로에게 일대 변혁을 가하여 나의 어린 시절 추억 속의 전형적인 낙후된 모습에서 근대적인 국가로 탈바꿈했다. 비록 사후事後에 얻은 지혜란 종종 이미 일어났던 사건들이 불가피하게 일어날 수밖에 없었다는 판단으로 기울게 하지만, 남한의 발전은 숙명적宿命的이었던 것도, 그 전도前途가 예측 가능했던 것도 아니었다. 이문열의 소설 『우리들의 일그러진 영웅』의 해설자는 세월이 흐른 후 예상치 못했던 정도로 변해버린 세상의 모습에 대한 놀라움을 다음과 같이 표현한다:

> 모래 위의 궁궐같이만 느껴지던 대기업은 점점 번창하기만 했고, 거기 남아 있던 옛 동료들은 계장으로 과장으로 올라가 반짝반짝 윤기가 돌았다. 어떤 동창은 부동산에 손을 대 벌써 건물 임대료만으로 골프장을 드나들고 있었고, 오퍼상인가 뭔가 하는 구멍 가게를 열었던 친구는 용도가 가늠 안 가는 어떤 상품으로 떼돈을 움켜쥐고 거들먹거렸다. 군인이 된 줄 알았던 동창이 난데없이 중앙 부처의 괜찮은 직급에 앉아 있었으며, 재수마저 실패해 따라지 대학으로 낙착을 보았던 녀석은 어물쩍 미국에서 박사 학위를 받고 제법 교수티를 냈다.M. Yi 1995 : 113~14

이 글에서는 기대하지 못했던 나라 전체의 발전이 놀라움을 금할 수 없는 개인들의 성공 속에 반영되어 있다.

이 장에서 나는 1990년대 중반의 남한을 간략히 살펴보고, 몇몇 변화들을 강조하며, 남한의 발전에서 중요한 역할을 수행했던 요인들을 요약하여 다시 제시한다.

1990년대 중반의 남한

1987년의 대통령 선거에서 노태우가 근소한 차이로 승리한 다음 그가 소속한 집권 여당이었던 민주정의당은 1988년의 국회의원 선거에서 패배를 맛보았다.[H. N. Kim 1989 : 486] 좌익 성향 일간지 『한겨레신문』의 성공으로 예시되듯이, 진보적인 목소리들이 당시에 우위를 차지한 듯이 보였다.[Maeda 1988 : 275~78] 공직자들의 부정부패에 관한 보도들이 대중매체들에 주요 기사들로 보도되면서 여당과 정부는 지속적으로 조롱거리가 되었다.[S. Han 1989b : 31~32]

하지만 1989년에 이르자 보수주의자들이 또 다시 우위를 점하게 되었다. 1988년의 올림픽 대회 종료 후 정부가 진보적인 정책들을 철회하고 정부에 대한 반대의견의 표현에 단호한 조처들을 취했던 것이었다. 정부 반대세력을 체포하기 위해 국가보안법이 적용되었다.[Kihl 1990 : 69~70] 진보적인 전교조 운동은 금지되었다.[Asia Watch 1990 : 63~71] 보수주의자들은 또한 그들의 세력들을 한 곳으로 결집시키기 위하여 이 기회를 움켜쥐었다. 1990년에 김대중의 평화민주당을 제외한 모든 주요 야당들과 여당이 통합되어 민주자유당이 탄생했는데[Dong, 1991 : 11~12], 그 정당은 전후 일본 정치를 좌지우지했던 일본 자유민주당의 의도적인 모조품이었다.[Jackson 1990 : 6]

1992년의 대통령 선거에서 김영삼은 김대중과[34퍼센트] 현대 그룹의 창업자였던 정주영을[16퍼센트] 누르고 간신히 최다 득표를[42퍼센트] 얻었다.[Bedeski 1994 : 52~55] 김영삼 내각에는 여러 저명한 지식인들과 군부 통치 반대자들이 중요한 직책의 담당자들로서 포함되었는데, 그중에는 부총리를 맡은 **민중** 사회학자 한완상 그리고 외무부 장관을 맡은 정치학자 한승주도 있었다. 서울대학교 졸업생들이 압도적으로 많아서 일본의 사회학자 하토리 다미오는1993:28 **양반** 지배층의 귀환이라고 선언할 지경이었다. 군부를 제치고 민간인들이 우위를 점했다. 김영삼 자신이 오랫동안 군부 통치를 반대해온 사람이었다. 전직 대통령들인 전두환과 노태우는 1995년에 체포되었으며 1996년에는 권력 남용 죄로 사형을 선고받았다. 깨끗하고 공정하게 치러졌던 것으로 널리 인정되었던 1995년의 지방 선거는 대의민주주주의 원칙을 확고부동하게 정착시킨 것처럼 보였다.J. Oh 1996

외교정책에서 남한은 전 지구적 차원의 지정학地政學에 과감하게 적응하기 시작했다. 정부와 기업들은 **북방정책**을 추진했는데, 남한과 중화인민공화국 및 다수의 옛 공산주의 국가들 간 외교관계를 강화하려는 목적에서였다.Kang Yŏng-ji 1991:34~50 중국과 옛 소련에 대규모로 거류하는 한국인의 후예들 덕택으로 한때는 적국들이었던 나라들과의 외교관계가 촉진되었다.Burton 1992:4 1990년대 중반 무렵이 되면 대세를 이루는 정치적 슬로건은 세계화였다.C. Moon 1995

남한의 경제적인 성공 탓에 미국 및 일본과의 무역협상과 과학기술 이전 협상이 옛날보다 더 힘겨워졌다.Bennett 1991:49~53 남한은 자신의 수입 시장 및 금융 시장을 자유화하도록 압력을 받았다.이영우 1991:299~311 더욱이, 상승하는 남한의 임금 비용과 다른 신흥 산업국들로부터의 경쟁은 남한의 제조업 부문 수출에 심각한 도전이었다.cf. S.-K. Cho 1985b:77~84 그러한 난관들에 대한 대응으로서, 남한은 고부가 가치 산업생산에 착수할 목적에서 연구와 개발 부문에 더 많은 투자를 하였다.cf. J. Yoon 1989, 1992

많은 **재벌**들은 세계 시장에서 자신들의 경쟁력을 높이기 위하여 중대한 구조조정을 겪었다. 미국과 일본의 무역 장벽에 봉착하자 남한 기업들은 유럽, 동남아시아, 그리고 옛 공산권에서 시장을 개척했다.^{B. J. Ahn 1991 : 30~38} 그밖에도, 대외 직접투자, 특히 대동남아시아 직접투자가 급속히 증가했다.^{Fuka-gawa 1992} 남한의 총 대외 직접투자는 1985년에는 3천 2백만 달러에 조금 못 미쳤으나, 1991년이 되면 해당 수치는 10억 달러를 초과했다.^{S. W. Hong 1993 : 14} 미국의 수입 제한 탓에, 그리고 저렴한 노동력의 유혹에 이끌려 수많은 남한의 직물 공장들이 해외로 이전되었는데, 멀리는 카리브만 분지에 이르렀고^{S. W. Hong}, 그 공장들은 그곳들에 자본과 산업 기반시설뿐만 아니라 가혹한 노동 관행들도 역시 도입하였다.^{Pred 1992}

남한 자체 내에서는 임금이 꾸준히 상승하였으며 노동 불안은 줄어들었다. 하지만 중대한 파업들은 1990년대 중반에 이를 때까지 계속됐으며, 그 예로서는 1994년 6월의 철도와 지하철 파업^{Dicker 1995 : 13~16} 그리고 1997년 1월의 전국적인 파업 등이 있었다. 최근에 현저해진 풍요로움의 표식들이 쉽게 감지되었으며, 그야말로 소비 폭발이 1980년대 후반에 시작되었다.^{전경수 1992} 중산층 서울 주민들의 사치스러운 생활양식은 전국적으로 열띤 논쟁을 불러일으켰다. 한편, 낮은 임금을 받고 일하려는 남한 사람들이 부족하여 중국 출신 동포들과 가난한 아시아 국가들 출신 이주 노동자들의 숫자가 늘어났다.^{설동훈 1992; 이욱정 1994} 한편으로는, 팽창하는 경제에 유혹되어 미국에서 교육받은 남한 사람들이 그들의 고국으로 귀환했다.

비록 **민중**이란 수사修辭는 1990년대가 되어서도 살아남았다고 하더라도 반체제 세력의 담론은 극적인 변화를 겪었다. 남한 사회의 성격에 관한 급진적인 논쟁은 1989년에 정점에 도달했는데, 1989년 6월에 여덟 회에 걸쳐 『한겨레신문』에 연재되어 광범위한 논의를 불러일으켰던 연재물에서였다. 그 이후, 지식인들 사이의 논의는 민주주의 및 시민사회에^{HSHC 1992; Yi Ki-ung}

1992; Choi Jang Jip 1993c, 혹은 포스트모더니즘과 같은 최근에 서양에서 들여온 지적인 수입품들에 그 초점이 맞추어졌다. 급진적인 사회 비평의 차지였던 책방의 서가들은 1990년대에 급속하게 자취를 감추었다. 더욱이, 새로운 사회적 화제話題들이 **민중** 정치를 대신했다.Nakagawa 1990 : 170~88 시민들의 관심은 수서 사건이라고 알려진 토지 투기 추문 등과 같은 문제들에 모아졌다.한도현 1992 여성의 권리, 환경. 그리고 여타 대의大義들에 세상의 관심을 일깨우는 운동들을 포함하는 새로운 사회 운동들이 대중매체들 및 중산층의 마음을 빼앗았다.HTH 1993; NCY 1993

냉전의 종식으로 인해 남북통일에 대한 희망이 새로운 힘을 얻었으나, 독일 통일의 산통産痛, 즉 독일 통일 과정에 수반된 고통스럽고 지난한 과정은 남북통일의 비용에 대한 계산을 전면에 부각시켰다.H. S. Lee 1994; Eberstadt 1995a; J. Bae 1996 남북통일의 가능성이 가시화되어가자, 남북통일을 향한 강렬한 열정이 부유한 중산층에게는 점점 시들어가는 것처럼 보였다.cf. C. S. Kim 1988

남한은 또 하나의 일본인가?

1990년대가 되자 『한국은 다음 차례의 일본인가?』T. K. Kang 1989, 『아시아의 다음 번 거인』Amsden 1989 등과 같은 책들이 세상에 출현하여 일본과 비교한 남한의 경쟁력에 관한 질문을 제기했으며, 한편으로는 "일본에 도전장을 내민 한국"Smith 1984, "다음 차례의 아시아 강국"Neff and Nakarmi 1991 등과 같은 정기간행물의 큰 표제들이 빈번하게 등장하였다. 수많은 남한 사람들이 그들의 장래에 대하여 자신감에 차있었다. 1990년대 중반에 어느 공장의 공장장은 세기말 무렵에 이르면 남한이 일본을 능가할 것이며 그 이유는 "한국인들이 근본적으로 우월하기" 때문이라고 한 영국 출신 언론인에게 말했다.^{Mallaby} 1995:3; cf. Fallows 1994:375 다른 사람들은 그러한 자신감에 대하여 회의적이었다. 남한의 국민총생산^{GNP}이 일본 국민총생산의 10분의 1에도 못 미침에 주목하면서 제임스 에이브글렌은 다음과 같은^{1994:58} 글을 남겼다: "한국^{남한}이 과연 '제2의 일본'이 될 것인가라는 질문이 가끔 제기된다. 그 질문은 캐나다 혹은 브라질이 장차 '제2의 미국'이 될 것이란 생각만큼이나 터무니없다."

수많은 일본인들은 남한의 도전에 대하여 경계심을 풀지 않고 있다. 남한이 일본을 추월하게 될 것인가라는 질문은 1980년대 이래 일본에서 토론의 주제가 되어왔다.^{e.g. Adachi 1986} 그렇지만 산업생산 과학기술과 상품판매 역량의 측면에서 남한 기업들은 일본 기업들보다 여러 해 낙후되어 있다. 아닌 게 아니라 일본의 재계 엘리트들이 남한의 위협에 관하여 발동하는 바로 그 경계경보가 남한의 일본 추월이 성공할 것같지 않게 한다. 또 남한에 만연해 있는 오만 그 자체가 남한의 일본 추월을 불가능하게 만들지도 모른다.

사회적, 문화적 대변혁들

외국 출신 관찰자들은 종종 남한 사회의 연속성들을 지적하여 강조한다. 가난, 전쟁, 그리고 권위주의 등에 관한 이미지들은 오랜 세월 동안 좀처럼 지워지지 않았다. 사이먼 윈체스터는^{1988:ix} "우선 첫째로 몹시 냉담하다. 한국 사람들은 지독히 **불친절하다.** 대단히 폭력적인 곳이다. 양배추밖에 먹을 것이 없다"라고 남한에 대한 그의 인상을 글로 남겼다. 피코 아이어는^{1988:49} "주로 전쟁, 침략, 점령, 저항, 전쟁, 파괴, 재생, 평화 그리고 또 전쟁으로 점철된 오랜 역사의 결과물인" "그 지역의 완고한 정신"을 주목했다.

하지만 유례없이 대규모로 사회적·문화적 변화가 일어나는 시절에는 시간이란 시련을 견뎌낼 법한 인상印象들은 거의 없다. 마이클 샤피로는[1990 : 12] 1980년대 후반에 다음과 같이 언급했다: "나는 남한에서 단기간 체류들을 불규칙하게 반복하면서 한 해의 많은 시간을 보내왔으며, 이제 마치 내가 행복하고 신나는 기분과 우울한 기분의 맥동들을 번갈아 느끼면서 어느 조울병 환자와 함께 작은 방에 갇혀있는 것 같은 느낌이 들기 시작했다. (…중략…) 하지만 한국南韓에서는 모든 것이 중요하다." 허나 1990년대 중반에 이르자 중요한 것이란 아무것도 없는 것 같았다. 모든 확신과 치열함은 이미 빛이 바랬으며 조직체 생활의 지루한 압박 그리고 물질적인 욕망이 지배적인 흐름이었다. 남한의 발전은 철저하게 소비 지상주의에 의하여 정당화되고 있는 듯 보였다.[cf. 유문무 1993]

한국전쟁에서 시작하여 1988년 서울올림픽에 이르는 기간 동안의 남한을 고찰할 때, 그 기간에 발생한 중차대한 대변혁들은 명료하게 드러나고도 남음이 있다. 즉, 빈곤에서 부유함으로, 교육받지 못함에서 과도하게 교육받음으로, 시골에서 도시로, 그리고 농부들에서 공장과 사무실 노동자들로의 변화들이 바로 그것들이다. 한국전쟁의 휴전 직후 대다수 남한 사람들은 가난했다. 1990년대에 이르자 남한의 일인당 국민총생산은 가난한 축에 속하는 OECD 국가들의 일인당 국민총생산들에 근접하고 있었다. 1970년에는 총 남한 가구의 겨우 6퍼센트만 텔레비전 수상기를 소유하고 있었던 데 반해, 1985년이 되면 해당 수치는 이미 99퍼센트로 상승해 있었다. 과시 소비는 신분 경쟁과 함께 도시생활에서 가장 중요하고도 눈길을 끄는 행태였다. 1960년대 후반까지는 남한의 신문들에 박사Ph.D 학위 수령자들의 이름과 사진이 빈번하게 실렸었던 반면, 1990년대 초반 무렵에는 실업 상태에 있는 미국 대학들에서 사회학 박사학위를 받은 사람들이 서울에만 100명도 넘는다는

말이 나돌았다.cf. G. Kim 1989 : 238~40 영어는 남한 사람들이 선호하여 사용하는
외국어였다. 문예적 교양의 표식인 한문 구사력은 대다수의 책들에 등장하
는 한자의 개수만큼이나 보기 드문 현상이 되었다. 많은 대학생들이 『자본
론』을 몇 페이지 정도는 읽는 반면, 대다수 대학생들이 『논어』에 관해서는
무지하다. 1955년에 총 인구의 4분의 3 이상이 인구 5만 명 이하의 읍내와
마을에서 살았다. 1990년에 이르자 총 인구의 4분의 3 이상이 인구 5만 명
이상의 도시에서 살았다. 서울시 단독으로 총 인구의 4분의 1을 차지했다.
1950년대 중반에는 남한 사람들의 4분의 3이 농업에 종사하였으나, 1990
년대 중반이 되자 농업에 종사하는 인구는 총 인구의 5분의 1에도 미달했다.
이 수치들에 관해서는 다음을 볼 것, CISJD 1988c and Lie 1992a

변화하는 가족 및 성性 관계

일찍이 1960년대 후반에 남한의 사회학자 이해용은1969 : 56 다음과 같은
글을 남겼다: "오늘날의 한국에서 한때는 전통적인 한국사회에서 이상적인
형태였던 가부장적인 대가족 제도는 이데올로기적인 면에서 그리고 물리적
면에서 서서히 퇴조하고 있다." 조상 숭배와 부모의 권위 등과 같은 전통적
인 유교적 관행들과 이상들이 끊임없이 힘을 잃었다.E. Yi 1993 : 278~80; cf. Kim
Dongno 1990 "휴식을 위한 장소" 혹은 삭막한 세상 속의 피난처로서의 가족이
라는 새로운 인식이 등장했다.E. Yi 1993 : 365~69 고유한 문화적 표현양식의 재생
산은 문화적 관행의 대변혁을 시야에서 가렸다. 효도라는 사례를 고찰해보
자. 어느 1964년의 설문조사에서 농민의 50퍼센트가 효도란 "부모에 대한
순종"을 의미한다고 생각했다. 1984년에 이르자 대학생의 6퍼센트만이 그
러한 정의에 동의했으며, 85퍼센트는 효도란 "나 자신의 건강한 삶을 사는
것"을 의미한다고 생각했다.S.-c. Hong 1985 : 116 더할 나위 없이 명료하게, 효도

라는 가치가 1980년대의 대학생들에게 의미했던 것은 20년 전에 농민들에게 의미했던 것과는 다른 것이었다. 전통적 한국에서 대단히 중요한 사회적 원칙들 중 하나였던 어른에 대한 공경은 1990년대 무렵에 이르면 분명하게 쇠퇴의 단계에 들어서 있었다. 1970년대까지도 자신보다 연장자 앞에서 함부로 술을 먹거나 담배를 피우는 것은 별로 있을법하지 않은 일이었다. 허나 1990년대에 이르자 그 옛 규범은 사람들이 근대적인 관행이라고 믿는 것에 의하여 대체되고 있었다. 자신이 철두철미한 보수주의자라고 주장했던 나의 한 학생은 내 앞에서 담배를 피우는 것에 대하여 주저하는 기색이 전혀 없었다. 내가 그의 믿음과 행동 간의 모순에 대하여 의문을 제기했을 때, 그는 그저 그것은 나쁜 전통의 일부라고 언급했을 뿐이었다. 하지만 그의 앞에서 담배를 피우고 있는 동료 여학생들을 보자 그는 금방 화를 냈다.

가부장적인 가치들이 끈질기게 지속됨에도 불구하고 남녀관계 역시 변화를 겪었다. 남한 여성들이 처한 상황은 끔찍할 정도로 열악하고 그것은 전통적인 가부장제 탓이라는 말은 흔히 들을 수 있는 상투어이다. 20세기 초에 R. 맬컴 케어는[1914:829] 한국 "여성들은 노예 취급을 당한다"라고 간결하지만 함축성 있게 언급했다. 20세기 중반에 도날드 포트웨인는[1953:110] 다음과 같은 글을 남겼다: "일반적으로 볼 때, 사회적인 관계 속에서 여성들을 대할 때 여성들에 대한 한국 남성들의 행동을 특징짓는 것은 세계의 다른 어느 나라도 능가할 수 없을 듯싶은 정도의 무관심이다." 조선 왕조 시절의 한국에서는 성리학性理學이 여성의 복종과 열등함을 정당화했다. **양반** 계층 여성들은 체계적으로 정치적, 경제적 생활에서 배제되었다.[Y. Chang 1983; Deuchler 1977] 하지만 농가에서는 여성의 노동력이 필요한 탓에 여성에 대한 이데올로기적인 평가절하가 완화되었다. 농가 생활에 관한 문화기술지적 보고들의 지적에 따르면, 남성의 우월성에 관한 공공연한 이데올로기적 선언에도 불구하고 남녀 관계는 비교적 평등했다. 비록 **양반** 마을들에서는 "여성들이 주로 집안에 머물지만," **양반**들이 살지 않는 마을들에서는 "여성들이 대화에도 약간 가담하고 남성들에게 말대꾸도 한다". Brandt 1971 : 46, 48 농사짓는 여성들은 유교적인 가치들이 구석구석 배어든 남성들의 영역에 대립되는 독자적인 여성들의 영역을 창출해냈다. Janelli and Janelli 1982 : 24~25

한국에서 여성 해방의 첫 움직임은 주로 서양의 영향을 받은 엘리트들에게서 일어났다. 개화된 **양반** 남성들이 여성들에 관한 진보적인 이념들을 널리 전파했다. S. Choi 1986 나의 외증조부 이해조는 『자유종』이란 소설을 집필했는데, 거기서는 여성 해방의 중요성이 도덕적인 훈계조로 논의된다. 식민지 시대 전 기간 동안 그리고 해방 직후에 공적 영역에서 활동했던 여성들 대다수는 **양반** 출신이었다. Y.-c. Kim 1986

남한의 여성 운동은 1970년대에 적극적인 활동을 시작했다. Yi Sun-ae 1989; C. Choi 1992 : 111~16 중산층 여성들이 공적 영역에 참가하기 시작했으며, 압축된 시간 속에서나마 서양이 경험했던 것을 얼추 비슷하게 되풀이하였다. 1980년대에는 대부분 중산층 여성들로 구성된 단체들이 민주화 운동 및 다른 정치적인 운동들에 참가했다. Palley 1990 : 1138 "또 하나의 문화"는 1984년에, 그리고 한국 여성 단체 연합은 1987년에 결성되었다. 서양의 여성주의에 의해 고무되어 남한의 제도들과 담론들에 대한 총체적인 이데올로기적 재평가가 이루어졌다. Cho Hae-joang 1988; THM 1988; Louie 1995 여성주의 평론가들은 결혼과 가족 제도는 가부장적 제도들이며 가부장주의 이데올로기의 산물이라고 비난했다. THM 1990; YHSY 1990; Yi et al. 1991; Yun and Cho 1993; cf. Kendall 1996 한편 다른 사람들은 성적性的 차별을 시정할 목적에서 법률적인 변화를 위하여 줄기차게 노력했다. S.-K. Cho 1991

민족주의 그리고 소수자 집단들

제5장에서 논의한 바와 같이, 민족주의는 남한에서 깊고 확고부동하게 뿌리내리게 되었다. 군부 정권들은 위로부터의 민족주의를 이용하여 정통성을 얻으려고 노력했으며, 저항 문화는 **민중**을 옹호하고 아래로부터의 민족주의를 진작시켰다. 그럼에도 불구하고, 이러한 상충하는 두 갈래의 민족주의는 다음과 같은 점들에서는 한 지점으로 수렴되었다. 즉, 식민지 시대 독립투쟁에 관한 영웅적인 계보를 그려낸다는 점과 한국 민족의 장래에 관해서는 득의양양한 승리자란 전망을 제시한다는 점에서 그러하였다.

남한 민족주의 정서의 그러한 긍정적 측면들에도 불구하고, 그 정서가 초래한 한 가지 해로운 결과는 이질성異質性의 거부였다. 남한이 단일 민족 국가라는 의례적인 거론은 소수자 집단들에게 불리한 영향을 주었다. 비록 남한이 인종적으로 비교적 동질적인 나라임을 부인하는 것은 어리석은 일이라 하더라도, 남한 내 소수자 집단들의 존재를 온통 부인하는 것 역시 똑같이 어리석은 일이다. 다른 것들은 젖혀둔다고 하더라도, 그러한 부인은 현존하는 소수자 집단들이 당면하고 있는 어려움들을 영속화할지도 모른다. 비록 빈번하게 간과당하지만, 상당히 큰 규모의 소수자 집단 하나는 혼혈 아동들로서, 1980년대의 대략적 추정치는 25,000명에 달했다.S. B. Lee 1987 : 83 1965년의 어느 잡지 기사에는 한 혼혈 아동 애니 박의 삶이 다음과 같이 요약되어 있다:

여섯 살에 그녀는 그녀의 한국인 엄마를 따라 어느 허름하기 짝이 없는 술집에 가서 엄마가 미군에게 팔려갈 처지란 것을 알았다. 혼자서 집으로 돌아오는 길에 그 어린 소녀는 한층 더 극단적인 정서 불안을 야기하는 경험을 했다. 한 남성이 그녀를 골목으로 유인해서 폭행한 것이었다. 여덟 살 때 그녀는 왜 급우들이 그녀를 "튀기"라고 조롱했는지 알게 되었다. 그녀의 아버지는 백인 미군 병사였던 것이다. 열여섯 살이 되자 그녀는 본격적으로 매춘부가 되어서 서양 사람들을 닮은 그녀의 늘씬한 다리와 풍만한 가슴을 좋아한 미군 병사들 틈에서 일했다.*Time,* 1965.12.10 : 43

중국계 소수자 집단, 중국이나 일본 또는 다른 지역에서 귀환한 한국인의 후예들 그리고 세상에서 저버림 당한 집단들의 후손들에게도 역시 사회적인 차별이 닥쳐온다.[Hirai 1993 : 92~107] 발전이 덜된 전라도 출신 사람들에게 불리하게 매우 뚜렷이 드러나는 지역 차별이 결혼할 때 그리고 취직할 때 존재했다.[E. Yu 1990 : 37~39] 1980년대에는 많은 **재벌**들이 특정 지역 출신 사람들의 채용을 공개적으로 거부했다.[Janelli 1993 : 136~37] 때때로 열렬한 민족주의는 외국인 혐오 표현들로 이어졌다.[Hurst 1985 : 442~443]

생태계 파괴

남한의 급속한 산업화는 시골지역의 황폐화를 초래했다. 도날드 맥도날드의[1990 : 6] "한국의 문화는 그 나라의 자연 환경을 대단히 중요시 한다"라는 주장에 비추어 볼 때, 그러한 시골지역의 피폐화는 역설적이다. 남한이 오염된 근본적인 원인은 국가가 외골수로 경제성장을 강조해왔었던 사실에 있다.[e.g. Eder 1996] 일본으로부터 오염을 유발하는 산업들을 받아들일 때 남한의 기업들과 정부는 1960년대에 일본에 대단히 심각한 피해를 입혔던 오염 문제를 무시했던 것이다. 세계보건기구[WHO]는 1978년에 서울의 대기는 세계 주요 도시들 중에서 최고치의 아황산가스를 함유하고 있다고 발표했다.[Bello and Rosenfeld 1990 : 98] 부산의 북동쪽 그리고 남한의 남동부 해안에 위치한 주요 공업 중심지인 온산은 생태학적으로 대단히 열악하고 다루기 힘든 곳이 되었고[Han et al. 1988 : 132~33], 구미 산업공단에서는 1991년 4월에 심각한 화학제품의 유출이 발생하여 대구 시민들의 건강을 위협하였다.^{D. Shin 1993 : 243} 특히 비극적인 사건은 1988년에 발생한 문송면의 사망이었다. 사망 당시 겨우 열 다섯 살이었던 문송면은 온도계 제조 공장에서 일했는데, 나중에 기자들이 발견한 바에 따르면, 그 공장의 바닥에는 마치 물처럼 수은이 줄줄 흐르고 있 었다. 그 공장에서 일한 지 겨우 세 달 만에 그는 갑자기 병이 들었으며 결국 수은 중독으로 사망했다.^{Nishina and Noda 1989 : 163~64} 그밖에도, 남한은 1980년 대까지 세계에서 최고 수준의 농약 사용국들 중 하나였으며, 1980년대에 이 르러서야 비로소 농업부문의 오염을 억제하기 위한 공식적인 조처들이 취해 졌다.^{Bello and Rosenfeld 1990 : 96~97}

1980년대 후반이 되어서야 환경 운동이 사회적인 영향력을 갖기 시작했 다.^{최경애 1992; 김진균 1993; Ku 1994} 1982년에 실시된 환경 의식에 관한 최초의 설 문조사가 밝힌 바에 따르면, 70퍼센트 이상의 응답자들이 환경에 관하여 "다소간" 혹은 "대단히" 우려하고 있었다. 그러한 지적 관심의 한 결정체는 〈한국의 공해지도〉가 1986년에 간행된 일인데^{HKMY 1986}, 그 지도는 환경이 악 화된 정도를 생생하게 보여주었다. 1987년 이후의 민주화 운동 물결에서는 환경에 관한 대의명분을 내세운 중요한 가두시위가 세 번 발생하였다.^{S.-H. Lee 1993 : 361~63} 예컨대, 1990년에 안면도 주민들은 그 섬에 핵폐기물을 저장하 려는 정부의 계획에 대하여 항의하였다.^{D. Shin 1993 : 242} 중산층은 자신들의 불 평불만을 명료하고 조리 있게 표현하므로, 환경오염에 대한 정부의 경각심 을 촉구하는 사회운동이 성장할 공산이 높다. 여기서도 또 다시 일본의 사례 가 영향을 미치고 있다. 1960년대 후반 이래 환경오염 반대 단체들의 압력 이, 순수한 경제적인 계산과 함께, 오염유발 산업들을 일본에서 남한 및 다른 지역으로 이전케 했던 것처럼, 남한 사람들은 1980년대 중반에 가장 심한 오염을 유발하는 그들의 산업들을 동남아시아로 수출하기 시작했다.

두말할 나위 없이, 나는 근래 수십 년 동안 남한에서 발생한 사회적·문화적 변화의 여러 측면들 모두를 언어로써 정확하게 기술할 수 없다. 그럼에도 불구하고, 하나의 거대하고 의미심장한 사회적인 대변혁이 발생했다는 사실은 부정할 수 없다. 내가 서론에서 시사했던 바와 같이, 30대 그리고 그보다 연장인 남한 사람들에게 있어서, 옛 방식구식으로부터 새로운 방식신식으로의 변화는 바로 그들의 눈앞에서 일어났던 것이다. 물질적인 문화와 건조建造 환경에서부터 사람들 상호간의 관계 및 개인의 내밀한 사고에 이르는 전반적인 분야들에서 일어난 경이로운 변화들을 수많은 남한 사람들은 불과 수십 년 이내에 겪었다.

남한의 발전을 설명하기

남한의 발전을 적절하게 설명하기 위하여 우리가 고찰해야 할 요인들은 토지 개혁의 영향들과 토지 개혁의 결과로서 발생한 계급 구조의 변화, 발전 지향적 국가의 성격, 저임금 노동력의 생산 및 재생산의 경제적·정치적 그리고 인도주의적 측면들, 그리고 국제적인 정치적·경제적 환경의 영향 등이다. 더욱이, 이러한 요인들은 구체적인 역사적 연쇄連鎖란 관점에서 이해되지 않으면 안 된다. 이 책에서 나는 남한의 발전을 계획에 따라 발생한 사건들의 연쇄로서 설명하고자 했다. 여기서는 방금 열거한 주요 요인들을 강조해 두고자 한다.

토지 개혁

자본주의적 발전에는 노동자 계급뿐만 아니라 산업 부르주아지의 등장이 필수적 선행조건이다. 남한 사회에 이 두 계급이 출현한 것은 결정적으로 토지개혁 덕택이었다. 대다수의 농경 사회들은 소수 대지주들의 지배를 받는데, 그들은 빈번하게 산업화에 적대적이며 예나 다름없이 빈농貧農들을 착취하고 불로소득 생활자로서 부당 이득을 취하기를 더 원한다. 빈농들은 토지에 긴박되어 있는데, 그 이유는 다른 곳에서는 생활 방도를 찾을 수가 없기 때문이다. 혹시라도 그들이 이농한다면 그 결과는 도시지역 비공식 부문에서 근근이 생계를 이어가는 것뿐이다.

20세기 초에 한국이 일본의 식민지로 전락하기 전에 거의 모든 한국인들의 생업은 농업이었고, 한편 소수의 사람들에게는 빈농들이 생산해낸 잉여 농산물이 그들이 기댈 수 있는 소득원이었다. 1945년 8월에 일본 식민지배가 종료된 후, 미국 및 한국전쟁으로부터의 외부적 압력과 빈농들의 투쟁에 의해 생성된 내부적인 요구가 광범위한 영향력을 지닌 토지개혁을 성취시켰다.

토지개혁은 이례적인 대규모의 구조적 변화들의 길을 열었다. 전통적인 대지주계급은 사라졌고, 그로써 산업화의 강력한 장애물이 제거되었다. 그 이후 양반 지배층은 국가 관료 기구 또는 기업체에서 일자리를 구했다. 해방 이후의 그 토지개혁은 또한 자신의 땅을 갖지 못했던 소작인들을 소지주로 변신시켰다. 그렇지만 국가는 산업화를 우선시했기 때문에 농업 부문은 착취를 당했으며, 그러한 국가의 시책은 유례없는 대규모의 이농離農 현상을 부추겼다. 도시지역으로 농민들이 유출됨에 따라서 저렴한 노동 비용의 노동 인력 풀이 창출되었다.

발전 지향적 국가

토지개혁은 남한의 발전에 필수적이기는 하나 충분치는 못한 조건이었다. 제한적인 산업화가 1950년대에 진행되었는데, 원조 제공국인 미국, 이승만과 국가, 그리고 예속적인 자본가들 간의 삼각동맹 덕택이었다. 미국의 후원과 해외 원조가 남한 지배층의 통치와 관료들의 부정부패를 유지했다. 1960년의 학생혁명이 발발할 무렵에는 대단히 적은 소수의 사람들이 독점 이윤과 임대료 등을 통해 현란하게 많은 부를 축적했던 반면, 국가 경제는 역동적이지 못한 상태에 있었다.

1960년의 학생혁명과 1961년의 군부 쿠데타 이후에 등장한 발전 지향적인 국가는 단호하게 산업생산으로 자본이 유입되도록 자본의 흐름을 통제하고 유도하였다. 박정희가 직면했던 고질적인 정통성 위기는 경제 성장의 중요성을 고조시켰다. 그 발전 지향적 국가는 과도한 외국 자본의 침투를 막았으며, 한편으로는 해외로부터 차관과 과학기술 이전을 획득하기 위해 노력했다. 그 국가는 **재벌**에게 자본과 신용을 제공하고 국내 시장을 보호하였으며, 그것과 동시에 수출을 장려했다. 그 국가는 자신의 경제적인 목표들을 이행하기 위하여 **재벌**의 성장 방향에 지대한 영향력을 행사했으며, 자본가 계급이 옛날의 잘못된 모습으로 되돌아가 발전이 없는 불로소득 생활자 계급이 되지 않도록 사전에 방지했다.

노동자 착취 그리고 과도한 여성 노동자 착취

수출 지향적 산업화가 남한의 역동적인 성장을 견인했다는 사실에는 의심의 여지가 거의 없다. 1960년대 후반에 그 무엇보다도 미국의 베트남 개입으로 인해 창출된 수요 그리고 일본 경제권역 속으로의 통합에 의해 기운이 북돋아진 남한의 수출은 확대되었다. 저렴한 비용의 노동력 덕택에 남한의 기업들은 직물류, 전자제품, 그리고 신발류 등의 산업 부문들에서 세계 시장에서 경쟁하는 타국 기업들보다 낮은 가격에 그들의 제품을 판매할 수 있었다.

국가의 정책은 노동자들의 조직을 파괴하고 그들의 임금인상 요구를 미연에 방지하려고 시도했다. 자본가들의 지배와 착취는 가로막힘 없이 진행되었다. 중앙정보부와 경찰은 기업 측에서 고용한 폭력단들의 지원을 받아 변화를 요구하는 노동자들의 활동을 폭력적으로 탄압하였다. 유신정권은 경영자들을 지원하고 노동자들의 불만을 침묵시킬 목적으로 엄연히 존재하는 노동 규제들을 무효화시켰다.

제약받지 않은 저렴한 노동력의 추구는 산업화 과정의 극단적인 비인간화의 원인이 되었다. 노동자들의 임금은 여타 개발도상국들에서보다 낮았으며 종종 사회적으로 필요한 최저한도 아래로 떨어졌다. 여성 노동자들의 노동조건이 특히 참혹했으며, 그 노동 조건의 특징은 장시간 노동, 낮은 임금, 그리고 가혹한 경영 규율 등이었다.

공장 안팎의 노동력 착취는 저렴한 노동력을 이용하여 수출을 증진시킴에 있어서 결정적으로 중요했다. 여성 노동력의 착취는 중공업, 산업 기반시설, 그리고 수출 지향적 경공업 등의 발전을 추진하기 위해 지극히 중요했던 외환 소득의 축적을 가능케 해준 주요 요인이었다.

국제 정치경제

토지 개혁, 발전 지향적 국가, 그리고 저렴한 노동력, 서로 분리할 수 없게 긴밀하게 뒤얽혀있었던 이 세 요인들이 남한의 발전을 추진함에 있어서 결정적으로 중요했다. 그렇지만 이 국내적인 요인들은 남한의 경제성장을 설명하기 위해 필요는 하지만 충분하지는 못하다. 국제적인 환경을 무시한다는 것은 가당치 않은 일이다.

미국에게 남한이 지니고 있는 지정학적인 중요성은 또 다시 강조할 필요조차 없다. 북한이 제기하는 위협과 그 위협의 뒤에 도사리고 있는 국제 공산주의라는 유령은 미국이 남한에게는 생명줄과도 같았던 군사적, 경제적 지원을 제공함에 있어서 충분한 동기가 되고도 남음이 있었다. 미군의 주둔은 남한에게 수입을 안겨주었으며 정치적 억압을 위한 국가 기구들의 발전에 도움이 되었다. 특히 베트남전쟁은 미국의 전략적 동맹국으로서의 남한의 가치를 입증하였다. 남한은 전투병들뿐만 아니라 미국의 베트남 개입에 의해 창출된 수요들을 채워줄 산업 생산품들을 공급했다. 베트남전쟁은 남한의 산업화에 중요한 자극을 제공했다.

지역적인 노동 분업 역시 대단히 중요한 역할을 수행했다. 남한은 고부가 가치 산업 생산을 향한 일본의 흥기를 뒤쫓아 갔다. 일본 사람들이 비운 산업 생산 및 수출의 틈새들을 남한이 메웠다. 일본은 또한 남한에게 몹시 필요했던 자본과 과학기술을 남한에게 이전해주었던 점에서도 중요했으며, 그러한 이전이 없었더라면 남한의 발전이란 결코 일어날 수 없었을 지도 모른다.

비교적 개방적이었던 1960년대와 1970년대의 국제 무역 체제는 남한의 수출 지향적 산업화 전략에 유리했다. 수출품들은 비교적 자유롭게 이동했던 반면에 남한 정부는 수입품들을 단단히 통제했다.

남한 모델은 복제될 수 있을까?

반론의 여지가 없는 남한의 경제발전이 모방자들에게 아주 매력적으로 보이는 것은 어쩔 수 없는 일이다. 1990년대 초에 인도의 재무상이었던 만모한 싱은 다음과 같이 질문했다: "남한에는 인도에는 없는 그 어떤 것이 있는가?"Economist, 1992.5.23 : 21 남한의 발전에 관한 대다수의 해설서들에는 다른 개발도상국들을 위한 지침들이 제시된다.Amsden 1989 : 320~24; P. Kuznets 1994 : 133~35 허나 남한 모델은 경제발전을 염원하는 1990년대의 국가들에게 적합하지 않다.

간략히 말하자면, 남한의 발전을 추동했던 그 조건들이 대다수의 개발도상국들에는 존재하지 않는다. 토지개혁은 수많은 제3세계 국가들에서 아직도 대단히 중요하고 긴급히 다뤄야 할 과제로 남아있다. 유력한 소수의 대지주들이 토지의 재분배를 가로막으며 종종 산업화를 위한 온갖 노력에 반대한다. 농업에 기반을 두고 있는 강력한 지배층이 존재하는 나라들에서는 발전을 추진하기 위한 국가의 역량이 여전히 제한되어 있다. 다국적 기업들에 대한 의존과 IMF가 강요하는 긴축 정책들 또한 많은 개발도상국들에서 정부의 의사결정 권한을 제한한다. 몇몇 나라들에서는 강력한 노동조합들 탓에 저렴한 노동력의 이용 가능성이 사전에 차단당한다.

국제적인 정치경제적 환경 역시 이미 변화되었다. 1990년대에 선진 산업국가들은 예전보다 자유 무역에 덜 개방적이다. 그 이유의 일부는 남한과 같은 나라들이 또 출현할 것을 그들이 경계하고 있음에 있다. 세계의 수많은 곳에서 다국적 자본의 침투는 점점 더 광범위해지고 깊어지고 있다. 비록 다른 주변부 국가들에게로 산업화의 물결이 장차 전파될 것이란 점은 의심할 바 없다 하더라도, 장래에 대한 이러한 전망이 제3세계의 한국화로 오해되어서는 안 된다.

하지만 비록 국가의 복지기능들을 폐지해버리고 자본 축적과 노동 탄압을 강화하는 것이 타당한 일인 듯 보인다고 하더라도, 다음과 같은 질문을 제기하지 않으면 안 된다: 어떠한 대가를 치르고? 산업화란 공장 노동자들과 농부들의 양어깨에 무거운 짐이 지워진 채 진행되었던 것이며, 그들의 연일 계속되는 장시간 노동과 최저 생계비에도 못 미치는 임금이 그 산업화란 기적의 추진력이었다. 아닌 게 아니라 고통은 계속되고 있다: 최소한의 기준에도 미달하는 노동조건과 최저 생계비에도 못 미치는 임금을 제공하는 노동력 착취 공장들, 성性노예 상태 그리고 그것에 수반되는 여성에 대한 폭력, 늘어나는 농가 부채, 그리고 그것들보다 훨씬 더 많은 사회 문제들에 관한 이야기들이 신문들의 지면들을 채우고 있다. 소리 높이를 낮추도록 강요당한 눈에 보이지 않는 다수의 아우성이 아직도 역사책들의 지면 속에서 정의를 요구하고 있다.

남한의 발전에는 또한 4반세기 동안 지속된 군부 통치가 필수적인 선행조건이었다. 한때 중앙정보부는 나라에서 최대 규모의 조직체였다. 권위주의적인 통치에 대한 항의들은 셀 수 없이 많은 사람들의 투옥과 고문으로 귀결되었다. 경제성장이란 미명하에 정치적으로 또 지성적으로 억압당한 나라에는 매우 많은 고통을 겪은 탓에 육신과 영혼이 극도로 피폐해진 인생들이 아주 많았다.

오늘날 남한은 수많은 개발도상국들이 찬탄하고 부러워하는 나라이다. 남한이 누리고 있는 번영과 자유는 많은 다른 나라들은 성취할 수 없는 것임이 이미 입증되었다. 허나 그 번영은 이제 더는 존재하지 않는 한 묶음의 복잡다단한 외부적인 조건들에 의하여 가능하게 되었던 것이며, 또 일정한 대가를 치르고 얻어진 것인데, 그 대가가 너무 높았기 때문에 물질적인 풍요라는 겉모습의 이면에 남한은 여전히 사회적인 문제들과 깊은 사회적 분열들로 가득 찬 나라로서 존속하고 있다.

부유함을 보여주는 하나의 표식은 가난했던 시절의 순수함을 향한 향수 어린 동경이다. 가난에 허덕이고 또 어려움 속에서도 무엇인가를 성취하려 고 분투하는 사람들에게 그러한 회상에 필요한 여유로운 휴식은 쉽게 허락 되지 않는다. 해방 후 시기의 남한이 바로 그랬었다. 그레고리 헨더슨은1980 :95 다음과 같이 언급했다: "한국인들은 남다르게 과거를 되돌아보는 성향을 갖고 있지 않다. 이제 한국 문화는 이씨 왕조 시대의 **시조**時調가 실어다주는 그 향수鄕愁라는 화물을 결여하고 있는 듯하다." 물질적 욕망이 충분히 만족 되었으므로, 향수를 가두어 놓았던 둑이 터졌다.

기본적인 필요들의 충족과 과거에 대한 동경은 선우휘의 소설『망향』에서 명징하게 드러난다. 그 소설의 주인공은 다음과 같이 말한다: "그런데 점점 더 편안하게 살게 되면서, 고향집 생각이 더욱 간절해진다."선우 1980:24 그 소 설은 해설자의 친구 아버지에게 초점을 둔다. 그 친구 아버지는 그 소설의 시 작 시점보다 거의 20년 전인 1946년에 황급히 북한을 탈출했지만, 이제는 북한에서 보냈던 어린 시절에 살던 집을 옛날 모습과 다름없이 다시 짓는 것 만이 그의 유일한 소망이며, 천장에서 무언가를 갉아먹던 쥐들에 이르기까 지 모든 것들을 옛날과 똑같이 재현하고 싶어 한다. 그 노인은 자신의 아버지 를 닮아가게 되는데, 그의 아버지 이미지라고 생각한 것을 만지려고 손을 뻗 는 도중 익사한다. 하지만 실제로 그 이미지는 물에 투영된 그 자신이었다.

예상한 바를 벗어나진 않지만, 옛날을 향한 그 갈망은 역설적으로 자본주 의적 산업화와 함께 그 정도가 높아졌는데, 그 산업화는 전통과 물리적 환경을 그야말로 분쇄해버렸던 것이다. 미국에서 교육받은 어느 남한 사람은 1970년대에 로버트 샤플렌에게[1972 : 142] 다음과 같이 말했다:

제가 (미국에서) 돌아왔을 때, 저에게는 모든 것들이 혼란스러웠습니다. 저는 할아버지께서 사셨던 시골로 갔는데, 거기서 가구, 도자기, 그림 등 온갖 종류의 아름다운 것들이 광 속에서 썩어가고 있는 것을 보았습니다. 저는 그것들을 서울로 가져 왔으며, 지금 그것들은 저의 집에 있습니다. 그것들은 제가 더 이상의 불평과 분노 없이 근대화를 받아들일 수 있게 되려면 재발견해야만 할 한국의 과거가 남긴 유산의 일부입니다.

이러한 정서는 외국에서 살았던 경험이 있는 남한 사람들 또는 남한사회와 자신을 연결하는 끈끈한 연줄을 유지하며 사는 해외로 이주한 한국인들에게서 빈번하게 발견된다.

1980년대 후반이 되자 도처에서 들리는 한강의 기적에 대한 찬양과 더불어 과거를 향한 향수는 수많은 대중 소설들과 텔레비전 드라마들에서 쉽게 감지할 수 있는 주제가 되었다. 어떤 텔레비전 쇼에서는 어느 부유한 가정에서 살고 있는 한 회사의 회장이 사라진다. 가족과 친구들 사이에서 그의 행방에 관하여 추측이 난무하는 가운데 어느 친한 친구가 그는 자신의 선조들 살았던 마을로 돌아가 있을 것이라고 정확하게 추측한다. 마침내 그의 아내가 그를 찾아내는데, 그는 시냇가 바위 위에 걸터앉아 주변을 멍하니 응시하고 있었다. 그녀가 그에게 집을 나온 이유를 묻자, 그는 **라면**을 먹고 싶었으며 또 자연을 즐기고 싶었다고 말한다. 사실 그는 혼잡한 도시에서 살며 서양 음식을 먹기보다는 부모님의 보살핌을 받으며 자랐던 시절의 소박함으로 돌아가고 싶었던 것이었다. 옛날을 향한 향수 그리고 분노가 불안하고 역설적으로 뒤섞인 그러한 정서는 평범한 인생들이 최후로 결산 평가될 때 그 바탕이 되는 원재료이다. 나의 아버지는 인생의 많은 시간을 시대에 뒤진 고향 마을에서 달아나는 데 소비했다. 마침내 그는 미국으로 이주했고, 그럼으로써 평생의 소원들 중 하나를 성취했다. 하지만 직장에서 은퇴할 무렵에 이르자 그는 남은 여생을 선조들이 살았던 마을에서 보내는 방안을 심각하게 고민했다. "생활비는 적게 들고 소박하게 살 수 있을 거야"라고 그는 말했다.

1988년 서울올림픽이 개최되는 동안에 사람들은 자부심을 드러내 보였으며 대단히 기쁜 마음으로 고층 건물들, 고속도로들, 그리고 고급 상점들과 식당들로 사람들의 눈길을 이끌었다. 그러는 동안 정부는 포장마차들과 노점상들과 같은 아름답지 못한 옛날의 유산을 강제로 철거했다. 민족의 문화적 기본바탕이 와해되기 시작했다. 즉, 무엇인가를 선물로서 주고받던 기풍은 거래, 투자, 그리고 구매라는 기풍으로 대체당했다. 제1세대에게는 성공을 향한 강한 욕구와 확고한 결의가 있었지만, 제2세대는 그저 탐욕스러워 왔던 것뿐인 듯하다. 사람들은 종종걸음으로 바삐 오가며, 일상적인 인사는 "나는 바쁩니다, 댁 역시 그럴게요"가 되었다. 1960년대에는 버스 안에서 낯선 사람들이 기꺼이 그리고 지체 없이 내 할아버지에게 자리를 양보했었다. 1980년대 후반에 사람들은 급하게 앞 다퉈 버스와 지하철 열차를 탔으며, 심지어 힘없는 할머니들을 거칠게 밀치게 되는 경우에도 마찬가지였다. 소들과 들녘이 사라지면서 별들도 함께 사라졌으며, 아이들은 좋은 학교에 들어가 좋은 직장을 얻기 위해 도서관에서 밤 시간을 보낸다. 그리고 겉은 사치스러우나 피상적인 과시와 물질적인 풍요 이면에는 주목받기에 충분할 만큼 규모가 큰 소수집단이 장시간 동안 힘겹게 일하며 허름한 집에서 산다.

1980년대 후반에 내가 서울에서 살았을 때, 나는 조선 시대 관료들과 일제 식민지 시기 관료들의 주거지였던 인사동에서 지나칠 정도로 많은 시간을 보냈는데, 그곳은 전통적 한국의 자취가 남아있는 서울에서 몇 안 되는 지역들 중 하나였다. 그곳의 헌책방들, 공예품 가게들, 그리고 전통 찻집들은 일본식 백화점들과 미국식 즉석 음식 가맹점들로부터 한숨을 돌릴 시간을 제공해주었다. 허나 그곳에 다시 갈 때마다 나는 근대적인 건축물들이 점점 더 많은 면적을 차지해가는 것을 볼 수 있었다. 과거와 현재에 관하여 깊은 생각에 잠기면서 나는 미래에 대하여 애석한 마음을 금치 못하게 되었다. 한국의 전통 차를 천천히 음미하면서 양복 차림의 부유한 상인들이 지나가는 모습을 바라보았을 때, 로마에 의한 영국의 식민지화 과정을 기술하는 타키투스의 『아그리콜라』 속의1970:67 다음과 같은 구절이 나에게 저절로 회상되었다: "우리 의복의 착용이 남다른 우월함이 되었다. (…중략…) 그리고 영국인들은 서서히 그들을 현혹하는 나쁜 습관들 속으로 빠져들었다. 즉, 포장된 수변 산책로, 욕조, 고급 집기들이 갖춰진 저녁 식탁 등에 그들은 익숙해져갔다. 그 아둔한 토착민들은 그들을 노예로 만드는 이러한 것들에 '문화'라는 이름을 붙였다." 이러한 성찰은 물론 국외자의 특권이며, 갈수록 더 높은 수준의 소비 생활을 해야 함에 환멸을 느끼고 자발적으로 선택한 소박한 생활에 방점을 두는 한 갈래 서양 문화의 산물이다. 그 동일한 현상을 다른 사람들은 싫든 좋든 발전이라고 생각한다.

부록 - 역사에 관한 단상斷想들

비록 이 책의 서술을 한국 역사의 시초부터 시작하는 것이 솔깃한 일이었 겠으나, 그러한 기술은 현대의 남한이 이룩한 발전의 역동성에 대한 이해를 돕기보다는 오히려 어렵게 했을 것이다.[12] 따지고 보면, 더욱더 먼 과거로 탐 구의 영역을 넓혀가는 것이 반드시 바람직한 것은 아니다. 오직 신화에 열광 적인 관심을 갖는 사람들만이 13세기의 삼국유사三國遺事에 따르면 최초의 한 국인인 단군에서부터 서술하기 시작할 것이다. 더욱이, 나는 전통적인 한국 의 유산 혹은 심지어 일본 식민지 시절의 유산에 방점을 두는 부류의 남한의 발전에 관한 설명들에 동의하지 않는다.

전통과 그 유산

남한의 발전을 설명하기 위하여 전통적인 한국의 문화, 가치들 혹은 민족성 에 도움을 청하는 것이 훌륭한 판단인 듯이 보인다.e.g. K. Chung 1956 : 30~31 이러한 맥락에서 에드워드 메이슨은1982 : 134 이렇게 말한다: "한국인들이 한국 땅에 거주해왔기 때문에 남한이 성장했다고 말하는 것은 지나친 일이지만, 한국인들 의 특징적인 개인적·사회적인 규율, 근로 습관, 교육에 대한 열정, 그리고 자신

---

[12] 한국 역사에 대한 개괄을 원하는 독자들은 다음을 참고할 것 : Eckert et al.(1990) 브루스 커밍스의 *Korea's Place in the Sun*(1997)과 출간이 예고되었던 *Cambridge History of Korea*가 이 책에서 참조하기에는 너무 늦게 출간된 것을 나는 애석하게 생각한다.

과 가족의 발전을 향한 욕구는 지금까지 남한의 성장에 깊이 개입되어왔다." 하지만 그러한 총괄적인 칭찬은 대다수의 성공한 나라들에 대한 일반적인 성격 규정이다. 한국인들의 민족성, 문화, 가치들 등에 대한 찬양은 현재의 성공을 설명하지 못한다, 왜냐하면 그것들과 똑같은 한 묶음의 요인들이 이미 과거의 실패들을 설명하기 위해 원용되어왔기 때문이다.[e.g. Weems 1960 : 14]

오리엔탈리즘의 원죄인 한 문화의 정수를 정확하게 기술하려는 시도에 대한 유혹은 학문적 분석을 역사 및 이질성으로부터 멀어지게 한다. 문화적인 일반화에는 악명 높게도 예상치 못했던 함정들이 가득하다. 루이스 임[1951 : 276]의 "(한국인들은) 예나 지금이나 감정의 기복이 신속하다. 우리는 '아시아의 아일랜드인들'이라고 불린다"라는 언명을 고려해보라. 이 언명과 유사하게 로버트 샤플렌[1972 : 136]은 한국인들이 "일종의 왁자지껄하고 활기가 넘치는, 아일랜드인들을 닮은 감정의 영역을 갖고 있으며, 그것은 그들의 즉흥성, 웃음, 울음, 그리고 노래 부르기 등에서 드러난다"라고 관찰했다. 비록 그와 같은 성격 규정이 남한이 농경사회였던 1950년대에는 타당했을 수 있다고 하더라도, 1990년대의 산업사회에서는 입에 발린 소리처럼 들린다. 여러 농민 문화들이 수많은 지점들에서 서로 만남을 보여준다는 것에는 놀라울 점이 없다. 라우터바흐에[1947 : 244] 따르면, 러시아인들은 한국인들이 폴란드인들과 많이 닮았다고 생각했다. 일본 출신 인류학자 나카네 치에는[1973 : 186] 남한 사람들이 러시아인들 및 이탈리아인들과 흡사하다고 보았다. 혹자는 다음과 같은 질문을 제기할 수도 있을 것이다: 그 사람들은 한국인들을 정해진 목표에 매진하는 프러시아인들, 창의력이 풍부한 양키들, 그렇지 않으면 어쩌면 심지어 진지하고 끊임없이 노력하는 일본인들과 비교했어야 마땅하지 않았을까?

그뿐 아니라, 20세기 이전에 한국인다움을 자신감 있게 또 강력하게 내세운다는 것 자체가 미심쩍은 일이다. 당시에는 대중 매체와 대중 교육이 없었던 탓에 한국인들의 통합 및 동질화가 진행되기 어려웠다. 조선 왕조 시대의 한국은 또한 경직되게 계층화된 사회였으며, 지역들 간 이동과 신분의 상승이나 하강도 제한적이었다. 지역들 간 차이들과 신분상의 불평등은 대다수의 한국인들에게서 초보적 형태의 민족주의적 정서가 발아하는 것을 차단했거나 최소한 어렵게 하였다.cf. Sin Yong-ha 1987 : chap.1 문화적으로 낙후된 지역들의 대다수 엘리트들이 그러했듯이, **양반**은 정치 · 경제 · 사회 · 문화적 중심부 지역을 모방했으며, 한국의 경우 그 중심부 지역이란 중국을 의미했다. 비록 **양반**이 그들 나름의 독자적인 문화적, 심지어는 원초적인 민족적, 정체성을 의식하고 있었음에는 의심의 여지가 없다고 해도, 엄밀한 의미의 민족적인 문화는 20세기 이전에는 존재하지 않았던 것과 다름없다.

게다가, 전통이란 시간의 흐름을 타고 장려壯麗하게 그리고 간단없이 흘러가는 그 무엇이 아니다. 대단히 존중받는 민족적 전통으로 받아들여지는 것이 빈번하게 특정 계보의 국가 통치를 정당화할 목적에서 최근에 조작된 것에 불과하다. 이제는 이론異論의 여지 없이 남한의 민족적인 민속 노래가 된 〈아리랑〉을 고려해 보라. 데이비드 맥칸에1979 : 55~56 따르면, 현대적인 모습의 〈아리랑〉은 동일한 제목의 1926년도 영화에서 그 기원을 발견할 수 있다. 그는 이어서 이렇게 언급한다: "이 민족적인 노래의 존중할만한 유래를 보여주려는 다양한 시도들은 전통 한국에서 근대 한국으로 이행하는 시기에 관한 사회사에서 그 노래가 지니는 하나의 기록물로서의 중요성을 이해하기 어렵게 해왔다."

전통의 현대적 구성은 차치하고, 심지어 '진정한' 전통적 한국조차도 결코 정지 상태에 있었던 것이 아니었다. 오백 년 동안 지속된 왕조 통치는 역경들을 견디고 극복해내는 그 국가의 강건함을 증명하지만, 그 강건함이 정체 상태로 오해되어서는 안 된다. 예컨대, 한국의 유교화儒教化는 예상보다 오래 계속된 장기간에 걸친 과정이었다.Haboush 1991; Deuchler 1992 그 기간 동안에 상이한 노비 집단들의 수와 법적 지위는 현저하게 변했다.전동택 1989 농업 기술이 변화를 겪었고이태진 1986 : chap.13, 그러는 동안 상이한 유형의 상인들이 흥하고 망하면서 상업화가 진척되었다.O Sŏng 1989 전통이란 언제나 유동적인 것이라는 단순한 주장을 하기 위해 이러한 사례들을 아주 많이 늘릴 수 있다.

문제는 연속된 것들과 단절된 것들을 어떻게 이해하는가이다. 실제로 그러했던 것보다 더 구체성을 띤 전통적 한국에 관한 현대의 이해를 과거 속으로 투사하는 대신, 우리는 현대의 이념들, 관행들, 그리고 제도들의 기원을 명확한 과거의 시기에서 발견해야 한다. 가족의 혈통, 언어의 용법, 그리고 문화적 관행들에서 연속성이 있음은 명백하다. 하지만 명목상으로 연속된 것들은 종종 질적으로는 파열된 것들을 가린다. 비록 서로 다른 이름들로 불려왔지만, 서울이 여러 세기 동안 존재해왔음을 의심하는 사람은 없다. 하지만 1900년도의 서울은 현대의 남한에서라면 하나의 작은 지방도시에 불과할 터이고, 천만이 넘는 인구를 가진 현재의 모습과는 비교될 수도 없다. 또는 조선 시대의 국가와 1980년대 남한의 국가를 비교해보라. 조선 시대 국가에게는 전국적 차원의 경찰력이 없었다. 아닌 게 아니라, 19세기 중반에 아마도 천만 명 정도의 인구가 살았을 나라에 지방 관청의 수령은 겨우 330명에 불과했다.Palais 1975 : 12 그것과 대조적으로, 1980년대 후반 무렵의 남한에는 백만 명에 육박하는 사람들이 군대와 경찰에 있고, 지방 정부 공무원들은 50만 명에 이른다.Clifford 1994 : 8

전통 그것 자체만으로는 남한의 발전을 설명하지 못한다.

그럼에도 불구하고, 일부 학자들은 훗날에 성취된 발전의 기원을 전통적인 한국 또는 조선 왕조 시대의 한국에서 발견하려고 시도한다. 그러한 시도에는 두 가지의 중요한 설명을 위한 노력들이 있다.

그중 하나의 논의에서는, 자본주의 '맹아萌芽'가 싹트자마자 일본 식민통치에 의해 성장이 저지당했다는 것이다.김용섭 1970; Kajimura 1977 이 주장은 한국을 낙후되고 정체된 사회로 묘사했던 일본 식민지 시절의 역사 편찬에 대한 유익한 해독제이다.이태진 1989 : 115~26; Kang Sang-jung 1993

하지만 조선 왕조 시대의 한국은 결코 자율적인 자본주의적 발전을 위한 조건들을 갖추어나가고 있지 못했다.cf. Palais 1996 : 1018~19 19세기 후반의 한국에는 양질의 내륙 교통 및 통신, 전국적 차원의 통일된 금융제도, 그리고 광범위한 지역 간 노동 분업이 결여되어 있었다.cf. 강만길 1984a 더욱 중요한 점은, 당시의 제한적인 농산물 거래를 근대적인 교역 및 산업으로 전환시킬 역량을 지닌 행위주체의 등장이 임박했다는 조짐이 없었다는 점이다. 국가에게는 사회적 생산기반 시설을 건설할 역량이 부족했으며, 한편 **양반**들에게는 상인이나 산업가가 되고자하는 동기가 거의 없었다. 도시 거주자들의 수가 적었으며, 농민들은 근근이 생계를 이어갔다. 자본주의적인 기업들과 근대적인 산업들은 일본 식민지 시대에 시작되었다.Kobayashi 1975; Eckert 1991 비록 자율적인 발전이란 반사실적인 가능성을 완전히 부인할 수는 없다고 하더라도, 한국 자본주의의 기원을 조선 시대의 한국에서 찾는 일은 비현실적인 듯하다.

보다 더 유행하고 있는 설명은 유교윤리 명제Confucian ethics thesis이다. 유교는 배움을 강조하며 근면을 권장한다고 널리 알려져 있으며, 그러한 유교의 영향을 받고 탄생한 잘 교육받고 훈육된 노동력이 발전의 원동력이 된다는 것이다.Harrison 1992 : 106~9; K.-D. Kim 1994 : 102~3; cf. Lie 1996b

그렇지만 교육과 근면에 끼친 유교의 영향은 분명치 않다. 비록 여러 세기 동안 유교가 한국에 존재했던 것은 사실이지만, 해방 이후에 이르러서야 비로소 미군정과 이승만 정권에 의하여 대중교육이 제도화되었다. 더욱이 1960년대까지도 필리핀과 태국의 문해율文解率 : 전 국민 중 글을 읽고 소통할 수 있는 사람들의 비율은 남한의 문해율과 동등했다. 태국은 일찍이 1935년에 의무교육을 실시하였으며, 1960년도 태국의 문해율은 남한의 그해 문해율보다 높았다.Pak Kŭn-ho 1993 : 5~6 하지만 필리핀과 태국은 유교의 영향을 받은 적도, 또 계속하여 남한이 겪었던 종류의 발전을 경험한 적도 없다. 교육만으로는 남한의 발전을 설명하기에 명백히 충분치 못하다.McGinn et al. 1980 : 240~41 더욱이, 유교 또는 발전을 경험하지 못한 다른 아시아 국가들에서도 근로 시간은 지금까지도 길다. 비록 근면이 발전에 필수적이지만, 근면이 발전을 위한 충분조건이라고 보기는 대단히 어렵다. 노예들과 빈농들이 육체적 탈진에 이를 지경까지 장시간 동안 고된 노동을 이어갈 수도 있지만, 그들의 피와 땀이 반드시 발전으로 이어지는 것은 아니다.Tax 1953 : 17~19

유교윤리 명제는 인과 관계가 성립하지 않는 단순한 시간상 선후 관계를 인과 관계로 잘못 판단한 허위 논법에 근거한 설명이다. 어네스트 겔러가1981 : 7 비꼬는 투로 언급하듯이, 이슬람교도들이 경제성장을 이룩했더라면, 그 성취는 의심할 나위 없이 이븐 베버를 자극하여 『하와리지의 윤리와 자본주의 정신』을 집필하도록 했을 것이다. 확실히 한국인의 노동 윤리는 전통 시대의 한국을 관찰했던 사람들에게 또렷하게 목격되지 않았다. 이사벨라 버드는 1890년대에 한국의 여기저기를 여행하면서 다음과 같은 글을 남겼다:

(한국) 사람들의 에너지는 동면冬眠하고 있다. 세상에서 가장 우스꽝스러운 사회적 의무들에 의해 무력화된 상층 계급들은 하는 일 없이 지내며 인생을 허비한다. (…중략…) 하층 계급들은 늑대가 집안으로 들어오지 못하도록 하기 위해 필요

한 것 이상으로는 더 일하지 않는다. (…중략…) 한국어 사전의 편찬자가 말하기를 한국어에서 **노동**이란 단어는 '상실', '악', '불행'과 동의어이며, 무위도식하는 남자는 신사紳士층 내의 자리에 대한 자신의 권리를 입증하는 것이라 한다.Bird 1986, 2 : 278, 280; 또한 다음을 볼 것, Gale 1898 : 177

실제로 유교는 남한의 발전을 가로막는 중요한 장애물이라고 널리 생각되었다. 홍이섭은1973 : 111 다음과 같은 글을 남겼다: "유교는 (…중략…) 권위주의적이고 관료주의적인 정신을 배양하는 토양이며, 또 근대화를 방해하는 요소들을 내포하고 있는 토양이었다."또한 다음을 볼 것, M. G. Lee 1982 : 5 유교가 금전적 추구를 평가절하 하는 철학으로 널리 인식되었음에 비추어 볼 때, 이러한 평가는 놀랍지 않다.Hahm 1967 : 27~28; Palais 1975 : 174

조선 왕조 시대의 한국과 현대의 남한 간에는 질적인 차이점들이 존재한다. 20세기 한국은 더 이상 "고요한 아침"의 나라가 아니었으며, 차라리 새넌 맥퀸의1966 적절한 부제副題에 등장하는 것처럼 "깨뜨려진 고요함"의 나라였다. 나는 지금 조선 왕조의 유산을 하찮은 것으로 간단히 일축하고 있는 것이 아니다. 다만 그 유산은 서류에 의해 입증되고 또 논의되어야 할 필요가 있다는 뜻이다. 엄밀한 의미에서 전통이란 하나의 이데올로기적 개념적 구성an ideological construct. 과거가 현대에 긴밀하게 그리고 직접적으로 유관有關함을 주장하기 위해서는 이념, 가치, 관행, 또는 제도 등 그 어느 영역에서건 명확한 관계들의 기원 또는 발전을 추적하여 밝혀낼 필요가 있다. 그러한 관계들이 존재하지 않을 경우에는 현대의 정치경제를 설명하기 위해 우리는 보다 최근의, 그리고 과거와 현재 사이에 발생한 영향들 및 사건들을 강조해야 한다.

식민 통치와 그 유산

한국에 대한 일본의 간섭은 점점 더 깊어져갔다.^{Duus 1995} 한국에 대한 자신의 전통적인 우위를 유지하려는 중국의 시도를 청일전쟁에서^{1894~95} 좌절시킨 다음 러일전쟁에서^{1904~5} 승리를 거둠으로써 일본은 한국에 대한 우월권을 확보했다. 이미 일본의 영향권에 편입되어 있었던 한국은 1905년에는 일본의 보호국으로 전락했던 것이다. 그로부터 5년 뒤 한국은 일본에 병탄되었으며, 그로써 35년 동안 지속된 일본의 식민통치가 시작되었다.^{Beasley 1987; Unno 1995}

한국 근대사 전체가 그렇듯이, 일본에 의한 한국 식민통치 시기에 관해서는 논쟁들과 격렬한 비판들 및 옹호들이 넘쳐난다. 남한의 일반 대중들의 견해에는 "36년간의 일본 식민통치"가 순전히 재앙과 사회악에 시달렸던 시기로 묘사된다.^{강만길 1984b: pt. I} 일본의 식민주의는 아직도 많은 남한 사람들에게 불의不義와 불행에 관한 은유隱喩로 남아있다. 서기원의 1963년 소설 『상속자』에서 젊은 주인공은 할아버지에게 그가 정부 관료가 되기 위하여 과거시험에 응시한 적이 있는지 묻는다. 할아버지는 이렇게 대답한다: "내가 시험에 응시할 만한 나이가 되었을 때에는 일본 사람들이 들어왔기 때문에 과거시험은 금지되었단다"^{서기원 1990: 172} 사실 그 주인공은 훗날 그의 할아버지가 방탕한 생활을 하는 젊은이였던 탓에 그가 과거시험에서 낙방한 데 대하여 그 자신 밖에는 탓할 사람이 없다는 사실을 알게 된다. 이 일화와 유사한 방식으로, 일본을 맹비난하는 수사修辭는 종종 20세기 한국의 복잡한 사정들을 감춘다.

일본의 식민주의가 경찰을 동원한 잔혹한 통치, 인종 차별, 사상 통제, 그리고 농민 및 노동자들의 착취를 동반했음을 부인하는 사람은 거의 없다. 하지만 일본의 식민주의는 또한 한국이 일본의 부국강병 및 근대성 추구에 휘

말려들게 하였으며, 그럼으로써 한국이 근대 세계사란 무대 위에서 달아날 길 없는 붙박이가 되도록 하였다. 1945년의 한국은 이론의 여지없이 조선 왕조 시대의 한국이 아니었다. 이러한 이유로 일부 학자들은 일본의 식민통 치로 인한 한국인들의 손실과 희생을 인정하면서도 남한의 발전에 일본의 식민통치가 끼친 이로움을 강조한다.Henderson 1973 : 266~67; McNamara 1990 : 3 이 러한 부류의 주장에서는, 일본의 식민주의는 훗날 남한의 발전을 위한 강력 한 발판을 제공하였다.

일본 식민주의의 긍정적 영향에 관한 탐구는 결정적으로 중요한 의미를 지닌 맥락 하나를 간과한다. 일본 식민통치의 본질적인 진실은 일본은 가차 없이 잔인하게 자신만의 이익을 추구했다는 점이다. 당시의 한국 경제는 저 개발된 식민지 경제의 전형적인 사례였다. 하지만 일본 식민주의 탓에 치러 야 했던 희생과 일본 식민주의 덕택에 얻은 이익에 관한 논쟁보다 훨씬 더 중 요한 것은 그 식민지 시기가 해방 이후의 정치경제에 대단히 중요한 배경을 제공했다는 점이다. 근대적인 경제 및 정치의 씨앗들이 이 시기에 심어졌으 며, 그 속에는 해방 직후에 폭발적으로 발생했던 투쟁들도 포함된다.

일본 식민주의의 영향

수출 지향적 단일작물單一作物경제가 전형적인 식민지 경제이다. 잉여 생산 물은 탈취되어 식민지 지배자들의 본국으로 보내진다. 더욱이, 자본주의적 농업이 점차로 확장됨에 따라서 농민들은 양극화된다. 토착 지배 집단은 식 민 세력에 협조함으로써 자신의 권력을 유지한다.Frank 1969 : chap.4

한국에서 시행되었던 일본인들의 농업정책은 전형적인 수출 지향적 단일 작물 경제의 제 조건들 중에서 여러 가지를 충족시켰다. 비록 총 농업 생산량이 1910년부터 1941년에 이르는 기간 동안에 곱절로 늘어났지만, 그 증가분의 많은 몫이 일본으로 부당하게 유출되었으며 한국 농민들의 실질적인 생활여건은 이전보다 악화되었다.S.-C. Suh 1978 : 167 1915년부터 1938년에 이르는 기간 동안 한국 농민들의 총 곡물 소비량이 감소하였는데, 농민 일인당 쌀 소비량은 대략 40퍼센트 정도 감소했다.Grajdanzev 1944 : 118~19 서상철에1978 : 83 따르면, "총 소작농 가구의 62퍼센트 이상에게 적절한 일상적 식사에 필요한 최소한 양의 식량조차 모자랐다".

더욱이, 농업의 상업화, 가혹하게 집행된 과세, 그리고 부당하게 높은 이자율 등 탓에 토지를 소유하지 못한 소작농의 수가 증가했다. 도조賭租, 즉 농지임대료는 평균적으로 수확량의 50퍼센트를 상회했고, 90퍼센트까지 이르는 경우도 있었다.Grajdanzev 1944 : 114 1918년부터 1938년에 이르는 기간 동안에 소유한 토지가 없는 가구의 비율은 38퍼센트에서 58퍼센트로 증가했다.H. K. Lee 1936 : 148~61 소작이 늘어나자 급속한 대규모 이농離農현상이 발생했다. 1930년부터 1935년에 이르는 기간 동안에 이농민들은 연평균 6만 명에 지나지 않았지만, 1935년부터 1940년에 이르는 기간 동안에는 이농민의 수가 연평균 22만 명으로 상승했다. 1944년 무렵에 이르면 최소한 10퍼센트의 한국인들이 국외에서 살고 있었다.Grajdanzev 1944 : 81

농업의 상업화, 농민의 빈곤화, 그리고 대규모 이농현상 등의 변화에도 불구하고, 지방의 지배 구조 및 토지소유 구조는 대체로 옛날과 다름이 없었다.Cumings 1981 : 41~48; G. Shin 1990 : 6; Duus 1995 : 395 주목할 만한 예외적인 경우들이 있기는 하지만, 한국의 농촌 지배층은 일본의 식민통치에 협력하였고, 그럼으로써 지역사회 내 그들의 권력을 유지하였다.

일본의 식민통치가 한국 농촌의 불행과 고통에 기여한 바가 있다면, 그 식민통치가 기울인 산업화를 위한 노력은 어떠할까? 앤드류 그라이단제프는

1944:4 다음과 같은 관찰을 남겼다: "어느 한 식민지에 대한 지배력의 행사, 바로 그것이 철도, 도로, 약간의 학교들, 그리고 약간의 병원들을 필요로 한다." 더욱이, "한국 경제는 일본인들이 소유하고 운영했다".G. McCune 1950 : 37 일본인들이 강제로 추진한 급속한 산업화의 혜택은 낙수효과를 통해 전통적인 한국 경제에게로 또는 한국인 노동자들에게로 흘러가지 않았다.S.-C. Suh 1978 : 155 일본인들이 한국에서 창출해낸 근대경제 부문은 식민지 한국 경제가 아니라 일본 경제에 통합된 상태로 남아 있었던 것이다.S.-C. Suh 1978 : 111 대다수의 관료들, 경영자들, 기술자들, 그리고 공학 기술자들은 일본인들이었다. 근대적인 공장들 및 발전소들은 대개 한국의 북부 지방에 위치해 있었다. 남한에 남겨졌던 것들은 한국전쟁 도중에 파괴되었다.이태근 1990 일본인들이 추진했던 급속한 산업화가 한국전쟁 이후의 남한 경제에게 직접적인 유산으로서 남겨준 것은 거의 없었다.

일본 식민주의의 혜택이 그럴듯해 보이는 것은 일본이 근대적인 것들을 한국에 전달해 주었기 때문이다. 근대성은, 그것이 서양식 건축술과 산업들이든, 유럽의 이념들과 예술이든, 아니면 전 세계적인 음식과 예절이든 상관없이, 식민 통치를 통하여 한국에 전파되었다. 일본의 한국 통치에서 적용되었던 것은 프랑스의 모로코 통치에서 혹은 영국의 이집트 통치에서도 적용됐다.Rabinow 1989 : chap.9; T. Mitchell 1991 : chap.3 하지만 탈식민 사회의 보편적인 특징인 식민지 근대성이 남긴 지워지지 않는 정서情緖와 외양外樣은 대다수의 탈식민 사회들에서 발전으로 이어지지 않는다. 제3세계의 수도들에서 탈근대적인 건축 양식은 대다수의 주민들이 거주하는 전근대적인 허름한 집들과 공존한다.

또한 서양에서 교육받고 근대적으로 변모해가는 엘리트의 존재 역시 국가의 발전을 보장하지 않는다. 장기간에 걸친 식민통치에는 식민통치의 혜택을 누리는 식민지민 중 점점 더 많은 사람들을 포섭할 필요가 있다. 남한 출신 관리들, 기업가들, 그리고 심지어 지식인들마저 식민통치에 필수적인 요소가 되었다.임종국 1966, 1982; M. Robinson 1988 1938년에 처음으로 출간된 채만식의 『태평천하』1993 : 312는 일본인들의 통치하에 사는 한국인 엘리트들이 물질적으로 풍요로워진 것과 정신적으로 궁핍화된 것에 대한 허구적인 고발이다. 자신의 손자가 사회주의자라는 이유로 체포된 것을 알게 된 윤직원은 문득 다음과 같이 무심결에 내뱉는다: "자 부아라, 거리거리 순사요, 골골마다 공명헌 정사政事, 오죽이나 좋은 세상이여······ 남은 수십만 명 동병動兵을 히여서, 우리 조선놈 보호하여 주니, 오죽이나 고마운 세상이여? 으응······? 제 것 지니고 앉어서 편안하게 살 태평세상, 이걸 태평천하라고 허는 것이여, 태평천하······!" 근대적인 행정 기구들 및 정치적 억압을 위한 기구들을 갖추고 있는 식민지의 엘리트는 빈번하게 부패한 통치를 영속화한다. 서구화된 모로코 사람들도 이집트의 엘리트도 지금까지 성공적인 국가 발전을 성취하지 못했다. 제2장에서 본 바와 같이, 토지개혁이후의 남한에서조차도 엘리트의 통치는 국가 발전을 저해하였다.

남한의 발전에 대한 일본의 유산

비록 나는 남한의 발전에 대한 일본 식민 통치의 직접적 영향을 최소한으로 줄여왔지만, 식민지 시기는 남한 정치경제의 발전 방향에 심대한 영향을 주었다.

일본의 식민통치는 국가의 중앙집권화와 전국적 차원의 통합을 가져다주었다. 일본은 실질적으로 근대적인 한국을 창출하였다. 카터 에커트와 그의 동료 학자들은 이렇게 주장한다.1990 : 254 "1945년에 일본의 통치가 끝날 무렵에 이르면 한국인들이 영위하는 생활의 제 측면들 중 일본인들에 의한 통치가 한국의 방방곡곡에 침투함과 그 통치의 의지에 의하여 영향을 받지 않은 것이란 아무것도 없었다." 중앙집권적인 통치는 지방 정부들을 통합했으며, 나라 전체에 걸친 제도적인 통제와 경찰력에 의한 통제의 강도를 높였다. 연이은 남한의 통치자들은 일본인들이 구축한 정치적 억압을 위한 기구들을 기반으로 삼았다.

일본의 식민주의는 또한 한국 정치를 철저하게 변화시켰다. 1919년의 3·1운동이 그 전형적인 사례인 반식민 독립투쟁은 민족주의 운동과 공산주의 운동 모두를 강력히 진작시켰다. Kang Chae-on 1986 : chap.8 아닌 게 아니라, 이승만과 김일성 모두 그들이 항일 독립투쟁에 참가했었다는 사실을 정통성의 기반으로 삼았다. 더욱이, 상업화된 농업과 증가하는 소작은 광범위한 지방에서 발생한 일본 식민 통치에 대한 항의에 기여했다. G. Shin 1990 1920년에는 불과 15건의 소작쟁의가 발생하여 4,000명의 농민들이 가담하였지만, 소작쟁의가 절정에 이르렀던 1937년에는 31,799건이 발생하였으며 참가자는 77,515명에 달했다. Pak Kyong-sik 1973 : 1 : 281~82 30년간에 걸친 농민들의 식민 통치 질서에 대한 반대는 해방 직후 농민들의 정치적 동원에 결정적으로 중요한 배경이 되었다.

근대 산업들의 씨앗들이 또한 식민지 시기에 뿌려졌다. 자본가들, 관리자들, 공학 기술자들, 그리고 노동자들은 모두, 조직의 경영에 관련된 지식 그리고 산업에 어울리는 습관들과 함께, 20세기 전반기에 기원을 두고 있다. Eckert 1991 식민지 시대가 저물어갈 시기 내내 한국인이 소유한 기업들의 수가 증가했다. 물론 그 기업들 거의 모두가 일본인들의 통제하에 있는 경제안의 작은 틈새들을 차지하고 있었던 영세 기업들이었다. Grajdanzev 1944 : 175 산업화는 또한 도시화 및 프롤레타리아화를 가속화하였다.

마지막으로, 해방 이후의 기간 전체를 통틀어 일본의 영향이 남한 사회의 도처에 배어있음이 입증되었다. 식민지 정부는 대중적인 학교교육에서부터 일본식 이름 및 일본어의 강제적인 사용에 이르기까지 한국의 일본화코민카 : 축어적으로, 황제의 신민이 되기를 강요했다Miyata 1985 : chap.4 비록 한국인들은 그러한 일본화 시도에 저항하였지만, 일본의 유산은 특히 교육 수준 높은 엘리트층에게 끈질기게 살아남을 터였다. 예컨대 박정희는 자신이 공언한 반일 감정에도 불구하고, 일본 군대 기풍의 영향을 지대하게 받았으며 평생 동안 그 기풍의 신봉자였다.Han Kye-ok 1989 : 35~38 공유된 언어 그리고 때로는 공유된 학맥은 말할 것도 없이, 순전한 지리적 근접성 그리고 호황을 맞은 일본 경제의 매력은 남한의 발전을 설계하는 사람들과 운영해나가는 사람들에게 영향을 주었다. 1980년대 후반에 나는 기업의 중역들이 눈에 띌 정도로 언어나 행동에 있어서 일본식 버릇을 드러내고 또 일본식 어투를 사용하는 것을 보고 끊임없이 놀랐다. 심지어 식민지 시기는 어린 시절의 기억 속에나 희미하게 남아있을 기업의 중역들도 그와 같은 행태를 보였다. 비록 빈번하게 부정당하지만, 남한 사회 도처에 배어있는 일본의 영향을 인정하지 않고 남한의 발전을 이해한다는 것은 불가능하다.

참고문헌

Abelgglen, James C., *Sea Change : Pacific Asia as the New World Industrial Center*, New York : Free Press, 1994.

Abelmann, Nancy, "*Minjung* Theory and Practice", In Harui Befu, ed., *Cultural Nationalism in East Asia : Representation and Identity*, Berkeley : Institute of East Asian Studies, University of California, 1993.

_____, "Sibilings, Soaps, and Social Mobility : South Korean women's Mobility Narratives", Paper Presented at the annual meeting of the American Anthropological Association, Washington, D. C., 1993.

_____, *Echoes of the Past, Epics of Dissent : A South Korean Social Movement*, Berkeley : University of California Press, 1996.

_____ and John Lie, *Blue Dreams : Korean Americans and the Los Angeles Riots*, Cambridge, Mass. : Harvard University Press, 1995.

Adachi Tetsuo, Kankoku keizai wa Nihon o nukuka : *sono katsuryoku no gensen o saguru*, Tokyo : Kyōikusha, 1986.

Adelman, Irma, "South Korea", in Hollis Chenery, Montek S. Ahluwalia, C. L. G. Bell, John H. Duloy, and Richard Jolly, eds., *Redistribution with Growth,* New York : Oxford University Press, 1974.

_____, "Economic Development and Political Change in Developing Countries", Social Research 47, 1980.

_____ ed., *Practical Approaches to Development Planning : Korea's Second Five-Year Plan*, Baltimore, MD. : Johns Hopkins University Press, 1969.

Agarwal, Bina, *A Field of One's Own : Gender and Land Rights in South Asia*, Cambridge : Cambridge University Press, 1994.

Aggarwal, Vinod K., *Liberal Protectionism : The International Politics of Organized Textile Trade*, Berkeley : University of California Press, 1985.

_____, *International Debt Threat : Bargaining Among Creditors and Debtors in the 1980s*, Berkeley : Institute of International Studies, University of California, 1987.

Ahluwalia, Montek S., "Income Inequality : Some Dimensions of the Problem", In Hollis Chenery, Montek S. Ahluwalia, C. L. G. Bell, John H. Duloy, and Richard Jolly, *Redistribution with Growth*, New York : Oxford University Press, 1974.

Ahn, Byung-Joon, "Foreign Relations : An Expanded Diplomatic Agenda", In Chong Sik Lee, ed., Korea Briefing, 1990, Boulder, Colo : Westview Press, 1991.

Ahn, Byung-young, "Korean Politics After Slush Fund Scandal", Korea Focus 3(6) : 5-16, 1995.

Ahn, Junghyo, *White Badge*, New York : SoHo, 1989.

Allen, Richard C., *Korea's Syngman Rhee : An Unauthorized Portrait*, Rutland, Vt. : Charles E. Tuttle, 1960.

Amsden, Alice H., *Asia's Next Giant : South Korea and Late Industrialization*, New York : Oxford University Press, 1989.

＿＿＿＿＿＿＿, "The South Korean Economy : Is Business-Led Growth Working?", In Donald N. Clark, ed., *Korea Briefing* 1992, Boulder, Colo : Westview Press, 1992.

An Ch'un-sik, Shūshin Kōyōsei no Nikkan hikaku, Tokyo : Ronōsha, 1982.

Anderson, Kym, "Korea : A Case of Agricultural Protection", In Terry Sicular, ed., *Food Price Policy in Asia : A Comparative Study*, Ithaca, N. Y. : Cornell University Press, 1989.

Anderson, Perry, "Diary", *London Review of Books*, October 17, Apel, Karl-Otto.(1979)1984. *Understanding and Explanation : A Transcendental-Pragmatic Perspective*, Trans, Georgia Warnke, Cambridge, Mass. : MIT Press, 1996.

Asia Watch, *Retreat from Reform : Labor Rights and Freedom of Expression in South Korea*, Washington, D. C. : Asia Watch, 1990.

Asian Coalition for Housing Rights, *Battle for Housing Rights in Korea : Report of the South Korean Project of the Asian Coalition for Housing Rights*, Bangkok : Asian Coalition for Housing Rights, Third World Network, 1989.

Asian Women's Liberation Newsletter, "Outcries of the Poor Workers : An Appeal from South Korea", In Miranda Davies, ed., *Third World Second Sex : Women's Struggles and National Liberation*, London : Zed, 1983.

Axelbank, Albert, "Why the Reelection of Park is Practically Certain", *New Republic*, April 29, 1969.

Bae, Jin-Young, "The Fiscal burden of Korean Reunification and Its Impact on South Korea's Macroeconomic Stability", *Joint U. S. Korean Academic Studies* 6, 1996.

Bae, Kyuhan, Automobile Workers in Korea, Seoul : Seoul National University Press, 1987.

Bahl, Roy, Chuk Kyo Kim, and Chong Kee Park, *Public Finances During the Korean Modernization Process*, Cambridge, Mass. : Council on East Asian Studies, Harvard University, 1986.

Bairoch, Paul, *Cities and Economic Development : From the Dawn of History to the Present*, Trans, Christopher Braider, Chicago : University of Chicago Press, 1988.

＿＿＿＿＿＿＿, *Economics and World History : Myths and Paradoxes*, Chicago : University of Chicago Press, 1993.

Baker, Edward J., "The New South Korean Constitution, ", In Wonmo Dong, ed., *Korean-American Relations at Crossroads*, Princeton Junction, N. J. : Association of Korean Christian Scholars in North America, 1982.

＿＿＿＿＿＿＿, "Politics in South Korea", *Current History*, April, Ban, Sung Hwan, Pal Yong Moon, and

Dwight H. Perkins, 1980, *Rural Development*, Cambridge, Mass. : Council on East Asian Studies, Harvard University, 1982.

Baran, Paul A., *The Political Economy of Grwoth*, New York : Monthly Review Press, 1957.

Bark, Dong Suh, "Policy Making in the Korean Executive Branch", In Byung Chul Koh, ed., *Aspects of Administrative Development in South Korea*, Kalamazoo, Mich. : Korea Research and Publication, 1967.

_____, "The American-Educated Elite in Korean Society", In Youngnok Koo and Dae-Sook Suh, eds., *Korea and the United States : A Century of Cooperation*, Honolulu : University of Hawaii Press, 1984.

Barnet, Richard J. and John Cavanagh, *Global Dreams : Imperial Corporations and the New World Order*, New York : Simon & Schuster, 1994.

_____ and Ronald E. Müller, *Global Reach : The Power of the Multinational Corporations*, New York : Simon & Schuster, 1974.

Bartz, Patricia M., South Kroea, Oxford : Clarendon Press, 1972.

Bauer, P. T.(1971), Dissent on Development, Rev. ed., Cambridge, Mass. : Harvard University Press, 1976.

Beasley, W. G., *Japanese Imperialism*, 1894~1945. Oxford : Clarendon Press, 1987.

Becker, David G., *The New Bourgeoisie and the Limits of Dependency : Mining, Class, and Power* in "Revolutionary", Peru, Princeton, NJ : Princeton University Press, 1983.

Bedeski, Robert E., *The Transformation of South Korea : Reform and Reconstruction in the Sixth Republic Under Roh Tae Woo*, 1987~1992, London : Routledge, 1994.

Bell, C. L. G., and John H. Duloy, "Rural Target Groups", in Holis Chenery, Montek S. Ahluwalia, C. L. G. Bell, John H. Duloy, and Richard Jolly, eds., *Redistribution with Growth*, New York : Oxford University Press, 1974.

Bello, Walden, and Stephanie Rosenfeld, *Dragons in Distress : Asia's Miracle Economies in Crisis*, San Francisco : Institute for Food and Development Policy, 1990.

Bennett, John, "The South Korean Economy : Recovery Amidst Uncertainty and Anguish", In Donald N. Clark, ed., *Korea Briefing*, 1991, Boulder, CO : Westview Press, 1991.

Berger, John, *Pig Earth*, New York : Pantheon, 1979.

Berry, Sara, *No Condition is Permanent : The Social Dynamics of Agrarian Changes in Sub-Saharan Africa*, Madison : University of Wisconsin Press, 1993.

Berryman, Phillip, *Liberation Theology*, New York : Pantheon, 1987.

Bhagwati, Jagdish N., *Protectionism*, Cambridge, Mass : MIT Press, 1988.

Biersteker, Thomas J., *Multinationals, the State, and Control of the Nigerian Economy*, Princeton, NJ : Princeton University Press, 1987.

Billet, Bret L., "South Korea at the Crossroads : A Evolving Democracy or Authoritarianism Revisited?", *Asian Survey* 30, 1990.

Bird, Isabella L.(1989), *Korea and Her Neighbours : A Narrative of Travel, with an Account of the Recent Vicissitudes and Present Position of the country*, 2 vols, in I. Rutland, VT : Charles E. Tuttle, 1986.

Bix, Herbert P., "Regional Integration : Japan and South Korea in America's Asian Policy", In Frank Baldwin, ed., *Without Parallel : The American-Korean Relationship Since 1945*, New York : Pantheon, 1974.

Block, Fred L., *The Origins of International Economic Disorder : A Study of United States International Monetary Policy from World War II to the Present*, Berkeley : University of California Press, 1977.

Bloom, Martin, *Technological Change in the Korean Electronics Industry*, Paris : Development Centre of the ORganisation for Economic Co-operation and Development, 1992.

Boettcher, Robert, *Gifts of Deceit : Sun Myung Moon, Tongsun Park, and the Korean Scandal*, New York : Holt, Rinehart & Winston, 1980.

Bognanno, Mario F., "Collective Bargaining in Korea : Laws, Practices, and Recommendations for Reform", In Il Sakong, ed., *Human Resources and Social Development Issues*, Seoul : Korea Development Institute, 1987.

_____, *Korea's Industrial Relations at the Turning Point*, Seoul : Korea Development Institute, 1988.

Bonner, Raymond, *Waltzing with a Dictator : The Marcoses and the Making of American Policy*, New York : Times Books, 1987.

Boone, Catherine, *Merchant Capital and the Roots of State Power in Senegal*, 1930~1985. Cambridge : Cambridge University Press, 1992.

Borden, William S., *The Pacific Alliance : United States Foreign Economic Policy and Japanese Trade Recovery*, 1947~1955, Madison : University of Wisconsin Press, 1984.

Bornschier, Volker, Christopher Chase-Dunn, and Richard Rubinson, "Cross-National Evidence of the Effects of Foreign Investment and Aid on Economic Growth and Inequality : A Survey of Findings and a Reanalysis", *American Journal of Sociology* 84, 1978.

Brandt, Vincent S. R., *A Korean Village : Between Farm and Sea*, Cambridge, Mass : Harvard University Press, 1971.

Brandt, Vincent S. R., "South Korean Society", In Chong Sik Lee, ed., Korea Briefing 1990, Boulder, CO; Westview Press, 1991.

_____, and Man-gap Lee, "Community Development in the Republic of Korea", In Ronald Dore and Zoë Mars, eds., *Community Development : Comparative Case Studies in India, the Republic of Korea, Mexico, and Tanzania*, London : Croom Helm, 1981.

Braudel, Fernand, *Afterthoughts on Material Civilization and Capitalism*, Trans. Patricia M. Ranum. Baltimore, MD : Johns Hopkins University Press, 1977.

Bray, Francesca(1986), T*he Rice Economies : Technology and Development in Asian Societies*, Berkeley : University of California Press, 1994.

Briedenstein, Gerhard, "Capitalism in South Korea", In Frank Baldwin, ed., *Without Parallel : The American-Korean Relationship Since 1945*, New York : Pantheon, 1974.

Brown, Gilbert T., *Korean Pricing Policies and Economic Development in the 1960s*, Baltimore, MD : Johns Hopkins University Press, 1973.

Brun, Ellen, and Jacques Hersh, *Socialist Korea : A Case Study in the Strategy of Economic Development*, New York : Monthly Review Press, 1976.

Brzoska, Michael, and Thomas Ohlson, *Arms Transfers to the Third World*, Oxford : Oxford University Press, 1987.

Bulmer-Thomas, Victor, *The Economic History of Latin America Since Independence*, Cambridge : Cambridge University Press, 1994.

Burchett, Wilfred G., *Again Korea*, New York : International Publishers, 1968.

Burmeister, Larry L., *Research, Realpolitik, and Development in Korea : The State and the Green Revolution*, Boulder, CO : Westview Press, 1988.

Burton, John, "Korean Investors Unfurl Red Flags with Eye to China", *Financial Times*, September 30, 1992.

Caldwell, John, *The Korea Story*, Chicago : Henry Regnery, 1952.

Campbell, Alexander, "Seoul : The Angry Students and the Clatter of Carbines", *Life*, May 2, 1960.

_____, "Come and Establish More Bases Here", New Republic, June 7, 1969.

Cathie, John, *Food Aid and Industialisation : The Development of the South Korean Economy*, Aldershot, U. K. : Avebury, 1989.

CCA-URM and ACPO, *People's Power, People's Church : A Shot History of Urban Poor Mission in South Korea*, Hong Kong : CCA-URM and ACPO, 1987.

Central Intelligence Agency, *Korea : The Economic Race Between the North and the South*, Washington, D. C. : Central Intelligence Agency, 1978.

Ch'ae, Man-Sik, *Peace Under Heaven*, Trans. Kyung-Ja CHun. Armonk, N. Y. : M. E. Sharpe, 1993.

Chai, Jae Hyung, "The Military and Modernization in Korea", Ph. D. diss., Case Western Reserve University, 1972.

Chambers, Robert, *Rural Development : Putting the Last First*, London : Longman, 1983.

Chang, Dal-Joong, *Economic Control and Political Authoritarianism : The Role of Japanese Corporations in Korean Politics, 1965-1979*, Seoul : Sogang University Press, 1985.

Chang, Edward Taehan, "Anti-Americanism and Student Movements in South Korea", In Eui-Young Yu and Terry R. Kandal, eds., *The Korean Peninsula in the Changing World Order*, Los Angeles : Center for Korean-American and Korean Studies, California State University, Los Angeles, 1992.

장명국, 「해방 후 한국 노동 운동의 발자취」, 『한국 노동 운동론』, 미래사, 1985.

Chang, Yunshik, "Population in Early Modernization : Korea", Ph. D. diss., Princeton University, 1967.

_____, "Personalism and Social Change in South Korea", In Yunshik Chang, Tai-Hwan Kwon, and Peter J. Donaldson, eds., *Society in Transition with Special References to Korea*, Seoul : Seoul National University Press, 1982.

_____, "Women in a Confucian Society : The Case of Chosun Dynasty Korea", In Eui-Young Yu and Earl H. Phillips, eds., *Traditional Thoughts and Practices in Korea*, Los Angeles : Center for Korean-American and Korean Studies, California State University, Los Angeles, 1983.

_____, "Peasants Go to Town : The Rise of Commercial Farming in Korea", *Human Organization* 48, 1989.

_____, "Education, Equality and Society : A Comparison of North and South Korea", California Sociologist 13, 1990.

_____, "The personalist Ethic and the Market in Korea", *Comparative Studies in Society and History* 33, 1991.

_____, "From Ideology to Interest : Government and Press in South Korea, 1945~1979", In Dae-Sook Suh, ed., *Korean Studies : New Pacific Currents*, Honolulu : Center for Korean Studies, University of Hawaii, 1994.

Chao, Lien, "Distinctive Patterns of Industrial Relations in Korea", Ph. D. diss., University of Minnesota, 1956.

Chapin, Emerson, "Success Story in South Korea", *Foreign Affairs* 47, 1969.

Cheong, Sung-Hwa, *The Politics of Anti-Japanese Sentiment in Korea : Japan-South Korean Relations Under American Occupation, 1945-1952*, New York : Greenwood, 1991.

Chesnais, Jean-Claude, *The Demographic Transition : Stages, Patterns, and Economic Implications*, Trans. Elizabeth Kreager and Philip Kreager, Oxford : Clarendon Press, 1992.

Chirot, Daniel, *Modern Tyrants : The Power and Prevalence of Evil in Our Age*, New York : Free Press, 1994.

Cho, Chang-Hyun, "Bureaucracy and Local Government in South Korea", In Se Jin Kim and Chang-Hyun Cho, eds., *Government and Politics of Korea*, Silver Springs, MD : Research Institute on Korean Affairs, 1972.

Cho, Chŏngnae(1981), "Land of Exile", Trans. Marshall R. Pihl, In Marshall R. Pihl, Bruce Fulton, and Ju-Chan Fulton, eds., *Land of Exile : Contemporary Korean Fiction*, Armonk, N. Y. : M. E. Sharpe, 1993.

조혜정, 『한국의 여성과 남성』, 문학과지성사, 1988.

조희연,『계급과 빈곤』, 한울, 1993.

_____ 역,『한국 사회 운동사』, 죽산, 1990.

Cho, Hyoung, "The Position of Women in the Korean Work Force", In Eui-Young Yu and Earl H. Phillips, eds., *Traditional Thoughts and Practices in Korea,* Los Angeles : Center for Korean-American and Korean Studies, California State University, Los Angeles, 1987.

Cho, Jae Hong, "Post-1945 Land Reforms and Their Consequences in South Korea", Ph. D. diss., Indiana University, 1964.

Cho Kap-je, *Gunbu,* Trans. Hwang Min-gi, Tokyo : JICC, 1989.

조미혜,「도시 빈민 여성의 실태와 의식」,『여성』3, 1988.

Cho, Myung Hyn, "The New Student Movement in Korea : Emerging Patterns of Ideological Orientation in the 1980's", *Korea Observer* 20, 1989.

Cho, Sehui, "A Dwarf Launched a Little Ball", In Peter Lee, ed., *Modern Korean Literature : An Anthology,* Honolulu : University of Hawaii Press, 1990.

Cho, Soon, *The Dynamics of Korean Economic Development*, Washington, D. C. : Institute for International Economics, 1994.

Cho, Soon-Kyoung, "The Labor Process and CapitalMobility : The Limits of the New International Division of Labor", *Politicsand Society* 14, 1985.

_____, "The Dilemmas of Export-Led Industrialization : South Korea and the World Economy", *Berkeley Journal of Sociology* 30, 1985.

_____, "How Cheap is 'Cheap Labor'? The Dilemmas of Export-led Industrialization", Ph. D. diss., University of California, Berkeley, 1987.

조선경,「남녀고용평등법의 한계와 과제」,『교육과 법에 대한 여성학적 접근』, 청하, 1991.

Cho, Wha Soon, *Let the Weak Be Strong : A Woman's Struggle for Justice*, Ed. Sun Ai Lee and Sang Nim Ahn, Bloomington, Ind. : Meyer Stone, 1988.

조용범,『후진국 경제론』, 박영사, 1973.

_____,『한국 경제의 논리』, 전예원, 1981.

_____ · 정윤형 편,『한국 독점 자본과 재벌』, 풀빛, 1984.

Cho, Yong Sam, *"Disguised Unemployment", in Underdeveloped Areas with Special Reference to South Korean Agriculture*, Berkeley : University of California Press, 1963.

최재석,『한국 가족제도사 연구』, 일지사, 1983.

Choe, Chong-hui(1946), "The Ritual at the Well", Trans. Genell Y. Poitras. In Genell Y. Poitras, ed., *The Cruel City and Other Korean Short Stories,* Seoul : Si-sa-yong-o-sa, 1983.

최경애,「한국 환경운동의 성장과 가치지향」, 한국사회사연구회 편,『한국 산업 사회의 현실과 전망』, 문학과

지성사, 1992.

Choe, Minja Kim, Sae-Kwon Kong, and Karen Oppenheim Mason, "Korean Women's Labor Force Participation : Attitudes and Behavior", In Dae-Sook Suh, Ed., *Korean Studies : New Pacific Currents,* Honolulu : Center for Korean Studies, University of Hawaii, 1994.

Choe, Sang-Chul, and Jong-Gie Kim, "Rural Industrial Policy in Korea : Past Experiences and New Approach", In Yang-Boo Choe and Fu-Chen Lo, eds., *Rural Industrialization and Non-Farm Activities of Asian Farmers,* Seoul : Korea Rural Economics Institute, 1986.

최상용, 『미군정과 한국 민족주의』, 나남, 1989.

Choi, Chungmoo, "Korean Women in a Culture of Inequality", In Donald N. Clark, ed., *Korea Briefing, 1992,* Boulder, Colo. : Westview Press, 1992.

─────────, "The Minjung Culture Movement and the Construction of Popular Culture in Korea", In Kenneth M. Wells, ed., *South Korea's Minjung Movement : The Culture and Politics of Dissedence,* Honolulu : University ofHawaii Press, 1995.

최장집, 『한국의 노동운동과 국가』, 열음사, 1988.

─────, *Labor and the Authoritarian State : Labor Unionsin South Korean Manufacturing Industries, 1961~ 1980,* Seoul : Korea University Press, 1989.

─────, 『한국 현대 정치의 구조와 변화』, 까치, 1989.

─────, "Political Cleavages in South Korea", In Hagen Koo, ed., *State and Society in Contemporary Korea,* Ithaca, N. Y. : Cornell University Press, 1993.

─────, "Building a Strong State and Development in South Korea", In Ken'ichiro Hirano, ed., *The State and Cultural Transformation : Perspectives from East Asia,* Tokyo : United Nations University Press, 1993.

최장집, 『한국 민주주의의 이론』, 한길사, 1993.

Choi, Sook-kyung, "Formation of Women's Movements in Korea : From the Enlightenment Period to 1910", In Sei-wha Chung, ed., *Challenges for Women : Women's Studies in Korea,* trans, Chang-hyun Shin et al, Seoul : Ehwa Womans University Press, 1986.

Chomsky, Noam, *Year 501 : The Conquest Continues,* Boston South End Press, 1993.

전광희, 「한국전쟁과 남북한 인구의 변화」, 『한국사회사 – 한국전쟁과 한국 사회 변동』, 풀빛, 1992.

Chŏn, Kwangyong(1962), "Kapitan Ri", Trans. Marshall R. Pihl, In Marshall R. Pihl, Bruce Fulton, and Ju-Chan Fulton, eds., *Land of Exile : Contemporary Korean Fiction,* Armonk, N. Y. : M. E. Sharpe, 1993.

전경수, 「도시 중산층 아파트촌의 소비자 경제 생활」, 『도시 중산층의 생활 문화』, 한국정신문화연구원, 1992.

Chon, Soohyun, "Political Economy of Regional Development in Korea", In Richard P. Appelbaum and Jeffrey Henderson, eds., *States and Development in the Asian Pacific Rim,* Newbury Park, Calif. : Sage, 1992.

전동택, 『조선 후기 노예 신분 연구』, 일조각, 1989.

Chŏng Chang-yŏn and Mun Kŏng-su, *Gendai Kankoku e no shiten*, Tokyo : Ōtsuki shoten, 1990.

정동일, 『도시 빈민 연구』, 아침, 1985.

정요섭, 『한국 여성 운동사』, 일조각, 1971.

정윤형, 「한국자본주의 성격 논쟁」, 『박정희 정권의 경제 개방 이념』, 대왕사, 1988.

Christian Institute for the Study of Justice and Development, *Presence of Christ Among Minjung*, Seoul : Christian Institute forthe Study of Justice and Development, 1981.

―――――――――――――――――――――――――――, *Bechtel Case : An Alleged Korean Bribery Scandal*, Seoul : Christian Institute for the Study of Justice and Development, 1984.

―――――――――――――――――――――――――――, *Democratization Movement and the Christian Church in Korea During the 1970s*, Seoul : Christian Institute for the Studyof Justice and Development, 1985.

―――――――――――――――――――――――――――, *Korean Situationer*, Vol. 2, Seoul : Christian Institute for the Study of Justice and Development, 1986.

―――――――――――――――――――――――――――, *Korean Situationer*, Vol. 9, Seoul : Christian Institute for the Study of Justice and Development, 1987.

―――――――――――――――――――――――――――, *Lost Victory*, Seoul : Minjungsa, 1988.

Christian Institute for the Study of Justice and Development, *Korean Situation and Women*, Seoul : Christian Institute for the Study of Justice and Development, 1988.

―――――――――――――――――――――――――――, *Social Justice Indicators in Korea*, 2d ed. Seoul : Christian Institute for the Study of Justice and Development, 1988.

Christie, Donald Earle, "Seoul's Organization Men : The Ethnography of a Businessmen's Association in Industrializing Korea", Ph. D. diss., University of Illinois at Urbana-Champaign, 1972.

Chua-Eoan, Howard G., "Reforms on Hold", *Time,* April 27, 1987.

Chung, Joseph Hee-Soo, "Housing Policies in Korea : Search for New Orientation", In Gill-Chin Lim and Wook Chang, eds., *Dynamic Transformation : Korea, NICs, and Beyond,* Urbana, Ill. : Consortium on Development Studies, 1990.

Chung, Kyung Cho, *Korea Tomorrow : Land of the Morning Calm*, New York : Macmillan, 1956.

Chung, Un-chang, "The Development of the Korean Economyand the Role of the United States", In Sungjoo Han, ed., *After One Hundred Years : Continuity and Change in Korean-American Relations,* Seoul : Asiatic Research Center, Korea University, 1982.

Clark, Donald N., *Christianity in Modern Korea*, Lanham, Md. : University Press of America, 1986.

―――――――――, "Bitter Friendship : Understanding Anti-Americanism in South Korea", In Donald N. Clark, ed., *Korea Briefing 1991,* Boulder, Colo. : Westview Press, 1991.

_____, "Growth and Limitations of Minjung Christianity in South Korea", In Kenneth M. Wells, ed., *South Korea's Minjung Movement : The Culture and Politics of Dissidence,* Honolulu : University of Hawaii Press, 1995.

_____ ed, *The Kwangju Uprising : Shadows over theRegime in South Korea,* Boulder, Colo. : Westview Press, 1988.

Clark, Mark W., *From the Danube to the Yalu,* NewYork : Harper & Brothers, 1954.

Clifford, Mark, "Land of the Bribe", *Far Eastern Economic Review,* February 28, 1991.

_____, *Troubled Tiger : Businessmen, Bureaucrats, and Generals in South Korea,* Armonk, N. Y. : M. E. Sharpe, 1994.

Clough, Ralph N., *Embattled Korea : The Rivalry for International Support,* Boulder, Colo. : Westview Press, 1987.

Cohen, Jerome Alan, and Edward J. Baker, "U. S. Foreign Policy and Human Rights in South Korea", In William Shaw, ed., *Human Rights in Korea : Historical and Policy Perspectives,* Cambridge, Mass. : Council on East Asian Studies, Harvard University, 1991.

Cole, David C., and Princeton N. Lyman, *Korean Development : The Interplay of Politics and Economics,* Cambridge, Mass. : Harvard University Press, 1971.

Cole, David C., and Young Woo Nam, "The Pattern of Significance of Economic Planning in Korea", In Irma Adelman, ed., *Practical Approaches to Development Planning : Korea's Second Five-Year Plan,* Baltimore, MD : Johns Hopkins University, 1969.

Colson, Elizabeth, *Planned Change : The Creation of a New Community,* Berkeley : Institute of International Studies, University of Californi, 1982.

Colson, Elizabeth, and Thayer Scudder, *For Prayer and Profit : The Ritual, Economic, and Social Importance of Beer in Gwembe District, Zambia, 1950-1982,* Stanford, CA : Stanford University, 1988.

Commission on Theological Concerns of the Christian Conference of Asia, ed.(198), *Minjung Theology : People as the Subjects of History,* London : Zed, 1983.

Conde, David W, *Kaihō Chōsen no rekishi,* 2 vols, Trans, Okakura Kohirō et al, Tokyo : Taihei Shuppan, 1967.

Cone, James H.(1980), "A Black American Perspective on the Asian Search for Full Humanity", In James H. Cone and Gayraud S. Wilmore, eds., *Black Theology : A Documentary History,* vol. 2, 1980-1992, Maryknoll, NY : Orbis Books, 1993.

Constantino, Renato, *A History of the Philippines : From the Spanish Colonization to the Second World War,* New York : Monthly Review Press, 1975.

Cornford, F. M.(1900), "Microcosmographia Academica", In Gordon Johnson, ed., *University Politics : F. M. Cornford's Cambridge and His Advice to the Young Academic Politicians,* Cambridge : Cambridge

University Press, 1994.

Cortler, Julio, *Clases, estado y nación en el Perú*, Lima : Instituto de Estudios Peruanos, 1978.

Cox, Harvey, *Fire from Heaven : The Rise of Pentecostal Spirituality and the Reshaping of Religion in the Twenty-first Century*, Reading, Mass. : Addison-Wesley, 1995.

Crofts, Alfred, "Our Falling Ramparts", Nation, June 2, 1960.

Cumings, Bruce, *The Origins of the Korean War*, Vol. I, *Liberation and the Emergence of Separate Regimes*, Princeton, NJ : Princeton University Press, 1981.

_____, "The Origins and Development of the Northeast Asian Political Economy : Industrial Sector, Product Cycles, and Political Consequences", *International Organization* 3, 1984.

_____, "The Abortive Abertura : South Korea in the Light of Latin American Experience", *New Left Review* 17, 1989.

_____, *The Origins of the Korean War, Vol. 2, The Roaring of the Contaract*, 1947~1950, Princeton, NJ : Princeton University Press, 1990.

_____, *The Two Koreas : On the Road to Reunification*, Washington, D. C. : Foreign Policy Association, 1990.

Cumings, Bruce, Korea's Place in the Sun : A Modern History, New York : Norton, 1997.

David, Steven R., *Third World Coup D'État and International Security*, Baltimore, MD : Johns Hopkins University Press, 1987.

Davidson, Basil, *The Black Man's Burden : Africa and The Curse of the Nation-State*, New York : Times Books, 1992.

de Janvry, Alain, *The Agrarian Question and Reformism in Latin America*, Bltimore, MD : Johns Hopkins University Press, 1981.

De Waal, Alexander, *Famine That Kills : Darfur, Sudan, 1984~1985*, Oxford : Clarendon Press, 1989.

Desmond, Edward W., "Lunch at the Blue House", *Times*, March 10, 1986.

Deuchler, Martina, "The Tradition; Women During the Yi Dynasty", in Sandra Mattielli, ed., *Virtues in Conflict : Tradition and the Korean Women Today*, Seoul : Royal Asiatic Society, Korea Branch, 1977.

_____, *The Confucian Transformation of Korea : A Study of Society and Ideology*, Cambridge, Mass. : Council on East Asian Studies, Harvard Universit, 1992.

Deyo, Frederic C., *Beneath the Miracle : Labor Subordination in the New Asian Industrialism*, Berkeley : University of California Press, 1989.

Di Lampedusa, Giuseppe(1958), *The Leopard*, Trans. Archibald Colquhoun, New York : Pantheon, 1960.

Dicker, Richard, "South Korea : Labor Rights Violations Under Democratic Rule", *Human Rights Watch / Asia* 7(1), 1995.

Disney, Nigel, "Korea and the Middle East", In Gavan McCormack and Mark Selden, eds., *Korea, North, and South : The Deepening crisis*, New York : Monthly Review Press, 1978.

Doerner, William R., "Suddenly, A New Day", *Time*, July 1, 1987.

Doktor, Robert, and John Lie, "The Impact of Information Technology on Organizational Democracy : The Case of South Korea", In William M. Lafferty and Eliezer Rosenstein, eds., *International Handbook of Participation in Organization*, vol. 3, The Challenge of New Technology and Macro-Political Change, Oxford : Oxford University Press, 1993.

Donaldson, Peter J., *Nature Against Us : The United Statesand the World Population Crisis,* 1965~1980. Chapel Hill : University ofNorth Carolina Press, 1990.

Dong, Wonmo, "Domestic Politics in 1990 : A Year ofCrisis", In Donald N. Clark, ed., *Korea Briefing, 1991,* Boulder, Colo. : Westview Press, 1991.

Dore, Ronald, "Reflections on Culture and Social Change", In Gary Gereffi and Donald L. Wyman, eds., *Manufacturing Miracles : Paths of Industrialization in Latin America and East Asia,* Princeton, N. J. : Princeton University Press, 1990.

Dornbusch, Rudiger, and Yung-Chul Park, "The External Balance", In Vittorio Corbo and Sang-Mok Suh, eds., *Structrual Adjustment in a Newly Industrialized Country : The Korean Experience,* Baltimore, Md. : Johns Hopkins University Press, 1992.

Dumont, René, *Lands Alive,* Trans. Suzanne Sale and Gilbert Sale, New York : Monthly Review Press, 1965.

_____, with Marcel Mazoyer(1969), *Socialismsand Development,* Trans. Rupert Cunningham, London : Andre Deutsc, 1973.

Duus, Peter, *The Abacus and the Sword : The Japanese Penetration of Korea, 1895~1910,* Berkeley : University of California Press, 1995.

Easey, Walter, and Gavan McCormack, "South Korean Society : The Deepening Nightmare", In Gavan McCormack and Mark Selden, eds., *Korea, North and South : The Deepening Crisis,* New York : Monthly Review Press, 1978.

Eberstadt, Nicholas, *Korea Approaches Reunification*, Armonk, N. Y. : M. E. Sharp, 1995.

_____, "Policy and Economic Performance in Divided Korea, 1945~1995", Ph. D. diss., Harvard University, 1995.

Eckert, Carter J., *Offspring of Empire : The Koch'ang Kims and the Colonial Origins of Korean Capitalism, 1876~1945,* Seattle : University of Washington Press, 1991.

_____, "The South Korean Bourgeoisie : A Classin Search of Hegemony", In Hagen Koo, ed., *State and Society in Contemporary Korea,* Ithaca, N. Y. : Cornell University Press, 1993.

Eckert, Carter J., Ki-baik Lee, Young Ick Lew, Michael Robinson, and Edward W. Wagner, *Korea Old and New*

: *A History*, Seoul : Ilchoka, 1990.

Eder, Norman, *Poisoned Prosperity : Development, Modernization, and the Environment in South Korea*, Armonk, N. Y. : M. E. Sharp, 1996.

Emergency Christian Conference on Korean Problems, *Documentson the Struggle for Democracy in Korea*, Tokyo : Shinkyo Shuppansh, 1975.

Emmanuel, Arghiri(1969), *Unequal Exchange : A Study ofthe Imperialism of Trade*, Trans. Brian Pearce. New York : Monthly ReviewPress, 1972.

Evans, Peter, *Dependent Development : The Alliance of Multinational, State, and Lcoal Capital in Brazil*, Princeton, N. J. : Princeton University Press, 1979.

Fallows, James, *Looking at the Sun : The Rise of the New East Asian Economic and Political System*, New York : Pantheon, 1994.

Fehrenbach, T. R., *This Kind of War : Korea : A Study in Unpreparedness*, New York : Macmilla, 1963.

Fenton, James, *All the Wrong Places : Adrift in the Politics of the Pacific Rim*, New York : Atlantic Monthly Press, 1988.

Ferguson, James, *The Anti-Politics Machine : "Development, ", Depoliticization, and Bureaucratic Power in Lesotho*, Cambridge : Cambridge University Press, 1990.

Fields, Karl J, *Enterprise and the State in Korea and Taiwan*, Ithaca, N. Y. : Cornell University Press, 1995.

Food and Agriculture Organization of the United Nations, *Rehabilitation and Development of Agriculture, Forestry, and Fisheries in South Korea*, New York : Columbia University Press, 1954.

Frank, Andre Gunder(1967), *Capitalism and Underdevelopment in Latin America : Historical Studies of Chile and Brazil*, Rev. and enl. ed. New York : Monthly Review Press, 1969.

Frank, Charles R., Jr., Kwang Suk Kim, and Larry E. Westphal, *Foreign Trade Regimes and Economic Development : South Korea*, New York : National Bureau of Economic Research, 1975.

Frieden, Jeffry A., "Third World Indebted Industrialization : International Finance and State Capitalism in Mexico, Brazil, Algeria, and South Korea", *International Organization* 35, 1981.

_____, *Debt, Development, and Democracy : Modern Political Economy and Latin America, 1965-1985*, Princeton, N. J. : Princeton University Press, 1991.

Fröbel, Folker, Jürgen Heinrichs, and Otto Kreyre(1977), *The New International Division of Labour : Structural Unemployment in Industrialised Countries and Industrialisation in Developing Countries*, Cambridge : Cambridge University Press, 1980.

Fukagawa Yukiko, "Kankoku no tai ASEAN tōshi : genjō to tenbō", In Kohama Hirohisa, ed., *Chokusetsu tōshi to kōgyōka : Nihon, NIES, ASEAN*, Tokyo : Nihon Bōeki Shinkōkai, 1992.

Furtado, Celso(1970), *Economic Development of Latin America : Historical Background and Contemporary*

Problems, 2d ed. Trans. Suzette Macedo, Cambridge : Cambridge University Press, 1976.

Fussell, Paul, ed., *The Norton Book of Modern War*, New York : W. W. Norton, 1991.

Gale, James S., *Korean Sketches*, New York : Fleming H. Revell, 1898.

Gallie, W. B., *Philosophy and the Historical Understanding*, London : Chatto & Windu, 1964.

Gayn, Mark, *Japan Diary*, New York : William Sloane Associate, 1948.

_____, "What Price Rhee? Profile of a Despot", *Nation,* March 1, 1954.

Gellner, Ernest, *Muslim Society*, Cambridge : Cambridge University Press, 1981.

Gereffi, Gary, and Miguel Korzeniewicz, "Commodity Chains and Footwear Exports in the Semiperiphery",
In William G. Martin, ed., *Semiperipheral States in the World-Economy,* New York : Greenoo, 1990.

Gerschenkron, Alexander, *Bread and Democracy in Germany*, Berkeley : University of California Press, 1943.

_____, *Economic Backwardness in Historical Perspective and Other Essays*, Cambridge, Mass.
: Harvard University Press, 1962.

_____, *An Economic Spurt That Failed : Four Lectures in Austrian History*, Princeton, N. J.
: Princeton University Press, 1977.

Gibbs, David N., *The Political Economy of Third World Intervention : Mines, Money, and U. S. Policy in the Congo
Crisis*, Chicago : University of Chicago Press, 1991.

Gibney, Frank, "Syngman Rhee : The Free Man's Burden", *Harper's Magazine,* February, 1954.

Goldberg, Charles N., "Spritis in Place : The Concept of Kohyang and the Korean Social Order", In David R.
McCann, John Middleton, and Edward J. Schultz, eds., *Studies on Korea in Transition,* Honolulu :
Center for Korean Studies, University of Hawai, 1979.

Goncahrov, Sergei N., John W. Lewis, and Xue Litai, *Uncertain Partners : Stalin, Mao, and the Korean War*,
Stanford, Calif. : Stanford University Press, 1993.

Gopnik, Adam, "Status Quo Forever", *New Yorker,* December 1, 1995.

Gragert, Edwin H., *Landownership Under Colonial Rule : Korea's Japanese Experience, 1900~1935*, Honolulu
: University of Hawaii Press, 1994.

Grajdanzev, Andrew J., *Modern Korea : A Study of Socialand Economic Changes Under Japanese Rule*, New York
: Institute of PacificRelation, 1944.

Green, Andrew E., "Moving Beyond the State : The International Context of South Korea's Comparative
Advantage", In Dae-Sook Suh, ed., *Korean Studies : New Pacific Currents,* Honolulu : Center for Korean
Studies, University of Hawai, 1994.

Griffin, Keith, *The Political Economy of Agrarian Change : An Essay on the Green Revolution*, Cambridge, Mass.
: Harvard University Press, 1974.

Ha, Joseph Man-Kyung, "Politics of Korean Peasantry : A Study of Land Reforms and Collectivization with

Reference to Sino-Soviet Experiences", Ph. D. diss., Columbia Universit, 1971.

Ha, Young-Sun, "American-Korean Military Relations : Continuity and Change", In Youngnok Koo and Dae-Sook Suh, eds., *Korea and the United States : A Century of Cooperation,* Honolulu : University of Hawaii Press, 1984.

Habakkuk, John, *Marriage, Debt, and the Estates System : English Landownership, 1650~1950,* Oxford : Clarendon Press, 1994.

Haboush, JaHyun Kim, *A Heritage of Kings : One Man's Monarchy in the Confucian World,* New York : Columbia University Press, 1988.

Haboush, JaHyun Kim, "The Confucianization of Korean Society", In Gilbert Rozman, ed., *The East Asian Region : Confucian Heritage and Its Modern Adaptation,* Princeton, N. J. : Princeton University Press, 1991.

Haggard, Stephan, and Sylvia Maxfield, "Political Explanations of Financial Policy in Developing Countries", In Stephen Haggard, Chung H. Lee, and Sylvia Maxfield, eds., *The Politics of Finance in Developing Countries,* Ithaca, N. Y. : Cornell University Press, 1993.

Haggard, Stephan, and Chung-In Moon, "The State, Politics, and Economic Development in Postwar South Korea", In Hagen Koo, ed., *State and Society in Contemporary Korea,* Ithaca, N. Y. : Cornell University Press, 1993.

Hahm, Pyong-Choon, *The Korean Political Tradition and Law : Essays in Korean Law and History,* Seoul : Royal Asiatic Society, Korea Branc, 1967.

_____, "The Korean Perceptio of the UnitedStates", In Young-nok Koo and Dae-Sook Suh, eds., *Korea and the United States : A Century of Cooperation,* Honolulu : University of Hawaii Press, 1984.

Hahn, Bae-ho, "The Authority Structure of Koreanpolitics", In Edward Reynolds Wright, ed., *Korean Politics in Transition,* Seattle : University of Washington Press, 1975.

학술단체협의회 역, 『1980년대 한국 사회와 지배 구조』, 풀, 1989.

_____ 역, 『한국 민주주의의 현재적 과제』, 창작과비평사, 1993.

Hall, John A.(1985), *Powers and Liberties : The Causes and Consequences of the Rise of the West,* Berkeley : University ofCalifornia Press, 1986.

Halliday, Jon, and Bruce Cumings, *Korea : The Unknown War,* New York : Pantheo, 1988.

한희영, Kankoku Kigyō keiei no jittai, Tokyo : Tōyō Keizai Shinpōsh, 1988.

Han Kye-ok, Kankoku hankyōgunsei to minshuka, Tokyo : Dōjidaisha, 1988.

_____, Kankokugun chūkan beigun, Tokyo : Kaya Shobō, 1989.

Han, Sang-bok, "Cultural Transformation in Rural and Urban Korea", In Ken'ichiro Hirano, ed., *The State and*

Cultural Transformation : Perspectives from East Asia, Tokyo : United Nations University Press, 1993.

Han, Sang-bok, Tai-Hwan Kwon, Kyung-Soo Chun, and Chang-Kyu Moon, *Water Supply and Sanitation in Korean Communities,* Seoul : Population and Development Studies Center, Seoul National Universit, 1988.

Han, Sang-jin, "Bureaucratic-Authoritarianism and Economic Development in Korea During the Yushin Period : A Reexamination of O'Donnell's Theory", In Kyoung-Dong Kim, ed., *Dependency Issues in Korean Development : Comparative Perspectives,* Seoul : Seoul National University Press, 1987.

Han, Sungjoo, "Political Dissent in South Korea, ", In Se Jin Kim and Chang-Hyun Cho, eds., *Government and Politics of Korea,* Silver Springs, Md. : Research Institute onKorean Affair, 1972.

_____, *The Failure of Democracy in South Korea,* Berkeley : University of California Press, 1974.

_____, "South Korea's Participation in the Vietnam Conflict : An Analysis of the U. S. -Korean Alliance", *Orbis* 2, 1978.

_____, "Policy Towards the United States", In Youngnok Koo and Sungjoo Han, eds., *The Foreign Policy of the Republic of Korea,* New York : Columbia University Press, 1985.

_____, "South Korea : Politics in Transition", In Larry Diamond, Juan J. Linz, and Seymour Martin Lipset, eds., *Democracy in Developing Countries,* ol. 3, *Asia,* Boulder, Colo. : Lynee Rienne, 1989.

_____, "South Korea in 1988 : A Revolution in the Making", *Asian Survey* 2, 1989.

한도현, 한국사회사연구회 역, 「현대 한국에서의 재벌의 토지 지배 실태」, 『한국 산업 사회의 현실과 전망』, 문학과지성사, 1992.

한완상, 『민중과 지식인』, 정우사, 1978.

_____, 『민중 사회학』, 종로 서, 1984.

Han, Woo-keun(1970), *The History of Korea,* Trans. Kyung-shik Lee, ed. Grafton K. Mintz, Honolulu : University Press of Hawai, 1974.

Hancock, Graham, *Lords of Poverty : The Power, Prestige, and Corruption of the International Aid Business,* New York : Atlantic Monthly Press, 1989.

한국공해문제연구소, 『한국의 공해 지도』, 일원 서각, 1986.

한국 민중사 연구회, 『한국 민중사』 2, 풀, 1986.

한국사회학회 · 한국정치학회 역, 『한국의 국가와 시민사회』, 한울, 1992.

한국사회과학연구협의회 역, 『한국 사회의 인식 논쟁』, 범문사, 1990.

한국산업사회연구회 역, 『한국 사회와 지배 이데올로기』, 녹, 1991.

Harding, Colin, "Land Reform and Social Conflict in Peru", In Abraham F. Lowenthal, ed., *The Peruvian Experiment : Continuity and Change Under Military Rule,* Princeton, N. J. : Princeton University Press, 1975.

Harrison, Lawrence E., *Who Prospers? How Cultural Values Shape Economic and Political Success*, New York : Basic Book, 1992.

Hart, Keith, *The Political Economy of West African Agriculture*, Cambridge : Cambridge University Press.

Hart-Landsberg, Martin, 1993. *The Rush to Development : Economic Change and Political Struggle in South Korea*, New York : Monthly Review Press, 1982.

Hasan, Parvez, *Korea : Problems and Issues in a Rapidly Growing Economy*, Baltimore, Md. : Johns Hopkins University Press, 1976.

Hattori Tamio, "Kōdo seichōki ni okeru sangyō erīto no keisei", In Itō Teiichi, ed., *Hatten tojōkoku no bijinesu rīdāshippu*, Tokyo : Ajia Keizai Kenkyūsho, 1984.

_____, Kankoku no keiei hatten, Tokyo : Bunshin, 1988.

_____, "Hyundai Motor Company : The New Standard-Bearer of Korean Industrialization", *East Asian Cultural Studies* 28, 1989.

_____, Kankoku : nettowāku to seiji bunka, Tokyo : Tokyo Daigaku Shuppanka, 1992.

_____, "Kim Yŏng-sam seiken no jinji seisaku", UP 250, 1993.

Hawes, Gary, *The Phillipine State and the Marcos Regime : The Politics of Export*, Ithaca, N. Y. : Cornell University Press.

Hayami, Yujiro, and Saburo Yamada, 1991. *The Agricultural Development of Japan : A Century's Perspective*, Tokyo : University of Tokyo Press, 1987.

Hayter, Teresa, *Aid as Imperialism*, Harmondsworth, U. K. : Pengui, 1971.

Hayter, Teresa, and Catharine Watson, *Aid : Rhetoric and Reality*, London : Pluto Press, 1985.

Helm, Leslie, "The Koreans Are Coming", *Business Week,* December 2, 1985.

Henderson, Gregory, *Korea : The Politics of the Vortex*, Cambridge, Mass. : Harvard University Press, 1968.

_____, "Japan's Chosen : Immigrants, Ruthlessness and Developmental Shock", In Andrew C. Nahm, ed., *Korea Under Japanese Colonial Rule : Studies of the Policy and Techniques of Japanese Colonialism,* Kalamazoo : Center for Korean Studies, Western Michigan Universit, 1973.

_____, "Korea : Militarist or Unification Policies?", In William J. Barnds, ed., *The Two Koreas in East Asian Affairs,* New York : New York University Press, 1976.

_____, "Lee In-Soo's Cloud CuckooLand", In David R. McCann, ed., *Black Crane 2 : An Anthology of Korean Literature,* Ithaca, N. Y. : China-Japan Program, Cornell Universit, 1980.

_____, "Korea, 1950", In James Cotton and Ian Neary, eds., *The Korean War in History,* Atlantic Highlands, N. J. : Humanities Press Internationa, 1989.

_____, "Human Rights in South Korea 1945~1953", In William Shaw, ed., *Human Rights in Korea : Historical and Policy Perspectives,* Cambridge, Mass. : Council on East Asian Studies, Harvard

Universit, 1991.

Henning, Charles N., "The Economic Basis of an Independent Korea", Ph. D. diss., University of California, Los Angeles, 1952.

Henry, Carl F. H., "South Korea in the Balances", *Christianity Today,* July 4, 1975.

Hill, Polly, *Development Economics on Trial : The Anthropological Case for a Prosecution,* Cambridge : Cambridge University Press, 1986.

Hinton, Harold C., *Korea Under New Leadership : The Fifth Republic,* New York : Praege, 1983.

Hirai Hisashi, *Souru taryon,* Tokyo : Tokuma Shoten, 1993.

Hirakawa Hitoshi, "Kankoku no yushutsu shikōgata seichō to bōeki", In Ogawa Yūhei, ed., *Kankoku keizai no bunseki,* Tokyo : Nihon Hyōronsha, 1988.

Hirschman, Albert O., *The Strategy of Economic Development,* New Haven, Conn. : Yale University Press, 1958.

_____, "The Turn to Authoritarianism in Latin America and the Search for Its Economic Determinants", In David Colier, ed., *The New Authoritarianism in Latin America,* Princeton, N. J. : Princeton University Press, 1979.

_____(1945), *National Power and the Structure of Foreign Trade,* Exp. ed. Berkeley : University of California Press, 1980.

_____(1973), "The Changing Tolerance for Income Inequality in the Course of Economic Development", In Hirschman, *Essays in Trespassing : Economics to Politics and Beyond,* Cambridge : Cambridge University Press, 1981.

Hobsbawm, Eric, *The Age of Extremes : A History of the World, 1914~1991,* New York. Pantheon, 1994.

Hofstadter, Richard, *The Age of Reform : From Bryan to F. D. R.* New York : Knop, 1955.

Hong, Doo-Seung, "Spatial Distribution of the Middle Classes in Seoul, 1975~1985", *Korea Journal of Population and Development* 2, 1992.

홍두성 · 구해건, 『사회 계층, 계급론』, 다산, 1993.

Hong, Moon-Shin, "The Restructuring Experience of the Korean Textile Industry", In Wolfgang Klenner, ed., *Trends of Economic Development in East Asia : Essays in Honour of Willy Kraus,* Berlin : Springer Verlag, 1989.

Hong, Sawon, "Urban Migrant Women in the Republic of Korea", In James T. Fawcett, Seiw-Ean Khoo, and Peter C. Smith, eds., *Women in the Cities of Asia : Migration and Urban Adaptation,* Boulder, Colo. : Westview Press, 1984.

Hong, Sung-chick, "Values of the Farmers, Businessmen, and Professors", In C. I. Eugene Kim and Ch'angboh Chee, eds., *Aspects of Social Change in Korea,* Kalamazoo, Mich. : Korea Research and Publicatio, 1969.

Hong, Sung-chick, "Korean Social Values in the Year 2000", In Sungjoo Han, ed., *Korea in the Year 2000 :*

        Prospects for Development and Change, Seoul : Asiatic Research Center, Korea University, 1985.

Hong Sung Woong, *Multinationals in Asia : The Case of the Republic of Korea*, Geneva : International Labour Offic, 1993.

Hong, Wontack, *Factor Supply and Factor Intensity of Trade in Korea*, Seoul : Korea Development Institut, 1976.

Hong, Yi-Sup, Korea's Self-Identity, Seoul : Yonsei University Press, 1973.

Hume, David(1777), "Whether the British Government Inclines More to Absolute Monarchy, or to a Republic", In Hume, Essays, Moral, Political, and Literary, ed. Eugene F. Miller, Indianapolis : Liberty Classic, 1987.

Huntington, Samuel P., *The Soldier and the State : The Theory and Politics of Civil-Military Relations*, Cambridge, Mass. : Harvard UniversityPress, 1957.

           _____, *Political Order in Changing Societies*, New Haven, Conn. : Yale University Press, 1968.

           _____, *The Third Wave : Democratization in the Late Twentieth Century*, Norman : University of Oklahoma Press, 1991.

Hurst, G. Cameron, "'Uri Nara-ism' : Cultural Nationalism in Contemporary Korea", *UFSI Reports* 3, 1985.

Hwang, Eui-Gak, *The Korean Economies : A Comparison ofNorth and South*, Oxford : Clarendon Press, 1993.

Hwang, Suk-Young(1985~88), *The Shadow of Arms*, Trans. Kyung-Ja Chun, Ithaca, N. Y. : East Asia Program, Cornell Universit, 1994.

Hymer, Stephen Herbert, *The Multinational Corporation : A Radical Approach*, Ed. Robert B. Cohen, Nadine Felton, Morley Nkosi, and Jaap van Liere, Cambridge : Cambridge University Press, 1979.

Hyun, Peter, "A Talk with President Park", National Review, May 2, 1974.

임종철, 「노동법의 제문제」, 『한국 자본주의와 노동 문제』, 돌베개, 1985.

임철우(1984), "A Shared Journey", Trans. Bruce Fulton and Ju-Chan Fulton, In Marshall R. Pihl, Bruce Fulton, and Ju-Chan Fulton, eds., *Land of Exile : Contemporary Korean Fiction*, Armonk, N. Y. : M. E. Sharp, 1993.

임정국, 『친일 문학론』, 평화출판사, 1966.

      _____, 『일제 침략과 친일파』, 청사, 1982.

Im, Hyug Baeg, "The Rise of Bureaucratic Authoritarianism in South Korea", *World Politics* 3, 1987.

Ishizaka Kōichi, *Kindai Nihon no shakaishugi to Chōsen*, Tokyo : Shakai Hyoronsh, 1993.

Iyer, Pico, "The Yin and Yang of Paradoxical, Prosperous Korea", Smithsonian, Augus, 1988.

J. D., "Korea : We Can't Go Home", Fortune, June, 1957.

Jack, Homer A, "South Korea : Another South Vietnam?", America, November 8, 1975.

Jackson, Tim, "South Korea : An Impromptu Performance", InEconomist, August 1, 1990.

Jalee, Pierre, *ThePillage of the Third World*, Trans. Mary Klopper, New York : Monthly Review Press, 1968.

James, William E., Seiji Naya, and Gerald M. Meier, *Asian Development : Economic Success and Policy Lessons*, Madison : University of Wisconsin Press, 1989.

Janelli, Roger L., and Dawnhee Yim Janelli, *Ancestor Worship and Korean Society*, Stanford, Calif. : Stanford University Press, 1982.

Janelli, Roger L., with Dawnhee Yim, *Making Capitalism : The Socialand Cultural Construction of a South Korean Conglomerate*, Stanford, Calif. : Stanford University Press, 1993.

Janowitz, Morris, *The Military in Political Development of New Nations : An Essay in Comparative Analysis*, Chicago : University ofChicago Press, 1964.

Johansen, Frida, *Poverty Reduction in East Asia : The Silent Revolutio*, Washington, D. C. : World Bank, 1993.

Johnson, Harry G., "The Ideology of Economic Policy in the New States", In ohnson, ed., *Economic Nationalism in Old and New States*, Chicago : University of Chicago Press, 1967.

Johnson, R. H., "Social Development Aspects of the Third Five-Year Plan", In Sung-Hwan Jo and Seong-Ywang Park, eds., *Basic Documents and Selected Papers of Korea's Third Five-Year Economic Development Plan(1972~1976)*, Seoul : n., 1972.

Johnston, Bruce F., and Peter Kilby, *Agriculture and Structural Transformation : Economic Strategies in Late-Developing Countries*, New York : Oxford University Press, 1975.

Jones, Leroy P., *PublicEnterprise and Economic Development : The Korean Case*, Seoul : Korea Development Institut, 1975.

_____ and Il SaKong, *Government, Business, and Entrepreneursh*, in Economic Development : The Korean Case, Cambridge, Mass. : Council on East Asian Studies, Harvard University, 1980.

_____ and Edward S. Mason, "Role of Economic Factors in Determining the Size and Structure of the Public-Enterprise Sector in Less-Developed Countries with Mixed Economies", In Leroy P. Jones, ed., *Public Enterprise in Less-Developed Countries*, Cambridge : Cambridge University Press, 1982.

Kahin, George McT, *Intervention : How America Became Involved in Vietnam*, New York : Knop, 1986.

Kahn, E. J., "Our Far-Flung Correspondent : Spring in Korea", New Yorker, May 2, 1961.

Kajimura Hideki, *Chōsenshi : sono hatten*, Tokyo : Kedansh, 1977.

Kang Chae-ŏn, *Chōsen kindaishi*, Tokyo : Heibonsh, 1986.

Kang Haeng-u, *Minamichōsen*, Tokyo : Aoki Shoten, 1986.

강인철, 시민사회한국사회사연구회 편, 「해방 후 한국 개신교회와 국가」, 『현대 한국의 종교와 사회』, 문학과 지성사, 1992.

강만길, 『조선시대 상공업사 연구』, 한, 1984.

_____, 『한국 현대사』, 창작과비평사, 1984.

강명순, 『빈민 여성, 빈민 아동』, 아침, 1985.

Kang, Myung Hun, *The Korean Business Conglomerate : Chaebol Then and Now*, Berkeley : Institute of East Asian Studies, University of California.

Kang Sang-jung, "Shakai kagakusha no shokuminchi ninshiki : shokuminchi seisakugaku to orientarizumu", In Yamanouchi Yasushi et al., eds., *Iwanami kōza shakaikagaku no hōhō, vol. 3*, Nihon shakaikagaku no shisō, Tokyo : Iwanami Shote, 1993.

Kang, Sŏk-kyŏng(1986), "A Room in the Woods", Trans. Bruce Fulton and Ju-Chan Fulton, In Sok-kyong Kang, Chi-wŏn Kim, and Chŏng-hŭi O, *Words of Farewell : Stories by Korean Women Writers*, Seattle : Seal Press, 1989.

강성철, 『주한 미군』, 일송정, 1988.

Kang, T. K., *Is Korea the Next Japan? : Understanding the Structure, Strategy, and Tactics of America's Next Competitor*, New York : Free Press, 1989.

강동구, 『한국 근대 종교와 민족주의』, 집문당, 1992.

Kang Yong-ji, *Higashi Ajia no saihen to Kankoku keizai*, Tokyo : Shakai Hyōronsh, 1991.

Kawai Kazuo, "Kōgyōka seisaku no henbō", In Ogawa Ythei, ed., *Kankoku keizai no bunseki*, Tokyo : Nihon Hyōronsh, 1988.

Kearney, Robert P, *The Warrior Worker : The Challenge of the Korean Way of Working*, New York : Henry Hol, 1991.

Keidel, Albert, III, *Korean Regional Farm Product and Income : 1910-1975*, Seoul : Korea Development Institut, 1981.

Keim, Willard D., *The Korean Peasant at the Crossroads : A Study in Attitudes*, Bellingham : Center for East Asian Studies, Western Washington Universit, 1979.

Keir, R. Malcolm, "Modern Korea", *Bulletin of the American Geographical Society 4*, 1914.

Kendall, Laurel, *Getting Married in Korea : Of Gender, Morality, and Modernity*, Berkeley : University of California Press, 1996.

Keon, Michael, *Korean Phoenix : A Nation from the Ashes*, Englewood Cliffs, N. J. : Prentice-Hall Internationa, 1977.

Kerkvliet, Benedict J., *The Huk Rebellion : A Study of Peasant Revolt in the Philippines*, Berkeley : University of California Press, 1977.

_____, *Everyday Politics in the Philippines : Class and Status Relationsin a Central Luzon Village*, Berkeley : University of California Press, 1990.

Khong, Yuen Foong, *Analogiesat War : Korea, Munich, Dien Bien Phu, and the Vietnam Decisions of 1965*, Princeton, N. J. : Princeton University Press, 1992.

Kihl, Young Whan, *Politicsand Policies in Divided Korea : Regimes in Contest. Boulder*, Colo. : Westvie, 1984.

_____, "South Korea in 1989 : Slow Progress Toward Democracy", Asian Survey 3, 1990.

Kim, Byong Kuk, *Central Banking Experiment in a Developing Economy*, Seoul : Korea Research Cente, 1965.

Kim, Byong-Soh, "The Explosive Growth of the Korean Church Today : A Social Analysis", In Christian Institute for the Study of Justice and Development, ed., Korean Church, Seoul : Christian Institute for the Study of Justice and Developmen, 1990.

Kim, Byung-Kook, "Bringing and Managing Socioeconomic Change : The State in Korea and Mexico", Ph. D. diss., Harvard Universit, 1987.

Kim, Byung Whan, *Seniority Wage System in the Far East : Confucian Influence over Japan and South Korea*, Aldershot, U. K. : Avebur, 1992.

Kim, C. I. Eugene, "The Military in the Politics of South Korea : Creating Political Order", In Morris Janowitz and Jacques van Doom, eds., *On Military Intervention,* Rotterdam : Rotterdam University Press, 1971.

Kim, Chang Nam, Hirokazu Kajiwara, and Toshio Watanabe, "A Consideration of the Compressed Process of Agricultural Development in the Republic of Korea", *Developing Economies 2*, 1984.

Kim, ChiHa, *Cry of the People and Other Poems*, Hayama, Japan : Autumn Press, 1974.

_____, *The Gold-Crowned Jesus and Other Writings*, Ed. Sun Kim Chong and Shelly Killen, Maryknoll, N. Y. : Orbi, 1978.

김진균 역, 『제3세계와 사회이론』, 1983.

김진균 · 조희연 역, 『한국 사회론』, 한울, 1990.

김종길, 「환경 문제와 환경 운동」, 『오늘의 한국 사회』, 나남, 1993.

Kim, Choong Soon, *Faithful Endurance : An Ethnography of Korean Family Dispersal*, Tucson : University of Arizona Press, 1988.

_____, *The Culture of Korean Industry : An Ethnography of Poongsan Corporation*, Tucson : University of Arizona Press, 1992.

김충식, 『남산의 부장들』 2, 동아일보사, 1992.

Kim, Chung-yum, *Policymaking on the Front Lines : Memoirs of a Korean Practitioner*, 1945~79, Washington, D. C. : World Ban, 1994.

Kim, Dae Jung, *Prison Writings*, Trans. Sung-il Choi and David R, McCann. Berkeley : University of California Press, 1987.

Kim, Dongno, "The Transformation of Familism in Modern Korean Society : From Cooperation to Competition", *International Sociology*, 1990.

Kim, EunMee, "From Dominance to Symbiosis : State and Chaebol in Korea", *Pacific Focus* 3, 1988.

_____, "Foreign Capital in Korea's Economic Development, 1960~1985", *Studies in Comparative*

International Development 24(4), 1989~90.

Kim, Eun-Shil, "The Making of the Modern Female Gender : The Politics of Gender in Reproductive Practices in Korea", Ph. D. diss., University of California, San Francisc, 1993.

Kim, Gyu-Won, "Unemployment Among the Educated in South Korea : A Consequence of Export-led Growth Policy", Ph. D. diss., University of Wisconsin, Madiso, 1989.

Kim, Han K., ed., *Reunification of Korea : so Basic Documents*, Washington, D. C. : Institute for Asian Studie, 1972.

Kim, Helen Kiteuk, *Rural Education for the Regeneration of Korea*, New York : n., 1931.

Kim, Hong Nack, "The 1988 Parliamentary Election in South Korea", Asian Survey 2, 1989.

김형기, 『한국의 독점 자본과 임노동』, 까치, 1988.

Kim, Hyung Kook, and Su-Hoon Lee, "Commodity Chains and the Korean Automobile Industry", In Gary Gereffi and Miguel Korzeniewicz, eds., *Commodity Chains and Global Capitalism, Westport*, Conn. : Praege, 1994.

Kim, Illsoo, *New Urban Immigrants : The Korean Community* in New York, Princeton, N. J. : Princeton University Press, 1981.

Kim, Jae-On, and B. C. Koh, "The Dynamics of Electoral Politics : Social Development, Political Participation, and Manipulation on Electoral Laws", In Chong Lim Kim, ed., *Political Participation in Korea : Democracy, Mobilization and Stability*, Santa Barbara, Calif. : CLI, 1980.

Kim, Jai-Hyup, "The Economic Effects of the Vietnam War in Southeast and East Asia", Master's thesis, Indiana Universit, 1970.

_____, *The Garrison State in Pre-War Japan and Post-War Korea : A Comparative Analysis of Military Politics*, Lanham, Md. : University Press of Americ, 1978.

Kim, JiHong, "Korea's Industrial Policies for Declining Industries", Seoul : Korea Development Institut, 1989.

Kim, Jin-Hyun, "South Korea on Edge", *World Press Review*, Octobe, 1986.

Kim, Jinwung, "Recent Anti-Americanism in South Korea : The Causes", *Asian Survey 2*, 1989.

Kim, Joon-Kyung, Sang Dal Shim, and Jun-I1 Kim, "The Role of the Government in Promoting Industrialization and Human Capital Accumulation in Korea", In Takatoshi Ito and Anne 0. Krueger, eds., *Growth Theories in the Light of the East Asian Experience*, Chicago : University of Chicago Press, 1995.

Kim, Joungwon Alexander, *Divided Korea : The Politics of Development 1945~1972*, Cambridge, Mass. : East Asian Research Center, Harvard University, 1975.

Kim, Jung Sae, "Recent Trends in the Government's Management of the Economy", In Edward Reynolds Wright, ed., *Korean Politics in Transition*, Seattle : University of Washington Press, 1975.

Kim, Katherine Y, "A Few Bad Apples", *Far Eastern Economic Review*, February 2, 1996.

Kim, Kihwan, and Danny M. Leipziger, *The Lessons of East Asia : Korea-A Case of Government-Led Development*, Washington, D. C. : World Ban, 1993.

Kim, Kwang Bong, *The Korea-Japan Treaty Crisis and the Instability of the Korean Political System*, New York : Praege, 1971.

Kim, Kwang Chung, and Shin Kim, "Kinship Group and Patrimoni, Executives in a Developing Nation : A Case Study of Korea", *Journal of Developing Areas 24*, 1989.

Kim, Kwang Suk, and Michael Roemer, *Growth and Structural Transformation*, Cambridge, Mass. : Council on East Asian Studies, Harvard Universit, 1981.

Kim, Kyong-Dong, *Man and Society in Korea's Economic Growth : Sociological Studies*, Seoul : Seoul National University Press, 1979.

_____, 『한국인의 가치관과 사회의식』, 박영사, 1992.

_____, "Confucianism and Capitalist Development in East Asia", In Leslie Sklair, ed., *Capitalism and Development*, London : Routledge, 1994.

Kim, Mahn Kee, "The Administrative Culture of Korea : A Comparison with China and Japan", In Gerald E. Caiden and Bun Woong Kim, *A Dragon's Progress : Development Administration in Korea*, West Hartford, Conn. : Kumarian Press, 1991.

김낙중, 『한국 노동 운동사 – 해방 후 편』, 청사, 1982.

_____, 「지식인과 노동운동」, 『한국 자본주의와 노동문제』, 돌베게, 1985.

김백산, 「한국 노동 조합 노동의 특성」, 『한국 자본주의와 노동문제』, 돌베게, 1985.

Kim, Quee-Young, *The Fall of Syngman Rhee*, Berkeley : Institute of East Asian Studies, University of Californi, 1983.

Kim, SeJin, *The Politics of Military Revolution in Korea*, Chapel Hill : University of North Carolina Press, 1971.

Kim, Seok Ki, "Business Concentration and Government Policy : A Study of the Phenomenon of Business Groups in Korea, 1945~1985", D. B. A. diss., Harvard Universit, 1987.

Kim, Seong-Kon, "On Native Grounds : Revolution and Renaissance in Artand Culture", In Chong Sik Lee, Korea Briefing, 1990, Boulder, Colo. : Westview Press, 1991.

Kim, Seung Hee, *Foreign Capital for Economic Development : A Korean Case Study*, New York : Praege, 1970.

Kim, Shin-Bok, "Educational Policy Changes in Korea : Ideology and Praxis", In Gill-Chin Lim and Wook Chang, eds., *Dynamic Transformation : Korea*, NICs, and Beyond, Urbana, Ill. : Consortium on Development Studie, 1990.

김석준, 『한국 산업화 국가론』, 나남, 1992.

Kim, Sun-il, "Betonamu sensō to Kankoku", Sekai, Marc, 1973.

Kim, Stingok(1965), "Seoul : 1964, Winter", Trans. Marshall R. Pihl. InMarshall R. Pihl, Bruce Fulton, and

Ju-Chan Fulton, eds., *Land of Exile : Contemporary Korean Fiction*, Armonk, N. Y. : M. E. Sharp, 1993.

Kim, Taek Il, John A. Ross, and George C. Worth, *The Korean National Family Planning Program : Population Control and Fertility Behavior*, New York : Population Counci, 1972.

Kim, Uchang, "The Agony of Cultural Construction : Politics and Culture in Modern Korea", In Hagen Koo, ed., *State and Society in Contemporary Korea*, Ithaca, N. Y. : Cornell University Press, 1993.

Kim, W. S, "The President's Emergency Decree for Economic Stabilityand Growth(1972)", In Lee-Jay Cho and Yoon Hyung Kim, eds., *Economic Development in the Republic of Korea : A Policy Perspective*, Honolulu : East-West Cent, 1991.

Kim, Yŏng-ho, *Higashi Ajia kōgyōka to sekai shihonshugi : dai 4-sedai kogyokaron*, Tokyo : Tōyō Keizai Shinpōsh, 1988.

김영모, 「한국 빈곤 연구」, 『한국 복지 정책 연구』, 1990.

Kim, Yŏng-nok(1964), "On Korean Entrepreneurship", Trans. T'ae-yong Pak. In Marshall R. Pihl, ed., *Listening to Korea : A Korean Anthology*, New York : Praege, 1973.

김영석, 『한국 사회 성격과 도시 빈민 운동』, 아침, 1989.

김영섭, 『조선 후기 농업사 연구 : 농촌 경제 사회 변동』, 일조각, 1970.

Kim, Yoon Hyung, "Policy Response to the Oil Crisis and the Presidential Emergency Decree(1974)", In Lee-Jay Cho and Yoon Hyung Kim, eds., *Economic Development in the Republic of Korea : A Policy Perspective*, Honolulu : East-West Cente, 1991.

김윤환, 『한국 경제의 전개과정』, 돌베게, 1981.

Kim, Yung-chung, "Women's Movement in Modern Korea", In Sei-wha Chung, ed., *Challengesfor Women : Women's Studies in Korea*, trans. Chang-hyun Shin et al., Seoul : Ewha Wornans University Press, 1986.

King, Russell, *Land Reform : A World Survey*, Boulder, Colo. : Westview Press, 1977.

Kirk, Donald, "Democracy without Dissent in Korea", New Leader, March, 1982.

_____, *Korean Dynasty : Hyundai and Chung ju Yung*, Armonk, N. Y. : M. E. Sharp, 1994.

Klein, Sidney, *The Pattern of Land Tenure Reform in East Asia After World War II*, NewYork : Bookman Associate, 1958.

고경심, 「한국 여성 노동자의 건강 문제」, 여성, 1988.

Ko, Un, *The Sound of My Waves : Selected Poems by Ko Un*, Trans. Brother Anthony of Taize and Young-Moo Kim, Ithaca, N. Y. : East Asia Program, Cornell Universit, 1993.

Kobayashi Hideo, "Dai Tōa kyōeiken", no kesei to hōkai, Tokyo : Ochanomizu Shob, 1975.

_____, Sengo Nihon shihonshugi to "Higashi Ajia keizaiken", Tokyo : Ochanomizu Shob, 1983.

Koh, B. C., "Convergence and Conflict in the Two Koreas", Curre, 1973.

History, November.

Koh, Byung-ik, "The Attitude of Koreans Toward Japan", Trans. Jame B. Palais, In Marshall R. Pihl, ed., *Listening to Korea : A Korean Anthology*, New York : Praege, 1973.

Koh, Kwang Il, "In Quest of National Unity and Power : Political Ideas and Practices of Syngman Rhee", Ph. D. diss., Rutgers Universit, 1963.

Koh, Soo Kohn, "Commodity Composition of Exports of Manufactures from a Developing Country : The Case of Republic of Korea", Ph. D. diss., New York Universit, 1973.

Koh, Yeong-kyeong, "Land Reform and Agricultural Structure in Korea", *Korean Affairs*, 1962.

Kolko, Gabriel, *Confrontingthe Third World : United States Foreign Policy*, 1945~1980, NewYork : Pantheo, 1988.

_____, *Century of War : Politics, Conflict, and Society Since 1914*, New York : New Press, 1994.

공재욱, 「1950년대 국가의 재정 금융 정책과 대기업의 성장」, 『한국 자본주의와 재벌』, 문학과지성사, 1992.

Koo, Bohn Young, "The Role of Direct Foreign Investment in Korea's Recent Economic Growth", In Walter Galenson, ed., *Foreign Trade and Investment : Economic Development in the Newly Industrializing Asian Countries*, Madison : University of Wisconsin Press, 1985.

Koo, Hagen, "The Political Economy of Income Distribution in South Korea : The Impact of the State's Industrialization Policies", *World Development 1*, 1984.

_____, "The Interplay of State, Social Class, and World System in East Asian Development : The Cases of South Korea and Taiwan", In Frederic C. Deyo, ed., *The Political Economy of the New Asian Industrialism*, Ithaca, N. Y. : Cornell University Press, 1987.

_____, "From Farm to Factory : Proletarianization in Korea", *American Sociological Review 5*, 1991.

_____, "The State, Minjung, and the Working Class in South Korea", In Hagen Koo, ed., *State and Society in Contemporary Korea*, Ithaca, N. Y. : Cornell University Press, 1993.

_____ and Eun Mee Kim, "The Developmental State and Capital Accumulation in South Korea", In Richard P. Appelbaum and Jeffrey Henderson, eds., *States and Development in the Asian Pacific Rim*, Newbury Park, Calif. : Sag, 1992.

Koo, SukMo, "Korea's Big Business Groups and International Competitiveness", In Seung Yeung Kwack, ed., *The Korean Economy at a Crossroad : Development Prospects, Liberalization, and South-North Economic Integration*, Westport, Conn. : Praege, 1994.

Koo, Youngnok, "The Conduct of Foreign Affairs", In Edward Reynolds Wright, ed., *KoreanPolitics in Transition*, Seattle : University of Washington Press, 1975.

Korea Development Institute, *Korea's Economy : Past and Present*, Seoul : Korea Development Institut, 1975.

Korzeniewicz, Miguel, "Commodity Chains and Marketing Strategies : Nike and the Global Athletic Footwear Industry", In Gary Gereffi and Miguel Korzeniewicz, eds., *Commodity Chains and Global Capitalism*,

Westport, Conn. : Praege, 1994.

Krasner, Stephen D., *Defendingthe National Interest : Raw Materials Investments and U. S. Foreign Policy*, Stanford, Calif. : Stanford University Press, 1978.

_____, *Structural Conflict : The Third World Against Global Liberalism*, Berkeley : University of California Press, 1985.

구도완, 「한국 환경운동의 역사와 특성」, 서울대 박사논문, 1994.

Kuk, Minho, "The Governmental Role in the Making of Chaebol in the Industrial Development of South Korea", *Asian Perspective 1*, 1988.

Kuramochi Kazuo, "Kankoku ni okeru nōchi kaikaku to sonogo no kosaku no tenkai", *Ajia kenkyū 32(2)*, 1985.

Kuznets, Paul W, *Economic Growth and Structure in the Republic of Korea*, NewHaven, Conn. : Yale University Press, 1977.

_____, *Korean Economic Development : An Interpretive Model*, Westport, Conn. : Praeger, 1994.

Kuznets, Simon, *Population, Capital, and Growth : Selected Essays*, New York : Norton, 1973.

Kwack, Seung Yeung, "The Economy of South Korea, 1980‑1987", In Lawrence J. Lau, ed., *Models of Development : A Comparative Study of Economic Growth in South Korea and Taiwan*, rev. andexp. ed., San Francisco : ICS Press, 1990.

Kwon, Tai Hwan, *Demography of Korea : Population Change and Its Components*, 1925‑66, Seoul : Seoul National University Press, 1977.

Ladurie, Emmanuel Le Roy, "Peasants", In Peter Burke, ed., *The New Cambridge Modern History XIII : Companion Volume*, Cambridge : Cambridge University Press, 1979.

LaFeber, Walter(1983), *Inevitable Revolutions : The United States in Central America*, 2d ed., rev. and exp. New York : Norton, 1993.

Larson, James F., and Heung-Soo Park, *Global Television and the Politics of the Seoul Olympics*, Boulder, Colo. : Westview Press, 1993.

Lary, Hal B., *Importsof Manufactures from Less Developed Countries*, New York : National Bureau of Economic Research, 1968.

Lautensach, Hermann, *Korea : Land, Volk, Schicksal. Stuttgart*, Germany : K. F. Koehler Verlag, 1950.

Lauterbach, Richard E., *Dangerfrom the East*, New York : Harper &Brothers, 1947.

League of Nations Folke, *Industrialization and Foreign Trade*, Geneva : League of Nations, 1945.

Lee, Bun Song, "Sex Discrimination in Korea's Job Market", In Seung Yeung Kwack, ed., *The Korean Economy at a Crossroad : Development Prospects, Liberalization, and South-North Economic Integration*, Westport, Conn. : Praeger, 1994.

Lee, Chong Sik, *The Politics of Korean Nationalism*, Berkeley : University of California Press, 1963.

_____, *Japan and Korea : The Political Dimension*, Stanford, Calif. : Hoover Institution Press, 1985.

Lee, Chung Hoon, "Promotion Measures for Construction Service Exports to the Middle East(1975)", In Lee-Jay Cho and Yoon Hyung Kim, eds., *Economic Development in the Republic of Korea : A Policy Perspective*, Honolulu : East-West Center, 1991.

Lee, Eun Ho, and Yong Soon Yim, *Politics of Military Civic Action : The Case of South Korean and South Vietnamese Forces in the Vietnamese War*, Hong Kong : Asian Research Service, 1980.

Lee, Gin-Fu Larry, "The Structure of the Hardwood Plywood Industry in the Far East Exporting Countries : Japan, Republic of China, Republic of Korea, and the Philippines", Ph. D. diss., Oregon StateUniversity, 1973.

Lee, Hae-yong, "Modernization of the Family Structure in an Urban Setting-with Special Reference to Marriage Relation", In C. I. Eugene Kim and Ch'angboh Chee, eds., *Aspects of Social Change in Korea*, Kalamazoo, Mich. : Korea Research and Publication, 1969.

Lee, Hahn-Been, *Korea : Time, Change, and Administration*, Honolulu : East-West Center Press, 1968.

_____, *Future, Innovation and Development*, Seoul : Panmun Book, 1982.

Lee, Hoon K., *Land Utilization and Rural Economy in Korea*, Chicago : University of Chicago Press, 1936.

Lee, HySang, "Economic Factors in Korean Reunification", In Young Whan Kihl, ed., *Koreaand the World : Beyond the Cold War*, Boulder, Colo. : Westview Press, 1994.

Lee, Jeong Taik, "Dynamics of Labor Control and Labor Protest in the Process of Export-oriented Industrialization in South Korea", *Asian Perspective 12*, 1988.

Lee, Joe Won, "Planning Efforts for Economic Development", In Joseph S. Chung, ed., *Korea : Patterns of Economic Development*, Kalamazoo, Mich. : Korea Research and Publication, 1966.

Lee, Ki-baik, *A New History of Korea*, Trans. Edward W. Wagner with Edward J. Shultz. Cambridge, Mass. : Harvard University Press, 1984.

Lee, Kyu-Uck, Shujiro Urata, and Inborn Choi, "Industrial Organization : Issues and Recent Developments", In Vittorio Corbo and Sang-Mok Suh, eds., *Structural Adjustment in a Newly Industrialized Country : The Korean Experience*, Baltimore, Md. : Johns Hopkins University Press, 1992.

Lee, Man Gap, *Sociology and Social Change in Korea*, Seoul : Seoul National University Press, 1982.

Lee, Manwoo, *The Odyssey of Korean Democracy*, Korean Politics, 1987~1990, New York : Praeger, 1990.

Lee, Nae-Young, "The Politics of Industrial Restructuring : A Comparison of the Auto Industry in South Korea and Mexico", Ph. D. diss., University of Wisconsin, Madison, 1993.

Lee, Naeyoung, and Jeffrey Cason, "Automobile Commodity Chainsin the NICs : A Comparison of South Korea, Mexico, and Brazil", In Gary Gereffi and Miguel Korzeniewicz, eds., *Commodity Chains and Global Capitalism*, Westport, Conn. : Praeger, 1994.

Lee, Nak-ho, "Korea Suffers Ill Name as Baby Exporter", *Korea Times*, November i, 1989.

Lee, Ok-jie, "Labor Control and Labor Protest in the South Korean Textile Industry, 1945~1985", Ph. D. diss., University of Wisconsin, Madison, 1990.

이숙정, 「한국전쟁과 일본의 경제적 성장」, 『한국전쟁과 한국 사회 변동』, 풀빛, 1992.

_____, "Korean Perceptions on National Security", *Korea Focus 3*, 1995.

Lee, Steven Hugh, *Outposts of Empire : Korea, Vietnam, and the Origins of the Cold War in Asia, 1949~1959*, Montreal : McGill Queen's University Press, 1995.

Lee, Su-Hoon, "Transitional Politics of Korea, 1987~1992 : Activati, of Civil Society", *Pacific Affairs 66*, 1993.

Lee, Suk Bok, *The Impact of U. S. Forces in Korea*, Washington, D. C. : National Defense University Press, 1987.

Lee, Suk-Chae, "The Heavy and Chemical Industries Promotion Plan(1973~79)", In Lee-Jay Cho and Yoon Hyung Kim, eds., *Economic Developmentin the Republic of Korea : A Policy Perspective*, Honolulu : East-West Center, 1991.

Lee, Young Jo, "Legitimation, Accumulation, and Exclusionary Authoritarianism : Political Economy of Rapid Industrialization in South Korea and Brazil", Ph. D. diss., Harvard University Press, 1990.

Leffler, Melvyn P., *A Preponderance of Power : National Security, the Truman Administration, and the Cold War*, Stanford, Calif. : Stanford University Press, 1992.

_____, "The Interpretive Wars over the Cold War, 1945~1960", In Gordon Martel, ed., *American Foreign Relations Reconsidered, 1890~1993*, London : Routledge, 1994.

Leipziger, D. M., D. Dollar, A. F. Shorrocks, and S. Y. Song, *The Distribution of Income and Wealth in Korea*, Washington, D. C. : World Bank, 1992.

Lent, John A., *TheAsian Film Industry*, Austin : University of Texas Press, 1990.

Lewin, Tamar, "South Korea Slows Export of Babies for Adoption", *New York Times*, February 12, Ars, 1990.

Lewis, John P., *Reconstruction and Development in South Korea*, Washington, D. C. : National Planning Association, 1955.

Lewis, Linda, "The 'Kwangju Incident' Observed : An Anthropologic, 1988.

Perspectiveon Civil Uprisings", In Donald N. Clark, ed., *The Kwangju Uprising : Shadows over the Regime in South Korea*, Boulder, Colo. : Westview Press.

Lewis, W. Arthur, *The Theory of Economic Growth*, London : George Allen &Unwin, 1955.

_____, *Development Planning : The Essentials ofEconomic Policy*, London : George Allen &Unwin, 1966.

_____(1949), *The Principles of EconomicPlanning*, 3d ed. London : George Allen &Unwin, 1969.

_____, *The Evolution of the International Economic Order*, Princeton, N. J. : Princeton University Press, 1978.

Lie, John, "Is Korean Management Just Like Japanese Management?", *Management International Review 30*, 1990.

_____, "South Korean Development : The Elusive Reality of Conflicts and Contradictions", *Pacific Affairs 63*, 1990.

_____, "The Prospect for Economic Democracy in South Korea", *Economic and Industrial Democracy 12*, 1991.

_____, "Democratization and Its Discontents : Origins of the Present Crisis in South Korea", *Monthly Review 42(9)*, 199th.

_____, "The State, Industrialization and Agricultural Sufficiency : The Case of South Korea", *Development Policy Review 9*, 1991.

_____, "Rethinking the 'Miracle'-Economic Growth and PoliticalStruggles in South Korea", *Bulletin of Concerned Asian Scholars 22*, 1991.

_____, "The Political Economy of South Korean Development", *International Sociology 7*, 1992.

_____, "The Concept of Mode of Exchange", *American Sociological Review 57*, 1992.

_____, "The Transformation of Sexual Work in Twentieth-Century Korea", *Gender& Society 9*, 1995.

_____, "From Agrarian Patriarchy to Patriarchal Capitalism", In Valentine M. Moghadam, ed., *Patriarchy and Development : Women's Positions at the End of the Twentieth Century*, Oxford : Clarendon Press, 1996.

_____, "The Confucian Ethic in South Korea? A Critique", *Kyŏngje yŏn'gu*(Hanyang University) *17*, 1996.

Liebau, Eberhard, "Labor-management Relations in the Republic of Korea", In Il SaKong, ed., *Human Resources and Social Development Issues*, Seoul : Korea Development Institute, 1987.

Lim, Hy-Sop, "Acceptance of American Culture in Korea : Patterns of Cultural Contact and Korean Perception of American Culture", In Sungjoo Han, ed., *After One Hundred Years : Continuity and Change in Korean-American Relations*, Seoul : Asiatic Research Center, Korea University, 1982.

Lim, Hyun-Chin, *Dependent Development in Korea, 1963-1979*, Seoul : Seoul National University Press, 1985.

Lim, Hyun-Chin, and Woon-Seon Paek, "State Autonomy in Modern Korea : Institutional Possibility and Structural Limits", *Korea Journal 27(11)*, 1987.

Lim, Youngil, "Gains and Costs of Postwar Industrialization in South Korea", *Occasional Paper Series, Center for Korean Studies*, University of Hawaii, 1973.

_____, *Government Policy and Private Enterprise : Korean Experience in Industiralization*, Berkeley : Institute of East Asian Studies, University of California, 1981.

Lipton, Michael, *Why Poor People Stay Poor*, Cambridge, Mass. : Harvard University Press, 1977.

List, Friedrich(1885), *The National System of Political Economy*, Trans. Sampson S. Lloyd. New York : Augustus

M. Kelley, 1966.

_____(1837), *The National System of Political Economy*, Trans. and ed. W. O. Henderson. London : Frank Cass, 1983.

Lockwood, Christopher, "Division of the Spoils", *Economist*, May 21, 1988.

Lone, Stewart, and Gavan McCormack, *Korea Since 1850*, Melbourne, Australia : Longman Cheshire, 1993.

Lord, Mary, "Chun's Option : To Crush or Concede", *U. S. News & World Report*, June 29, 1987.

Louie, Miriam Ching Yoon, "Minjung Feminism : Korean Women's Movement for Gender and Class Liberation", *Women's Studies International Forum 18*, 1995.

Lovell, John P., "Politics and Military in South Korea", In Lovell, ed., *The Military and Politics in Five Developing Nations*, Kensington, Md. : American Institute for Research, 1970.

_____, "The Military and Politics in Postwar Korea", In Edward Reynolds Wright, ed., *Korean Politics in Transition*, Seattle : University of Washington Press, 1975.

Lowenthal, Abraham F., ed., *The Peruvian Experiment : Continuity and Change Under Military Rule*, Princeton, N. J. : Princeton UniversityPress, 1975.

Luedde-Neurath, Richard, *Import Controls and Export-Oriented Development : A Reassessment of the South Korean Case*, Boulder, Colo. : Westview Press, 1986.

_____, "State Intervention and Export-oriented Development in South Korea", In Gordon White, ed., *Developmental States in East Asia*, Houndmills, U. K. : Macmillan Luttwak, Edward. 1968. *Coupd'Etat : A Practical Handbook*, London : Allen Lane, 1988.

Lyons, Gene M., *MilitaryPolicy and Economic Aid : The Korean Case, 1950~1953*, Columbus : Ohio State University Press, 1961.

Mabe Yōichi, *Kankokukeizairyoku no yomikata*, Tokyo : Nihon Jitsugyō Shuppansha., 1986.

Macdonald, Donald Stone, *TheKoreans : Contemporary Politics and Society*, 2d ed. Boulder, Colo. : Westview Press, 1990.

_____, *U. S. Korean Relations from Liberation to Self-Reliance : The Twenty-Year Record*, Boulder, Colo. : Westview Press, 1992.

MacEwan, Arthur, *Debtand Disorder : International Economic Instability and U. S. Imperial Decline*, NewYork : Monthly Review Press, 1990.

MacGaffey, Janet, *TheReal Economy of Zaire : The Contribution of Smuggling and Other Unofficial Activities to National Wealth*, Philadelphia : University of Pennsylvania Press, 1991.

Maddison, Angus, *Monitoringthe World Economy, 1820~1922*, Paris : OECD, 1995.

Maeda Yasuhiro, *Daitenkankino Chōsen hantō*, Tokyo : Kybikusha, 1988.

Mallaby, Sebastian, "The House That Park Built", *Economist*, June 3, 1995.

Mardon, Russell, "The State and the Effective Control of Foreign Capital : The Case of South Korea", *World Politics 43*, 1990.

Martin, James R., "Institutionalization and Professionalization of the Republic of Korea Army : The Impact of United States Military Assistance through Development of a Military School System", Ph. D. diss., Harvard University, 1973.

Mason, Edward S., "Stages of Economic Grwoth Revisited", In Charles P. Kindleberger and Guido di Tella, eds., *Economis in the Long View*, vol. 1, Models and Methodology, New York : New York University Press, 1982.

Mason, Edward S., Mahn Je Kim, Dwight H. Perkinds, Kwang Suk Kim, and David C. Cole, *The Economic and Social Modernization of the Republic of Korea*, Cambridge, Mass. : Council on East Asian Studies, Harvard University, 1980.

Masumi Junnosuke, *Hikakuseiji III : Higashi Ajia to Nihon*, Tokyo : Tokyo Daigaku Shuppankai, 1993.

Mathews, Tom, "Chon 'Koreanizes' Democracy", Newsweek, August 25, 1980.

Matray, James Irving, ed., *Historical Dictionary of the Korean War*, Westport, Conn. : Greenwood Press, 1991.

Maxfield, Sylvia, *GoverningCapital : International Finance and Mexican Politics*, Ithaca, N. Y. : Cornell University Press, 1990.

McBeth, John, and Mark Clifford, "Now, the Peaceful Invasion", *Far Eastern Economic Review*, September 8, 1988.

McCann, David R., "Arirang : The National Folksong of Korea", In David R. McCann, John Middleton, and Edward J. Schultz, eds., *Studies on Korea in Transition*, Honolulu : Center for Korean Studies, University of Hawaii, 1979.

McCormack, Gavan, "The South Korean Economy : GNP versus the People", In Gavan McCormack and Mark Selden, eds., *Korea, North and South : The Deepening Crisis*, New York : Monthly Review Press, 1978.

―――――――――, "Japan and South Korea, 1965-1975 : Ten Years of 'Normalisation'", In Gavan McCormack and Mark Selden, eds., Korea, *Northand South : The Deepening Crisis*, New York : Monthly Review Press, 1978.

―――――――――, "Britain, Europe and Korea", In Gavan McCormack and MarkSelden, eds., *Korea, North and South : The Deepening Crisis*, New York : Monthly Review Press, 1978.

McCormick, Thomas J., *America'sHalf-Century : United States Foreign Policy in the Cold War*, Baltimore, Md. : Johns Hopkins University Press, 1989.

McCune, George M., *Korea Today*, Cambridge, Mass. : Harvard University Press, 1950.

McCune, Shannon, *Korea'sHeritage : A Regional and Social Geography*, Rutland, Vt. : Charles E. Tuttle, 1956.

_____, *Korea : Land of Broken Calm*, Princeton, N. J. : D. Van Nostrand, 196.

McGin, Noel F., Donald R. Snodgras, Yung Bong Kim, Shin-Bok Kim, and Que-Young Kim, *Education and Development in Korea*, Cambridge, Mas. : Council on East AsianStudies, Harvard University, 1980.

McGleish, Weyland, "Leter from Seoul", America, February 5, 197.

McNamara, Denis L, *The Colonial Origins of Korean Enterprise*, 1910~1945, Cambridge : Cambridge University Press, 190.

Meade, E. Grant, *American Military Government in Korea*, New York : King's Crown Press, 1951.

Merril, John, "Internal Warfare in Korea, 1948~1950 : The Local Setting of the Korean War", In Bruce Cumings, ed., *Child of Conflict : The Korean-American Relationships*, 1943~1953, Seattle : University of Washington Press, 1983.

_____, *Korea : The Peninsular Origins of the War*, Newark : University of Delaware Press, 1989.

Michel, Tony(A. Michel), "South Korea : Vision of the Future for Labour Surplus Economies", In Manfred Bienefeld and Martin Godfrey, eds., *The Struggle for Development : National Strategies in an International Context*, Chichester, U. K. : John Wiley&Sons, 1982.

_____, "Administrative Traditions and Economic Decision-making in South Korea", *IDS Bulletin 15*, 1984.

_____, *From a Developing to a NewlyIndustrialised Country : The Republic of Korea, 1961~82*, Paris : International Labour Office, 1988.

_____, "Control of the Economy During the Korean War : The 1952 Co-ordination Agrement and Its Consequences", In James Coton and Ian Neary, eds., *The Korean War in History*, Atlantic Highlands, N. J. : Humanities Press International, 1989.

Mies, Maria, *Patriarchy and Accumulation on a World Scale : Womenin the International Division of Labour*, London : Zed, 1986.

Mills, C. Wright, *TheSociological Imagination*, Oxford University Press, 1959.

Mills, Edwin S., and Byung-Nak Song, *Urbanization and Urban Problems*, Cambridge, Mas. : Council onEast Asian Studies, Harvard University, 1979.

Min, Yong-bin, ed.(1960), *The April Heroes*, Seoul : Sisayongosa, 193.

Minard, Lawrence, "The Fragile Miracle on the Han", *Forbes*, February 11, 1985.

Ministry of Culture and Information. N. d., *Threat and Response : Questions and Answers about the Proposed Special Measures Law on National Defense*, Seoul : Ministry of Culture and Information, Ministryof Public Information, Republic Korea, *Korean Economy : Progress and Prospect*, Seoul : Ministry of Public Information, 1965.

Ministry of Reconstruction, Republic of Korea, *Development of the Korean Economy*, Seoul : Ministry of

Reconstruction, 1958.

_____, *Korea's Continuing Development*, Seoul : Ministry of Reconstruction, 1959.

Mitchel, Bernard, and John Ravenhil, "Beyond Product Cycles and Flying Gese : Regionalization, Hierarchy, and the Industrialization of East Asia", *World Politics 47*, 195.

Mitchel, C. Clyde, "Land Management and Tenancy Reform in Korea Against a Background of United States Army Ocupation, 1945~1948", Ph. D. dis., Harvard University, 1948.

_____, "Land Reform in South Korea", *Pacific Affairs 22*, 1949.

_____, *Korea : Second Failure in Asia*, Washington, D. C. : Public Affairs Institute, 1951.

Mitchel, Timothy(1989), *Colonising Egypt*, Berkeley : University of California Press, 191.

Miyata Setsuko, Chōsen minshū to "kōminka", seisaku, Tokyo : Miraisha, 1985.

Moffit. Michael, *The World's Money : International Banking from Bretton Woods to the Brink of Insolvency*, New York : Simon& Schuster, 1983.

Moon, Chung-In, "The Demise of a Developmentalist State? Neoconservative Reforms and Political Consequences in South Korea", *Journal of Developing Societies 4*, 198.

_____, "Globalization : Challenges and Strategies", *Korea Focus 3*, 1995.

Moon, Pal Yong, "Problems in Organizing Joint Utilization of Farm Machinery in Korea's Smallholder System", In Chi-ming Hou and Tzong-shian Yu, eds., *Agricultural Development in China, Japan, and Korea*, Taipei : Academia Sinica, 1982.

_____, "A Positive-Grain Price Policy(1969) and Agricultural Development", In Le-Jay Cho and Yon Hyung Kim, eds., *Economic Development in the Republic of Korea : A Policy Perspective*, Honolulu : East-West Center, 1991.

_____, "The Saemaul(New Comunity) Movement(1971)", In Le-Jay Cho and Yon Hyung Kim, eds., *Economic Development in the Republicof Korea : A Policy Perspective*, Honolulu : East-WestCenter, 1991.

Mon, Tong Hwan(Stephen), "Korean Minjung Theology : An Introduction", In Wonmo Dong, ed., *Korean-American Relations at Crossroads*, Princeton Junction, N. J. : Association of Korean Christian Scholars in North America, 1982.

Moore, Barrington, Jr., *Social Origins of Dictatorship and Democracy : Lord and Peasant in the Making of the Modern World*, Boston : Beacon Press, 1966.

Moore, Mick, "Mobilization and Disillusion in Rural Korea : The Saemaul Movement in Retrospect", *Pacific Affairs 57*, 1984.

_____, "Economic Growth and the Rise of Civil Society : Agriculture in Taiwan and South Korea", In Gordon White, ed., *Developmental States in East Asia*, Houndmills, U. K. : Macmillan, 1988.

Moran, Theodore H., *MultinationalCorporations and the Politics of Dependence : Copper in Chile*, Princeton, N. J. : Princeton University Press, 1974.

Morley, James W., *Japanand Korea : America's Allies in the Pacific*, New York : Walker, 1965.

Morrow, Robert B., and Kenneth H. Sherper, *Land Reform in South Korea*, Washington, D. C. : U. S. Agency for International Development, 1970.

Mullins, Mark R., "The Empire Strikes Back : Korean Pentecostal Mission to Japan", In Karla Poewe, ed., *Charismatic Christianity as a Global Culture*, Columbia : University of South Carolina Press, 1994.

Mydans, Seth, "Vietnam Speaks English with an Eager Accent", *New York Times*, May 7, E16, 1995.

Nakagawa Nobuo, Chōsen hantō wa dōnaruka, Tokyo : Miraisha, 1988.

_____, Gekidō no Chōsen hantō Tokyo : Ryokufū Shuppan, 1990.

Nakane Chie, "Kankoku sobyō : hito to hito no majiwari", In Kankoku nosōn no kazoku to saigi, Tokyo : Tokyo Daigaku Shuppankai, 1973.

Nam, Chang-Hee, "South Korea's Big Business Clientelism in Democratic Reform", *AsianSurvey 35*, 1995.

Nam, Joo-Hong, *America's Commitment to South Korea : The First Decade of the Nixon Doctrine*, Cambridge : Cambridge University Press, 1986.

Nam, Koon Woo, *South Korean Politics : The Search for Political Consensus and Stability*, Lanham, Md. : University Press of America, 1989.

Nam, Sang-Woo, and Chung H. Lee, "Korea", In Stephan Hagga, 1995.

and Chung H. Lee, eds., *Financial Systems and Economic Policy in Developing Countries*, Ithaca, N. Y. : Cornell University Press.

나라정책연구회 역, 『한국 사회 운동의 혁신을 위하여』, 백산서당, 1993.

Nathan(Robert R.) Associates, *Preliminary Report on Economic, Reconstruction of Korea*, Washington, D. C. : Robert R. Nathan Associates, 1952.

_____, *An Economic Programme for Korean Reconstruction*, Washington, D. C. : Robert R. Nathan Associates, 1954.

Naya, Seiji, "The Vietnam War and Some Aspects of Its Economic Impact on Asian Countries", *Developing Economies 9*, 1971.

Neff, Robert, and Laxmi Nakarmi, "Asia's Next Powerhouse : An All-But-Unified Korea?", *Business Week*, October 14, 1991.

Nishina Kenichi and Noda KyOrni, *Kankoku kōgai repōto : genpatsukara rosai made*, Tokyo : Shinkansha, 1989.

노동부, 「1987년 여름의 노사 분규 평가 보고서」, 노동부, 1988.

Nomura Sōgō Kenkyusho, ed., *Sekai ni hiyaku suru Kankoku sangyo : sono pawa no gensen o saguru*, Tokyo : Nomura Sōgŏ Kenkyasho, 1988.

Norman, E. H., *Japan's Emergence as a Modern State*, New York : Institute of Pacific Relations, 1940.

North, James, "Korea's Conscience", *New Republic*, November 3, 1986.

North, Liisa, and Tanya Korovkin, *The Peruvian Revolution and the Officers in Power*, 1967-1976, Montreal : Centre for Developing Area Studies, McGill University, 1981.

Nurkse, Ragnar, *Equilibrium and Growth in the World Economy*, Ed. Gottfried Haberler and Robert M. Stern, Cambridge, Mass. : Harvard University Press, 1962.

오성, 『조선 후기 상인 연구』, 일조각, 1989.

Odell, John S., U. S. *International Monetary Policy : Markets, Power, and Ideas as Sources of Change*, Princeton, N. J. : Princeton University Press, 1982.

O'Donnell, Guillermo A., *Modernization and Bureaucratic-Authoritarianism : Studies in South American Politics*, Berkeley : Institute of International Studies, University of California, 1979.

Office of Administrative Coordination for the Prime Minister, Republic of Korea, *Evaluation Report of the Fourth Year Program : The Fourth Five-Year Economic Development Plan*, Seoul : Office of Administrative Coordination for the Prime Minister, Republic of Korea, 1981.

Office of Economic Analysis and Reporting, U. S. Aid for International Development, *Survey of the Korean Hardwood Plywood Industry and International Plywood Markets*, Seoul : Office of Economic Analysis and Reporting, U. S. Aid for International Development, 1972.

Office of the President, Saemaul, Seoul : Office of the President, Republic of Korea, 1975.

Office of Public Information, *Where Korea Stands*, Seoul : Office of Public Information, Republic of Korea, 1955.

Ogle, George E., *Liberty to the Captives : The Struggle Against Oppression in South Korea*, Atlanta : John Knox Press, 1977.

_____, *South Korea : Dissent within the Economic Miracle*, London : Zed, 1990.

Oh, John Kie-chiang, *Korea : Democracy on Trial*, Ithaca, N. Y. : Cornell University Press, 1968.

_____, "The 1995 Local Elections in Korea", In Robert G. Rich Jr., ed., *Korea's Economy 1996*, Washington, D. C. : Korea Economic Institute of America, 1996.

Oh, Suek Hong, "The Counter-corruption Campaign of the Korean Government(1975-1977)", In Bun Woong Kim and Wha Joon Rho, eds., *Korean Public Bureaucracy*, Seoul : Kyobo Publishing, 1982.

Oh, Sun Joo, "The Living Conditions of Female Workers in Korea", *Korea Observer 14*, 1983.

Okai Teruo, *Kankoku 15-nen no shuyakutachi*, Tokyo : Asahi Sonorama, 1976.

Oliver, Robert T., *A History of the Korean People in Modern Times, 1800 to the Present*, Newark : University of Delaware Press, 1993.

Oregon Advisory Group in Korea, *A Report on the University of Oregon Advisory Mission to the Korean Economic*

Development Council, Eugene : School of Business Administration, University of Oregon, 1961.

Osgood, Cornelius, *The Koreans and Their Culture*, New York : Ronald Press, 1951.

Otsuka, Keijiro, "Land Tenure and Rural Poverty", In M. G. Quibria, ed., *Rural Poverty in Asia : Priority Issues and Policy Options*, Hong Kong : Oxford University Press, 1993.

Oxman, Stephen A., Otto Triffterer, and Francisco B. Cruz, *South Korea : Human Rights in the Emerging Politics*, N. p. : International Commission of Jurists, 1987.

Ozawa, Terutomo, Multinationalism, *Japanese Style : The Political Economy of Outward Dependency*, Princeton, N. J. : Princeton University Press, 1979.

Packenham, Robert A., *Liberal America and the Third World : Political Development Ideas in Foreign Aid and Social Science*, Princeton, NJ : Princeton University Press, 1973.

_____, *The Dependency Movement : Scholarship and Politics in Development Studies*, Cambridge, Mass. : Harvard University Press, 1992.

Paddock, William, and Elizabeth Paddock, *We Don't Know How : An Independent Audit of What They Call Success in Foreign Assistance*, Ames : Iowa State University Press, 1973.

Paik, Nak-chung, "The Idea of a Korean National Literature Then and Now", *positions* 1, 1993.

Pak, Chi-Yong, *Political Opposition in Korea, 1945~1960*, Seoul : Seoul National University Press, 1980.

박현재, 『민중과 경제』, 정우사, 1978.

_____, 『한국 경제와 농업』, 까치, 1983.

_____, 「한국 자본주의 전개의 제단계와 극우적 특징」, 『한국사회의 재인식』 1, 한울, 1984.

_____, 『민족 경제와 민중 운동』, 창작과비평사, 1988.

_____ · 조희연 역, 『한국 사회 구성체 논쟁』 2, 죽산, 1989.

박현재, 『한국 자본주의와 노동 문제』, 돌베게, 1985.

Pak Il, *Kankoku no NIES-ka no kunō : keizai kaihatsu to minshuka no jirenma*, Tokyo : Dōbunkan, 1992.

Pak, Ki Hyuk, "Economic Analysis of Land Reform in the Republic of Korea with Special Reference to an Agricultural Economic Survey, 1954~1955", Ph. D. diss., University of Illinois at Urbana-Champaign, 1956.

Pak, Ki Hyuk, and Kee Chun Han, *An Analysis of Food Consumption in the Republic of Korea*, Seoul : Yonsei University, 1969.

Pak, Ki Hyuk, with Sidney D. Gamble, *The Changing Korean Village*, Seoul : Shin-Hung Press, 1975.

Pak Kŭn-ho, *Kankoku no keizai hatten to Betonamu sensō*, Tokyo : Ochanomizu Shobō, 1993.

Pak Kyŏng-sik, *Nihon teikokushugi no Chōsen shihai*, 2 vols, Tokyo : Aoki Shoten, 1973.

박세길, 『다시 쓰는 한국 현대사 2 - 휴전에서 10 · 26까지』, 돌베게, 1989.

_____, 『다시 쓰는 한국 현대사 3 - 1980년에서 90년대초 까지』, 돌베게, 1992.

박대선 · 김동준, 『1960년대의 사회운동』, 까치, 1991.

박원선, 「국가보안법 연구」 1, 『국가보안법 변천사』, 역사비평사, 1989.

Palais, James B., *Politics and Policy in Traditional Korea*, Cambridge, Mass. : Harvard University Press, 1975.

_____, "Human Right in the Republic of Korea", In Asia Watch, ed., *Human Rights in Korea*, Washington, D. C. : Asia Watch, 1986.

_____, *Confucian Statecraft and Korean Institutions : YuHyŏngwŏn and the Late Chosŏn Dynasty*, Seattle : University of Washington Press, 1996.

Palley, Marian Lief, "Women's Status in South Korea : Tradition and Change", *Asian Survey 30*, 1990.

Parente, William J., "Korea : Time to Dissent", America, November 23, 1974.

Park, Anna Y. M., "South Korea : Mass Retrenchment vs. Labour Shortage", *Asian Women Workers Newsletter* 11(2), 1992.

Park, Chong Kee, "The 1996 Tax Administration Reform, Tax Law Reforms, and Government Saving", In Lee-Jay Cho and Yoon Hyung Kim, eds., *Economic Development in the Republic of Korea : A Policy Perspective*, Honolulu : East-West Center, 1991.

Park, Chung Hee, *Our Nation's Path*, Seoul : Dong-A, 1962.

_____(1962), *The Country, the Revolution and I*, 2d ed. Seoul : Hollym, 1970.

_____, *To Build a Nation*, Washington, D. C. : Acropolis Books, 1971.

_____, *Korea Reborn : A Model for Development*, Englewood Cliffs, NJ : Prentice-Hall, 1979.

_____, *Saemaul : Korea's New Community Movement*, Seoul : Korea Textbook Company, 1979.

Park, Eul Yong, "An Analysis of the Trade Behavior of American and Japanese Manufacturing Firms in Korea", In Karl Moskowitz, ed., *From Patron to Partner*, Lexington, Mass. : Lexington Books, 1984.

_____, "Foreign Economic Policies and Economic Development", In Youngnok Koo and Sungjoo Han, eds., *The Foreign Policy of the Republic of Korea*, New York : Columbia University Press, 1985.

Park, Jae Kyu, "Korea and the Third World", In Youngnok Koo and Sungjoo Han, eds., *The Foreign Policy of the Republic of Korea*, New York : Columbia University Press, 1985.

Park, No-Yong, "Should we Impose Democracy on Korea?", *Current History*, December, 1961.

Park, Seong Ho, "Export Expansion and Import Substitution in the Economic Development of Korea, 1955-1965", Ph. D. diss., American University, 1969.

Park, Young June, "Land Reform in South Korea", Ph. D. diss., Temple University, 1974.

Park, Young-Ki, *Labor and Industiral Relations in Korea : System and Practice*, Seoul : Institute for Labor and Management, Sogang University, 1974.

Park, Yung Chul, "Korea : Development and Structural Change of the Financial System", In Hugh T. Patrick and Yung Chul Park, eds., *The Financial Development of Japan, Korea, and Taiwan : Grwoth, Repression, and Liberalization*, New York : Oxford University Press, 1994.

Pastor, Robert A., *Congress and the Politics of U. S. Foreign Economic Policy, 1929-1976*, Berkeley : University of California Press, 1980.

Payer, Cheryl, *The Debt Trap : The International Monetary Fund and the Third World*, New York : Monthly Review Press, 1974.

_____, *The World Bank : A Critical Analysis*, New York : Monthly Review Press, 1982.

_____, *Lent and Lost : Foreign Credit and Third World Development*, London : Zed, 1991.

Perlmutter, Amos, *The Military and Politics in Modern Times : On Professionals, Praetorians, and Revolutionary Soldiers*, New Haven, Conn. : Yale University Press, 1977.

Polanyi, Michael, *The Study of Man*, Chicago : University of Chicago Press, 1959.

Portway, Donald, Korea : Land of the Morning Calm, London : Harrap, 1953.

Pred, Allan, "Outside(rs) In and Inside(rs) Out : South Korean Capital Encounters Organized Labor in a California Industiral Suburb", In Allan Pred and Michael John Watts, *Reworking Modernity : Capitalisms and Symbolic Discontent*, New Brunswick, NJ : Rutgers University Press, 1992.

Preston, Samuel H., "Urban Growth in Developing Countries : A Demographic Reappraisal", In Josef Gugler, ed., *The Urbanization of the Third World*, Oxford : Oxford University Press, 1988.

Prosterman, Roy L., and Jeffrey M. Riedinger, *Land Reform and Demoratic Development*, Baltimore, MD : Johns Hopkins University Press, 1987.

Pye, Lucian W., *Asian Power and Politics : The Cultural Dimensions of Authority*, Cambridge, Mass. : Harvard University Press, 1985.

변형윤 · 김대환 역, 『제3세계의 경제 발전』, 까치, 1980.

Quijano, Anibal, *Nationalism and Capitalism in Peru : A Study in Neo-Imperialism*, Special issue of Monthly Review 23(3), 1971.

Rabinow, Paul, *FrenchModern : Norms and Forms of the Social Environment*, Cambridge, Mass. : MIT Press, 1989.

Reeve, W. D., *The Republic of Korea : A Political and Economic Study*, London : Oxford University Press, 1963.

Republic of Korea, *Summary of the First Five-Year Economic Plan*, 1962-1966, Seoul : Republic of Korea, 1962.

_____, *The Second Five-Year Economic Development Plan*, 1967-1971, Seoul : Republic of Korea, 1966.

_____, *The Third Five-Year Economic Development Plan*, 1972-1976, Seoul : Republic of Korea, 1971.

_____, *The Fourth Five-Year Economic Development Plan*, 1977-1981, Seoul : Republic of Korea, 1976.

Reynolds, L. G., "The Spread of Economic Growth to the Third World : 1850-1980", *Journal of Economic Literature 21*, 1983.

Rhee, Jong-Chan, *TheState and Industry in South Korea : The Limits of the Authoritarian State*, London : Routledge, 1994.

Richards, Alan, and John Waterbury, *A Political Economy of the Middle East : State, Class, and Economic Development*, Boulder, Colo. : Westview Press, 1990.

Robertson, A. F., *People and the State : An Anthropology of Planned Development*, Cambridge : Cambridge University Press, 1984.

Robinson, Joan(1962), *Economic Philosophy*, Harmondsworth, U. K. : Penguin, 1964.

_____, "Korean Miracle", *Monthly Review 16(9)*, 1965.

_____, *Reflections on the Theory ofInternational Trade*, Manchester : Manchester University Press, 1974.

Robinson, Michael Edson, *Cultural Nationalism in Colonial Korea, 1920-1925*, Seattle : University of Washington Press, 1988.

_____, "Enduring Anxieties : Cultural Nationalism and Modern East Asia", In Harumi Befu, ed., *Cultural Nationalism in East Asia : Representation and Identity*, Berkeley : Institute of East Asian Studies, University of California, 1993.

Rodgers, Ronald A., "Industrial Relations Policies and Practices in the Republic of Korea in a Time of Rapid Change : The Influence of American-Invested and Japanese-Invested Transnational Corporations", Ph. D. diss., University of Wisconsin, Madison, 1993.

Roh, TaeWoo, *Korea : A Nation Transformed : Selected Speeches*, Oxford : Pergamon, 1990.

Rostow, W. W.(1960), *The Stages of Economic Growth : A Non-Communist Manifesto*, 2d ed, Cambridge : Cambridge University Press, 1971.

Rowan, Roy, "There's Also Some Good News about South Korea", *Fortune*, September, 1977.

Sakurai Hiroshi, *Kankoku nōchi kaikaku no saikento*, Tokyo : Ajia Keizai Kenkyusho, 1976.

_____(1979), "Kankoku inasaku seisanryoku no shindankai to sono kōzō", In Taniura Takao, ed., *Chōsen hantō*, Tokyo : Ajia Keizai Kenkyusho, 1991.

Sandbrook, Richard, *The Politics of Africa's Economic Recovery*, Cambridge : Cambridge University Press, 1993.

Sandbrook, Richard, with Judith Barker, *The Politics of Africa's Economic Stagnation*, Cambridge : Cambridge University Press, 1985.

Satterwhite, David H., "The Politics of Economic Development : Coup, State, and the Republic of Korea's First Five-Year Economic Development Plan(1962-1966)", Ph. D. diss., University of Washington, 1994.

Scalapino, Robert A., and Chong-Sik Lee, *Communism in Korea : Part I*, Berkeley : University ofCalifornia

Press, 1972.

Scott, John, *The Upper Classes : Property and Privilege in Britain*, London : Macmillan, 1982.

Secretariat, *Supreme Council for National Reconstruction*, Milita, 1961.

Revolution in Korea, Seoul : Secretariat, Supreme Council for National Reconstruction, Republic of Korea.

Sen, Amartya K., *Poverty and Famines*, Oxford : Clarendon Press, 1981.

Seok, Hyunho, "Migration Differentials and Socioeconomic Structure in Korea", In Yunshik Chang,
Tai-Hwan Kwon, and Peter J. Donaldson, eds., *Society in Transition with Special Reference to Korea*, Seoul
: Seoul National University Press, 1982.

서울경제신문 역, 『한국의 인맥』, 한국일보, 1992.

Shapiro, Michael, *The Shadow in the Sun : A Korean Year of Love and Sorrow*, New York : Atlantic Monthly
Press, 1990.

Shaplen, Robert, "New Chapter in Korea-II", *New Yorker*, December 2, 1972.

_____, "Letter from South Korea", *New Yorker*, January 26, 1976.

_____, "Leter from South Korea", *New Yorker*, November 13, 1978.

_____, "Leter from South Korea", *New Yorker*, November 17, 1980.

Shaw, Edward S., *Financial Deepening in Economic Development*, New York : Oxford University Pres, 1973.

Shery, Michael S., *In the Shadow of War : The United States Since the 1930s*, New Haven, Conn. : Yale University
Press, 195.

Shim, Jae Hon, and Andrew Shery., "Absolute Power", *Far Eastern Economic Review*, November 30, 195.

Shimizu Toshiyuki, "Park Chung He ishin taisei to rōdō tōsei no tenkai", *3 parts. Hokudai Hōgaku Ronshū 36 ·
37 · 38*, 1987.

Shin, Dong-Ho, "Economic Growth and Environmental Problems in South Korea : The Role of Government",
In Michael C. Howard, ed., *Asia's Environmental Crisis*, Boulder, Colo. : Westview Pres, 193.

Shin, Gi-Wok, "Defensive Strugles or Forward-Loking Efforts : Tenancy Disputes in Colonial Korea", *Journal
of Korean Studies 7*, 190.

Shorock, Tim, "Debacle in Kwangju", *Nation*, December 9, 196.

Sin Tu-bŏm, *Kankoku seiji no genzai : Minshuka e no dainamikusu*, Tokyo : Yahikaku, 193.

신영하, 『한국 근대 사회 사상 연구』, 일지사, 1987.

_____, 『한국 현대사와 민족 문제』, 문학과지성사, 1990.

신유근, 『한국 기업의 특성과 과제』, 서울대출판부, 1984.

Smith, Lee, "Korea's Chalenge to Japan", *Fortune*, February 6, 1984.

서기원(1963), 김우창 역, 『상속자』 In Peter Lee, ed., *Modern Korean Literature : An Anthology*, Honolulu :
University of Hawaii Press, 1990.

서관모, 『현대 사회의 계급 구성과 계급 분화』, 한울, 1984.

Sochurek, Howard, "South Korea : Suces Story in Asia", *National Geographic*, March, 1969.

Sohn, Hak-Kyu, *Authoritarianism and Opposition in South Korea*, London : Routledge, 1989.

Sohn, Jae Souk, "Political Dominance and Political Failure : The Role of the Military in the Republic of Korea", In *The Military Intervenes : Case Studies in Political Development*, New York : Rusel Sage Foundation, 1968.

설동훈, 「국제 노동력 이동과 한국내 외국인 노동자」, 『한국의 지역 문제와 노동 계급』, 문학과지성사, 1992.

Solzhenitsyn, Alexander, *TheGulag Archipelago, Vol. 1*, Trans. Thomas Whitney, New York : Harper & Row, 1974.

Son, Dug-Soo, "The Change of Rural Comunity and Rural Poor Women", In Christian Institute for the Study of Justice Development, ed., *My Mother's Name Is Worry : A Preliminary Report of theStudy on Poor Women in Korea*, Seoul : Christian Institute for the Study of Justice and Development, 1983.

Song, Byung-Nak, *The Rise of the Korean Economy*, Hong Kong : Oxford University Pres, 190.

송정남, 「한국 노동 운동론」, 『한국 노동 운동과 지식인의 역할』, 미래사, 1985.

Sonu, Hwi, "Thoughts of Home", Trans. Marshal R. Pihl, In David R. McCan, ed., *Black Crane 2 : An Anthology of Korean Literature*, Ithaca, N. Y. : China-Japan Program, Cornell University, 1980.

Sorensen, Clark W., *Overthe Mountains Are Mountains : Korean Peasant Households and Their Adaptations to Rapid Industrialization*, Seattle : University of Washington Press, 198.

서울대사회학과사회발전연구회, 『농민 충분해와 농민 운동』, 미래사, 1988.

Spencer, Robert F., *Yogong : Factory Girl. Seoul : Royal Asiatic Society*, Korea Branch, 198.

Stalings, Barbara, "The Role of Foreign Capital in Economic Development", In Gary Gerefi and Donald L. Wyman, eds., *Manufacturing Miracles : Paths of Industrialization in Latin America and East Asia*, Princeton, N. J. : Princeton University Pres, 190.

Standish, Isolde, "Korean Cinema and the New Realism : Text and Context", In *Wimal Disanayake, ed., Colonialism and Nationalism in Asian Cinema*, Bloomington : Indiana University Press, 194.

Steinberg, David I., Sung-Hwan Ban, W. Donald Bowles, and Mauren A. Lewis, *Korean Agricultural Services : The Invisible Hand in the Iron Glove. Market and Nonmarket Forces in Korean Rural Development*, Washington, D. C. : U. S. Agency for International Development, 1984.

Steinmo, Sven, T*axation and Democracy : Swedish, British, and American Approaches to Financing the Modern State*, New Haven, Conn. : Yale University Press, 1993.

Stendhal(1830), *The Redand the Black*, Trans. Catherine Slater, Oxford : Oxford University Press, 1991.

Stepan, Alfred, *The State and Society : Peru in Comparative Perspective*, Princeton, N. J. : Princeton University Press, 1978.

Stephens, Bernard, "Labor Resurgence in South Korea", *Nation*, November 19, 1988.

Stopford, John M., and Susan Strange, Rival States, *Rival Firms : Competition for World Market Shares*, Cambridge : Cambridge University Press, 1991.

Streeten, Paul, *What Price Food? Agricultural Price Policies in Developing Countries*, Houndmills, U. K. : Macmillan, 1987.

Stueck, William, *The Korean War : An International History*, Princeton, N. J. : Princeton University Press, 1995.

Suh, Bong Kyun, *The Strategy for Agricultural Development in Korea*, Seoul : Samhwa, 1972.

Suh, Dae-Sook, Kim IlSung : *The North Korean Leader*, New York : Columbia University Press, 1988.

Suh, David Kwang-Sun, "Forty Years of Korean Protestant Churches", In *Christian Institute for the Study of Justice and Development*, ed., Korean Church, Seoul : Christian Institute for theStudy of Justice and Development, 1990.

Suh, Sang-Chul, *Growth and Structural Changes in the Korean Economy*, 1910~1940, Cambridge, Mass. : Council on East Asian Studies, Harvard University, 1978.

Suh, Sang-Mok, "The Economy in Historical Perspective", In Vittorio Corbo and Sang-Mok Suh, eds., *Structural Adjustment in a Newly Industrialized Country : The Korean Experience*, Baltimore, Md. : Johns Hopkins University Press, 1992.

Suh, SukTai, *Import Substitution and Economic Development in Korea*, Seoul : Korea Development Institute, 1975.

Sumiya Mikio, *Kankoku no keiza*, Tokyo : Iwanami Shoten, 1976.

Tacitus.(97~98), "Agricola", In *Tacitus, Agricola, Germania, Dialogus*, Loeb Classical Library, 1970.

Tai, Hung-Chao, *Land Reform and Politics : A Comparative Analysis*, Berkeley : University of California Press, 1974.

Takasaki Sōji, "Hannichi kanjō", : *Kankoku, Chosenjin to Nihonjin*, Tokyo : Kōdansha, 1993.

Takizawa Hideki, *Kankoku minzokushugiron josetsu*, Tokyo : Kage Shobō, 1984.

_____, *Kankoku shakai no tenkan*, Tokyo : Ochanomizu Shobō, 1988.

_____, *Kankoku no keizai hatten toshakai kōzei*, Tokyo : Ochanomizu Shobō, 1992.

_____, *Kankoku e no samazama natabi*, Tokyo : Kage Shobō, 1992.

Tamura Tetsuo, *Gekidō Seoul 1500 nichi : Chun Doo Hwan seiken e no michi*, Tokyo : Seiko Shobō, 1984.

Tanaka Akira, *Kankoku no "minzoku", to "hannichi"*, Tokyo : Asahi Shinbunsha, 1988.

Taniura Takao, *Kankoku no kōgyōka to kaihatsu taisei*, Tokyo : Ajia Keizai Kenkyusho, 1989.

Tanzer, Andrew, "Samsung : South Korea Marches to Its Own Drummer", *Forbes*, May 16, 1988.

Tax, Sol, *PennyCapitalism : A Guatemalan Indian Economy*, Washington, D. C. : Smithonian Institution,

1953.

Taylor, Eugene, "South Korea's Job of Reconstruction", *New York Times Magazine*, June 14, 1953.

Theobald, Robin, *Corruption, Development and Underdevelopment*, Durham, N. C. : Duke University Press, 1990.

Thompson, E. P.(1967), "Time, Work-Discipline and Industrial Capitalism", In Thompson, *Customs in Common : Studies in Traditional Popular Culture*, New York : New Press, 1991.

Thompson, F. M. L., "Business and Landed Elites in the Nineteenth Century", In Thompson, ed., *Landowners, Capitalists, and Entrepreneurs : Essays for Sir John Habakkuk*, Oxford : Clarendon Press, 1994.

Thompson, Kenneth W., *Cold War Theories, Vol. r, World Polarization, 1943-1953*, Baton Rouge : Louisiana State University Press, 1981.

T. K., Letters from South Korea, Ed. Sekai, trans. David L. Swain, New York : IDOC/North America, 1976.

T. K. Sei, Kankoku kara no tsūshin, Ed. Sekai Henshabu, Tokyo : Iwanami Shoten, 1974.

Toffler, Alvin, *Future Shock*, New York : Random House, 1970.

또 하나의 문화 역, 『지배 문화, 남성 문화』, 청하, 1988.

_____, 『주부, 그 막힘과 트임』, 또 하나의 문화, 1990.

Tu, Wei-ming, "The Search for Roots in Industrial East Asia : The Case of the Confucian Revival", In Martin E. Marty and R. Scott Appleby, eds., *Fundamentalisms Observed*, Chicago : University of Chicago Press, 1991.

Turner, John E., Vicki L. Hesli, Dong Suh Bark, and Hoon Yu, *Villages Astir : Community Development, Tradition, and Change in Korea*, Westport, Conn. : Praeger, 1993.

Twitchell, James B., *CarnivalCulture : The Trashing of Taste in America*, New York : Columbia University Press, 1992.

United Nations Development Programme, *Human Development Report 1994*, New York : Oxford University Press, 1994.

Unno Fukuju, *Kankoku heigō*, Tokyo : Iwanami Shoten, 1995.

U. S. Department of State, "Mr. Bowles Responds to Request for U. S. Views on Korean Economy", *Department of State Bulletin*, June 12, 1961.

Valdes, Juan Gabriel, *La Escuela de Chicago : Operacion Chile*, Buenos Aires : Grupo Editorial Zeta, 1989.

Van der Wee, Herman(1984), *Prosperity and Upheaval : The World Economy, 1945-1980*, Trans. Robin Hogg and Max R. Hall, Berkeley : University of California Press, 1986.

Vogel, Ezra F., *TheFour Little Dragons : The Spread of Industrializati*, 1991.

in East Asia, Cambridge, *Mass*, : Harvard University Press.

Wachtel, Howard M., *The Money Mandarins : The Making of a Supranational Economic Order*, NewYork :

Pantheon, 1986.

Wada Haruki, *Chōsen sensō*, Tokyo : Iwanami Shoten, 1995.

Wade, L. L., "South Korean Political Culture : An Interpretation of Survey Data", *Journal of Korean Studies 2*, 1980.

Wade, L. L., and B. S. Kim, *Economic Development of South Korea : The Political Economy of Success*, New York : Praeger, 1978.

Wade, Robert, *Irrigationand Agricultural Politics in South Korea*, Boulder, Colo. : Westview Press, 1982.

_____, *Governing the Market : Economic Theory andthe Role of Government in East Asian Industrialization*, Princeton, N. J. : Princeton University Press, 1990.

Walker, Martin(1993), *The Cold War : A History*, New York : Henry Holt, 1994.

Wang, InKeun, *Rural Development Studies : Korea and Developing Countries*, Seoul : Seoul National University Press, 1986.

Warnberg, Tim, "The Kwangju Uprising : An Inside View", *Korean Studies II*, 1987.

Watanabe Toshio, *Gendai Kankoku keizai bunseki : kaihatsu keizaigaku to gendai Ajia*, Tokyo : Keisō Sho, 1982.

_____, *Kankoku : Venchā kyapitarizumu*, Tokyo : Kōdansha, 1986.

Watanabe Toshio and Fukagawa Yukiko, *Gonengo no Kankoku : Nihon o ou seichō kokka no kinmirai*, Tokyo : PHP Kenkyūsho, 1988.

Waterston, Albert, *Development Planning : Lessons of Experience*, Baltimore, Md. : Johns Hopkins UniversityPress, 1965.

Watts, William, TheUnited States and Asia : Changing Attitudes and Policies, Lexington, Mass. : Lexington Books, 1982.

Weber, Max(1968), *Economyand Society : An Outline of Interpretive Sociology*, 2 vols, Ed. Guenther Roth and Claus Wittich, Berkeley : University of California Press, 1978.

Weems, Clarence Norwood, *Korea : Dilemma of Underdeveloped Country*, New York : Foreign Policy Association, 1960.

WelIons, Philip A., *Passing the Buck : Banks, Governments and Third World Debt*, Boston : Harvard Business School Press, 1987.

Wells, Kenneth M., ed., *South Korea's Minjung Movement : The Culture and Politics of Dissidence*, Honolulu : University of Hawaii Press, 1995.

West, James M., and Edward J. Baker, "The 1987 Constitution Reforms in South Korea : Electoral Processes and Judicial Independence", *Harvard Human Rights Yearbook I*, 1988.

Westphal, Larry E., Yung W. Rhee, Linsu Kim, and Alice Amsden, *Exports of Capital Goods and Related Services from the Republic of Korea*, Washington, D. C. : World Bank, 1984.

_____, Yung W. Rhee, and Gary Pursell, "Foreign Influences on Korean Industrial Development", *Oxford Bulletin of Economics and Statistics 41*, 1979.

Whang, In Joung, "Elites and Economic Programs : A Study of Changing Leadership for Economic Development in Korea, 1955-1967", Ph. D. diss., University of Pittsburgh, 1968.

_____, *Management of Rural Change in Korea : The Saemaul Undong*, Seoul : Seoul National University Press, 1981.

White, Lawrence J., *Industrial Concentration and Economic Power in Pakistan*, Princeton, N. J. : Princeton University Press, 1974.

White, Margaret B., and Herbert D. White, eds., *The Power of People : Community Action in Korea*, Tokyo : Urban Industrial Mission, East Asian Christian Conference, 1973.

Wideman, Bernie, "The Plight of the South Korean Peasant", In Frank Baldwin, ed., *Without Parallel : The American-Korean Relationship Since1945*, New York : Pantheon, 1974.

Winchester, Simon, *Korea : A Walk Through the Land of Miracles*, New York : Prentice-Hall, 1988.

Wolf, Charles, Jr, "Economic Planning in Korea", *Asian Survey 2(10)*, 1962.

Woo, Jung-en, *Race tothe Swift : State and Finance in Korean Industrialization*, New York : Columbia University Press, 1991.

Wood, Robert E., *From Marshall Plan to Debt Crisis : Foreign Aid and Developmental Choices in the World Economy*, Berkeley : University of California Press, 1986.

World Bank, *World Development Report 1990*, New York : Oxford University Press, 1990.

_____, *The East Asia Miracle : Economic Growth and Public Policy*, New York : Oxford University Press, 1993.

Worsley, Peter(1964), *The Thrid World*, 2d ed, Chicago : University of Chicago Press, 1970.

Yang, Sung Chul, *Korea and Two regimes : Kim Il Sung and Park Chung Hee*, Cambrdige, Mass. : Schenkman, 1981.

이진경, 『사회 구성체론과 사회과학방법론』, 아침, 1986.

Yi, Eunhee Kim, "From Gentry to the Middle Class : The Transformation of Family, Community, and Gender in Korea", Ph. D. diss., University of Chicago, 1993.

이형탁, 「한국전쟁과 출산력 수준의 변화」, 『한국전쟁과 한국 사회 변동』, 풀빛, 1992.

이효재 · 박혜인 · 박숙자 · 윤형석 · 박민자 · 안정남, 『자본주의 시장경제와 혼인』, 또 하나의 문화, 1991.

이기웅, 「후기 자본주의와 사회주의적 시민 사회론」, 『한국 산업사회의 현실과 전망』, 문학과지성사, 1992.

이문열(1987), 『우리들의 일그러진 영웅』, Our Twisted Hero, Trans. Kevin O'Rourke, Seoul : Minumsa, 1995.

이범선(1959), 『오발탄』, "A Stray Bullet", Trans. Marshall R. Pihl, *Listening to Korea : A Korean Anthology*, New

York : Praeger.

Yi Sun-ae, ed., *Bundan Kokufuku to Kankoku josei kaihō undō : 1970-nendai o chūshin ni*, Tokyo : Ochanomizu Shobō, 1989.

이대근, 『한국전쟁과 1950년대의 자본축적』, 까치.

_____, "Kaihōgo kizokujitsugyōtai no jittai to sono shori katei", Trans. Kimura Mitsuhiko, In Nakamura Satoru, Kajimura Hideki, An Pyŏng-sik, and Yi Tae-gŭn, eds., *Chōsen kindai no keizai kōzo*, Tokyo : Nihon Hyōronsha, 1990.

이대근·정운영 역, 『한국 자본주의론』, 까치, 1984.

이태진, 『한국 사회사 연구』, 지식산업사, 1986.

_____, 『조선 유교 사회사론』, 지식산업사, 1989.

이욱정, 「국내 방글라데시 노동자들 생활실태와 적응 전략에 관한 사례 연구」, 서울대 석사논문, 1994.

리영희, 『전환 시대의 논리』, 창작과비평사, 1974.

이영우, 「우르과이 라운드와 한국 경제 재편」, 한국 자본주의 분석, 일빛, 1991.

Yi, Young-Suk, "Liberal Protestant Leaders Working for Social Change : South Korea, 1957-1984", Ph. D. diss., University of Oregon, 1990.

Yim, Louise, *My Forty Year Fight for Korea*, New York : A. A. Wyn, 1951.

Yoffie, David B., *Power and Protectionism : Strategies of the Newly Industiralizing Countries*, New York : Columbia University Press, 1983.

염홍철 역, 『제3세계와 종속이론』, 한길사, 1980.

_____, 『종속의 극복』, 풀빛, 1983.

Yoon, Dae-Kyu, *Law and Political Authority in South Korea*, Boulder, CO : Westview Press, 1990.

Yoon, Jeong-Ro, "The State and Private Capital in Korea : The Political Economy of the Semiconductor Industry, 1965-1987", Ph. D. diss., Harvard University, 1989.

_____, 한국산업사회연구회 역, 「과학에서의 보상체계」, 『한국산업사회의 현실과 전망』, 문학과지성사, 1992.

여성한국사회연구회 역, 『한국 가족론』, 까치, 1990.

Young, Crawford, *The African Colonial state in Comparative Perspective*, New Haven, Conn. : Yale University Press, 1994.

Young, Marilyn B., *The Vietnam Wars, 1945-1990*, New York : HarperCollins, 1991.

Yu, Eui-Young, "Seoul : Dynastic Capital to Metropolis", In Yunshik Chang, Tai-Hwan Kwon, and Peter J. Donaldson, eds., *Society in Transition with Special Reference to Korea*, Seoul : Seoul National University Press, 1982.

_____, "Regionalism in the South Korean Job Market : An Analysis of Regional-Origin Inequality

Among Migrants in Seoul", *Pacific Affairs* 63, 1990.

유인호, 『농업 경제의 실상과 허상』, 평민사, 1979.

_____, 『민중 경제론』, 평민사, 1982.

Yu, In Ho, and Byung Tae Kim. N. d. *The Economic Plight of Korean Farmers*, Seoul : Christian Institute for the Study of Justice and Development.

유문무, 「자본주의와 대중문화」, 『오늘의 한국사회』, 나남, 1993.

Yu Tong-sik, *Kankoku no Kirisutokyō*, Tokyo : Tokyo Daigaku Shuppankai, 1987.

Yun, Heung-gil(1977), "The Man Who Was Left as Nine Pairs of Shoes", Trans. Bruce Fulton and Ju-Chan Fulton, In Yun, *The House of Twilight*, ed. Martin Holman, London : Readers International, 1989.

Yun Kyŏng-ch'ŏl, *Bundango no Kankoku seiji*, Tokyo : Bokutakusha, 1986.

윤석남 · 조주현 역, 『결혼이라는 이데올로기』, 현실 문학 연구, 1993.

Zanzi, A. W., *Economic Reconstruction Problems in South Korea*, New York : Institute of Pacific Relations, 1954.

Zeon, Young-cheol, "The Politics of Land Reform in South Korea", Ph. D. diss., University of Missouri, 1973.

Zysman, John, *Government, Markets, and Growth : Financial Systems and the Politics of Industrial Change*, Ithaca, NY : Cornell University Pres, 1983.